Corpus Hermeticum Græcum

Hermes Trismegistos

CORPUS HERMETICUM GRÆCUM

Texto Bilíngue (Grego-Português)

Prefácio, introdução, tradução e glossário grego-português de David Pessoa de Lira

Editora Cultrix
SÃO PAULO

Título do original: *Corpus Hermeticum Græcum.*

1ª edição 2023.

2ª reimpressão 2025.

Editor: Adilson Silva Ramachandra
Gerente editorial: Roseli de S. Ferraz
Gerente de produção editorial: Indiara Faria Kayo
Preparação de originais: Danilo Di Giorgi
Revisão de tradução: Claude Valentin René Detienne
Prefácio: Prof. Dr. Francisco de Paula Souza de Mendonça Júnior
Prefácio, introdução, tradução e glossário grego-português: David Pessoa de Lira
Apresentação: Tommy Akira Goto
Editoração eletrônica: Join Bureau
Capa: Cauê Veroneze Rosa
Revisão: Luciana Soares da Silva

Ao editor: **Adilson Ramachandra**

Dados Internacionais de Catalogação na Publicação (CIP)
(Câmara Brasileira do Livro, SP, Brasil)

Trismegistos, Hermes
Corpus hermeticum græcum = Corpus hermeticum graecum / Hermes Trismegistos; prefácio, introdução, tradução e glossário grego-português de David Pessoa de Lira. – 1. ed. – São Paulo: Editora Cultrix, 2023.

Edição bilíngue: grego/português.
ISBN 978-65-5736-260-0

1. Alquimia 2. Ciências ocultas 3. Filosofia antiga 4. Hermetismo 5. Metafísica I. Lira, David Pessoa de. II. Título. III. Título: Corpus hermeticum graecum.

23-160694 CDD-186

Índices para catálogo sistemático:

1. Filosofia hermética 186
Aline Graziele Benitez – Bibliotecária – CRB-1/3129

Direitos reservados
EDITORA PENSAMENTO-CULTRIX LTDA
Rua Dr. Mário Vicente, 368 – 04270-000 – São Paulo – SP – Fone: (11) 2066-9000
http://www.editoracultrix.com.br
E-mail: atendimento@editoracultrix.com.br
Foi feito o depósito legal.

Sumário

Apresentação 7

Prefácio do Prof. Dr. Francisco de Paula Souza de Mendonça Júnior.... 11

Prefácio do autor 17

Introdução 23

PARTE UM – ENSAIOS: APROXIMAÇÕES E ENFOQUES

1 A γνῶσις [gnōsis] hermética como conhecimento do sentido da vida 35

2 As bases filosóficas e religiosas do hermetismo: teurgia e mântica, simpatia e astrologia 43

3 A unicidade de Deus entre deuses no hermetismo 55

4 A história da formação do *Corpus Hermeticum* 59

5 As edições do texto grego do *Corpus Hermeticum* 69

6 Os aspectos literários do *Corpus Hermeticum* 79

7 Os enfoques dos pesquisadores 97

8 Tarefa e técnica de tradução do *Corpus Hermeticum* 105

PARTE DOIS – *CORPUS HERMETICUM GRÆCUM* –
TEXTO BILÍNGUE GREGO-PORTUGUÊS

LIBELLUS I 116

LIBELLUS II 132

LIBELLUS III 142

LIBELLUS IV 146

LIBELLUS V 152

LIBELLUS VI 160

LIBELLUS VII 166

LIBELLUS VIII 168

LIBELLUS IX 172

LIBELLUS X 180

LIBELLUS XI 196

LIBELLUS XII 210

LIBELLUS XIII 224

LIBELLUS XIV 236

LIBELLUS XV 242

LIBELLUS XVI 244

LIBELLUS XVII 254

LIBELLUS XVIII 256

Glossário do *Corpus Hermeticum* 267

Bibliografia 283

Notas 303

Apresentação

É uma experiência gratificante escrever a apresentação para esta magnífica publicação do *Corpus Hermeticum*, um convite que recebi com grande entusiasmo, honra e satisfação. Como se sabe, trata-se de uma obra de significativa inspiração, um clássico da literatura hermética e uma das máximas expressões da vivência intuitiva da humanidade. Um tratado que apresenta bem mais que um conteúdo doutrinário do hermetismo, por expor, de maneira própria e singular, ideias perenes que dão forma a um tipo de experiência de caráter filosófico-religioso.

Comumente denominam-se "textos herméticos" aqueles antigos escritos que mantêm relação com a divindade mítica Hermes Trismegistos, expondo de maneira direta e indireta sua história e seus ensinamentos. Já o *hermetismo* diz respeito a um conjunto de doutrinas a partir de textos herméticos, sejam eles de perspectiva filosófica e ou religiosa que, por sua vez, tratam da relação entre Deus, o mundo e o ser humano.

Desse modo, temos aqui uma obra hermética, o *Corpus Hermeticum,* cuja atualidade se refaz através dos séculos e seus significados tão instigantes presentificam-se a partir das novas publicações. Dito isso, é preciso sublinhar que essa nova publicação brasileira nos brinda com uma edição bilíngue, fruto de um trabalho hercúleo, rigoroso, de tradução em língua portuguesa aproximativa do texto grego original e crítico.

Os esforços para se traduzir uma obra são equivalentes à profunda missão de escrevê-la, porque não só o autor, mas também o tradutor está incumbido da delicada tarefa de intuir, refletir e recordar aquilo que se traduz. A obra que aqui apresentamos não escapa a essa atividade intuitiva e reflexiva, ainda que o texto seja fruto de uma revelação sagrada e de autoria desconhecida.

Penso ainda que a experiência de escrever e traduzir não se baseia apenas na atividade intelectual-reflexiva, mas também, em grande parte, em um ato de recordação. Sim, porque elas não podem ser consideradas apenas como tarefas de resgate e conciliação de signos linguísticos de outrora, ou como meio de se apontar os modos de se pensar em uma determinada época. Mais que isso. É um resgate, via o ato de recordar, da própria condição humana, existencial. Isso porque ao ir interpretando cada uma das palavras, em verdade, está se compreendendo um contexto amplo e rico de vivências, sintetizadas e constituídas em uma larga intertextualidade.

Por isso, eis aqui um trabalho ímpar e admirável do professor *David Pessoa de Lira* — docente da Universidade Federal de Pernambuco, com experiência em língua e literatura gregas e latinas e pesquisador renomado do hermetismo filosófico-religioso —, que nos presenteia com esta edição bilíngue, reconhecida e muito bem aceita pela Editora Cultrix. Sinto satisfação em afirmar, com base em nossas entusiasmadas conversas, que, para o professor David Pessoa de Lira, o motivo para traduzir o *Corpus Hermeticum* não teve origem apenas a partir do desenvolvimento de uma pesquisa acadêmico-cientifica, mas, principalmente, nasceu de seu projeto fundamental, filosófico-teológico, de se aprofundar no conhecimento da alma humana e de sua transcendência *teoantropocósmica*.

Cabe destacar que nosso tradutor, que considero um "coautor", mobilizado por esse projeto de conhecimento do humano, superou diversos desafios, não apenas aqueles expressos na atividade acadêmico-científica, cujos método e desenvolvimento apresentam-se de maneira cuidadosa e rigorosa, mas, sobretudo, no trabalho linguístico e hermenêutico; oferecendo-nos, assim, a possibilidade de adentrar mais facilmente em um texto de profundidade espiritual, sem perder a exatidão dos significados.

Em outras palavras, diria ainda que esta edição viabiliza, de fato, uma compreensão que vai do "autor" até o leitor e do leitor até o "autor", como dizia F. Schleiermacher. Em síntese, a presente tradução tem, no meu entendimento, dois grandes méritos: um científico-filosófico e outro que se liga diretamente ao que se chama sabedoria perene.

Por esses e tantos outros motivos não citados — deixo que cada um descubra por si mesmo o horizonte de significados que se revelam aqui — convido o leitor a adentrar proficuamente na leitura desse primoroso texto, ao mesmo tempo tão antigo e atual. "Pois onde está a alma, lá também está o *nous*, assim como onde está a vida, lá também está a alma; porém, nos viventes irracionais, a alma é a vida vazia de *nous* (*Corp. Herm.* 12.2)".

Boa leitura!

— Prof. Dr. Tommy Akira Goto,
Universidade Federal de Uberlândia

Prefácio

O leitor tem em mãos uma preciosidade, tanto em termos de forma quanto de conteúdo. O professor Doutor David Pessoa de Lira nos apresenta o produto de um esforço ímpar em solo brasileiro: uma tradução bilíngue de uma peça basilar para uma das chaves de compreensão de parte significante do pensamento ocidental. O chamado *Corpus Hermeticum*, conjunto de textos que compõem os *Hermetica*, tem desempenhado um papel importante ao longo da história e que não deve ser ignorado.

Provavelmente fruto do caldeirão criado pelas diversas religiosidades iniciáticas experienciadas na região do Mediterrâneo ao longo do século II E.C., o *Corpus Hermeticum* se arroga uma origem que remontaria aos primórdios de uma religiosidade egípcia. A mensagem hermética deixou suas marcas já nos chamados Padres da Igreja, aqueles autores fundamentais para a construção dos pilares do cristianismo latino. Lactâncio viu em Hermes Trismegisto, arauto da mensagem hermética e uma das principais personagens dos textos dos *Hermetica*, um *priscus theologus*, ou seja, um membro do grupo dos profetas não cristãos cuja mensagem teria sido fundamental para preparar o solo para a recepção da vindoura mensagem cristã. Por sua vez, Santo Agostinho, outro Padre da Igreja, viu em Hermes

Trismegisto e em sua mensagem um sinal de que a vitória do cristianismo seria inexorável. A partir de sua leitura do *Asclepius*, que falava da relação com os *daimones* e do declínio da religião egípcia, uma prova viva de que práticas demonólatras — como ele classificou o *Asclepius* — estariam fadadas ao declínio ante à luz do cristianismo (THORNDIKE, 1923: 288-89). Vale ressaltar que Agostinho teria lido o *Corpus Hermeticum* de forma parcial e enviesada pela problemática tradução do *daimon* grego para o latim *daemonium*.

Durante o medievo latino, o *Corpus Hermeticum* não deixou de circular, como a historiografia defendeu por muito tempo, contudo o fez de maneira fragmentada. O principal texto hermético que a Idade Média conheceu foi o *Asclepius*, em uma tradução supostamente feita por Apuleio de Madaura, o autor de *O Asno de Ouro* (YATES, 1995: 21) — atribuição questionada por alguns pesquisadores. Há de se lembrar que a leitura agostiniana seguiu atrelada a esse documento durante o período. Contudo, os textos herméticos seguiram circulando pelo Oriente próximo. Os mundos islâmico e bizantino foram responsáveis pela preservação, leitura e discussão do *Corpus Hermeticum*. E isso seria fundamental para que esse conjunto documental posteriormente retomasse sua integralidade no mundo latino.

Por volta de 1460, o monge Leonardo de Pistoia entregou a Cosimo de Médici um manuscrito do *Corpus Hermeticum*. Este confiaria o texto a um homem que tinha em alta conta, Marsilio Ficino, encarregado por ele de traduzir textos gregos e organizar uma academia em Florença (YATES, 1995: 28). A tradução de Ficino do *Corpus Hermeticum* do grego para o latim foi paradigmática, não apenas porque, depois de alguns séculos, o Ocidente retomava o contato com uma versão mais completa do conjunto de textos herméticos, mas porque essa obra foi um dos pilares de parte importante do pensamento humanista dos séculos XV e XVI. Como desdobramento disso, a relação de figuras importantíssimas do movimento renascentista com a magia teve um elemento-chave no hermetismo. A paradigmática obra da historiadora Frances Amelia Yates mostrou isso a partir da reflexão sobre a importância do hermetismo para a configuração do pensamento de Giordano Bruno. Ainda que Yates tenha carregado nas tintas em sua argumentação, é inegável que elementos brunianos, como a sua teoria heliocêntrica, dialogam com uma leitura hermetista do cosmo.

O *Corpus Hermeticum* seguiu como um dos elementos importantes da construção do pensamento ocidental. Isso fica mais emblemático quando pensamos nas tradições esotéricas que surgem ao longo dos séculos, mas também se faz presente em outras searas do pensamento ocidental. É possível identificar no pensamento de Isaac Newton diálogos com os *Hermetica*, por exemplo. O dândi, *flaneur* e pai do simbolismo, o francês Charles Baudelaire, recebia assim seu leitor em sua emblemática *Les fleurs du Mal*.

Na almofada do mal é Satã Trismegisto
Quem docemente nosso espírito consola,
E o metal puro da vontade então se evola
Por obra desse sábio que age sem ser visto
É o Diabo que nos move e até nos manuseia!

Quando pensamos na contemporaneidade, Hermes Trismegisto e os *Hermetica* seguem se fazendo presentes, e não apenas nas pesquisas acadêmicas ou nos interesses de magistas. No filme de horror inglês *A Fortaleza Infernal* (*The Keep*, 1983), que se passa durante a Segunda Guerra Mundial, tropas nazistas despertam uma força sobrenatural diabólica enquanto acampavam em uma antiga fortaleza romena. A película gira em torno do embate secular entre uma versão de Hermes Trismegistus, interpretada por Scott Glenn, e Molasar, uma espécie de golem. O jogo de tabuleiro chamado *Trismegistus: The Ultimate Formula*, baseado em uma mecânica que junta rolagem de dados e uso de cartas, coloca o jogador no papel de um alquimista, cujo objetivo é transmutar metais ordinários em preciosos, coletar essências alquímicas e adquirir artefatos que lhe proporcionarão ganho de poder. Ao fim, será vitorioso aquele que, por meio de experimentos, aquisição de ouro e obtenção da Pedra Filosofal, somar mais pontos, tendo em Hermes Trismegisto tanto um modelo quanto a figura a ser batida. No conhecido *RPG* japonês *Persona 3*, uma personagem de nome Junpei lida com uma entidade, as *personae* do jogo, chamada Hermes que mais tarde se metamorfoseia em Trismegistus. Em outro jogo de videogame, *Assassin's Creed Odissey*, ambientado na Grécia Clássica, a personagem central pode ter acesso a um poderoso item chamado Cetro de Hermes Trismegisto, que lhe concederia imortalidade. Aqui, Hermes é apresentado como membro de uma raça ancestral e avançada, que não apenas teria antecedido a humanidade como também seria sua criadora.

Em solo brasileiro, temos alguns exemplos para pensar. O mais eloquente deles está no álbum de Jorge Ben Jor, intitulado *A Tábua de Esmeralda*, lançado em 1974 pela gravadora Philips. Uma obra claramente em diálogo com temas esotéricos e tendo como inspiração o alquimista francês Nicolas Flamel, conforme atestado pelo próprio Jorge Ben Jor, na qual o hermetismo teve papel de destaque. Basta lembrar que a música "Hermes Trismegisto e Sua Celeste Tábua de Esmeralda" nada mais é que a tradução musicada do poema hermetista de mesmo nome. É importante ressaltar que tudo isso acontecia em meio à censura e à repressão violenta da ditadura civil-militar brasileira. Portanto, é inegável a importância tanto de Hermes Trismegisto quanto do *Corpus Hermeticum* para a formação da cultura ocidental, bem como de suas mais diversas dinâmicas.

Desde o século XIX somam-se esforços de tradução do *Corpus Hermeticum* de línguas clássicas para línguas modernas. Há de se pontuar que são majoritariamente produtos visando idiomas como o inglês, o alemão e o francês. Podemos citar como exemplos as obras de Walter Scott, André-Jean Festugière e Brian Copenhaver. As traduções para o português são poucas, podendo ser elencadas as das editoras Hemus e Polar. Em ambos os casos o que temos é uma "tradução da tradução", ou seja, traduz-se para a língua portuguesa a partir de uma tradução de uma língua clássica para uma língua moderna. Por mais que haja apuro e cuidado nessa tarefa, é inegável que muito se perde, porque cada idioma é um universo em si. Assim, para se traduzir o *Corpus Hermeticum* para o inglês, por exemplo, é preciso se fazer uma série de adaptações e concessões para que as ideias sejam compreensíveis naquela língua e, ao se traduzir do inglês para o português, a conexão com o texto original já teria se perdido. Acaba-se por ter mais uma imagem de como tal texto pode ser interpretado em língua inglesa do que qualquer outra coisa.

O professor Lira nos apresenta uma tradução diretamente do grego para o português, algo que, pelo seu ineditismo, já coloca a presente obra na qualidade de indispensável. Além disso, temos uma tradução bilíngue, o que proporciona a quem lê a oportunidade rara de comparar as duas versões do mesmo texto. Ao contrário do que ocorre muitas vezes, o texto não foi traduzido simplesmente por um especialista em grego, mas por um pesquisador do tema. O professor David de Lira tem dedicado sua vida acadêmica à investigação do *Corpus Hermeticum* e do hermetismo. O tema tem sido trabalhado por ele em artigos, conferências e projetos de pesquisa. Isso implica que, para além do seu sólido conhecimento da língua helênica, o professor Lira emprega na tradução toda sua *expertise* de especialista na temática. Dessa maneira, questões que passariam despercebidas a um tradutor comum são tratadas com minúcia e destreza nesta obra. Mais do que a transposição de uma língua para outra, o que temos aqui é fruto de um esforço de reflexão e análise conduzido por um especialista.

E isso fica mais claro uma vez que essa tradução bilíngue é acompanhada por uma série de artigos de lavra de nosso autor. Por meio dessa coletânea, o professor David de Lira compartilha conosco não apenas as bases conceituais e técnicas que conduziram a produção desta obra, mas comunga com quem lê o presente livro uma parte do conhecimento sobre o tema que construiu ao longo de sua rica trajetória de pesquisa. Esses textos falam sobre a historicidade do *Corpus Hermeticum*, os manuscritos que sobreviveram até nós, discussões conceituais sobre sua interpretação, os esforços de tradução que esse documento conheceu, bem como os norteadores teóricos que guiaram o presente trabalho. Esse conjunto textual foi composto e organizado com muito cuidado, o que fica claro por sua capacidade de acrescentar às discussões dos pesquisadores experientes, mas também por ser uma porta introdutória aos neófitos e curiosos na temática. Portanto, temos mais um elemento que faz com que esta obra esteja na mesma prateleira das mais afamadas traduções do *Corpus Hermeticum* realizadas até hoje.

Por fim, gostaria de falar um pouco mais do responsável por nos brindar com o presente livro. David Pessoa de Lira é professor adjunto do Departamento de Letras da Universidade Federal de Pernambuco. Especialista em grego e latim, também tem como áreas de interesse as línguas sacras, a história da filosofia hermética, do *Corpus Hermeticum*, do hermetismo, dentre outras temáticas afins. Graduado em teologia, com mestrado e doutorado na mesma área, sendo que sua tese resultou no livro *O Batismo do Coração no Vaso do Conhecimento: Uma Análise do Corpus Hermeticum IV. 3-6a*. Lidera o grupo de Pesquisa Hermēneia: Estudo e Análise dos Textos Herméticos. É membro de prestigiadas associações de pesquisa, como a *European Society for the Study of Western Esotericism* (ESSWE), o Círculo Fluminense de Estudos Filológicos e Linguísticos e a Associação Brasileira dos Professores de Latim (ABPL), bem como do *Centro de Estudios sobre el Esoterismo Occidental* (CEEO-UNASUR).

Encerro este prefácio agradecendo a dupla honraria que este convite me rendeu. Ser considerado capaz de apresentar este livro que o leitor tem nas mãos é, por si só, um presente, e espero que tenha tido felicidade nessa empreitada. Mas a dádiva maior foi a oportunidade de apreciar tal trabalho em primeira mão. Termino afirmando, sem espaço para dúvidas, que esta é uma obra fundamental tanto para quem se dedica a pesquisar academicamente esse tema como para aqueles que aqui chegaram movidos pela sempre bem-vinda curiosidade intelectual. Sem mais delongas, desejo sinceramente que tenham uma leitura e uma experiência tão saborosas e ricas quanto foram as minhas.

— Prof. Dr. Francisco de Paula Souza de Mendonça Júnior,
Universidade Federal de Santa Maria

Prefácio do autor

Meu primeiro contato com o *Corpus Hermeticum* (*Corp. Herm.*) se deu durante meus estudos teológicos na cidade de Recife, Pernambuco, entre os anos de 1998 e 2002. Nesse contexto, tive acesso a um livro do teólogo Charles Harold Dodd, intitulado, em português, *A Interpretação do Quarto Evangelho* (*The Interpretation of the Fourth Gospel*, 1953). Surpreendeu-me a ênfase dada por Dodd à literatura hermética como sendo a mais elevada religião do helenismo, como se intitula o segundo capítulo da primeira parte do seu livro. Naquela época, em pesquisas particulares sobre as experiências místicas do mundo grego, ao ler o texto de Dodd, chamou-me a atenção o fato de que ele tenha empregado o hermetismo para relatar sobre a crença em um Deus único no mundo helenístico. Em todo caso, não foi necessariamente a unicidade de Deus que me chamou atenção, mas o fato de esse autor citar várias passagens gregas do *Corp. Herm.*, nas quais algumas em muito se assemelhavam aos escritos neotestamentários, despertando o interesse pela relação entre o *Corp. Herm.* e o Novo Testamento, uma vez que os escritos do *Corp. Herm.* são contemporâneos. A partir daí se intensificaram profundamente meus estudos sobre o hermetismo e a literatura hermética em geral.

Por fim, eu comecei a levantar vários dados bibliográficos sobre o estudo da literatura hermética, do hermetismo, do *Corp. Herm* e de todos os temas correlacionados. Nos anos que se seguiram, entre 2003-2008, me deparar com a leitura do livro *Hermetica*, de Walter Scott, fez crescer minha motivação para pesquisar sobre o hermetismo, coletando mais informações sobre o texto grego e planejando uma futura tradução.

Em 2008, ensaiei os primeiros rascunhos de uma tradução bilíngue grego-português. A partir de uma leitura do artigo de André-Jean Festugière (*Hermetica: Le Baptême dans le Cratère C.H., IV, 3-4*), entre 2008 e 2009, pretendi confrontar as hipóteses contidas naquele artigo. Em 2009, ingressei no doutorado. O projeto da tradução foi engavetado para me dedicar exclusivamente à pesquisa da tese. Entre 2010 e 2014, cursei o doutorado em teologia, cujo título de tese foi "O Batismo do Coração no Vaso do Conhecimento: Uma Análise do *Corpus Hermeticum* IV. 3-6a", que resultou, assim, em um livro: *O Batismo do Coração no Vaso do Conhecimento: Uma Introdução ao Hermetismo e ao Corpus Hermeticum*. Recife: Editora UFPE, 2015, do qual fiz adaptações e revisões para os ensaios da primeira parte do presente livro. Minha tese foi uma das primeiras no Brasil a tratar desse tema. Publiquei artigos, apresentei comunicações, liderando um grupo de pesquisa, ministrando minicursos e realizando eventos sobre o hermetismo e a literatura hermética. Minhas pesquisas sempre estiveram relacionadas com a religião, a filosofia e a filologia. Mesmo tendo interrompido a tradução completa, eu não falhei um dia sequer nos estudos do hermetismo e da literatura hermética nem na tradução e na análise de alguns tratados do *Corp. Herm.* Só retomei por completo a tradução grego-português do *Corpus Hermeticum* como projeto de pesquisa na Universidade Federal de Pernambuco em 2018, concluído como relatório no final de 2020 e enviado para apreciação dos pares no início de 2021.

Da mesma forma, convém salientar que o hermetismo não é apenas objeto de pesquisa de uma área específica. Pesquisadores de várias áreas acadêmicas têm se dedicado aos estudos sobre o hermetismo e acerca do

Corp. Herm.[1] Em geral, os estudos do hermetismo, do hermeticismo, da literatura hermética, do *Corp. Herm.* e de Hermes Trismegistos se situam dentro dos estudos parapsicológicos e ocultistas, considerando as dimensões simbólicas dos sonhos e dos mistérios. Essa aproximação temática compreende, muitas vezes, o âmbito filosófico e psicológico.

Assim, não foi apenas o fato de haver uma semelhança entre a linguagem meramente exegética dos tratados herméticos e a dos escritos neotestamentários que me chamaram a atenção. A linguagem do *Tao-Te King*, do *Bhagavad-Gītā*, da *Filocalia* e da obra *Relatos de um Peregrino Russo* é devocional, monista, sapiencial e dialógica. Esse tipo de linguagem sempre me chamou a atenção. Daí eu pensei: haveria algo semelhante produzido na Antiguidade, no Mediterrâneo, escrito em grego, que refletisse de uma certa forma a linguagem do *Tao-Te King* e do *Bhagavad-Gītā*?

Obviamente eu não pretendia estabelecer uma correlação histórica entre o *Tao-Te King*, o *Bhagavad- Gītā* e o *Corp. Herm.*, mas sim uma correlação arquetípica, de linguagem mística e sapiencial, que ultrapassasse o mundo esquemático narrativo da mitologia grega, mas sem cair em uma linguagem histórica, moderna e contemporânea com tendência a negar a mística. Do mesmo modo, não pensei em encontrar uma linguagem de uma escola filosófica greco-romana, com seus princípios de causa, de identidade, de unilinearidade, de não contradição ou do *tertium non datur*, nem tampouco com as ideias de *modus*, limite e *finis*.

Em todo caso, o hermetismo obviamente pressupõe uma certa mística filosófica que o médio-platonismo e o médio-estoicismo, com certa dose de aristotelismo, foram capazes de implantar como *vogue* ou ordem do dia no antigo Mediterrâneo. Certamente, isso não se trata de algo meramente empírico, mas sim comportamental e místico, que a razão, *per se*, não é suficiente para alcançar. É nesse ambiente que se instalam os sincretismos e ecletismos possíveis, e as crenças e opiniões se interligam como uma resposta à incontingência da racionalidade. Diante dessas incontingências racionalizantes, eu geralmente faço uma reflexão em termos junguianos.

Carl Gustav Jung, procurando colocar uma evidência objetiva do *inconsciente coletivo* para além de suas experiências, encontrou-a em duas fontes, a saber, na alquimia e no gnosticismo. Interpretando-as psicologicamente, ele entendia que ambas serviam como contrapartes antigas para sua área de psicologia. Não obstante, ele deu mais atenção à alquimia, como importante prefiguração de sua psicologia. Isso fica claro ao se averiguar a quantidade de volumes dedicados àquela em detrimento de apenas um ensaio voltado ao gnosticismo. Jung encontrou na alquimia medieval um *nexus* entre o antigo gnosticismo e a psicologia moderna.[2]

Em termos junguianos, aquilo que se chama de *gnose* de Deus ou da divindade é o conhecimento do *inconsciente*, proveniente dele. Para os herméticos, a *gnose* não é meramente conhecimento *sobre* Deus, mas *de* Deus. A divindade imaterial, parcialmente impessoal e primordial, é simbolicamente o *inconsciente*. Ela se revela por meio de intermediários, de emanações, que se chamam personalidades arquetípicas. O conhecimento sobre o homem é o conhecimento do *ego* independente, emergente do inconsciente para a consciência, sendo distinto tanto do inconsciente quanto do mundo externo. Vindo a ser independente, consequentemente passa a esquecer suas origens, projetando-se sobre o mundo, sobre a Natureza. A concepção junguiana da *gnose* está em flagrante paralelo com o caráter gnóstico *teoantropocósmico* do hermetismo.[3] Para Carl Jung, isso seria um indício de um significado psicológico das crenças, embora o hermetismo não fale nesses termos em relação a suas práticas, uma vez que os herméticos tratavam esse conhecimento como algo menos metafísico e mais soteriológico.[4] Por isso, a alquimia medieval é herdeira da alquimia antiga, cuja ideia se fundamenta no hermetismo. É com esse tipo de literatura que Jung estabelecerá aproximações e interpretações e tirará suas conclusões. A teoria alquímica é originalmente uma filosofia hermética. No entanto, na Idade Média, essa filosofia sofreu amplificações interpretativas do cristianismo. No Ocidente, os fragmentos herméticos eram, muitas vezes, em árabe. No âmbito ocidental, o contato direto com o *Corpus Hermeticum* só se deu a partir do século XV.[5]

Eu diria que, em tempos atuais, por mais que o hermetismo esteja por aí, ele se oculta, transforma-se em um espírito encantado e vem nos visitar em tempos de crise e na hora oportuna de consciência. Assim, Hermes Trismegistos se manifesta pela linguagem, instaurando um novo começo em meio a diferentes estados de coisas e pares de opostos. Sentimento pelos encantados que brotam nos corações dos povos das florestas, no profundo d'alma mítico-alquímica, no zelo do velho sábio e na sapiência de uma benzedeira ou de um conselheiro em terra árida. Não estamos falando de algo estranho aos nossos tempos, mas isso, certamente, cria estranhamentos.

Por fim, assim, nas minhas pesquisas e no meu interesse por textos devocionais, monistas, sapienciais e dialógicos, vi no hermetismo os elementos comuns que interligavam vários fenômenos filosóficos e religiosos que permeiam as diversas literaturas místicas, sem deixar de notar as idiossincrasias de cada qual no seu contexto histórico-cultural. São justamente essas idiossincrasias que devem ser levadas em conta no processo de tradução. Minha evidência objetiva está fundada naquilo que aprendi durante vários anos na leitura e no estudo do *Corpus Hermeticum*.

— Prof. Dr. David Pessoa de Lira,
Universidade Federal de Pernambuco

Introdução

Pode-se dizer, como já afirmou o historiador González Blanco, considerado por Martin Bernal como um *expert* contemporâneo [*sic*] no tema,[6] que o hermetismo é um apelo de um mundo que tem se conservado ativo e consciente até os dias atuais. Entrementes, deve-se considerar que a atividade e a consciência mantidas atualmente só são possíveis por causa de sua religião, sua mística, suas criações (invenções) e da sua cultura em multifacetadas dimensões. Por isso, é impossível resumir o hermetismo em um único livro ou tomo. Ainda, segundo González Blanco, se fosse possível relatar a história do hermetismo em sentido mais amplo, seria necessária uma enciclopédia capaz de dar conta de uma organização bibliográfica completa.[7] Embora perdurem atualmente a atividade e a consciência de um mundo que representa o hermetismo, e apesar dessa amplitude de fontes bibliográficas, muitas vezes o *Corpus Hermeticum* e seu movimento compreendem um assunto quase desconhecido entre estudantes, pesquisadores e leitores, necessitando, assim, de uma aproximação ou introdução ao assunto.

Os séculos III e IV da Era Comum constituem o período de maior criatividade filosófica da propagação e difusão do hermetismo. Deve-se levar em consideração, primeiramente, os tratados conservados no *Corp.*

Herm. Além disso, convém mencionar uma gama de documentos diversos, fragmentos preservados de maneira variada e muitos textos herméticos de cuja existência só se conhece por referências ou citações de segunda mão, uma vez que se perderam. Tudo isso, pode-se afirmar, demonstra a difusão do hermetismo na Antiguidade, no período sob dominação romana. Esses documentos chamaram a atenção e despertaram o interesse de vários pensadores da época, cristão e não cristãos, sendo incluídos em antologias, coleções de *excerpta* e em debates apologéticos dos Santos Padres. Isso evidencia uma vitalidade do hermetismo naquele período. Por fim, pode-se pressupor sua ampla difusão no norte da África e, igualmente, sua incidência no mundo latino.[8]

Na história das antigas religiões mediterrâneas, o hermetismo está inserido como uma daquelas pertencentes ao *environment* das religiões gentílicas. Por essa razão, é de suma importância entender os fenômenos religiosos que emergem como parte do *background* das antigas religiões do Mediterrâneo. Desde o final do século XIX e início do século XX, vários autores da Teologia e das Ciências da Religião têm dedicado, se não livros inteiros, pelo menos capítulos sobre o hermetismo e a literatura hermética no mundo religioso greco-egípcio no período de dominação romana.[9]

Por causa da amplitude do hermetismo e de suas várias acepções, convém, inicialmente, proceder a uma explicação etimológica e sobre os sentidos das palavras *hermetismo* e *hermético*.[10] Como qualquer outro termo, essas palavras têm várias acepções, dependendo do contexto ou do significado que se tornou hegemônico em vários âmbitos.

Pode-se dizer que o termo *hermético* é uma translação, para a língua portuguesa, da palavra grega *ἑρμητικός* [*hermētikos*], através do adjetivo latino *hermeticus*. O termo *ἑρμητικός* [*hermētikos*] se originou do teônimo grego *Ἑρμῆς* [*Hermēs*], que, no latim, é *Hermes*. Isso seria a explicação etimológica do termo *hermético*, mas não há nenhuma ocorrência desse adjetivo em dicionários de grego antigo nem de seu uso corrente na Antiguidade. O processo de uso evidencia justamente o contrário. No grego moderno, o emprego do termo *ερμητικός* [*ermitikos*] dá-se a partir do século XIX, por influência do francês *hermétique*, o qual se origina do adjetivo latino medieval *hermeticus*, que, por sua vez, deriva do teônimo grego *Ἑρμῆς* [*Hermēs*].[11]

No período medieval, os chamados alquimistas empregavam uma técnica de isolamento de elementos químicos em recipientes ou vasos lacrados de modo que esses não pudessem escapar de forma alguma (*vas bene clausum*). Um dos principais elementos químicos usados pelos alquimistas era o metal chamado *mercúrio* (*Mercurius* é o equivalente latino para o nome grego *Hermēs*). Eles costumavam lacrar esse metal em um recipiente chamado de vaso de Hermes (*vas Hermetis* ou *vas hermeticum*).[12]

Ao que tudo indica, o termo *hermético*, como se entende hoje em dia, deriva, via latim medieval, do termo técnico-alquímico *hermeticus*, que se refere ao ato ou modo especial de fechar, lacrar ou tampar um vaso, uma vasilha ou caixa. Em todo caso, o emprego dessa palavra em língua vernacular se dá a partir da Idade Moderna. O uso do termo *hermético*, na língua portuguesa e castelhana, em comparação com seu emprego em outras línguas vernaculares, é bastante recente, começando a ser empregado, no português, no espanhol e no italiano (*ermetico*) a partir do século XVIII. O alemão *hermetisch* começou a ser empregado correntemente no século XVI; o francês *hermétique*, no século XVII; e o inglês *hermetic*, no século XVII. Se, por um lado, é possível localizar o emprego do vocábulo *hermético* já no século XVI, por outro lado, a palavra *hermetismo* só entrou em uso corrente, em várias línguas, entre os séculos XIX e XX. O inglês *hermetism* e o francês *hermétisme* foram empregados no final do século XIX; e o português e o espanhol *hermetismo*, o italiano *ermetismo*, o alemão *Hermetismus*, entre os séculos XIX e XX. Em vários dicionários da língua portuguesa, o vocábulo *hermético* apresenta a acepção que evoca a técnica alquímica do lacre de recipiente: inteira ou completamente fechado de forma a não entrar o ar e nem escapar; impenetrável; impermeável; estanque. Nos dicionários, também, o termo *hermetismo* diz-se daquilo que é hermético; a qualidade do que é hermético.[13]

Já no século XVIII, o interesse pelo enciclopedismo, pelas histórias universais e pelas religiões e mitos comparados deu origem a um conglomerado eclético de egipcismo, egiptomania, orfismo, pitagorismo, cabala, paracelsismo, alquimia e rosacrucianismo, sob a designação de *hermético*. Formou-se, então, uma corrente que denominava *hermético* todo aquele conjunto de tradições filosóficas e religiosas. É justamente a partir desse período que o adjetivo *hermético* começa a ser empregado para caracterizar uma sociedade. Esse fato contribuiu para a formação de várias sociedades consideradas *herméticas* no século XIX. Assim, assumir-se partícipe dessas sociedades é retomar tradições antigas, desde o Egito antigo, repassadas e transmitidas através dos séculos, até o tempo presente. Por exemplo, em meados do século XIX, na Inglaterra, o discurso maçônico passou a incluir o *hermetismo*, assim como acontecera na Alemanha e na França no século XVIII. *Hermetismo* e egipcismo são imbricados, de maneira que assumir um é defender o outro. Isso faz sentido porque, ao afirmar-se *hermética*, uma determinada sociedade estava assumindo os elementos traditivos e a antiguidade do próprio Egito, mesmo que ela não fosse nem antiga nem totalmente egípcia.[14] Por essa razão, é muito comum, ao falar de *hermetismo*, entender essa palavra com a acepção de *ocultismo*, segredo, secreto, esotérico, velado, fechado, maçônico, teosófico, e daquilo que é confuso aos olhos dos profanos e/ou dos não iniciados.[15]

Entretanto, também entre os séculos XIX e XX, os acadêmicos designaram de *herméticos* todos os escritos antigos que apresentam alguma relação com a personagem mítica *Ἑρμῆς Τρισμέγιστος* (Hermes Trismegistos) e os ensinamentos contidos neles, o que constitui propriamente o *hermetismo*. De qualquer maneira, o adjetivo *hermético*, empregado aqui, no que diz respeito a esses escritos antigos, diz-se da propriedade, particularidade ou peculiaridade dos escritos cuja personagem principal é Hermes Trismegistos. Não é estranho adjetivar algo a partir de nomes de pessoas ou personagens, levando em consideração suas peculiaridades. Temos, por exemplo, o termo platônico, com referência a Platão; aristotélico, com referência a Aristóteles; socrático, para Sócrates; adâmico, para

Adão; davídico, para Davi; paulino, para Paulo; joanino, para João; e marcano, para Marcos. Assim, há quem defenda e considere *herméticos* todos os escritos atribuídos a Hermes Trismegistos ou que tenham alguma tipo de relação com esse nome.[16]

No entanto, a designação de *hermético* e *hermetismo* não é apenas o desdobramento de um nome. Pelo contrário, o nome de Hermes Trismegistos não é o bastante para caracterizar que um determinado livro seja hermético. Existem escritos que podem ser designados como herméticos mesmo sem citações ou referências ao nome de Hermes Trismegistos, como o livro de *Poimandres* (*Corp. Herm.* 1), no qual não há nenhuma indicação de que o profeta visionário seja Hermes Trismegistos. É apenas uma referência do *Corp. Herm.* 13.15 que faz pressupor isso. Sendo assim, os temas e conteúdos doutrinários também são elementos constitutivos que caracterizam a literatura como hermética.[17]

Além disso, um texto não é hermético por ter um título com o nome da personagem, porque os títulos são geralmente tardios ou submetidos a acréscimos. O *Corp. Herm.* 1, por exemplo, possui o título *Ἑρμοῦ Τρισμεγίστου Ποιμάνδρης* (*Poimandres* de Hermes Trismegistos). De acordo com Walter Scott, o genitivo *Ἑρμοῦ Τρισμεγίστου* (de Hermes Trismegistos) deve ter sido um acréscimo de algum compilador.[18]

Do mesmo modo, todos os manuscritos intitulam o tratado 3 do *Corpus Hermeticum* como *Ἑρμοῦ Τρισμεγίστου Ἱερὸς Λόγος* (Discurso Sagrado de Hermes Trismegistos), com exceção do *Parisinus Graecus* 1220 (século XIV), que o intitula *Ἑρμοῦ Ἱερὸς Λόγος* (Discurso Sagrado de Hermes). Pela regra filológica, a leitura mais breve é preferível e tende a se aproximar do texto original em maior ou menor grau. Assim, Arthur Darby Nock preferiu a leitura mais breve em seu texto crítico, a saber, *Ἑρμοῦ Ἱερὸς Λόγος*.[19]

Walter Scott salienta que não há fundamento para embasar a crença de que a superinscrição do nome de Hermes, no *Ἱερὸς Λόγος*, teria sido produto autoral, sendo bem provável que o acréscimo tenha ocorrido posteriormente, quando o texto foi transmitido e chegou às mãos de algum seguidor do hermetismo antigo. Contudo, é plausível, como ocorre em outros tratados do *Corpus Hermeticum*,[20] que o *Corp. Herm.* 3 tivesse uma espécie de cabeçalho, mais antigo do que o título. Ao que tudo indica, a primeira frase do tratado, a saber, "*δόξα πάντων ὁ θεὸς καὶ θεῖον καὶ φύσις θεία* (glória de todas as coisas é Deus, o divino e a natureza divina)"[21], deve encabeçar o texto.[22] Como se percebe nessa oração, nada há sobre Hermes Trismegistos nem o tratado o menciona. Charles Harold Dodd explica que não há nada, no *Corp. Herm.* 3, que indique sua atribuição a essa personagem.[23]

Assim, o nome de Hermes Trismegistos não é o bastante para caracterizar um determinado livro como *hermético*. Além disso, o adjetivo *ἑρμαϊκός*[24] não incide nos tratados e tampouco se deve aventar que o título do tratado deva indicar sua caracterização. Assim, por *hermetismo*, deve-se compreender o conjunto de doutrinas que integram os documentos desse movimento, constituindo uma *gnōsis* (*γνῶσις*) *teoantropocósmica*.[25]

De acordo com uma concepção de Van Bladel sobre o hermetismo árabe, o termo hermetismo pode ser esvaziado em maior ou menor grau. Igualmente, para Christian Bull, qualquer pessoa que tenha acesso ao texto hermético é iniciada no hermetismo. Isso pode se aplicar ao neoplatonista pagão Jâmblico, aos Pais da Igreja etc., advogando, inclusive, a favor de um hermetismo cristão, tese já defendida por Moreschini.[26] Claramente, Claudio Moreschini levará a tese do hermetismo cristão às últimas consequências no poeta renascentista Ludovico Lazzarelli. Há, em Moreschini, uma tentativa de justificar o sincretismo do hermetismo cristão na Renascença. O hermetismo renascentista trata de um hermetismo atravessado por interpretações cristianizadas. Da mesma maneira, no neoplatonismo, há vários pontos de contato com o hermetismo, mas isso se deve aos temas do médio-platonismo que incidem em um e outro. Quanto ao hermetismo árabe, Van Bladel está ciente de que se pode advogar que não há nenhuma menção do termo hermetismo na literatura árabe e que esse termo nunca foi empregado em tal contexto. Ainda assim, ele defende que uma literatura hermética árabe pode ser encontrada para além de qualquer designação.[27]

Aqui, ao delimitar o termo hermetismo, busca-se entender quais são os elementos constituintes daquilo que convencionalmente se designa como hermetismo. A partir disso, convém adentrar nas categorias de hermetismo, distinção e inter-relação a fim de compreender os escritos herméticos. Por essa razão, busquei ensaiar, e talvez problematizando, temas importantes do *Corpus Hermeticum Græcum*, tais como *γνῶσις* [*gnōsis*], teurgia, mântica, simpatia, astrologia, unicidade de Deus etc. Em um outro momento, com respeito ao *Corp. Herm.*, procurei abordar os seus aspectos de formação, as edições antigas e as edições críticas do texto grego. Em seus aspectos literários, apresentei os problemas da delimitação interna do *Corp. Herm.*, os elementos literários característicos dos tratados que constituem essa coletânea, a autoria, a datação e o local de composição desses tratados, de modo que se evidenciem as características gerais de cada qual. Deve-se salientar também a compreensão de vários pesquisadores a respeito da literatura hermética em um momento posterior. Por fim, descrevo minha tarefa de traduzir o *Corpus Hermeticum Græcum*. Tudo isso constitui a primeira parte do presente livro, organizada em oito ensaios. Chamo aqui de ensaios, mas certamente muitos desses textos foram publicados como artigos ou capítulos, fruto de minhas pesquisas, tendo sido atualizados e adaptados.

A segunda parte deste livro é compreendida pelo texto grego e a tradução para o português. Nesta tradução, emprega-se o texto padrão grego e latino dos escritos herméticos, editado criticamente e publicado por Arthur Darby Nock e André-Jean Festugière entre 1945 e 1954 (Nock-Festugière — também abreviado N.-F.), principalmente os dois primeiros tomos. Mais especificamente, na presente tradução, emprega-se a edição de N.-F. de 2011 dos dois primeiros tomos e o quinto tomo de 2019 por Jean-Pierre Mahé. Na segunda parte, depois do texto grego e sua tradução, há um glossário grego-português do *Corpus Hermeticum Græcum*, com palavras selecionadas do meu *Glossário dos Hermetica Græca*: pesquisa bibliográfica das ferramentas e das fontes secundárias de tradução, publicado como instrumento de pesquisa na Revista Brasileira de Estudos Clássicos — *Classica*.

Levando em consideração a importância ou relevância acadêmica do tema, deve-se salientar, *a priori*, que a literatura hermética é objeto de pesquisa de variadas áreas. Vale destacar que pesquisadores têm feito da literatura hermética e do Hermetismo seu objeto de pesquisa em vários âmbitos.[28]

Assim, a utilidade vale-se da apresentação do texto grego do *Corpus Hermeticum* para a língua portuguesa, na qual o *Corpus Hermeticum Græcum* não existe absolutamente ou quando a tradução do *Corpus Hermeticum* para a língua portuguesa não é totalmente satisfatória de acordo com o texto grego. Pode-se questionar o propósito mesmo de traduzir a obra se várias pessoas falam ou leem em mais de duas línguas e podem ter acesso à obra em outro idioma. Quando e onde o texto já existe, mas sua tradução não é satisfatória, como é o caso do Brasil, coube estudar e analisar a situação cuidadosamente para determinar o que de fato seria necessário. Nesse caso, foram analisadas as escolhas desafortunadas e infelizes de determinados termos lexicais incidentes nas traduções, embora seu estilo e sua linguagem sejam com frequência apropriados. Há casos de empobrecimento por erros ortográficos.[29]

Nem sempre os motivos e as combinações dos motivos dos tradutores são os mesmos, podendo ser variados e numerosos. Ainda assim, os principais motivos também podem influenciar no processo de tradução.[30] Certamente, o motivo para a tradução bilíngue do *Corpus Hermeticum* é um desafio, no Brasil, concernente à área de Letras, Filosofia e Ciências das Religiões. Isso vem a ser um esforço acurado para reproduzir o clássico em uma linguagem acessível sem deixar em evidência o estilo do escrito traduzido.

Quando se trata da literatura hermética e do *Corpus Hermeticum* diretamente, no país, percebe-se que há uma lacuna entre os materiais acadêmicos em língua portuguesa. No Brasil, não se encontra uma vasta bibliografia (em língua portuguesa) sobre o hermetismo e o *Corpus*

Hermeticum. Da mesma forma, há uma lacuna, no mercado editorial, de um texto crítico com tradução bilíngue (grego-português) que possa atender aos interesses de pesquisadores dessas diversas áreas acadêmicas. De fato, não existe atualmente no Brasil um livro que abranja o texto bilíngue grego-português com introdução e tradução bilíngue do *Corpus Hermeticum* e com bibliografia para estudos e pesquisas.

De maneira geral, os leitores percebem, cada vez com maior precisão, a necessidade de acesso a novas informações sobre o hermetismo e sobre o texto do *Corpus Hermeticum*. As áreas de predominante interesse pelo hermetismo e pela literatura hermética são as das Ciências Humanas, Letras e Linguística, especificamente dos cursos de Letras Clássicas, Estudos Clássicos, Literatura Clássica e Medieval, Filosofia, História, Teologia e Ciências da Religião, assim como da Psicologia, principalmente da linha analítica junguiana.

Por essas razões, justifica-se a tradução do *Corpus Hermeticum Græcum*, apresentando ao mercado editorial, pela primeira vez no Brasil e de maneira original no país, um livro que possa ser viável e disponível aos pesquisadores, acadêmicos e cultores da história das religiões, da história da Filosofia, da Filologia, dos estudos clássicos etc. Portanto, a pesquisa do *Corpus Hermeticum Græcum* — texto bilíngue (grego-português): tradução direta do grego, introdução e glossário justifica-se por se tratar de um objeto da história das antigas religiões mediterrâneas, da história da Filosofia, além de ser objeto mesmo do estudo da Filologia e da Linguagem, além de interesses pessoais de toda ordem.

Sobre a tarefa de traduzir, no ensaio 8, são mencionadas algumas traduções em português que não acompanham o texto crítico em grego e que são traduções de traduções ou apenas paráfrases de várias traduções. Além disso, ali é evidenciado o procedimento empregado para traduzir o *Corpus Hermeticum Græcum* no presente livro.

PARTE UM[31]

Ensaios:
Aproximações e Enfoques

1

A γνῶσις [*Gnōsis*] Hermética como Conhecimento do Sentido da Vida[32]

Como supramencionado, a designação de hermetismo está relacionada ao conteúdo de doutrinas gnosiológicas. No entanto, vários acadêmicos chegaram a confundir o conceito γνῶσις [*gnōsis*] *teoantropocósmica* que incide nos tratados herméticos com aquilo que se pode chamar de *gnosticismo cristão*. Certamente, a experiência *noética* e soteriológica, muitas vezes denominada de γνῶσις [*gnōsis*] no *Corp. Herm.*, constitui o núcleo da mensagem hermética.[33] No entanto, essa mensagem gnóstica do *Corpus Hermeticum* não pode ser confundida com a mensagem cristã nem com o *gnosticismo cristão*. O *Corp. Herm.* parece não ter sido afetado pelas ideias cristãs e não se pode pressupor qualquer contato com a cristandade (gnóstica ou não).[34] De fato, em um sentido mais amplo, *pode-se dizer que o hermetismo é gnóstico, mas não no sentido comumente empregado atualmente.*

Em todo caso, vários pesquisadores costumam enquadrar o hermetismo no tema do *gnosticismo*. Por isso, o *Problema Gnóstico* tem gerado muitas querelas acadêmicas desde o final do século XIX. Os acadêmicos não chegaram a um consenso a respeito do que seria *gnosticismo*, a despeito dos vários esforços interpretativos. Em estudos atuais, pesquisadores têm questionado tanto a terminologia como a categorização do que seria *gnóstico*.[35]

Luke Timothy Johnson afirma, em seu livro *Among the Gentiles*, que se considera afortunado por não se preocupar com o *Problema Gnóstico* e não precisar responder a respeito do tema nem discuti-lo extensivamente. Isso acontece porque as palavras *gnosticismo* e *gnose* se tornaram uma aporia insolúvel e sem resposta, ainda que a solução para esse problema tenha se tornado uma questão de honra para muitos pesquisadores. Há muitas tentativas de responder ao *Problema Gnóstico*, mas nenhuma parece ser plausível, unívoca ou convincente. Por exemplo, desde o *Colóquio de Messina* (1966), os eruditos têm diferenciado os termos *gnosticismo* e *gnose*. A *gnose* é propriamente um "conhecimento dos mistérios divinos reservados para uma elite" e o *gnosticismo* é um movimento religioso de II E.C.[36] Além disso, outros eruditos assumiram uma postura metodicamente cética, criando uma dúvida sistemática sobre o *gnosticismo*.[37]

Os estudiosos modernos, contudo, empregam os termos *gnóstico* e *gnosticismo* em vários sentidos confusos e complexos.[38] De fato, o primeiro erudito a sugerir a hipótese de um *gnosticismo* pré-cristão foi W. Anz. Willhelm Franz Bousset e Richard Reitzenstein (final do século XIX) tomaram a sugestão de Anz e a desenvolveram. No seu *Hauptprobleme der Gnosis*, Bousset argumentou e supôs que o *gnosticismo* era principalmente um fenômeno pré-cristão ou não cristão que foi cristianizado posteriormente.[39] Isso explica por que autores de história do mundo do Novo Testamento e da história das religiões antigas costumam colocar o hermetismo e o *Corpus Hermeticum* como uma seção ou capítulo no tema relacionado ao *gnosticismo* para explicar as origens, mesmo quando estão tratando de algo meramente cristão.[40]

Por outro lado, há pesquisadores que empregam o termo *gnóstico* apenas como designação de um grupo grande e amorfo de sistemas religiosos complexos, como descrito por Irineu (no seu escrito *Adversus Haereses*) e por Hipólito (no seu escrito *Refutatio Omnium Haeresium*).

Embora os termos *gnóstico* e *gnosticismo* (para rotular pessoas ou grupos) não estejam presentes ou se confirmem nos escritos desses autores antigos, parece plausível considerar que Irineu foi o primeiro a usar o termo *gnóstico* para fazer referência a um grupo. Outros eruditos também usam o termo *gnóstico* como designação de outros sistemas semelhantes que se conhecem de várias fontes. De forma geral, parece que esse problema não tem solução imediata.[41] John Drane afirma que, conceitualmente, o uso da palavra *gnōsis* no Novo Testamento não tem relação com o *gnosticismo* (possivelmente devido à visão negativa e depreciativa do autor a respeito do tema).[42]

Apesar de tudo isso, o conceito de *gnose* no *Corpus Hermeticum* está relacionado a um processo propedêutico que envolve reflexões teológicas, cosmológicas e antropológicas (*teoantropocósmica*), baseando-se em especulações metafísicas. A diferença entre essa gnose e aquilo que se julga como *gnosticismo cristão* está no fato de que, no *hermetismo, γνῶσις* não é um conhecimento quase científico de um mundo que transcende toda experiência humana terrestre, ou seja, de um conhecimento hipercósmico ou supramundano. Pelo contrário, no *Corp. Herm., γνῶσις* é uma disciplina de reflexões e especulações sobre Deus, o cosmo e o homem, que culmina na visão mística, ou seja, na deificação ou *theōsis (θέωσις)* do ser humano. É evidente que, para os autores herméticos, as verdades teoantropocósmicas divinamente reveladas não são meras especulações nem a γνῶσις se limitava a especulações metafísicas.[43]

A *gnose* hermética é essencialmente piedosa, devocional e interior. "E comecei a pregar aos homens a beleza da *εὐσέβεια* [*eusebeia*] e da *γνῶσις*" (cf. *Corp. Herm.* 1.27). Além disso, a opção do ser humano por esse caminho manifesta sua piedade (devoção) para com Deus (*Corp. Herm.* 4.7). E o homem temente (reverente) a Deus saberá tudo suportar porque tomou consciência da *gnōsis*, pois esse tem as sementes de Deus (a virtude, a temperança e *εὐσέβεια* [*eusebeia*] (*Corp. Herm.* 9.4). Nota-se que o *Corp. Herm.* 9.4 emprega *θεοσεβής* [*theosebēs*]. No mesmo contexto, também se utiliza εὐσέβεια [eusebeia]. Percebe-se que θεοσεβής [*theosebēs*] e εὐσεβής [*eusebēs*] são intercambiáveis. Em outro trecho, pode-se perceber que a virtude da alma é a *gnōsis*, e aquele que a tem é bom e εὐσεβής (*Corp. Herm.* 10.9). Em suma, para os escritores herméticos, não existe outro caminho senão o da devoção gnóstica (*Corp. Herm.* 6.5). Para os autores do *Corp. Herm.*, a εὐσέβεια [*eusebeia*] está intrinsecamente ligada à γνῶσις.[44] *Eusebeia* designa *reverência, piedade, amor filial, sentido religioso, temor, devoção, religiosidade*. Em outras palavras, significa *uma piedade interior* ou *uma maturidade espiritual, uma devoção*. Seu equivalente latino é *piĕtas — senso de dever para com quem isso é devido ou apropriado (deuses, pais etc.)*.[45]

Essa *eusebeia* é tão gnóstica quanto a *gnose* é piedosa e espiritual. Como se reza nos *Fragmenta Hermetica*: ἡ γὰρ εὐσέβεια γνῶσίς ἐστιν τοῦ θεοῦ (pois a *eusebeia* é a *gnose* de Deus).[46] Assim, convém afirmar que essa εὐσέβεια [*eusebeia*] pode ser traduzida como *espiritualidade*. Assim, o hermetismo é uma *espiritualidade* que se vivencia de forma progressiva. Isso não pode ser confundido com teoria nem com um sistema unificado de crenças nem com um sistema filosófico, mas se identifica com um *caminho* de progressão. Por essa razão, vários acadêmicos relacionam o hermetismo com um *caminho*, uma *trilha*, uma *vereda*, uma *senda* ou um *modo de ser*.[47]

Assim, esse conhecimento piedoso não pode ser comparado a um conhecimento puramente científico ou epistêmico. Nesse sentido, a ciência (ἐπιστήμη — *epistēmē*) é um meio de alcançar o Divino, mas não o fim *de per se*. O conhecimento do cosmo é um estágio preliminar para o conhecimento de Deus mesmo. Essa suposição não é equivocada se for levada em consideração a afirmação do *Corp. Herm.* 10.9: "... mas a gnose é o fim último da ciência, e a ciência é dom de Deus".[48] Assim, percebe-se que a γνῶσις [*gnōsis*] é própria e proveniente de Deus.[49] Por outro lado, esse conhecimento, que se difere do puramente científico ou epistêmico, embora não o exclua, não pode ser confundido com o discurso racionalizado nem tampouco é algo puramente fideístico.

Assim, mais adiante, em outro tratado, *Corp. Herm.* 9.10, reza-se que:

> Pois o compreender é o crer, porém o desconfiar é o não compreender. Pois o *logos* não chega até a verdade, porém o *nous* é grande, e tendo sido conduzido pelo *logos* até certo ponto, tem de alcançar até a verdade. E tendo compreendido bem todas as coisas e as tendo encontrado concordantes às que são interpretadas pelo *logos*, creu, e descansou na bela fé. Portanto, tanto as coisas preditas são críveis aos que têm compreendido como são incríveis aos que não têm compreendido (tradução própria).[50]

Nessa passagem, fica evidente que o discurso racional (*λόγος*) e a fé (*πίστις*) são necessários, mas não essenciais no hermetismo. A *γνῶσις*, por isso, é algo que transcende os pares de opostos do discurso racional epistêmico e do discurso fideístico. Embora não incida a palavra *gnose* no texto, como foi mencionado, a experiência *noética* é uma experiência frequentemente denominada de *γνῶσις*.[51]

Para os estoicos, por exemplo, as virtudes eram todas interconectadas. Essas virtudes eram de natureza ético-epistêmica, ou seja, qualquer virtude era um ato de fazer ciência. Para o hermetismo, a *γνῶσις* é algo mais do que a virtude da sabedoria em processo racionalizante.[52] Essa assume uma dimensão epistêmica e virtuosa que transcende a simples rota da razão, levando à união com o divino e se cumprindo no cuidado para com as coisas divinas como o ato mais elevado de justiça.

De fato, *λόγος* e *νοῦς* constituem elementos temáticos centrais da doutrina hermética, mas, ao contrário do *Corp. Herm.* 12.12-14a, o qual se apropria de um lugar-comum helenístico da superioridade dos seres humanos sobre os animais,[53] o *Corp. Herm.* 4.3-6a não descreve a superioridade do homem em relação ao mundo e aos irracionais (*ἄλογοι* [alogoi]), e, sim, a categorização da humanidade em duas classes ou grupos — aqueles que receberam o *νοῦς* [*nous*] (os *τέλειοι* [*teleioi*]) e os que apenas possuem a *λόγος* (os *λογικοί* [*logikoi*]).[54]

É possível constatar uma relação entre *γνῶσις* e *νοῦς* que não se dá por causa da origem etimológica, mas por pertencimento ao mesmo universo de experiência. Embora o *νοῦς* seja o órgão da *γνῶσις*, no *Corp. Herm.*, ele pode ser descrito como uma metonímia de *gnose*.[55] Esse fenômeno metonímico ocorre com *νοῦς* quando este significa *sabedoria* (*sapientia*) nas obras homéricas (cf. *Odisseia* 6.320).[56] Esse relacionamento se fixa na ideia de que possuir *νοῦς* implica ter *γνῶσις*; e ter *γνῶσις* pressupõe colocar seu órgão, o *νοῦς*, em funcionamento. Esse fato corrobora que seria impossível dizer que uma pessoa tem *γνῶσις* sem possuir o *νοῦς*; ou que uma pessoa tem *νοῦς*, mas não gera *γνῶσις* (isso praticamente afirma que alguém não tem conhecimento ou *νοῦς*).[57] Etimologicamente, o substantivo grego *γνῶσις* e o verbo *γιγνώσκω*, o substantivo sanscrítico *janam* e as palavras latinas *(g)nosco*, *gnarus*, *(g)notus* vêm da mesma raiz primitiva *γνω-*, *jana-*, *jña-* e *gno-*. Muitas vezes *νοῦς* denota *mente*, mas pode conotar *sentido* (*significado*); *sensibilidade*; *recordação*; *alma*, *coração*; *intenção*; *razão*, *intelecto*, *entendimento*; *pensamento*, *intelecção*, *sabedoria*, *percepção*, *intuição*.[58]

No *Corp. Herm.*, a luz primordial é o *Νοῦς* [*Nous*] (*Corp. Herm.* 1.6), ou seja, a luz é um símbolo de Deus ou da mente.[59] Além disso, o *Nous* Deus é vida e luz (*Corp. Herm.* 1.9). O Homem Primevo, de vida e luz, veio a ser em alma e mente (*εἰς ψυχὴν καὶ νοῦν*) (*Corp. Herm.* 1.17). Em última análise, a combinação de vida e luz é o símbolo do Ser Divino.[60] A palavra *ζωή* [zōē] é comumente empregada nos tratados herméticos para designar a vida divina na qual o homem pode adentrar aqui e agora ou depois da morte. No entanto, o termo frequentemente empregado para designar a vida após a morte é *imortalidade* (*ἀθανασία*).[61] No *Corp. Herm.* 1.18, Deus disse uma palavra santa, dentre outras injunções, mencionou: "... que o sensato reconheça a si mesmo *como* sendo imortal... (*...ἀναγνωρισάτω* <*ὁ*> *ἔννους ἑαυτὸν ὄντα ἀθάνατον...*)". O sensato aqui é o *ἔννους*, literalmente, o que *tem νοῦς*, aquele que *tem o νοῦς em*, aquele *com νοῦς*, ou seja, o prudente, o sensível (com *sensus*, significado),[62] o que pensa e reflete, o pensante, o intelectual.[63] Em outras palavras, trata-se do *ἔννους ἄνθρωπος*.[64]

Os autores herméticos empregam expressões para designar a parte do homem que se relaciona com o *νοῦς* e o torna imortal, a saber, *οὐσιώδης ἄνθρωπος* [*ousiōdēs anthrōpos*] (*Corp. Herm.* 1.15; 9.5), *τέλειοι ἄνθρωποι* [*teleioi anthrōpoi*] *homens perfeitos* (*Corp. Herm.* 4.4), *ὄντως ἄνθρωπος* [*ontōs anthrōpos*] (*Corp. Herm.* 10.24) e *ἐνδιάθετος ἄνθρωπος* [*endiathetos anthrōpos*] (*Corp. Herm.* 13.7). Como já mencionado, às vezes, os autores herméticos empregam aparentemente essas expressões para designar uma subespécie ou *hipônimo* do gênero humano (*hiperônimo*).[65]

Ainda assim, o *Corp. Herm.* 1.15, reza que: "... παρὰ πάντα τὰ ἐπὶ γῆς ζῷα διπλοῦς ἐστιν *ὁ* ἄνθρωπος, θνητὸς μὲν διὰ τὸ σῶμα, ἀθάνατος δὲ διὰ τὸν οὐσιώδη ἄνθρωπον... (... de todos os viventes sobre a terra, o homem é duplo: mortal por causa do corpo, porém imortal por causa do homem essencial...)" (tradução própria).[66] Ao mencionar que o ser humano é duplo (*Homo duplex*)[67], daí se pressupõe que há uma demarcação de uma biunidade, caracterizando duas naturezas. Pode-se inferir, a partir disso, que o *ἔννους ἄνθρωπος* não se refere a um *hipônimo* de dois grupos separados da humanidade, mas de duas naturezas características da realidade humana. Há uma parte simples, também denominada *οὐσιώδης*, e outra parte material (*ὑλικόν* [*hylikon*]), mundana, terrestre e da qual se origina o corpo.[68]

Assim, a imortalidade conferida pelo *νοῦς* apenas diz respeito a essa parte simples, *noética* e essencial do ser humano. Os autores herméticos fazem uso dessas expressões que descrevem o homem essencial, interior, essencialmente humano, com a finalidade de evidenciar o *νοῦς* em termos psicológicos no próprio homem. A *gnose* do *νοῦς* imortal é, efetivamente, o reconhecimento (ἀναγνώρισις [*anagnōrisis*]) da imortalidade do *si-mesmo* (do *self*, do *Selbst*).[69]

Há quem defenda que a fraseologia "... que o sensato reconheça a si mesmo *como* sendo imortal... (... *ἀναγνωρισάτω* <*ὁ*> *ἔννους ἑαυτὸν ὄντα ἀθάνατον...*)" é influenciada pela máxima délfica *γνῶθι σεαυτόν* [*gnōthi seauton*] ou *γνῶθι σεαυτόν* [*gnōthi seauton*] — *conhece-te a ti mesmo*. No oráculo de Delfos, o sentido da inscrição *γνῶθι σεαυτόν* é um convite programático (de *πρόγραμμα* [*programma*] — da inscrição) oracular para vir conhecer aquilo que estaria reservado pela vida ou pelo destino a cada pessoa.[70] A mesma máxima, expressa de maneiras diferentes nas obras platônicas, designa conotativamente um conhecimento do homem em sua humanidade com todas as implicações de contingências e limitações. O autoconhecimento, no *Corp. Herm.* 1.18 e nos parágrafos subsequentes, expressa-se conotativamente um (re)conhecimento do homem não apenas humano, mas também divino e, por isso, ilimitado. O autoconhecimento é o objetivo reconhecidamente presente nos tratados herméticos (*Corp. Herm.* 13.22: "*νοερῶς ἔγνως σεαυτὸν καὶ τὸν πατέρα τὸν ἡμέτερον* — conheceste intelectualmente a ti mesmo e o nosso pai").[71]

Em última análise, a *γνῶσις* é o caminho para uma deificação *ou theōsis (θέωσις)* do *si-mesmo*. O que há de comum entre o hermetismo e aquilo que se chama de gnosticismo é o sentimento de que interiormente algo foi desvinculado. Seja como for o transcendentalismo-dualismo-pessimismo no *Corp. Herm.*, isso não pode ser tomado de maneira excludente e radical.[72]

2

As Bases Filosóficas e Religiosas do Hermetismo: Teurgia e Mântica, Simpatia e Astrologia

Levando em consideração os aspectos dos escritos herméticos, alguns estudiosos categorizam o hermetismo de duas formas: um hermetismo, cuja doutrina soteriológica inclui um conhecimento de cunho teológico e filosófico; e outro hermetismo, que compreende um conjunto de práticas astrológicas, mágicas, alquímicas, *teúrgicas* e pseudocientíficas. Isso se dá justamente porque o nome de Hermes Trismegistos é envolvido em textos alquímicos, astrológicos, fórmulas mágicas e em tratados místicos e filosófico-religiosos.[73]

No entanto, recentemente, a distinção entre essas duas categorias de hermetismo tem sido motivo de debate entre acadêmicos. No século XX, Walter Scott e André-Jean Festugière estabeleceram uma distinção dicotômica e radical entre os variados textos sob o autógrafo e a tradição de Hermes Trismegistos.[74] Na introdução a seu livro *Hermetica*, Walter Scott evidencia essa distinção:

> Os *Hermetica* tratados neste livro podem ser descritos como "aqueles escritos gregos e latinos que contêm ensinamentos religiosos e filosóficos atribuídos a Hermes Trismegistus"...

> Há, além desses, uma outra classe de documentos, cujos conteúdos são também atribuídos a Hermes Trismegistus, a saber, escritos concernentes à astrologia, mágica, alquimia e a formas afins de pseudociência. Mas, em caráter de seus conteúdos, esses últimos diferem fundamentalmente dos anteriores. As duas classes de escritores concordavam em atribuir o que eles escreveram a Hermes, mas em nada mais. Eles tinham pouco ou nada a ver uns com os outros; eram do mais diferente calibre mental; e isso, na maioria dos casos, é fácil perceber de imediato se um dado documento deve ser atribuído a uma classe ou outra. Por isso, estamos certos em tratar os *Hermetica* "religiosos" e "filosóficos" como uma classe à parte, e, para nosso presente propósito, ignorar as massas de tolice que se encontram sob a outra ponta (tradução própria).[75]

A radicalização dicotômica fica mais evidente quando Scott conclui, dizendo: "Por isso, nós estamos certos em tratar os *Hermetica* "religiosos" e "filosóficos" como uma classe à parte, e, para nosso presente propósito, ignorar as massas de tolice que se encontram sob a outra ponta" (tradução própria).[76] Pode-se notar que esse procedimento é quase um medidor de *quilate* ou de *calibre* filosófico dos escritos herméticos, buscando estabelecer uma espécie de magnitude ou pureza da própria literatura.[77]

Vale observar, igualmente, que, no sentido de Walter Scott, o termo *teurgia* abarca uma gama de fenômenos variados, a saber, astrologia, magia, alquimia, pseudociência, artes e ciências ocultas, ritualismo e sacramentalismo.[78]

Diferentemente da generalização de Scott, convém atentar à acepção e ao emprego da palavra *teurgia*. Essa palavra vem do termo grego *ϑεουργία* [*theourgiā*] — formada pela composição entre os vocábulos *ϑεός* e *ἔργον* — daí vem o significado literal da palavra: *obra divina*, *ato divino*, *trabalho divino*. O adjetivo *teúrgico* (*ϑεουργικός*) diz-se do que é relativo à *teurgia*. A *teurgia* se refere a *atos sacramentais*, *ritos sacramentais* ou aos *mistérios*. Por isso, designa-se o *ϑεουργός* [*theourgos*], ou seja, o *teúrgo*, como *aquele que obra ou executa os trabalhos divinos ou os ritos sacramentais.*[79] Embora, no contexto filosófico, exista o costume de chamar de *teurgia* o que se entende por magia, não se deve confundir necessariamente isso com sacramento. O hermetismo nutre uma simpatia pela magia, mas dificilmente nutre esse mesmo apreço pelos ritos sacramentais.[80]

É bem verdade que o hermetismo não defende que os benefícios divinos acontecem apenas por meio de determinados atos sacramentais, visto que, para os autores herméticos: "[Deus] te encontrará caminhando e será visto em todo lugar, onde e quando não esperares, acordando, dormindo, navegando, caminhando, de noite, de dia, falando, silenciando; pois nada é que ele não é (tradução própria)".[81]

Entretanto, diferente da acepção dada por Walter Scott e, embora a palavra *teurgia* não incida explicitamente no *Corp. Herm.*, ela designa um sentido de ajuda no processo de deificação, culminando na *unio divina*, na *ἕνωσις* [henōsis], na união pela obra de Deus. É bem verdade, que, no *Corp. Herm.*, assim como ocorre em Jâmblico, a *teurgia* passa por um processo mais espiritualizado ou místico, distinguindo-se da magia e da própria filosofia.[82] A *teurgia* não é o ato ritual sacramental ou mágico em si mesmo, já que isso depende da operação do homem.[83] Trata-se de uma arte que emprega assinaturas ou símbolos consagrados e totalmente incompreensíveis à racionalidade humana. O efeito *ex opere operato* implica a obra divina e não a humana. É por meio dessa arte que se estabelece a comunhão com o divino.[84] Em outras palavras, a divindade inefável se manifesta por meio de expressões *metarracionais*, a saber, com a *teurgia* e com a *mântica*.

> Então todo vivente é imortal por causa dele [do intelecto]; e, dentre todos, o homem, o receptor de Deus e consubstancial com Deus, é o mais [imortal]. Pois Deus conversa só com esse vivente, tanto de noite, através de sonhos, quanto de dia, através de símbolos [presságios], e lhe prediz todas as coisas futuras através de todas as coisas, de pássaros, de entranhas, de inspiração, de carvalho; por isso, também o

> homem procura conhecer as coisas acontecidas antes e as coisas presentes e as coisas futuras (tradução própria).[85]

Quem observa o *Corp. Herm.* 12.19 pode facilmente constatar que ele tematiza conteúdos *mânticos* e *divinatórios*. De fato, o texto mencionado trata da comunicação divina, empregando técnicas de interpretação do divino, tais como os agouros, os presságios, os aruspícios, os augúrios (auspício), os sonhos e as adivinhações, visto que são elementos da conversação entre Deus e o ser humano.

Muitas vezes, *mântica* (*μαντική* ou *divinatio*) é entendida como a arte da perscrutação e previsão do futuro. Fato é que os antigos filósofos buscaram dar sentido teórico a essa arte. Assim, os estoicos, com frequência, deram os formatos ou contornos precisos da *mântica* dentro da filosofia por causa da doutrina do destino.[86]

No diálogo platônico *O Banquete* — também conhecido como *Symposium* (*Symp.*) 202E – 203A é dito que Deus não se mistura com a humanidade, exceto pelo divinatório e pela técnica dos sacerdotes. *Ἔρως*, o amor, interpreta e transpõe as coisas humanas para as divinas e vice-versa: petições e sacrifícios embaixo; ordenanças e respostas dos sacrifícios em cima. Por meio dessa combinação, toda *mântica* (*μαντική*) e arte sacerdotal são conhecidas, comunicadas e conduzidas: sacrifício, ritual, canções mágicas, divinação (*μαντεία*) e encantamento. Assim, através disso, estabelece-se uma sociedade e um diálogo entre os homens e os deuses, entre os deuses e os homens, seja acordado ou dormindo. Entre muitos e variados espíritos (*δαίμονες*), está o *Ἔρως*, o amor.[87]

Em *Fedro* (*Phaedrus*) (*Phdr.*) 244A – 244E, Sócrates, recitando Estesícoro, retoma o tema do amor, do *ἔρως*. No entanto, o amor agora vem como uma espécie de delírio (*μανία*). Ele toma como exemplo as artes divinatórias da sacerdotisa de Delfos e das sacerdotisas de Dodona e denomina a mântica como a mais nobre das artes. Assim, menciona-se que as sacerdotisas, em seus delírios, prestavam bom serviço a muitas pessoas da Grécia por meio das predições, predizendo o futuro. Os antigos, que deram nomes às coisas e aos seres, colocaram o nome dessa arte com base na palavra *mânica* (*μανική*, *μανία*), ficando *μαντική* ou *μαντεία*, com o acréscimo da letra *τ*.[88]

Em *Phdr.* 244A – 244E, menciona-se sobre os augúrios, sobre o voo dos pássaros e os sinais congêneres. No entanto, a *mântica* divinatória se constitui como a mais perfeita e honrada, mais do que a arte dos augúrios, a *oionística* ou auspício. Em *Phdr.* 275B, Sócrates menciona que, no santuário de Zeus em Dodona, as primeiras palavras divinatórias saíram de um carvalho. Na Antiguidade, disse Sócrates, os homens se contentavam em ouvir as pedras e o carvalho.[89] Em *Timeu* (*Timaeus*) (*Tim.*) 71E – 72B, afirma-se que Deus, retificando a parte vil dos humanos, estabeleceu o órgão divinatório para que tocasse a verdade. Deus deu à loucura humana um sinal digno como a *mântica*. Assim, ninguém se torna perfeitamente verdadeiro e de inspirada divinação com uma mente racional, exceto no sono, com o poder da inteligência, na doença e no entusiasmo. Tudo isso pertence ao homem quando se recolhe ao sono ou tem uma visão acordado tanto pela natureza divinatória quanto pela natureza inspirada ou entusiasmada. Assim, ele percebe as coisas boas e más no presente, passado e futuro. Não é tarefa do homem que está inspirado julgar visões e vozes, exceto quando volta à memória. Alguns, que são designados como profetas, são denominados adivinhos por pessoas que desconhecem a verdade. Segundo Platão, aquelas pessoas são intérpretes da voz e da visão misteriosas, não são adivinhos. Além disso, em *Tim.* 72B, relata-se sobre a prática aruspício ou da consulta das entranhas por meio da *mântica*.[90]

O autor do *Corp. Herm.* 12.19 desenvolveu o argumento por meio da *mântica* (*μαντική* ou *μαντεία*) para discorrer sobre essa comunicação. Assim, o tema fundamental é a comunicação entre Deus e o homem por meio da *mântica*. Embora não exista incidência do conceito de *mântica* na literatura hermética, o redator do *Corp. Herm.* 12.19 emprega a *mântica* como *motif* (motivo) ao passo que Platão, em *Tim.* 71E – 72B, *Symp.* 202E – 203A e *Phdr.* 244A – 244E, utiliza e explica o conceito de *μαντική* ou *μαντεία*.[91]

No *Corp. Herm.*, não há nenhuma passagem que se refira a *ἔρως* como intermediário, exceto no *Asclepius* 1, onde Cupido é a própria manifestação do *verbum divinum*:

> Depois que Hammon entrou no ádito, que o sentimento devoto dos quatro homens e a divina presença de Deus encheram aquele santo [lugar], estando as almas e as mentes pensas à boca de Hermes em um silêncio veneravelmente competente, assim começou o divino Cupido a falar (tradução própria).[92]

É claro que a *teurgia*, segundo Jâmblico, não tem relação com o Belo de Platão, como ocorre no *Symposium*. *Teurgia*, aqui, não se relaciona com a escala do amor nem com qualquer processo *mistérico* do amor.[93]

A despeito da distinção dicotômica de Scott, ele procede, em muitas passagens, comparando os textos do *Corp. Herm.* com os *Papyri Græcæ Magicæ*.[94] Em outras passagens dos textos herméticos, nas quais incide a relação de magia e filosofia, Scott prefere indicar a supressão, julgando não estar no arquétipo textual. Obviamente, os objetivos de Walter Scott são filológicos, estilísticos e raramente conclusivos em se tratando da relação dos *Papyri Græcæ Magicæ* com os tratados herméticos.[95]

Dessa dicotomia entre as duas categorias de hermetismo, André-Jean Festugière criou uma nomenclatura: o hermetismo que compreende um conjunto de práticas astrológicas, mágicas, alquímicas, *teúrgicas* e pseudocientíficas recebeu o nome de hermetismo popular (*hermétisme populaire*); o hermetismo que compreende um conjunto de doutrinas teológicas e filosóficas passou a receber a designação de hermetismo erudito ou filosófico (*hermétisme savant* ou *hermétisme philosophique*). De fato, Festugière estabelece várias outras designações para hermetismo.[96] Em seu livro *La Révélation*, Festugiére explicita que essas duas categorias não só eram distintas, mas também inconciliáveis e desconexas. Essa divisão veio a ser praticamente universalmente aceita entre os estudiosos. Giovanni

Filoramo chega a afirmar que essas duas categorias de literatura estão paralelas e contrapostas.[97]

Na verdade, por um lado, parece compreensível estabelecer diferenciações entre hermetismos e hermetismos. Por outro lado, a dicotomia classificatória radical de Walter Scott e André-Jean Festugière sinaliza um menosprezo em relação àquilo que se pode chamar de *literatura hermética popular* em detrimento de um classicismo e com um pedantismo classicista no tratamento da *literatura hermética erudita*.

Os textos são considerados herméticos independentemente de sua pertença a uma dessas duas classes características. De qualquer maneira, dentro dessas duas categorias, os escritos herméticos buscam responder à condição e à situação do ser humano no mundo, isto é, tenta responder à condição *antropocósmica*.[98]

Nas pesquisas mais recentes, sugere-se que a *literatura hermética popular*, que compreende textos astrológico-mágicos e alquímicos, seja chamada de *Hermetica técnicos*. Segundo Van den Broek e Copenhaver, essa designação é melhor do que o termo *popular*. Na verdade, o adjetivo *técnico* foi inicialmente mais usado por Garth Fowden em seu livro *The Egyptian Hermes*. A ideia de práticas com a finalidade de atingir os objetivos pessoais deve ser considerada em vez da ideia de algo vulgarmente disseminado, evitando, assim, qualquer juízo de valor quando se emprega o adjetivo *popular*. De acordo com Copenhaver, não existe nada que demonstre que esse tipo de literatura é mais popular do que a outra.[99]

O adjetivo *técnico* diz respeito ao controle sobre o mundo telúrico por meio de certas práticas de observação e conhecimento da simpatia que se estabelece entre os seres astrais e terrestres, ou seja, conhecer os poderes astrais que se estabelecem por meio da simpatia dos planetas. Além disso, também, busca-se um conhecimento para interpretação dos sinais de prognóstico e adivinhação do futuro e das propriedades ocultas que compõem as substâncias dos vegetais e dos poderes astrais. Daí chama-se *hermetismo prático* ou *técnico*, justamente porque lida com essas práticas e técnicas.

Esse hermetismo é um fenômeno característico em escritos herméticos que lidam e se interessam justamente, como foi dito acima, pelas propriedades ocultas que compõem as substâncias, tais como, os diferentes vegetais, os diferentes organismos.[100] Dentro das subdivisões desse hermetismo técnico, ainda existem os escritos relacionados à medicina astrológica (*iatromatemática*[101]) e à botânica astrológica, por meio de que eram obtidos dados para diagnosticar e curar as doenças. A Astrologia, na Antiguidade, assim como a Medicina, não era somente uma ciência, mas também uma técnica, ou uma arte de saber proceder (*τέχνη* [*tekhnē*]).[102]

Quanto aos *escritos herméticos eruditos*, costuma-se chamar de *Hermetica filosóficos* ou *teoréticos*. Mas deve-se fazer uma observação quanto a essas designações. Van den Broek prefere chamar os escritos herméticos eruditos de *Hermetica filosóficos* a designá-los de *Hermetica teoréticos*, a fim de que não se entenda esse tipo de hermetismo como base teórica para o hermetismo prático. Em todo caso, é importante saber que o adjetivo *filosófico* não deve ser compreendido como algo dogmaticamente filosófico em termos de raciocínio grego (embora não se deva desconsiderar a possibilidade de influxos de ideias filosóficas gregas nesses textos). Essa preocupação em distinguir a ideia de filosofia que incide na literatura hermética advém do fato de que os tratados herméticos não são puramente filosóficos, mas também religiosos.[103]

Quanto a isso, o próprio Walter Scott salienta que não importa se a designação dessa categoria de hermetismo é "filosófica" ou "religiosa", já que as doutrinas filosóficas ensinadas servem somente como meios ou ajuda para propósitos religiosos.[104] Ele ainda complementa: "'Teológico', se tomado no sentido etimológico da palavra, talvez fosse melhor; pois os *Hermetica* são 'conversas sobre Deus', ou 'discussões concernentes a Deus'. Mas a palavra *teologia*, em seu uso contemporâneo, tem associações enganosas".[105]

Ainda que o objetivo último seja a filosofia, a teologia e a religião,[106] há elementos comuns entre esse hermetismo e o hermetismo técnico. Van den Broek afirma que "A ideia básica por trás dos *Hermetica* técnicos [itálico nosso], e também dos filosóficos, é a noção de que todas as coisas que existem, tanto no mundo material quanto espiritual, de algum modo ou de outro, são interconectadas. Essa coerência universal ou *sympatheia* poderia ser a base para as mais diferentes práticas".[107]

É bem verdade que uma dicotomia classificatória radical deve ser evitada para que não se construa dois blocos estanques e intocáveis que existem em si mesmos. Apesar de admitir que, nos escritos herméticos, o objetivo último não se vincula demasiadamente à astrologia nem à magia e que não há quase nada relacionado à alquimia, isso não significa que todos esses elementos não pudessem ter sido interpretados sob uma ótica filosófico-religiosa nos escritos herméticos. Essas duas categorias intercambiavam elementos de um campo comum. Se, por um lado, não se pode negar nem negligenciar a diferença de tom e conteúdo entre essas duas categorias, por outro lado, não se pode inferir que exista uma contraposição como sugerida por Giovanni Filoramo. Jean-Pierre Mahé concorda que existe uma distinção entre essas obras tanto em relação ao conteúdo quanto ao tom, mas não pode haver uma ruptura total entre os dois gêneros. Mircea Eliade, nessa mesma linha, diz que, apesar das diferenças de propósito, conteúdo e estilo, há certa unidade de intenção entre esses grupos de textos.[108]

Quem quer que procure analisar ou descrever o contexto do hermetismo na Antiguidade deve levar em consideração o campo comum de atuação que uma vez foi estabelecido pelas características e pelos aspectos filosóficos e técnicos como forma de interação no mesmo ambiente. Isso pressupõe ser inapropriada uma distinção em absoluto. Por que se haveria de colocar os autores e seus escritos em contextos e lugares diferentes?[109] Garth Fowden escreve que: "... não há razão para não imaginarmos adeptos das técnicas da astrologia e alquimia, ao lado daqueles que ansiavam por uma sabedoria mais espiritual, sentados aos pés do sucessor de Hermes".[110]

Como já foi dito, é importante considerar que não existe nada que justifique a designação de "popular" para o hermetismo mágico-astrológico nem que explique sua disseminação vulgarmente entre as classes mais populares. Ebeling, ao rejeitar a designação popular ou vulgar para o hermetismo, tenta evitar que ele seja concebido em termos extremamente pejorativos ou que se faça qualquer juízo de valor.[111]

Nas religiões antigas, como a egípcia, por exemplo, magia e religião (ou culto e práticas mágicas) estavam intrinsecamente associadas, de maneira que não se podia perceber tal diferenciação, nem onde uma terminava e outra começava.[112] Timothy Johnson o entende da mesma forma: "Nesse sentido, mágica no mundo greco-romano pode ser vista como uma extrema manifestação de uma orientação religiosa penetrante".[113] No período de dominação romana sobre o Mediterrâneo, geralmente se atribuía sapiência aos taumaturgos, curandeiros ou milagreiros, os quais eram considerados divinamente inspirados, tendo o poder de se comunicar com as entidades ou os espíritos celestes. Por causa de sua vida e aparência austeras, e dos predicativos já citados, o povo facilmente os confundia com os filósofos. Inclusive, não é por acaso que a atuação do filósofo e do milagreiro poderia ser confundida, de modo que os adeptos e seguidores das chamadas ciências ocultas ou da magia eram considerados filósofos. Todos os curandeiros ou milagreiros eram conhecidos como *μάγοι* [*magoi*], isto é, magos ou mágicos, que, de fato, era a designação dos sacerdotes persas do zoroastrismo.[114]

Os antigos praticavam o augúrio, isto é, a adivinhação por meio do voo dos pássaros e de seu canto, a fim de obter um sinal de sucesso ou de desgraça. Uma das práticas de adivinhação e prognóstico, entre os antigos gregos, romanos e etruscos, era o aruspício, que consistia da consulta das entranhas das vítimas (oferecidas em sacrifício), com a finalidade de conhecer os fatos e os acontecimentos do futuro. Da mesma maneira, era comum acreditar que árvores, como o carvalho, podiam transmitir mensagens divinas.[115] Pode-se aventar que todas essas práticas são tão mágicas quanto religiosas ou religiosamente interpretadas pelo autor do tratado hermético.

Sendo assim, percebe-se que o hermetismo filosófico-religioso e o hermetismo mágico-astrológico têm interações que não podem ser negligenciadas. Tratados de natureza filosófica podem conter elementos de natureza mágico-astrológica e vice-versa. Isso pressupõe que uma dicotomia radical entre essas duas instâncias seria impossível ao considerar também possíveis interações. Além disso, deve-se levar em consideração o fato de que o hermetismo, embora variado, é um fenômeno que se estabelece em um solo comum.[116]

3

A Unicidade de Deus Entre Deuses no Hermetismo

Chama a atenção o fato de que Charles Harold Dodd, teólogo neotestamentário, em seu *The Interpretation of the Fourth Gospel*, tenha empregado o hermetismo para relatar a crença, no mundo helenístico, em um Deus único, Criador, Pai do Universo, Bom e Sábio. Ele referencia o *Corp. Herm.* 14.3 para mencionar a unicidade divina.

Na verdade, como já foi dito, não é necessariamente a unicidade de Deus que chama atenção, mas o fato de esse autor citar várias passagens gregas do *Corpus Hermeticum*, nas quais algumas em muito se assemelhavam aos escritos paulinos e joaninos, uma vez que os escritos são contemporâneos. Para C. H. Dodd, os textos herméticos sofreram uma influência predominante judaica, por meio da *Septuaginta* (LXX), mas também grega. Isso fica perceptível no seu livro *The Bible and the Greeks*, de 1954.[117]

O binômio *Um e Único* (*Um-Único*, *Um-Só* ou *Uno*) — em grego *ἓν καὶ μόνον* (*εἷς καὶ μόνος* ou *ἓν μόνον*) — constitui uma das expressões compostas do *Corpus Hermeticum*. Trata-se de um lugar-comum teológico dos textos herméticos, que incide, igualmente, em hinos egípcios, relacionado a divindades variadas, como a divindade Khnoum. Nos escritos herméticos, o binômio é uma característica de Deus.[118] Em todo caso, essa designação pode ser aplicada a qualquer divindade dentro de uma estrutura politeísta.

Faz-se necessário, aqui, abrir um parêntese para uma digressão sobre a unicidade de Deus no hermetismo e no *Corpus Hermeticum*. O fato de o *Corpus Hermeticum* mencionar um Deus Bom, Criador e Pai não implica a exclusão e a não existência de outros deuses (*monoteísmo*). Entrementes, da mesma forma, não se pode afirmar o conceito de *henoteísmo* como uma alternância de culto temporário e limitado a deuses diferentes em determinados contextos e situações nos tratados herméticos.[119] Talvez isso seja possível nos *Papyri Græcæ Magicæ*.[120] É bem verdade que os escritos herméticos podem se referir a Deus sem uma oposição ao *politeísmo*.[121] Assim, no contexto do hermetismo, pode-se falar de um culto ou adoração permanente a Deus sem qualquer negação da existência de outros deuses, estando comprometido com aquele sem adorar esses. Desse ponto de vista, pode-se falar de uma *monolatria*.[122]

Todas essas designações (*monoteísmo*, *henoteísmo*, *politeísmo* e *monolatria*) são tomadas das Ciências da Religião.[123] A diferença entre a *monolatria* e o *monoteísmo* está no fato de que a primeira se refere a um culto dedicado a um deus e não à existência única e exclusiva daquele deus. A segunda se refere ao culto e à existência de um único deus, implicando a falsidade e a inexistência de quaisquer outros deuses. Em todo caso, deve-se salientar que a *monolatria* frequentemente incide no contexto entre povos. Pode-se falar de *monolatria* como culto ao deus étnico, do deus do povo, da tribo, do país, da nação e da comunidade.[124] É bem verdade que, mesmo na religião egípcia, o singular *nṯr* (deus) era usado alternadamente com o plural *nṯrw* (deuses), dando a entender que determinada divindade era um deus local, relacionada ao seu domínio, diante de uma variedade de deuses de outros locais no Egito.[125]

Em todo caso, se levarmos em consideração que as crenças herméticas se deram a partir de um contexto *politeísta*, é possível aventar que sua concepção de adoração se relaciona com uma *henolatria*, ou seja, a adoração única e ilimitada a um Deus como seu protetor dentre vários deuses.[126]

Todavia, no *Corpus Hermeticum*, a ideia de um deus *páredros* (*πάρεδρος*), deus assistente, auxiliar, protetor, capaz de quebrar as "amarrações" ou *katádesmoi* (*κατάδεσμοι*) (cf. *Papyri Græcæ Magicæ* I. 96-105)[127] só se aplica aos deuses astrais e aos *daimones* correspondentes (*Corp. Herm.* 16).[128] Em todo caso, nos tratados herméticos, mesmo reconhecendo a superioridade e unicidade de um Deus bom por natureza, não há exclusão dos deuses celestes e seus *daimones*: "Pois, nem algum dos outros chamados deuses nem dos homens, nem dos *daimones*, pode, segundo a grandeza, ser bom, exceto somente Deus. E esse é o Único e não há nenhum outro (tradução própria)".[129]

Em outras palavras, a *henolatria* é o culto de um deus aceitando a existência de muitos deuses (*politeísmo*). Em vista disso, faz-se necessário considerar os traços dos escritos herméticos no âmbito sistemática, característica e contextualmente inter-religioso.[130] Assim, pode-se perceber que os textos herméticos não apresentam traços excludentemente *monoteístas*. O fato é que o processo de assimilação filosófico-religioso do hermetismo funcionou em variados níveis, envolvendo sistemas religiosos variados, começando por um sistema religioso *politeísta* e, *a posteriori*, cotejando vários outros sistemas religiosos, tanto *politeístas* quanto *monoteístas*.[131]

A ideia em torno do Deus pantomorfo e pantônimo é resultado de um processo de assimilação de diversas divindades. O Deus anônimo e pantônimo (o Uno e o Todo) é um lugar-comum hermético.[132] Essa ideia se sustenta filosoficamente pelo conceito de unidade na diversidade, multiplicidade e pluralidade, de maneira que o Uno se manifesta em muitos e que a multiplicidade tem muitas coisas no Uno.[133] Do ponto de vista religioso, isso culmina na *henolatria* dentro de um sistema *politeísta*. Em última análise, as assimilações filosóficas e religiosas do *Corpus Hermeticum* servem para justificar fundamentalmente seus conceitos *henolátricos*.[134]

Por último, deve-se compreender que essa tendência *henolátrica* dentro de uma estrutura *politeísta* é sustentada por conceitos *megateístas*, os quais implicam epítetos e descrições divinas superlativas do grande, da ancestralidade, do autoengendramento, da bondade, da biunidade, da bissexualidade etc. No hermetismo, as tendências religiosas são sustentadas pelos conceitos abstratos deificados por meio de assimilações, por exemplo, *Νοῦς* [*Nous*], Mente, Intelecto.[135]

Além disso, quanto ao conceito de pai em relação a Deus, não há, no *Corp. Herm.*, nenhuma ressonância com o termo apelativo dos cristãos. No *Corp. Herm.* 2.17, o conceito de pai é muito evidente: "Porém o outro título é o de pai, também por causa da feitoria de todas as coisas; pois o fazer é do pai".[136] O verbo *ποιέω* [*poieō*] não indica apenas uma simples feitoria (*τὸ ποιητικόν*), mas também a capacidade de criar, trazer à existência ou procriar (*παιδοποιΐα*).[137] Assim, o Deus como pai, no *Corp. Herm.*, se refere ao *pater generans*.

4

A História da *Formação* do *Corpus Hermeticum*

O *Corpus Hermeticum* (*Corp. Herm.*)[138] é uma coletânea de dezoito (dezessete) *libelli* escritos em grego.[139] Por conta de seu conteúdo, marcado por uma filosofia religiosa, essa coleção se associa aos esquemas filosófico-religiosos que caracterizam os *Hermetica*, ou seja, a coleção maior de livros herméticos, da qual fazem parte:[140]

- *Corpus Hermeticum* — dezoito *libelli* (libretos) escritos em grego;
- *Asclepius* latino ou *Logos Teleios*;
- Três tratados herméticos coptas da Biblioteca de Nag Hammadi;
- As *Definições Herméticas* Armênias;
- Os 36 *Fragmenta Hermetica* (*Testimonia Hermetica*);
- Os *Stobæi Hermetica* (*Stobæi Excerpta*) — 29 excertos, entre esses, o *Korē Kosmou*;
- Os Fragmentos de Viena.

Os textos herméticos de caráter filosófico-religiosos que chegaram aos dias de hoje foram documentados como *corpus*, tradução e *fragmenta*.

Por *corpus*, compreende-se o que se poderia chamar de antepassado de todas as obras de um determinado autor. Do século I A.E.C. ao século III E.C., foram produzidos vários *corpora* de variados autores, principalmente no período helenístico, como resultado do trabalho de compiladores e filólogos alexandrinos. Geralmente, o *corpus* proporciona a quem pesquisa e lê a amplitude ou o acesso alargado ao conjunto de obras do mesmo autor e de uma determinada característica literária. No entanto, a própria forma como os escritos foram reunidos e transmitidos suscita o questionamento a respeito da maneira como aqueles textos foram interpretados e qual a motivação de se reunir exatamente aqueles textos, de modo que fossem ali coligidos com um determinado propósito. Com frequência, é a partir dos *corpora* e de suas características históricas que constantemente são retirados os fundamentos capitais de uma determinada tradição, seja ela filosófica ou religiosa, tradição essa que poderia ser chamada de filosofia antiga ou religião antiga.[141]

Embora seja possível afirmar que, por conta de sua estrutura literária e doutrinária, todos os escritos herméticos filosófico-religiosos compreendam um vasto *corpus*, apenas uma coleção de dezoito (dezessete) tratados, transmitidos em manuscritos, são denominados propriamente, pelos editores modernos, de *Corpus Hermeticum*.

Os *fragmenta* são citações herméticas que incidem nos escritos de autores cristãos, como Tertuliano (160-220 E.C.), Cipriano, Lactâncio (240-320 E.C.), Cirilo de Alexandria (375-444 E.C.), Efraim, o sírio, Marcelo de Ancira (no *De Sancta Ecclesia* — Pseudoantimo — do século IV E.C.); e de autores não cristãos, como Zózimo de Panópolis (III-IV E.C.) e Jâmblico (do fim do III ao início do IV E.C.). Esses fragmentos remontam aos séculos I ao IV da Era Comum. Muitas dessas citações são de obras perdidas e outras apresentam referências a textos conhecidos, tratados do *Corpus Hermeticum* e do *Asclepius Latinus*.[142]

A maioria desses autores antigos provavelmente conhecia apenas textos avulsos dos tratados do *Corp. Herm.*, os quais circulavam separados ou desligados de um *corpus*: Fulgêncio Mitógrafo (século V E.C.) fez referência ao tratado 1 do *Corp. Herm.*; João Estobeu (século V E.C.) reproduziu os tratados 2, 4 e 10 em seus *Excerpta*; o alquimista Zózimo de Panópolis (século III-IV E.C.) referenciou os tratados 1 e 4 e provavelmente o tratado 12; Cirilo de Alexandria (século IV-V E.C.) cita o *Corp. Herm.* 11 e 14. Já Lactâncio (século III-IV E.C.) citou os tratados 12 e 16 e talvez tenha feito referência aos tratados 5, 9 e 10. Lactâncio também conhecia o texto do *Asclepius* em grego, sob o título de *Λόγος Τέλειος* [*Logos Teleios*]. Ele, em sua grandiosa obra de sete volumes, *Divinæ Institutiones*, fez várias referências a escritos herméticos e a Hermes Trismegistos. Lactâncio e Cirilo são os autores cristãos que mais citam os textos herméticos, tendo um considerável número de fragmentos em seus escritos.[143] Nota-se que esses autores viveram entre os séculos IV e V E.C., na sua maioria. A citação hermética mais antiga é a de Tertuliano, no *De anima*, 33.2, datada do século II E.C.: "... também Mercúrio Egípcio confessava, dizendo que a alma se retirando do corpo não se funde na alma do Universo, mas mantém determinada, para que preste conta [...] ao pai das coisas que em corpo tenha feito (tradução própria)".[144] Citação de textos desconhecidos atribuídos a Hermes pressupõe que havia mais textos herméticos filosófico-religiosos em circulação. Porém não existe nada nesses relatos que indique a existência de um *Corpus Hermeticum*.[145]

Entretanto, em uma carta de Zózimo à Teosebeia, a saber, *Conto Final* 8.6-7, f. 255 v., encontra-se a frase: "*καταδραμοῦσα ἐπὶ τὸν Ποιμένανδρα καὶ βαπτισθεῖσα τῷ κρατῆρι ἀνάδραμε ἐπὶ τὸ γένος τὸ σόν*" (tendo se refugiado em *Poimenandra*[146] e tendo imergido no vaso de mistura, ascende para tua estirpe — tradução própria), que pode aludir que ele tivesse tido contato com um agrupamento de textos, nesse caso, iniciando com o tratado 1 do *Corpus Hermeticum*, intitulado Ποιμάνδρης [*Poimandrēs*], e que também incluiria o tratado 4 do *Corpus Hermeticum*, intitulado *Κρατήρ* [*Kratēr*]. Caso Zózimo não tenha tido contato com a coleção que hoje se chama *Corpus Hermeticum*, ele pelo menos conheceu algum agrupamento semelhante de textos.[147]

Poder-se-ia aventar, de antemão, que o compilador do *Corpus Hermeticum* retirou cada tratado para compor um *corpus* da mesma fonte dos escritos de Estobeu: dos discursos de Ἑρμοῦ ἐκ τῶν πρὸς Τατ; de Ἑρμοῦ ἐκ τῶν πρὸς Ἀσκληπιόν; de Ἑρμοῦ ἐκ τῶν πρὸς Ἄμμωνα. Apesar de haver uma incidência de tratados πρὸς Τατ, πρὸς Ἀσκληπιόν, πρὸς Ἄμμωνα tanto no *Corpus Hermeticum* como nos *Stobæi Hermetica*, deve-se salientar três pontos importantes: a) não se pode presumir facilmente nada, além dessa incidência, sobre as fontes que Estobeu empregou sem qualquer tipo de atestação; b) deve-se entender que não se pode pressupor uma fonte única e unívoca de todos os tratados coligidos no próprio *Corpus Hermeticum*; c) ao empregar as mesmas fontes, não está clara a razão pela qual se emprega alguns textos em detrimento de outros.[148]

Além disso, não se pode desconsiderar a possibilidade do acesso tanto de Estobeu como do colecionador do *Corpus Hermeticum* a tratados avulsos postos em circulação e não necessariamente a uma coleção de tratados pré-existente. Por exemplo, se, por um lado, o tratado 18 do *Corp. Herm.* é um panegírico ou encômio dedicado a algum rei ou imperador, e não se caracteriza necessariamente como um texto hermético propriamente dito, por outro lado, não se encontra no *Corp. Herm.* nenhum trecho do *Logos Teleios*.[149]

Deve-se observar o modo pelo qual, na Antiguidade, determinados autores, como Lactâncio, Cirilo e Estobeu, os quais souberam selecionar textos de uma literatura mais vasta do que a que existe nos dias de hoje, procederam com os tratados herméticos. Eles, obviamente, não citavam todos os textos que conheceram. Ao que tudo indica, o *Corp. Herm.* deve ter sido redigido dessa mesma forma.[150]

Pode-se aventar, por um lado, que o processo de formação do *Corp. Herm.*, enquanto unidade distinta, tenha se dado por uma evolução gradativa de anexação ou adição de tratados, de modo que eles fossem incorporados subsequentemente ao primeiro. Por outro lado, pode-se inferir que o *Corp. Herm.*, devidamente formado como unidade distinta, no seu processo de transmissão, pode ter sofrido ajustamentos de copista a copista.[151] Se for aventada a possibilidade de que o compilador tenha recorrido a tratados individuais e desligados de uma coletânea, haverá também a possibilidade de o *Corp. Herm.* ter vindo a ser formado a partir da anexação subsequente de tratados, à medida que o compilador ou os compiladores encontravam cada um dos tratados individualmente.[152]

Pode-se aventar que o *Corp. Herm.* seja uma obra arbitrariamente formada em sua totalidade como unidade literária distinta de uma só vez. Se não tivesse sido feito de uma só vez, poder-se-ia cogitar que qualquer tipo de alteração de algo já formado não seria possível durante sua transmissão. Como ele já tinha sido formado, seria muito mais apropriado fazer reparos, estilização e ajustes nessa unidade distinta.[153]

A data de formação do *Corpus Hermeticum*

Embora não se saiba exatamente a data de formação do *Corp. Herm.* enquanto unidade literária distinta, pode-se destacar o fato de que, no século XI, Miguel Constantino Psellos[154], um monge ortodoxo oriental dedicado ao reavivamento dos estudos platônicos no mundo bizantino, teve acesso ao manuscrito do *Corpus Hermeticum*. Sabe-se que, nos manuscritos do *Corp. Herm.*, o *Parisinus* 1220 (**B**) e o *Vaticanus* 951 (**M**), do século XIV, incide um escólio no tratado 1.18, a saber, γόης [*goēs*]. No *Vaticanus*, esse escólio é anônimo e inserido no texto. No *Parisinus*, esse mesmo escólio aparece à margem, a partir de uma segunda mão, recebendo a inscrição τοῦ Ψελλοῦ [*tou Psellou*], isto é, de Psellos. O manuscrito *Vaticanus*, além disso, é caracterizado por apresentar obras diferentes, como a cópia do tratado de Psellos sobre a obra *Os Oráculos Caldeus* e, em seguida, a coleção dos escritos que compõem o *Corp. Herm.* Pode-se, então, presumir que Psellos contribuiu para a transmissão do *Corp. Herm.* segundo o escólio que lhe foi atribuído por uma pessoa desconhecida.[155]

Não há dúvida de que Psellos conheceu o *Corp. Herm.*, fazendo citações ou referências diretas e indiretas aos escritos que compõem essa coletânea nas suas obras. Além disso, é possível que ele tenha feito alguma reflexão acerca do tratado 1 do *Corpus Hermeticum*. Isso pressupõe, de alguma maneira, que ele conhecia essa coletânea, visto que não se tem notícia de que o tratado *Poimandrēs* (*Corp. Herm.* 1) tinha circulado individualmente no período medieval. Isso também leva a crer que Psellos teve acesso a um manuscrito dessa coleção.[156] Univocamente se tem concordado e sustentado que os manuscritos do *Corp. Herm.* devem derivar daquele exemplar utilizado por Psellos. No entanto, não se pode presumir que ele tenha inserido escólios, glosas, interpolações ou notas explicativas em algumas passagens do *Corp. Herm.* nem que ele tenha compilado esse material. É plausível que um compilador do manuscrito *Parisinus* 1220, em segunda mão, tenha inserido esse escólio marginal sob o nome de Psellos, levando em consideração a característica do manuscrito *Vaticanus* 951, visto que possivelmente tenha lhe servido de base para uma correção à margem. Além disso, esse escólio não aparece em nenhum outro manuscrito. Sendo assim, convém pensar que o compilador do manuscrito *Parisinus* tenha relacionado a incidência do escólio no *Corp. Herm.* à autoria (sob o nome de Psellos) do tratado sobre *Os Oráculos Caldeus* no manuscrito *Vaticanus* 951. Esse escólio não pode explicar que Psellos tenha transcrito o manuscrito que continha aquela coletânea e tampouco se deve pensar que ele se dedicou a qualquer intervenção crítica no texto.[157]

Considerando a possibilidade de que Zózimo, no século III E.C., tivesse já conhecido um agrupamento de textos, iniciando com o tratado *Poimandrēs* (*Corp. Herm.* 1), incluindo também o *Corp. Herm.* 4, ou que, pelo menos, houvesse uma relação entre esses escritos por essa época, poder-se-ia sugerir que a formação do *Corp. Herm.* deve ter começado no século III E.C.[158] Antes de Psellos, o *Corp. Herm.* se formou em qualquer época durante o período que vai do século III até o século XI E.C.[159]

No entanto, pouco ou quase nada é relatado sobre o *Corp. Herm.* na Europa Ocidental de forma geral desde o século VI. Assim, também se pode cogitar que o *Corp. Herm.* tenha se formado entre os séculos VI e XI E.C., em qualquer período durante o transcurso desses séculos. Ao que tudo indica, o *Corp. Herm.*, embora compreendendo um conjunto de textos que remontam aos primeiros séculos da Era Cristã, é uma produção redacional seletiva e arbitrária do Período Bizantino no que diz respeito a sua formação enquanto coletânea de textos herméticos e unidade literária distinta.[160]

No início do século IV, Constantino tornou oficialmente público, por lei, por meio do chamado Edito de Milão, que o cristianismo seria a religião do Império Romano Ocidental. Em 380 E.C., por meio do Edito de Teodósio, o cristianismo se tornou a religião oficial do Império Romano do Oriente. Esse fato implica a coincidência entre a ascensão hegemônica e exclusivista da cristandade no palco das religiões do Mediterrâneo e, de forma capital, do decréscimo da literatura hermética. Apesar de, como já foi visto, vários autores cristãos insistirem em citá-la durante os séculos IV e V, deve-se considerar sua intenção e seu propósito.[161]

A ambiguidade do mundo bizantino e a recepção da *literatura hermética*

No final do século V E.C., João Estobeu, em seus *Anthologii libri*, cita os *Hermetica Excerpta*. Não há entre seus fragmentos nenhuma incidência de fragmentos cristãos ou menção a nenhum autor cristão em qualquer passagem dos seus escritos. Em 550 E.C., João Laurêncio Lídio (490 E.C.- ?) também mencionou o *Asclepius* 28, em grego, em seu livro *De Mensibus* ou *Sobre os Meses*. Aqui talvez seja o último testemunho conhecido sobre a literatura hermética no ambiente da cristandade na Antiguidade tardia. O Patriarca Fócio, no século IX, teve acesso aos escritos de Estobeu e de Lídio. Curiosamente, os dois apresentam incidência de textos herméticos em seus livros.[162] Não há menção a autores cristãos ou à cristandade nos escritos de Estobeu nem nos escritos de Lídio. Fócio não sabia ao certo se Lídio era cristão ou pagão. Fato semelhante ocorre com Estobeu. Apesar do nome judaico-cristão, há autores que o designam de pagão (ocorre o mesmo com Lídio).[163]

Lídio viveu em Constantinopla no período em que Justiniano estava no poder (527-565 E.C.). Embora Justiniano tenha promulgado vários decretos para banir o paganismo, inclusive fechando a Academia Platônica (529 E.C.), a situação de ambiguidade entre ser pagão e ser cristão perdurou por algum tempo. Justiniano era extremamente ambíguo em sua política. Ele queria erradicar o paganismo, mas ao mesmo tempo intencionava prosseguir com uma política de continuação do passado romano do Império Bizantino (ou Romano do Oriente). João Lídio viveu, na capital do Império Romano do Oriente, como funcionário público e antiquário. Assistiu à mudança do Império Romano (com sede em Constantinopla) da Idade Antiga tardia para a Idade Média, de uma forma antiga tardia para a forma medieval. Diferentemente do que estava acontecendo com o Império Romano do Ocidente, que foi dominado pelos reis bárbaros, o Império Bizantino continuou ostentando a sua herança romana. Apesar de a acusação de paganismo ser frequente, as pessoas continuavam adorando seus antigos deuses e divindades. Nesse contexto, ao analisar a forma e as molduras sociais e religiosas na parte oriental do Império, é necessário ter muita cautela para não distinguir demasiadamente os conceitos pagão e cristão como antagônicos. Ao notar que havia não cristãos atuando em Constantinopla e na região do entorno entre os séculos V e VI E.C., há de se convir que essa distinção não pode ser afirmada por muito tempo. Por exemplo, é verdade que Proclo (412-485 E.C.) era um filósofo pagão e lecionava em Atenas, Alexandria e Constantinopla. Só em contexto tão ambíguo quanto o hermetismo é que os escritos herméticos devem ter sido conservados.[164]

Ao se levar em conta o que Livio Rossetti diz a respeito dos fatores de dispersão e recuperação dos textos clássicos na Idade Média, pode-se inferir que a perda dos referenciais básicos do que se poderia chamar de padrões culturais no Ocidente Latino, entre os séculos VI e XI, implicou o desconhecimento de textos gregos (não cristãos), inclusive porque era quase raro encontrar na região quem tivesse o conhecimento da língua grega. Ao passo que, no mundo bizantino, por causa da consolidação político-religiosa, da conservação corrente da língua grega e da herança da Antiguidade Grega, foi possível a perpetuação da familiaridade com texto grego e, por isso, a compilação e difusão *por toda Europa Ocidental, principalmente no período renascentista*. Sendo assim, a incidência de dispersão de textos gregos só se deu no Ocidente Latino. Segundo Rossetti, a censura aos textos filosóficos pagãos, no ambiente bizantino, era menos rígida do que no Ocidente Latino.[165]

É importante considerar o fato de que é do ambiente bizantino que os textos gregos se difundem pela Ásia Menor, chegando às mãos de sírios, persas e árabes, sendo posteriormente traduzidos. É no mesmo ambiente que o texto do *Corp. Herm.*, mais tarde, é encontrado por Leonardo de Pistoia, na Macedônia, no período da Renascença.[166]

Em suma, a formação do *Corp. Herm.* como um conjunto de tratados herméticos se deu no final da Idade Antiga e no decurso da Idade Média até o século XI na parte oriental do Império Romano, conhecida como Império Bizantino.

Os Manuscritos do *Corpus Hermeticum*[167]

Sigla		Nome	Datação	*Corp. Herm.*
A		*Laurentianus* 71, 33	século XIV	I-XIV
Recensão de A		*Coislinianus* 332	século XV	I-XIV
		Ottobonianus Graecus 153	séculos XV-XVI	I-XII.22
		Vaticanus Graecus 1949	séculos XV-XVI	XII.22 - XIV
		Bologna Univ. 2294	século XVI	I-XIV
		Besançon ix sig. 408	século XVI	I-XIV.3
		Parisinus 2518	século XVI	I-XIV
		Parisinus Graecus 395[168]	século XVII	I-I.16
B		*Parisinus Graecus* 1220	século XIV	I-XVIII
C		*Vaticanus Graecus* 237	século XIV	I-XVIII
Recensão de C		*Venetus Marcianus* 26	século XV	I-XVIII
		Parisinus 2007	século XVI	I-XVIII
		Ottobonianus Graecus 177	século XVI	I-XVIII
D		*Vindobonensis Phil.* 102[169]	século XV	I-XVIII
M		*Vaticanus Graecus* 951	século XIV	I-XVIII
N		*Neapolitanus* II c 32	séculos XIV-XV	Extratos
Recensão de N		*Angelicus* 63	século XVI	I
Q		*Bodleianus* 3388	século XV	I-XIII.14
R		*Bodleianus* 8827	século XVI	I-XVIII
S		*Bodleianus* 3027	século XVI	I- IX.10
Matr.		*Matritensis Graecus* 84	século XV	Extratos
Ven.		*Venetus Marcianus* 242	século XV	I-XVIII
Bon.		*Bologna Bibl.* A 13[170]	século XV	I-XIV
Vat.		*Vaticanus Graecus* 914	século XV	I, VII, XIII, XIV
Trin.		*Trinity College 205 (B.9.9)*	século XVI	I-XVIII
Pal.		*Palatinus Graecus* 53	século XVI	I-XVIII
16987		*Bodleianus* 16987	século XVI	I-XVIII
1297		*Parisinus Graecus* 1297	século XVI	I-XIV

5

As Edições do Texto Grego do *Corpus Hermeticum*

As primeiras edições do texto grego do *Corpus Hermeticum*[171]

Em 1456, Marsilio Ficino (1433-1499), filho do médico Diotefeci, teve seus estudos de grego patrocinados por Cosimo de' Médici, o *pater patriae*[172], estadista e político da cidade de Florença e fundador da dinastia Médici. Cosimo repassou para Ficino vários manuscritos com escritos de Platão para que fossem traduzidos e para que ele também se dedicasse à filosofia platônica. Ficino não tinha ainda iniciado a tradução das obras platônicas, ou talvez a tenha abandonado, quando, em 1460, Cosimo de' Médici lhe pediu para priorizar a tradução latina do manuscrito grego de uma coleção dos textos de Hermes Trismegistos trazida da Macedônia para Florença pelo monge Leonardo Di Pistoia, encarregado de encontrar manuscritos de textos antigos. Em 1463, um ano antes da morte de Cosimo, Ficino concluiu a tradução daquilo que mais tarde viria a ser chamado *Corpus Hermeticum*.[173] Sua tradução, ou seja, a primeira tradução editada do *Corpus Hermeticum*, publicada em 1471,[174] foi intitulada de *Mercurii Trismegsti Liber de Potestate et Sapientia Dei*, ou simplesmente *Pimander*.[175]

O manuscrito encontrado por Di Pistoia e entregue a Ficino para a tradução foi o *Laurentianus* 71, 33 (**A**). Sendo assim, a tradução do *Corpus Hermeticum* por Ficino era constituída apenas de quatorze tratados. O *Pimander* de Ficino ganhou popularidade e se tornou o modelo para ele proceder à tradução dos diálogos platônicos. Até 1641, a obra foi reeditada vinte e cinco vezes, sem contar as transcrições de partes do *Pimander* e as traduções feitas a partir dessa tradução latina. Foram realizadas traduções do *Corpus Hermeticum* em outros idiomas, como o italiano e o francês, tendo como base o *Pimander* de Ficino.[176]

Apesar da influência do *Mercurii Trismegsti Liber de Potestate et Sapientia Dei* de Marsilio Ficino, uma edição do texto grego do *Corpus Hermeticum* só surgiu na metade do século XVI, sendo que as edições impressas do texto se originaram a partir da cópia de um único manuscrito. Sendo assim, os editores reproduziram tipograficamente a configuração textual tanto quanto possível, inclusive adicionando, como diferentes leituras, notas marginais corretivas que incidiam em um único manuscrito disponível. As três primeiras edições do texto grego do *Corpus Hermeticum* que foram produzidas dessa maneira são a *editio princeps*, de Turnebus, a edição bilíngue greco-latina, de Flussas, e os *libelli* de Hermes Trismegistos editados por Patrizzi.

A *editio princeps*[177] do texto grego do *Corpus Hermeticum* se deu em Paris, em 1554, como resultado do trabalho tipográfico do intelectual católico francês Adrien Turnèbe (mais conhecido como Adrianus Turnebus), tornando-se, assim, sua *editio princeps*.[178] Sua edição recebeu o título *Mercurii Trismegisti Poemander, seu de Potestate ac Sapientia Divina. Aesculapii Definitiones ad Ammonem regem*.[179]

Essa *editio princeps* de Turnebus (***Turn.***)[180] foi baseada em um único manuscrito, cuja configuração textual se assemelha àquela do manuscrito *Vindobonensis Phil.* 102 (**D**) e que também está relacionada aos manuscritos **R**, **S**, ***Ven.***, ***Pal.***, ***Bon.***, ***Trin.***, ***16987***. No final dessa edição, Turnebus também apresenta as chamadas *αἱ διαφοροὶ γραφαί* (as escritas diferentes), ou seja, trata-se de uma lista de diferentes leituras ou configurações de palavras (variantes) para as passagens indicadas em seu texto. Possivelmente, essas *διαφοροὶ γραφαί* foram escólios ou glosas marginais do manuscrito utilizado por Turnebus, tendo se originado a partir das leituras do texto grego do *Corpus Hermeticum* como se configura no manuscrito *Laurentianus* 71, 33 (**A**), assim como de conjecturas do próprio compilador.[181]

O texto do *Mercurii Trismegisti Poemander* é basicamente associado ao manuscrito **D**, **R**, **S**, ***Ven.***, ***Pal.***, ***Bon.***, ***Trin.***, ***16987***, apresentando também uma relação com **M**. A edição de Turnebus, assim como os manuscritos tardios desse grupo, evidencia as técnicas filológicas empregadas no período renascentista, com notas marginais e referências externas ao texto do *Corpus Hermeticum*. A *editio princeps*, diferentemente da tradução de Ficino, contém o texto do *Corp. Herm.* 1-18. Entre o *Mercurii Trismegisti Poemander* e as *Aesculapii Definitiones*, ou seja, entre o *Corp. Herm.* 1-14 e o *Corp. Herm.* 16-18, Turnebus incluiu dois *Stobaei Hermetica* (Ἑρμοῦ ἐκ τῶν πρὸς Ταт e Ἑρμοῦ πρὸς Ταт). Ele provavelmente imprimiu esses excertos como um apêndice ao *Corp. Herm.* 1-14. A importância de ***Turn.*** reside no fato de que se trata de um texto cujas características estão em consonância com aquelas dos manuscritos **M, D**, **R**, **S**, ***Ven.***, ***Pal.***, ***Bon.***, ***Trin.***, ***16987***. Por essa razão, na crítica textual do *Corpus Hermeticum*, ele se constitui como elemento de suma importância no procedimento de analogia ou cotejamento de várias configurações textuais existentes.[182]

Em 1574, vinte anos após o surgimento da *editio princeps* de Turnebus, o bispo de Aire, François Foix-Candalle (mais conhecido como Franciscus Flussas Candalla), publicou, na cidade de Bordeaux, uma edição bilíngue greco-latina do *Corpus Hermeticum*. A edição de Flussas, sob o título *Mercurii Trismegisti Pimandras*,[183] foi baseada no texto grego da edição de Turnebus, sem nenhum emprego direto de manuscritos.[184]

O texto latino paralelo ao grego é o mesmo da tradução de Ficino para o *Corp. Herm.* 1-14, enquanto que para o *Corp. Herm.* 16-18, ou seja, o *Aesculapii Definitiones ad Ammonem regem*, Flussas usou a tradução latina de Ludovico Lazzarelli (de 1482, e reeditada em 1507), o qual teve acesso a um manuscrito (não preservado) que continha a parte ausente no manuscrito de Ficino. Contudo, a edição de Turnebus já circulava em paralelo com a tradução de Ficino e de Lazarelli, o que contribuiu para a confecção de uma edição bilíngue greco-latina.[185] A edição bilíngue de Flussas apresenta correções ao texto de Turnebus, sendo estas devidamente indicadas, tanto no texto como à margem, com uma cruz (†).[186] Dessa maneira, pode-se recorrer às leituras de Turnebus que ficam à margem para substituir as emendas de Flussas no texto. Aquelas *διαφοροὶ γραφαί* que se encontravam no final da edição de Turnebus também foram conservadas juntamente com as erratas tipográficas de Flussas ao final da edição.[187]

O *Mercurii Trismegisti Pimandras* de Flussas foi reimpresso em 1600. Mas antes, em 1591, Francesco Patrizzi (conhecido como Patritius) havia publicado os tratados *do Corpus Hermeticum* entre vários materiais em sua obra *Nova de universis philosophia.*[188] Essa obra de Patrizzi era constituída de vários documentos divididos em cinquenta livros (*libris quinquaginta*), "... entre os quais, por último, foram juntados os *oracula*[189] 320 de Zoroastro [...], os libelos de Hermes Trismegistos, e os fragmentos... (tradução própria)".[190] Se, por um lado, Patrizzi empregou as edições de Turnebus e Flussas para a reprodução do texto grego dos tratados do *Corpus Hermeticum,* por outro lado, ele fez sua própria tradução latina dos textos.[191]

O que mais chama a atenção nessa edição dos tratados do *Corpus Hermeticum* na obra de Patrizzi é justamente o fato de ele os agrupar levando em consideração sua autonomia como unidade literária. Nas edições anteriores não se considerava aquele conjunto de tratados como uma coleção de libelos, mas sim um único livro dividido em capítulos. A autonomia literária de cada tratado era tão evidente para Patrizzi que ele foi capaz de reordenar cada um na sua obra da forma como se segue: *Corp. Herm.* 1, 3, 10, 5, 6, 13, 7, 2, 11, 12, 4, 9, 8, 14. Depois desses, seguem os tratados 16-18 como uma única obra separada, o *ὅροι Ἀσκληπιοῦ πρὸς Ἄμμωνα Βασιλέα.* A coleção dos tratados de Patrizzi foi várias vezes reproduzida na mesma sequência, com alguns extratos de Estobeu intercalando os libelos.[192] Embora Patrizzi tenha empregado as edições de Turnebus e Flussas na sua reprodução textual dos tratados, ele pode ter se baseado em algum manuscrito desconhecido.[193]

A edição crítica do *Corpus Hermeticum*

Em 1854, o filólogo alemão Gustav Parthey publicou seu *Hermetis Trismegisti Poemander*, que compreende os tratados de 1 a 14 do *Corp. Herm.* Essa edição apresenta um texto grego com aparato crítico (*apparatus criticus*) e uma tradução em latim à margem inferior. Pode-se dizer que se trata de uma primeira edição crítica do texto grego do *Corp. Herm.*[194] No entanto, embora Parthey afirme, no prefácio do *Hermetis Trismegisti Poemander*, que emprega como base para a construção do texto grego do *Hermetis Trismegisti Poemander* os manuscritos **A** (*Laurentianus* 71, 33) e **B** (*Parisinus Graecus* 1220), percebe-se que as leituras de um e de outro nem sempre são fidedignas, e o que sugere como **A** é **B** ou **B**^{2} (copista de **B**). É bem verdade que ele fez largamente uso das edições de Turnebus, Flussas e Patrizzi, principalmente do último.[195] Se a edição de Parthey não for considerada a primeira edição crítica do texto grego do *Corp. Herm.*, pelo menos, ela deve ter preparado o caminho para as edições críticas que aparecerão subsequentemente. O fato de não ter evidenciado as leituras manuscritológicas de forma acurada deve ter feito com que alguns pesquisadores negligenciassem sua edição. Parthey praticamente teve como fundamento a edição de Patrizzi.[196]

Entre os séculos XIX e XX, a aproximação à literatura hermética se dá a partir do interesse acadêmico da *Religionswissenschaft* (Ciência da Religião). Pode-se dizer que a pesquisa crítica manuscritológica do *Corpus Hermeticum* e os estudos científicos (históricos) do hermetismo começaram com o filólogo alemão Richard August Reitzenstein (1861-1931), que pertencia à chamada *Religionsgeschichtliche Schule* (Escola da História da Religião) da Universidade de Göttingen (da qual faziam parte os teólogos Wilhelm Bousset, Hermann Gunkel, Alfred Rahlfs, Wilhelm Heitmüller, Ernst Troeltsch e William Wrede e os filólogos A. Dieterich e P. Wendland).[197]

Reitzenstein iniciou seus estudos científicos sobre o tema hermetismo nesse meio acadêmico, sendo considerado como uma "estrela de primeira grandeza" na pesquisa crítica. Sua obra inicial dedicada ao tema foi *Zwei religionsgeschichtliche Fragen nach ungedruckten griechischen Texten der Straßburger Bibliothek*[198] (1901).[199]

Em todo caso, sua obra mais proeminente foi o *Poimandres: Studien zur griechisch-ägyptischen und frühchristlichen Literatur*[200] (1904). Assim, o *Poimandres* se tornou quase que uma referência obrigatória a todas as pesquisas posteriores, apesar de pesquisadores chegarem a conclusões diversas sobre os resultados de suas análises. De qualquer maneira, o *Poimandres* de Reitzenstein deu início a um novo estágio para os escritos herméticos e para o hermetismo, especialmente para o *Corpus Hermeticum*. Nele, Reitzenstein estabeleceu a datação dos tratados do *Corpus Hermeticum*, comparando-os com uma série de textos de cultos e pregações provenientes do mundo religioso helenístico.[201]

Suas pesquisas sobre os *Hermetica* são acuradas, seguindo os princípios científicos de interpretação, destrinchando rigorosamente a literatura hermética em notas científicas, servindo como ferramenta para as pesquisas posteriores.[202] No seu *Poimandres*, começando com a história dos manuscritos e das edições impressas,[203] Reitzenstein procedeu aos textos críticos dos tratados 1, 13, 16-18, os únicos integralmente editados por ele.[204] Praticamente, nos textos desses tratados editados no *Poimandres* de Reitzenstein, incidem as leituras dos manuscritos **A**, **B**, **C**, **D** e **M**, além de haver indicações das leituras dos manuscritos *Parisinus Graecus* 1297, *Vaticanus Graecus* 914 e *Parisinus Graecus* 395, e das edições do texto grego de Turnebus, Flussas, Patrizzi e Parthey.[205] Segundo Reitzenstein, as leituras dos manuscritos **ACM** devem ser priorizadas diante de quaisquer outras.[206]

As pesquisas iniciadas com Reitzenstein no campo dos estudos filológicos dos escritos herméticos foram levadas adiante pelo filólogo Walter Scott (1855-1925). Scott produziu uma obra extremamente densa, em quatro volumes, chamada *Hermetica: the ancient Greek and Latin writings which contain religious or philosophical teachings ascribed to Hermes*, inicialmente publicada entre 1924 e 1936. Reitzenstein chegou a conhecer o primeiro volume dessa obra, empregando alguns comentários de Scott nos seus estudos, em 1926. Os volumes dois e três dos *Hermetica* de Scott foram publicados em 1926. O quarto volume, que contém os *Fragmenta*, foi completado com as notas abundantes de A.S. Ferguson, já que Scott faleceu em 1925, um ano depois da publicação do primeiro volume. Com a morte de Scott, o quarto volume demorou dez anos para ser publicado por Ferguson, com as notas dos *Fragmenta* e índices analíticos.[207]

O primeiro volume é constituído de uma introdução geral aos *Hermetica*, comentários, notas e adendos sobre o mundo dos autores herméticos, datação dos tratados herméticos, crítica textual e datação dos manuscritos. Além disso, o primeiro volume apresenta integralmente os textos gregos do *Corpus Hermeticum*, dos *Stobaei Excerpta Hermetica* e dos *Fragmenta*, além do texto latino do *Asclepius*. Os textos grego e latino são devidamente acompanhados de um aparato crítico e da tradução paralela em inglês. Os outros volumes são notas interpretativas dos textos de *Corpus Hermeticum*, do *Asclepius*, dos *Stobaei Excerpta Hermetica* e dos *Fragmenta*.[208] A coleção dos *Hermetica* é considerada uma obra de imensa contribuição para pesquisa sobre o hermetismo e sobre a literatura hermética pela abundante quantidade de materiais de estudo presentes.[209] Não há como negar que, ao suscitar questões de ordem cronológica e problemas das fontes, baseando-se em relações literárias e respeitando as leis de evidências, as informações contidas na introdução dos *Hermetica* de Scott demonstram um teor acuradamente científico, acadêmico e sóbrio.[210]

Para proceder à crítica textual, Scott fez largo uso das leituras manuscritológicas publicadas por Reitzenstein, além de fazer uso das leituras das edições de Turnebus, Flussas, Patrizzi e Parthey. No que diz respeito aos manuscritos, os mais empregados por Scott são **A**, **C**, **M**, **Q**, **R** e **S**.[211] No entanto, Scott se tornou obcecado pelo arquétipo dos manuscritos do *Corpus Hermeticum* e, por isso, submeteu os textos dos tratados herméticos a uma construção hipercrítica, procedendo a muitas conjecturas arbitrárias do texto (interpolações, correções e transposições), o que resultou na inutilidade de sua leitura. Embora indique as variantes dos manuscritos e edições antigas (no *apparatus criticus*) e demonstre uma pesquisa exaustiva (com teor científico-acadêmico), prevalecem quase sempre suas conjecturas, e não a dos manuscritos.[212]

Várias conjecturas de Walter Scott podem ser consideradas corretas, mas há várias conjecturas arbitrárias, desnecessárias e praticamente incorretas.[213] De qualquer maneira, a obra de Scott se tornou um clássico da pesquisa do hermetismo no que diz respeito à sua riqueza informativa nos comentários e nas notas explicativas, tornando-se, assim, um material indispensável e valioso à pesquisa.[214]

A edição crítica padrão do texto grego e latino dos escritos herméticos foi publicada por Arthur Darby Nock e André-Jean Festugière entre 1945 e 1954. Festugière procedeu à tradução francesa do *Corpus Hermeticum*, tendo recorrido ao texto grego e latino estabelecido por Arthur Darby Nock. Festugière e Nock foram grandes cooperadores e coautores da edição francesa do *Corpus Hermeticum*. Nock (1902-1963) era filólogo e historiador das religiões. Nasceu em Portsmouth, na Inglaterra, e radicou--se nos Estados Unidos, onde veio a falecer.[215] O *Corpus Hermeticum* de Nock-Festugière (também conhecido pela forma abreviada N.-F.) é dividido em quatro tomos,[216] que compreendem o *Corpus Hermeticum*, o *Asclepius*, os *Stobaei Excerpta Hermetica* e os *Fragmenta*.

Na introdução dessa obra, Nock afirma que:

> Nestes dois primeiros volumes, o texto [grego e latino] e o aparato, a introdução crítica ao *Corpus Hermeticum* e a introdução geral ao *Asclepius* são minha obra. A tradução, as notas sobre a tradução [francesa] e as introduções particulares de cada tratado são deveres de meu

> querido rev. pe. A. J. Festugière. Cada um de nós tem examinado em detalhe o trabalho do outro e conversado: a união de nossos dois nomes na página de título representa bem mais que uma colaboração exterior (tradução própria).[217]

Embora se possa designar a coleção completa dos escritos herméticos de *Corpus Hermeticum*, apenas os dois primeiros tomos compreendem o *Corpus Hermeticum* e o *Asclepius* propriamente, com paginação contínua entre os tomos I e II, formando duas partes de um todo: o tomo I é constituído dos tratados 1 a 12 (1. ed. 1945; 2. ed. em 1946); o tomo II é constituído dos tratados 13-18 e do *Asclepius* (1. ed.1946). Festugière ficou responsável pela edição crítica e tradução dos *Stobaei Excerpta Hermetica* nos tomos III e IV (1. ed. 1954). A edição dos demais *Fragmentos Herméticos* (1. ed. 1954) foi de responsabilidade de Nock, cabendo a Festugière sua tradução, no tomo IV.

De uma forma geral, Nock ficou responsável pelo texto crítico, enquanto Festugière foi incumbido da tradução francesa, introduções a cada tratado e comentários. Sabe-se que Nock empregou 28 manuscritos diferentes e todas as edições impressas disponíveis do *Corpus Hermeticum* para sua edição crítica.[218] Segundo ele, o trabalho de inventariação manuscritológica e das comparações textuais durou doze anos, tendo sido finalizado em 1938.[219] A edição de Nock-Festugière ganhou notoriedade e credibilidade por ser um texto crítico cuidadosamente conservado de acordo com os manuscritos e sem a necessidade de conjecturas desnecessárias, como verificado na edição de Scott. Essa obra possui um valor de suma importância no campo histórico-filológico.[220] Em 2005, a edição de Nock-Festugière foi publicada em italiano pela filósofa e classicista italiana Ilaria Ramelli em um único tomo, atualizando algumas informações e notas. Além disso, Ramelli adicionou à coleção o texto copta do tratado do NHC 6.6 (*De Ogdoade et Enneade* ou o *Discurso sobre a Ogdoada e a Eneada*) com comentários seus e uma ampla atualização bibliográfica de pesquisa. Ramelli também adicionou uma introdução aos escritos coptas e sobre novas orientações que os pesquisadores tomaram desde a descoberta de três textos herméticos da Biblioteca de Nag Hammadi. Na edição italiana, consta uma bibliografia acerca dos escritos herméticos coptas e sobre o hermetismo nos últimos cinquenta anos.[221] Mahé organizou um volume paralipômeno com vários textos herméticos e fragmentos herméticos de manuscritos diversos na mesma coleção dos textos de N.-F.[222] Trata-se do HERMÈS TRISMÉGISTE. *Paralipomènes grec, copte, arménie.*

6

Os *Aspectos Literários* do *Corpus Hermeticum*

Os tratados do *Corp. Herm.* foram redigidos em língua grega *koinē* alexandrina. O grego do *Corp. Herm.*, e dos tratados herméticos em geral, é o grego *aticizante*, um grego helenístico, ou *koinē*, que seguia os padrões literários do grego clássico ou ático dos autores dos séculos IV e V A.E.C. No entanto, a linguagem mística dos tratados herméticos é muito semelhante à linguagem do paganismo e do cristianismo do início da Era Comum. Essa linguagem é muito tautológica, fazendo uso de termos técnicos da filosofia e da ciência gregas, lembrando ora a linguagem platônica ora a estoica.[223]

O estilo hermético de ficção (composição) diz respeito à linguagem filosófica e científica da Antiguidade tardia e do período medieval. Era assim que os instruídos em alguma arte ou ciência se comunicavam. Diferentemente do que se pode conceber em relação ao discurso descritivo objetivo da modernidade, os autores herméticos se concentram em uma linguagem subjetiva e metarracional (transracional), que transcende os elementos sígnicos, abarcando, assim, uma linguagem simbólica.

A linguagem hermética era uma forma empregada pelos antigos para falar de ciência, arte, técnica e filosofia. Funcionava como funciona a linguagem cartesiana e aristotélica. Por isso, muitas coisas poderiam ser tidas como herméticas. Hermes Trismegistos era, sobretudo, uma linguagem, assim como se emprega Descartes e Aristóteles atualmente. Não é estranho o fato de que os apologetas cristãos na Antiguidade e na Renascença tenham buscado apoio em Hermes Trismegistos. A cristandade também objetivava ser inserida nesse tipo de fazer ciência, arte e filosofia. Seria quase impossível falar de alquimia sem mencionar algum método de Hermes Trismegistos ou procedimento mercurial (hermético).

Os editores do livro *Hermes Explains* são notoriamente conhecidos, Wouter Hanegraaff, Peter Forshaw, Marco Pasi, além de vários colaboradores que redigiram capítulos da obra.[224] Trata-se de um livro contemporâneo que apresenta trinta questões sobre o esoterismo ocidental. O fato interessante é que Hermes (Trismegistos) aparece no título do livro como alguém que explica as questões, mas, de fato, sabe-se que há uma contribuição autoral de vários acadêmicos sob a égide de Hermes Trismegistos. Os assuntos e temas são diversos.

Os próprios editores, na introdução, mencionam que Hermes tem muito para explicar o que deve ser feito. Sob os auspícios de Hermes Trismegistos, modelo de professor por excelência, que inventou as disciplinas acadêmicas e a arte da escrita, cada colaborador especialista explica temas disciplinares relacionados ao esoterismo. Um livro organizado com perguntas e respostas em termos jornalísticos pressupõe uma estrutura dialogal semelhantemente ao que ocorre no *Corp. Herm.*[225]

Não é exagero nenhum afirmar que a composição desse livro assume aspectos semelhantes ao que ocorre com os textos, ciências, artes, filosofia e religião sob o nome de Hermes Trismegistos. Por essa razão, essa personagem ocupa uma amplitude de campos e áreas diversas, mesmo que o foco seja o esoterismo. Tenham os editores consciência disso ou não, eles procederam a uma autorização (autor e autoridade) de Hermes Trismegistos sobre o objeto esoterismo a partir de várias áreas.

Assim, do ponto de vista de uma visão objetiva e extremamente descritiva, a linguagem hermética conduz a um caminho que muitas pessoas poderiam julgar como embaraçoso e complexo, uma vez que foge de uma lógica racionalizante e talvez aristotélico-cartesiana. Isso posto, pode-se afirmar que, no processo de leitura muitas vezes encontram-se problemas de univocidade entre os autores e problemas de ordem argumentativa. É a partir desses problemas que muitos pesquisadores vão explicar as supostas contradições argumentativas da literatura hermética e a falta de univocidade entre vários textos.

A questão principal é que a literatura hermética não é produto de um único autor e que o hermetismo não forma um sistema unificado de pensamento. Um outro ponto é que a produção literária do hermetismo trabalha com personagens em níveis distintos de uma historicidade objetiva e com personagens heterônimas ou pseudônimas, que são, *a prirori*, confundidas com autores. Além disso, o nome de Hermes Trismegistos, como já foi mencionado anteriormente, cobre uma ampla área de atuação das técnicas, artes e ciências da Antiguidade. Sendo assim, faz-se necessário considerar os elementos redacionais, genéricos, personagens, a funcionalidade das personagens, a temporalidade na ficção e a estratégia de leitura.

O problema da univocidade doutrinária e os aspectos redacionais dos tratados do *Corp. Herm.*

Embora Tadeusz Stefan Zieliński tenha sido o primeiro a observar e a classificar a heterogeneidade dos tratados do *Corpus Hermeticum*, chegando a classificá-los em peripatéticos, platonizantes e panteístas,[226] é justamente a classificação de Wilhelm Bousset, de acordo com a tendência teológica, cosmológica e antropológica dos textos, que perdura nos dias de hoje. Bousset reuniu os tratados em três grupos, a saber: otimistas (monistas-panteístas), pessimistas (dualistas-transcendentalistas) e mistos.[227]

De acordo com as características doutrinárias, os traços imanentistas e monistas estão presentes no *Corp. Herm.* 2, 5, 8 e 14; os traços transcendentalistas e dualistas se evidenciam no *Corp. Herm.* 1, 4, 6, 7 e 13. Em todo caso, percebe-se um imanentismo que não exclui o transcendentalismo nem um transcendentalismo que exclui o imanentismo dentro de um mesmo tratado. Por exemplo, no *Corp. Herm.* 5, um tratado com características predominantemente monistas, fala-se da imanência de Deus, mas também se fala da transcendência de um Deus Criador, comparando-o a um pintor e escultor. Além disso, no *Corp. Herm.* 11, o mais dualista dos tratados, fala-se de uma transcendência, embora não se exclua a imanência. Sendo assim, os tratados podem ser agrupados, segundo suas doutrinas teológicas, em monistas, dualistas e mistos. Mesmo empregando elementos de fontes comuns do sincretismo greco-egípcio, os autores eram livres para selecionar, assimilar, absorver e combinar o que eles julgassem mais relevante para sua vida filosófico-religiosa. Ao contrário do que se possa imaginar, os ensinamentos dos autores herméticos não eram meras repetições de dogmas religiosos ou máximas filosóficas. Eles poderiam utilizar crenças de outras religiões e pensamentos filosóficos como se pertencessem ao hermetismo, mas tendiam a *purificá-los* de todos os estratos que encobrissem a *verdade*.[228]

Por causa desse ecletismo, os tratados do *Corp. Herm.* não parecem ser coerentes entre si e, por isso, não se pode supor que o *Corp. Herm.* seja um simples resumo unificado de doutrinas, pois, nele, as opiniões dos autores não expressam uma univocidade em absoluto.[229]

No entanto, segundo Jean-Pierre Mahé, a natureza dessas variações e contradições doutrinárias é redacional, resultante de dogmas de variadas correntes filosófico-religiosas da época. Esses dogmas se agregavam às antigas sentenças herméticas como comentários, muitas vezes, opostos. Sendo assim, as sentenças herméticas constituíam os elementos mais antigos, constantes e imutáveis, aos quais se prendiam os mais variados acréscimos redacionais. A partir da tipologia e da taxonomia redacionais dos escritos filosófico-religiosos, propostas por Jean-Pierre Mahé, por meio dos *graus de intervenção redacional*, pode-se distinguir os diversos *tipos redacionais* e determinar o *nível redacional* de incidência e intervenção dos elementos doutrinais secundários na sua ordem textual (dualista-transcendentalista-pessimista ou monista-panteísta-otimista).[230]

Sendo assim, os tratados herméticos, segundo o grau de sua elaboração redacional, são constituídos tipologicamente de sentenças justapostas, encadeadas, comentadas e mitificadas:[231]

a) **Sentenças isoladas:** as sentenças são enunciadas uma após outra sem qualquer classificação ou agrupamento.
b) **Sentenças associadas:** as sentenças são associadas por termos essenciais em agrupamentos.
c) **Sentenças encadeadas:** as sentenças são unidas ou encadeadas por breves incisões e/ou por conjunções aditivas ou adversativas.
d) **Sentenças comentadas especulativas:** as sentenças são acrescidas de comentários carregados de repreensões, reprovações e juízo de valor (elementos axiológicos). Diferente da forma das sentenças herméticas, os comentários geralmente apresentam os verbos no particípio e sintaticamente são orações subordinadas reduzidas e/ou orações coordenadas aditivas assindéticas (*participium conjunctum*)[232]. Além disso, podem resultar da introdução de uma conjunção causal ou explicativa em uma determinada oração.
e) **Sentenças comentadas mitificadas:** a sentença pode apresentar uma aparente característica narrativa ao empregar o aoristo por decorrência da junção da forma das sentenças herméticas primitivas (com aoristo gnômico) a um mito adaptado. Nesse sentido, a sentença hermética é comentada com ajuda de materiais mitológicos. No entanto, ela não é alterada e o mito é apenas evocado sem qualquer desenvolvimento narrativo propriamente dito.

Um tratado pode apresentar uma redação mista de sentenças isoladas, associadas, encadeadas e comentadas. A transformação de uma sentença isolada a uma sentença mitificada indica a gênese do tratado, mas não necessariamente sua forma primitiva. Redacionalmente, nada indica que as sentenças isoladas e associadas em um tratado sejam mais antigas do que as sentenças comentadas mitificadas. Um redator pode ter recorrido a esses tipos redacionais simultaneamente em um determinado tratado. Por análise tipológica redacional ou de grau redacional deve-se compreender o restabelecimento essencialmente da linha morfogenética de unidade redacional e, em última análise, saber como o texto foi redacionalmente confeccionado. Percebe-se que o procedimento de análise redacional de um tratado hermético não difere daqueles de uma análise redacional dos textos bíblicos, apócrifos ou clássicos. As várias peças isoladas textuais foram coletadas e conectadas redacionalmente por meio de vários recursos, como o emprego de preposições, breves incisões e particípios.[233]

Ao afirmar que os autores herméticos são otimistas/panteístas/monistas/imanentistas ou pessimistas/dualistas/transcendentalistas, estabelece-se um quadro tipológico não apenas do ponto de vista doutrinário, mas também do ponto de vista de suas atitudes diante do mundo.[234] Partindo da teoria tipológica junguiana, poder-se-ia considerar que essas atitudes se dão de forma mais ou menos subjetiva e objetiva, gerando, respectivamente, características mais introspectivas, introvertidas, extrovertidas, extrospectivas.[235] Fica claro que não se trata de uma forma de enquadramento, mas de predominância geral de atitude.[236] Faz-se necessário, em todo caso, chamar a atenção ao fato de que, seja lá como for, os autores herméticos tinham uma tendência mais funcional em relação ao *νοῦς* [*nous*], ou seja, mais noética. Isso quer dizer que eles muitas vezes consideravam toda sua visão do mundo e de si mesmos do ponto de vista das funções mentais: pensamento, sentimento, intuição e sensação. Isso fica patente quando os herméticos discorrem sobre se todos os homens, mesmo possuindo *logos*, possuem *νοῦς* ou não. Se todos possuem, como ele é ativado? Se nem todos possuem, como devem alcançá-lo?

Ao que tudo indica, a doutrina do *νοῦς* [*nous*] deve servir de base para estabelecer uma tipologia das características desses autores. Se assim for, é bem verdade que o *νοῦς* [*nous*], segundo os herméticos, não é algo totalmente racionalizante ou meramente pensante. Ainda assim, o *νοῦς* [*nous*] é uma intuição divina que não pode ser enquadrada funcionalmente como irracional. Exceto se levar em consideração que o *νοῦς* [*nous*] é a contraposição a qualquer teoria científica, a qualquer teoria forçosa e exclusivamente racional, pode-se afirmar que, na verdade, ele é uma totalidade irracional, um fato irracional como o da experiência psíquica, servindo de base para as experiências da *γνῶσις* [*gnōsis*], as experiências religiosas originárias, às quais os dogmas e doutrinas devem sua existência e forma.[237] As doutrinas em torno do *νοῦς* [*nous*] são expressões da alma, expressões do que é vivo, empregando a forma dramática da catábase, da anábase, do fado, da metábole, da regeneração, da deificação, a soteriologia em geral etc., para expressar algo de mais inconsciente.[238]

O *νοῦς* é a faculdade de intuição intelectual. A *intuitio* vem do verbo *in+tuere* (olhar para dentro), é o *insight*. A intuição, da mesma maneira, pode se dar tanto de forma subjetiva como objetiva. No sentido hermético, o *νοῦς* é o pressentimento, o sexto sentido, ou a percepção extrassensorial. Em termos junguianos, a intuição exerce uma função mental auxiliar ao pensamento ou ao sentimento, os quais têm função mental principal. [239]

Os autores herméticos não costumam ser contra a racionalidade, contra a faculdade racional, contra qualquer ciência ou contra o fazer científico pela razão. O problema está quando os racionais, os lógicos (*Corp. Herm.* 4.3-6a) ou os pensantes consideram apenas e essencialmente apenas a "experiência imediata". Em outras palavras, esses lógicos possuem teorias científicas e conceitos abstratos que são formulados apenas na consciência.[240] Tal como estoicos, muitas vezes são pensadores sensoriais, baseando-se na percepção, na sensação ou no sentido (*αἴσθησις* [*aisthēsis*]).[241]

Os gêneros literários dos tratados do *Corp. Herm.*

Segundo Walter Scott, o processo inicial de redação dos tratados herméticos se dá justamente a partir do contexto de ensino privado e oral:

> Mas de vez em quando o professor colocava por escrito a essência de uma conversa em que algum ponto primordialmente importante fora

> explicado; ou talvez um aluno, depois de tal conversa com seu professor, escrevia o quanto daquilo conseguia lembrar; e, uma vez redigido, o escrito passava de mão em mão dentro do grupo, e de um grupo a outro (tradução própria).[242]

Alguns autores e pesquisadores concordam com Scott que o processo redacional dos escritos herméticos se dá a partir do ambiente de ensino-aprendizagem da época helenística. Também são unívocos na afirmação de que os comentários são resultados de um conjunto de elementos mnemônicos ou mnésicos dos quais se desenvolvem redacionalmente os tratados como um todo.[243] No entanto, há, nas afirmações de Walter Scott, duas proposições importantes: 1) a fixação por escrito da essência da conversa em que alguma questão de primeira importância tenha sido explanada; 2) a fixação por escrito, o máximo possível, daquilo que se pode lembrar. A "essência de uma conversa" (*the gist of a talk*) é o que se pode chamar de ideia geral da conversa. A fixação por escrito pressupunha um trabalho de memorização, uma vez que se escrevia muito daquilo que se poderia lembrar (recordar). Em todo caso, essas proposições podem levar a duas compreensões: a) anotava-se algum assunto ou temática em pontos principais como uma espécie de memorando ou pró-memória (comentário), o que se deve consultar sempre que possível; b) os comentários são fruto de uma interpretação de pontos capitais (em forma de sentenças) por meio da prática de meditação e memorização (mnemônica). O problema advém do fato de que o redator ou autor hermético não apenas fixava por escrito esses comentários como se precisasse recorrer a livros constantemente para lembrar de assuntos ou temas importantes.

A prática de anotar em pró-memória ou protocolo os temas capitais para serem explanados se tornou algo comum no contexto de ensino-aprendizado no período helenístico. Os comentários, nesse contexto, constituíam um dos recursos didático-pedagógicos que resultavam de:[244]

a) Anotações de *pro memoria* ou protocolo de um mestre; ou b) Anotações de *memoranda* de um discípulo.

Aparentemente, os tratados do *Corp. Herm.* seguem os gêneros literários predominantes do mundo greco-romano, tais como o gênero do diálogo, da epístola e do sermão. No entanto, existem mais detalhes literários que caracterizam esses inscritos para além do modelo greco-romano. Eles foram escritos no Egito helenístico, durante a dominação romana. É bastante plausível que esses textos tenham sido influenciados pela literatura sapiencial ou instrucional, conhecida como literatura de instrução (*sb3yt*)[245] e de preceito ou de testemunho (*mtr*). Fato é que o gênero sapiencial, que os antigos egípcios chamavam ensinamento ou instrução (*sb3yt*) e preceito ou testemunho (*mtr*), se conservou de forma coerente durante aproximadamente dezessete séculos (desde o período protodinástico até o período ptolomaico, entre 2800 A.E.C. e 100 A.E.C.). Mas é bem verdade que esse tipo de literatura pode ser ainda encontrado no século I E.C. No Novo Império, foram produzidas as *Instruções de Any* e as *Instruções de Amenope*; e os últimos textos sapienciais de que se tem notícia são a *Instrução de Onkhsheshonqy* e os *textos do Papiro Insinger*. O verbo egípcio *sb3* significa ensinar e deu origem à palavra copta ⲥⲃⲱ; enquanto a palavra *mtr* — que originou a palavra copta ⲙⲛ̄ⲧⲣⲉ [*məntre*] e ⲙⲉⲑⲣⲉ [*menthre*] — remete a um ensino particular.[246]

As características de forma literária da sabedoria egípcia são, em geral, descritas desta maneira: a) Apresentação de um ensino do mestre ao discípulo ou do pai ao filho. b) As sentenças gnômicas sapienciais (*ṯs*) são organizadas individualmente como uma lista de instruções. Podem expressar uma sabedoria já popularizada ou provérbios antigos. c) O filho (discípulo) deve saber cada sentença de cor (ou "de coração").[247] Essas características se evidenciam no *Corp. Herm. A priori*, não parece haver problema em reconhecer esses traços na literatura hermética como um todo.

Apesar da periodização mencionada acima, faz-se necessário chamar a atenção à produção da literatura demótica egípcia, a qual floresce entre os séculos I e II E.C. Além disso, deve-se mencionar o fato de que, possivelmente até o século III E.C., os templos egípcios ainda continuavam em funcionamento.[248] Segundo Richard Jasnow, delimitando mais o aspecto de interação literária greco-egípcia, sem ampliar os problemas dessa interação em um quadro maior, pode-se aventar a aproximação entre o *Livro de Thoth* e os *Hermetica* clássicos,[249] que são produzidos no mesmo período. A grande maioria dos tratados herméticos é estruturada como um diálogo entre mestre e discípulo, assim como se dá no *Livro de Thoth*. O autor daquela literatura demócrita compôs no contexto da religião egípcia e da tradição escribal, representando, assim, um fluxo traditivo com o qual o mundo helenístico teve contato.[250] O *Livro de Thoth*, segundo Jasnow, é um exemplo de um *corpus* de textos literários e acadêmicos que crescem permanentemente.[251] Jasnow não emprega a palavra influência, mas "interação". Para ele, essa palavra cobre desde aspectos de tradução até conceitos e motivos. Sendo assim, cotejando textos demóticos e gregos, pode-se observar os componentes egípcios nos tratados herméticos.[252] Embora o *Livro de Thoth* seja composto em forma de diálogo, há incidência de aretalogias ou hinos de louvor, conhecidos como *dw.3*.[253]

De acordo com a classificação de André-Jean Festugière, o gênero literário predominante dos escritos herméticos é em forma de diálogo didático, por exemplo, no *Corp. Herm.* 1-6, 8-13 e 17, em que o mestre ensina os seus discípulos. O *Corp. Herm.* 14 e o 16, de acordo com seu aspecto didático-epistolar, são cartas. O *Corp. Herm.* 7 pertence ao gênero oratório em forma de sermão. O *Corp. Herm.* 3 é um tratado cosmogônico, e o *Corp. Herm.* 1 é uma aretalogia (narração teofânica) que se apresenta em forma de diálogo. O *Corp. Herm.* 18 é um tratado panegírico.[254] Em alguns tratados, especificamente no prólogo e no epílogo, os autores, por meio das personagens, empregam a palavra *λόγος* com a acepção de discurso, ensino, ensinamento, doutrina, lição ou instrução. Segundo Anna Van den Kerchove, a melhor tradução para *λόγος*, nesse caso, deveria ser *leçon* (em francês, lição ou aula). Sendo assim, a palavra *λόγος* é mais do que o conteúdo a ser ensinado. Ela é o próprio acontecimento da instrução, o ensinamento que se dá em reunião. De acordo com Van den Kerchove, a tradução *leçon* se adéqua mais ao ensinamento na modalidade oral do que na modalidade escrita (que pode ser em forma de carta ou não).[255]

Entretanto, *λόγος* só tem o sentido de reunião de instrução (aula) em tratados que possuem marcas de *conversação*. Em caso contrário, a palavra *λόγος* pode tanto se referir ao ensinamento ou ao conteúdo doutrinário epistolar (*Corp. Herm.* 14.1[256]; 16.1), como podem ser as palavras de uma pregação, de um sermão ou de um discurso (*Corp. Herm.* 1.29). De qualquer maneira, essa palavra reflete o gênero no qual está inserida.

Os gêneros literários empregados nos tratados do *Corp. Herm.* expressam a função didática que cada um dos textos herméticos assume. Segundo sua forma predominante, esses tratados podem ser classificados em *gênero instrucional (didático), oratório* ou *epistolar*. Pelo fato de que o gênero didático compreende os tratados e ensaios, poder-se-ia dizer que, *per se*, os tratados herméticos já fazem parte desse gênero. No entanto, por gênero didático, aqui, deve-se designar unicamente os tratados (*λόγοι*) de instrução ou ensino que incidem no *Corp. Herm.* Para Van den Kerchove, as intervenções do discípulo, a explicação das ideias doutrinárias e a indicação (o endereçamento) do destinatário ao qual o mestre se dirige constituem os critérios determinantes para distinguir o gênero literário-textual dos escritos herméticos. Assim, os tratados do *Corp. Herm* são categorizados segundo o gênero em:[257] *Discursos, sermões: *Corp. Herm.* 7, 18; *Epístolas: *Corp. Herm.* 14, 16; *Lições orais dialogadas, com: a) Uma única questão do discípulo: *Corp. Herm.* 8, 9, 11; b) Questões banais do discípulo: *Corp. Herm.* 17; c) Comprometimento do discípulo: *Corp. Herm.* 1, 2, 4, 10, 12, 13; *Lições orais não dialogadas: *Corp. Herm.* 3, 5, 6.

Percebe-se que as lições orais, ou seja, os textos de gênero instrucional (didático) foram divididos em dialogados e não dialogados. De maneira geral, os dialogados são caracterizados pela intervenção do discípulo. Nos diálogos do *Corpus Hermeticum*, as *dramatis personae* são geralmente Hermes Trismegistos (como mestre), Asclépio, Tat e Amon (como discípulos), mas pode haver outras personagens, como *Poimandres*, *Nous* e *Agathos Daimon* (como entidades ou mestres divinos). As *dramatis personae* são deuses egípcios (cf. mais adiante sobre pseudonímia e heteronímia de personagem conceitual): Tat; Asclépio (Imhotep); Ammon; *Agathos Daimon* (Kneph); e *Nous* (Ptah). Isso demonstra um conteúdo de origem sincrética greco-egípicio.[258] Por isso, não é estranho mencionar ou ouvir que Hermes Trismegistos escreveu determinado tratado. Essas personagens como Hermes Trismegistos deixam de ser aquilo que elas costumam ser mitologicamente, assumindo uma outra dimensão, agora, filosófica.[259]

Lactâncio mencionou a relação de Hermes Trismegistos, Hermes Egípcio e Thoyth (Thoth, Theuth). Com a *interpretatio graeca*,[260] na Antiguidade, a divindade egípcia Thoth era constantemente chamada de Hermes ou Hermes Egípcio. Isso ocorreu entre autores gentílicos, autores cristãos, neoplatonistas etc. A própria cidade Hermópolis é um nome dado à antiga cidade de Thoth, *Ashmounein*.[261] Os atributos de Thoth e de Hermes são semelhantes aos atributos de Hermes Trismegistos, mas só em parte, como a semelhança entre o epíteto *duas vezes grande* (*'3* [āa] ou *'3 '3* [āa āa]) de Thoth e o *Τρισμέγιτος*, o *três vezes grande de Hermes*, o domínio da fala etc.[262]

No entanto, Hermes Trismegistos, como incide na literatura hermética, é uma personagem independente do Hermes Egípcio ou do Mercúrio Egípcio, embora haja relações.[263] Às vezes ele incide, na literatura hermética, como descendente de Thoth, outras vezes surge como mestre de Thoth (Tat). O próprio texto do *Asclepius Latinus* 37 menciona essa distinção. Hermes diz a Asclépio: *Hermes, cuius auitum mihi nomen est, nonne in sibi cognomina patria consistens omnes mortales undique lenientes adiuuat atque conseruat*.[264] No *Corp. Herm.* 16.1-2, Asclépio menciona que Hermes o ensinou, como também a Tat, e que aquele escreveu livros etc. No entanto, levanta-se uma dúvida: como Hermes pode ser Thoth (Tat) se ele o ensina?[265]

A interpretação de que Hermes Trismegistos era Hermes Egípcio, o qual escreveu vários livros em egípcio,[266] dá-se no meio cristão, principalmente, com Cirilo de Alexandria e Lactâncio. Lactâncio cita parcialmente o *De Natura Deorum* 3.56[267] de Cícero para falar de Mercúrio, aquele que os egípcios chamam de Theuth, e conclui que ele é Trismegistos: *Diuin. Inst. lib.* 1.6: *ut ei multarum rerum et artium scientia Trismegisto cognomen inponeret*.[268] Cícero, por sua vez, atribui o nome Theuth como Platão o faz, diferentemente de Lactâncio, o qual emprega Thoyth. Seja qual for o relato de em que Ficino busca apoio, se em *Phdr.* 274c-275b, *Polit.* 290d-290e[269] ou Cic. *N.D.* 3.56, em seu *Argumentum*,[270] na verdade, é a partir das compreensões de Lactâncio, *Diuin. Inst. lib.* 1.6 que ele interpreta Hermes Trismegistos por meio de uma intertextualidade secundária.[271]

Segundo Van den Kerchove, o autor hermético empírico é anônimo. Hermes Trismegistos é autor téorico. O conhecimento que os antigos leitores tiveram é indireto e a leitura dos textos e extratos herméticos é parcialmente influenciada pelas ideias preconcebidas. Esses leitores são empíricos e, de fato, não correspondiam ao leitor-modelo do autor hermético empírico. Os cristãos podiam acreditar na existência de Trismegistos, citar os tratados herméticos, mas isso não significa que eles eram seguidores do movimento hermético.[272] Em todo caso, Hermes Trismegistos é uma personagem arquetípica e imaginária.[273]

A delimitação literária dos *libelli* do *Corp. Herm.*

Os manuscritos do *Corp. Herm.* não apresentavam nenhum título. Alguns tratados (*libelli*) dessa coletânea haviam recebido uma espécie de cabeçalho. Por exemplo, o cabeçalho do *libellus* 1 é o *Poimandres de Hermes*

Trismegistos. Para o primeiro tradutor da coletânea, a saber, Marsilio Ficino, aquele cabeçalho era o título de toda a coletânea. Essa mesma interpretação de Ficino fez com que Turnebus, na *editio princeps* do texto grego do *Corp. Herm.*, denominasse de *Mercurii Trismegisti Poemander* toda parte correspondente aos tratados I-XIV e mais três *Stobaei Excerpta*. Os tratados 16-18 passaram a ser designados de *Aesculapii Definitiones ad Ammonem regem*. Nota-se que a *editio princeps* compreende o *Corp. Herm.* 1-14 e 16-17, com três *Stobaei Excerpta* entre *Corp. Herm.* 14 e 16. Embora Flussas tenha empregado a edição de Turnebus e tenha dado o nome de *Mercurii Trismegisti Pimandras* ao *Corp. Herm.* 1-14, ele dividiu o *Corp. Herm.* em *Caput* (cabeçalho ou capítulo em latim): *Caput I, Caput II... Caput* XVI etc. Além disso, Flussas havia chamado os três *Stobaei Excerpta* de *Caput XV* e manteve o *Corp. Herm.* 16 como *Caput XVI* (denominando-o de *Aesculapii ad Ammonem*). Os últimos dois foram omitidos por Flussas. Deve-se chamar a atenção ao fato de que os manuscritos mais tardios estabelecem divisões, respectivamente, em *κε(φάλαιον) α', β', γ'... ιε'* e em *index capitum α', β', γ'... ιε'*.[274]

Mesmo que Patrizzi tenha corrigido esses lapsos, denominando cada tratado de *libellus*, na edição de Parthey o *Corpus Hermeticum* voltou a ter a mesma designação, agora *Hermetis Trismegisti Poemander*. Ele usou o texto grego que correspondia ao *Corp. Herm.* 1-14 e dividiu em quatorze capítulos. Reitzenstein procedeu da mesma forma em sua obra *Poimandres*, cunhando cada tratado de *Kapitel* (capítulo em alemão). Scott dividiu todo o *Corpus Hermeticum* em *libelli*. Na edição de Nock e Festugière, cada tratado ou *libellus* é chamado de ***λόγος*** (tratado ou discurso, no francês *traité*).[275] Por que o *Caput XV* não existe no *Corpus Hermeticum*? Na verdade, trata-se de um equívoco de Flussas. Ele numerou os *Stobaei Excerpta* como parte da coletânea. A numeração continua nas edições até os dias de hoje. No entanto, os *Stobaei Excerpta* não são encontrados nas edições modernas do *Corpus Hermeticum*. A contagem é feita como se ali existisse o *Corp. Herm.* 15. Em todo caso, os *libelli* que se seguem após o 14 são o 16, o 17, o 18 (menos o 15). Por isso, costuma-se falar de dezoito *libelli* (tratados) no *Corpus Hermeticum*, mas na prática são dezessete.[276]

O local e a data de composição dos tratados do *Corpus Hermeticum*

Comentaristas, pesquisadoras e pesquisadores, em geral, defendem que os tratados do *Corp. Herm.* se originaram no Egito entre os séculos II e III E.C., sem, contudo, deixar de supor que alguns deles possam ter se originado na metade do século I E.C.[277] Alguns pesquisadores afirmam que, mesmo no século III A.E.C, já circulavam alguns escritos de cunho mais astrológico e mágico, os quais são considerados herméticos.[278] Muitos textos dos tratados do *Corp. Herm.* remetem a épocas antigas, justamente porque as tradições neles pressupõem um longo período de transmissão oral.[279]

Alguns desses tratados, produzidos em períodos diferentes no decorrer dos séculos I a III E.C., foram reunidos no *Corp. Herm.* Esses tratados não são senão obras produzidas por diferentes autores em tempos diversos. Embora seja difícil datar de maneira exata, González Blanco levantou algumas hipóteses sobre a datação do *Corp. Herm.* a partir dos dados próprios dos seus conteúdos doutrinários, dizendo que: os textos do *Corp. Herm.* 1-3 e 7 são do século I E.C., pois não mencionam nenhuma escatologia ou misticismo; os textos do *Corp. Herm.* 4, 8 e 14 são do século II E.C., porque são mais gnósticos; os textos do *Corp. Herm.* 5-6, 10-13 são do século III E.C., pois são mais místicos; finalmente, os tratados *Corp. Herm.* 9, 16-18 são mais escatológicos e, por isso, são tratados de uma época em que havia perseguições, ou seja, mais ou menos no século IV E.C.[280]

Os autores dos tratados do *Corpus Hermeticum* tinham alguma vivência no ambiente egípcio e possivelmente foram instruídos na cultura helenística, em voga durante o período de denominação romana. Esses escritores parecem não indicar pretensão em repetir os ensinamentos racionalizantes das escolas filosóficas já estabelecidas, mas procuravam formar um conjunto de doutrinas, embora não uniformes, de uma espécie de filosofia espiritual ou de uma religião filosófica que pudesse responder aos seus anseios.[281]

Como se mencionou anteriormente, tudo leva a crer que os escritores tenham sido fruto de um ambiente de instrução onde o mestre reunia poucos discípulos em torno de si, de forma privada, restrita e secreta, com o intuito de transmitir a seus pupilos as experiências místicas pelas quais tinha passado.[282]

Já foi mencionado que possivelmente os escritos herméticos tenham sido elaborados a partir de anotações (ou *memoranda*) dos temas das aulas, inclusive porque os textos herméticos aludem a *memoranda* curtos de instrução (contendo poucas páginas), como afirma Willoughby. A fixação escrita desses textos pode ter sido feita por um mestre que anotava cada um dos temas de suas aulas que ele julgasse mais importante. Ou também se pode supor que ele fazia uma pró-memória ou um protocolo das lições a serem explanadas ou ministradas, deixando sua organização para um momento posterior. Também se pode aventar que algum pupilo fez algumas anotações das aulas para tentar lembrar no futuro. Desde sua fixação por escrito, essas anotações passaram de mão em mão dentro de um ambiente de instrução, e de grupo em grupo.[283] Apesar de tudo isso, não se pode afirmar que há, no *Corpus Hermeticum*, uma descrição explícita de atos cúlticos e litúrgicos, nem tampouco se fala em comunidade religiosa. Os escritos do *Corpus Hermeticum* aludem a ensinos e sermões dirigidos ao leitor, com o intuito de despertá-lo e convocá-lo a seguir o caminho do conhecimento divino.

É bem verdade que não se pode negar que o hermetismo pode incidir para além daquele ambiente filosófico-religioso da sua época e dos escritos da literatura hermética. Os motivos herméticos podem incidir em vários escritos, autores e grupos. Isso deve ter contribuído para que pessoas diversas falassem em nome de Hermes Trismegistos, empregando tradições diferentes e as reformulando.

"Em todo caso, é improvável que o sentimento hermético dos escritos não tenha tido reflexo na história do autor e do leitor. Trata-se de um reflexo da história real de determinados grupos de pessoas do Mediterrâneo no período helenístico-romano. E isso parece evidente. No entanto, não pode comprovar ou explicar claramente como, historicossocialmente, pode-se enquadrar os promotores e divulgadores (escritores e leitores) da literatura hermética. Em outras palavras, não se pode afirmar com toda certeza sobre uma categorização sociológica de uma *Gemeinde* hermética estruturada desse movimento porque não há evidências do hermetismo como um grupo estruturado internamente e delimitado externamente.

Para Willoughby, certamente faltam evidências externas para provar que havia uma religião hermética com seu clero e seu culto ou liturgia, mas, segundo ele, há características ou evidências internas que mostram a suposta existência de uma religião hermética com seus aspectos comunitários e individuais, com suas pregações públicas e suas instruções privadas. No entanto, ele reconhece que os herméticos não enfatizavam os sacramentos e os ritos em si, mas a própria experiência religiosa, já que as práticas cultuais eram alegorizadas ou espiritualizadas.[284] Em todo caso, se, por um lado, não se pode negar que houvesse pequenos círculos ou conventículos mistéricos com estrutura social interna (o que também não é tão evidente assim), por outro lado, não há como afirmar sua delimitação identitária externa. Essa discussão vem desde Reitzenstein e ainda perdura atualmente entre vários teóricos e pesquisadores.

Há de se concordar com Olivier Dufault que não é possível estar em uma posição confortável para confirmar a existência de círculos herméticos em um contexto social ou mesmo, pode-se dizer, como categoria sociológica.[285] Por conta das diferenças entre tratados técnicos e teoréticos, Garth Fowden defende que havia uma espécie de *curriculum* hermético que implicava a existência de uma escola ou um círculo.[286] Apesar de todo esforço por parte de Fowden para contextualizar o hermetismo em um *milieu* e toda uma descrição sociointelectual do movimento, o que não deixa de ser relevante, tudo continua ainda sem plausibilidade de evidências externas delimitadas, diferenciando o hermetismo de todas as outras correntes possíveis. Para Van den Kerchove, a relação entre mestre e discípulo deve ter cooperado para a formação de um círculo hermético com liturgia própria. No entanto, ela prefere se abster a localizar o movimento hermético em um dado contexto social na Antiguidade.[287]

Diferente da tese de Bull,[288] não há nada que indique que a literatura hermética seja produto de sacerdotes, por mais que os templos tenham sido lugares de ensino no Egito. A literatura hermética não parece seguir rigorosamente os elementos tradicionais do *status quo* religioso, o que deve ter favorecido viver sob o anonimato, à margem, além da sectarização, criando uma espécie de elitismo intelectual e religioso[289] em oposição à helenização e alimentando o sentimento cultural egípcio, mas permanecendo externo à institucionalização.[290]

7

Os Enfoques dos Pesquisadores

Da segunda metade do século XIX até a primeira metade do século XX, os pesquisadores consideravam os escritos herméticos como objeto de estudo meramente filológico-helenístico. Além disso, assim como sua abordagem exigia, os filólogos se interessavam apenas pelas características gregas, descartando qualquer possibilidade de elementos não gregos. Nesse período, os dois acadêmicos que mais marcaram o estudo científico dos escritos herméticos foram os filólogos Richard Reitzenstein e A.-J. Festugière. O espaço de tempo entre a publicação do *Poimandres* (1904) e *La révélation d'Hermès Trismégiste* (1944 e 1954) foi o bastante para suscitar as principais teorias e conjecturas norteadoras sobre o hermetismo filosófico-religioso e sobre o gnosticismo.

Ainda que Reitzenstein tenha sido um filólogo helenista, ele deduziu explicitamente, em seu *Poimandres*, que os escritos herméticos evidenciavam uma religião organizada hierarquicamente (com cultos, ritos e sacerdotes) que deu origem a comunidades *eclesiásticas*, como a *Poimandres-Gemeinde*, tendo se disseminado do Egito até Roma. A tese de que o hermetismo era uma *Gemeinde* estruturada e hierarquicamente organizada (com um cabedal doutrinário e ritualístico), de maneira que os escritos herméticos viessem a ser um cânon escriturístico consagrado, provocou muitas críticas, sendo rejeitada por Wilhelm Bousset, Wilhelm Kroll, Josef Kroll, Franz Cumont, André-Jean Festugière, Walter Scott, Samuel Angus e Charles Harold Dodd. Todos esses pesquisadores defendiam não ser possível comprovar a existência de culto e liturgia nos escritos herméticos, nem tampouco que esses textos descreviam uma confraria religiosa. O problema estava não necessariamente na formação da comunidade hermética como tal, embora essa também fosse uma questão, mas sim na ideia do local de origem e sua influência decisiva nos escritos herméticos. Essa preocupação residia no fato de que não se deveria distanciar o conteúdo dos textos de seu lugar de origem. Ao propor que o lugar de origem do hermetismo era o Egito e que sua influência sobre a literatura hermética era decisiva, Reitzenstein deslocou o objeto de pesquisa dos filólogos helenistas do contexto grego.[291] Por exemplo, Walter Scott e Samuel Angus defendiam a predominância do platonismo (e, simultaneamente, da Grécia); Charles Harold Dodd, uma influência predominante do judaísmo por meio da *Septuaginta* (LXX), mas também grega; Tadeusz Zieliński defendia a predominância das contribuições helenísticas e filosóficas nos autores herméticos; Franz Cumont, das contribuições semíticas e orientais, mas também gregas; Mircea Eliade defendia um sincretismo judaico-egípcio.

Com isso, formaram-se dois enfoques aproximativos em torno dos estudos modernos sobre a literatura hermética filosófico-religiosa: o enfoque helênico e o enfoque greco-oriental. A primeira tendência surgiu inicialmente com Wilhelm Kroll e Josef Kroll, sendo aperfeiçoada por Festugière. Esse enfoque se baseia no fato de que os escritos herméticos teriam sido produzidos com base em argumentos da filosofia grega. Os pesquisadores dessa linha veem a literatura hermética como um produto de um ecletismo filosófico tipicamente grego. A partir desse enfoque, os pesquisadores tendem a interpretar os textos herméticos como um conglomerado filosófico platônico-estoicizante ou estoico-platonizante.[292]

Pode-se afirmar que o mais proeminente pesquisador do enfoque helênico foi André-Jean Festugière. Se, por um lado, Reitzenstein providenciou as bases para as pesquisas subsequentes do hermetismo em seu *Poimandres*, por outro lado, a obra *La révélation d'Hermès Trismégiste*, de Festugière, publicada entre 1944 e 1954, produziu forte impressão nas pesquisas acadêmicas sobre o hermetismo e os escritos herméticos. Com essa obra, Festugière fixou os pontos capitais do enfoque helênico sobre os escritos herméticos filosóficos. Sendo assim, ele delimitou a doutrina hermética nos contextos filosóficos de fonte puramente grega, tendo se originado em decorrência de um longo período de interpretação das obras de Platão.[293]

Para Festugière, era inadmissível afirmar que o hermetismo não era um produto grego. Mesmo assim, ao perceber que os tratados herméticos não expunham as ideias com distinção, clareza e, sobretudo, à maneira consistente e lógica do raciocínio grego, ele continuava insistindo no enfoque helenístico. Como mencionado antes, tentando justificar a inconsistência da literatura hermética em relação ao raciocínio grego, Festugière defendeu que os escritos herméticos teriam sido produzidos por pseudointelectuais, amadores da filosofia, que imitavam os gregos, tanto no pensamento quanto na originalidade e potencialidade, mas falhavam ao proceder dessa maneira, evidenciando contradições.[294]

Convém salientar que o enfoque helenístico empregado por Festugière e por outros acadêmicos com relação ao hermetismo e ao *Corpus Hermeticum* não se tratava de uma análise a partir de uma aproximação religiosa em seu aspecto sócio-histórico — que é o ambiente comum e gerador de uma realidade cotidiana. Sua preocupação como filólogo helenista advém das ideias filosóficas que emergiam do texto a partir do seu modelo de aproximação helenista. O juízo de valor que ele suscitou a respeito dos autores herméticos em comparação com o raciocínio grego contradiz uma das premissas das recentes pesquisas histórico-religiosas. Do ponto de vista de um historiador das religiões, não se pode justificar a contradição dos escritos herméticos tendo como paradigma o pensamento grego.[295]

Se os aspectos religiosos do hermetismo são incoerentes, isso advém do fato de que seus critérios de coerência não são iguais aos do pensamento grego. Nesse sentido, dever-se-ia proceder a uma análise dos critérios característicos do hermetismo, da maneira como os autores herméticos procediam na argumentação, e do seu referencial de ideias. Em todo caso, Festugière não levou em conta uma das principais premissas dos estudos modernos do fato religioso. Ao comparar o raciocínio grego com o raciocínio hermético, as distorções argumentativas evidenciam que critérios de coerência não se enquadravam no modelo de raciocínio filosófico grego propriamente, ou seja, seu pressuposto argumentativo é outro. O processo de interpretação dos fatos e dos acontecimentos, para os autores herméticos, não é o mesmo usado para os princípios do racionalismo de filósofos gregos.[296]

Mesmo discordando da ideia de uma comunidade hermética suscitada por Reitzenstein, Wilhelm Bousset deu início ao enfoque helenístico-oriental ao afirmar que os escritos herméticos deveriam ser analisados como pertencentes à história da devoção, não da filosofia.[297] Para Bousset, "*Die hermetischen Schriften gehören in die Geschichte der Frömmigkeit und nicht der Philosophie* (Os escritos herméticos pertencem à história da piedade, não da filosofia)".[298] Ao analisarem os escritos herméticos, Bousset e Reitzenstein perceberam que os textos compreendiam um sincretismo greco-oriental. Bousset rechaçou a ideia de Josef Kroll relacionada às tendências a um enfoque puramente helenístico sobre a literatura hermética. Com isso, começou os estudos literários do *Corpus Hermeticum* a partir de uma aproximação greco-oriental, originando uma pesquisa dos detalhes não gregos do hermetismo. Isso levou pesquisadores a se dedicarem aos elementos literários egípcios e judaicos que incidem nos textos herméticos, como Charles Harold Dodd, que analisou os aspectos da *Septuaginta* nos *Hermetica* e as semelhanças entre o *Corp. Herm.* 1 e 13 e o Evangelho de João.[299]

A abordagem puramente helênica do *Corpus Hermeticum* voltou a ser questionada com a descoberta dos tratados herméticos entre os textos do Nag Hammadi (NH), em 1945. As implicações decorrentes dessa descoberta marcaram decisivamente o rumo de uma nova fase na pesquisa do hermetismo filosófico-religioso, em que muitas teorias anteriores foram confirmadas, remodeladas, relativizadas e desestabilizadas. A descoberta de três tratados herméticos, principalmente do tratado *De Ogdoade et Enneade* (até então desconhecido), levou muitos pesquisadores a concordar com a ideia de uma comunidade hermética e de uma coleção escriturística dessa comunidade.[300] Embora as influências das ideias de Festugière acerca dos escritos herméticos ainda perdurem, desde os anos 1930, elas têm sido gradativamente relativizadas em detrimento de uma abordagem greco-egípcia (greco-oriental) a respeito daqueles escritos.[301]

As primeiras publicações dos códices do Nag Hammadi (inclusive dos tratados herméticos coptas) surgiram nas décadas de 1960 e 1970, com vários artigos e livros relacionados começando então a circular. Pesquisas subsequentes afirmam que os *Hermetica* não são produto unicamente da cultura grega e que estão presentes nesses escritos elementos helenizados de uma tradição religiosamente egípcia.[302]

A primeira tendência das pesquisas foi alocar o hermetismo e os escritos herméticos em seu próprio contexto, o Egito. A segunda foi estabelecer uma análise desses escritos a partir das ideias e dos conceitos do povo egípcio no ambiente helenístico sob dominação romana. Assim, foi inaugurada uma corrente que focaliza os estudos do hermetismo sobre o pano de fundo egípcio, destacando-se, em primeiro lugar, entre vários pesquisadores (principalmente egiptólogos), Philippe Derchain,[303] que, em 1962, escreveu o artigo intitulado *L'authenticité de l'inspiration égyptienne dans le "Corpus Hermeticum"*,[304] abordando a nova tendência de análise do *Corpus Hermeticum* no contexto da egiptologia.[305]

Segundo Derchain, não há razão para duvidar de que os autores herméticos se consideravam egípcios. Diferentemente, é possível reencontrar em sua linguagem filosófica os princípios nos quais estão implícitos os mitos e ritos egípcios.[306] Derchain argumenta que não se pode fazer uma simples análise comparativa da literatura hermética com a literatura egípcia por meio de frases, mas por meio de conceitos. A primeira dificuldade vem da própria literatura egípcia.[307] Em vez desse procedimento, julga-se importante, na pesquisa, considerar e distinguir a simples transposição de imagens e símbolos que são reinterpretados e sintetizados. Assim, segundo Derchain, faz-se necessário: a) descobrir os textos e as representações egípcias reutilizadas por autores herméticos; e b) estabelecer a concordância entre semelhanças dedutíveis de observações dos fatos egípcios e dos tratados herméticos.[308]

No entanto, os variados argumentos e evidências propostos pelos autores para uma tese revisada das características egípcias só puderam ser postos em prática depois dos estudos publicados de Jean-Pierre Mahé em seu livro *Hermès en Haute Égypte* (em dois tomos), no qual editou três tratados herméticos coptas, e nas *Définitions d'Hermès Trismégiste a Asclépius* (em armênio: *Hermeay Eṙameci aṙ Askłepios sahmank'*).[309] Com a descoberta dos documentos de Nag Hammadi, surgiu a oportunidade para os pesquisadores compararem textos herméticos em copta, grego, latim e armênio, confrontando os dados egípcios e gregos. Foi a partir dessas comparações que Jean-Pierre Mahé constatou que determinadas sentenças herméticas independentes constituíram a forma primitiva que deu origem aos tratados, como aquelas que se encontram no *Excerptum* XI dos *Stobaei Hermetica*. Segundo ele, essas sentenças foram posteriormente agrupadas em coleções, divididas em capítulos, que, por sua vez, foram intercalados com comentários didáticos, o que deu forma aos tratados herméticos. Para Mahé, essas sentenças (*gnōmai* ou *logia*) formavam a estrutura básica dos textos herméticos. Ele admite que a ênfase na importância das influências gregas e judaicas não impossibilita o reconhecimento da inspiração egípcia, mas defende que o Hermetismo é um fenômeno literário e que os aforismos pertencem amplamente ao contexto escolar.[310]

Em 1987, Thomas McAllister Scott defendeu sua tese, intitulada *Egyptian Elements in Hermetic Literature*, pela Universidade de Harvard.[311] McAllister Scott afirma que, embora se defenda com frequência que a literatura hermética na estrutura seja egípcia, considera-se que "seu conteúdo tem sido interpretado como uma mistura eclética de ideias e conceitos derivados das várias escolas do pensamento filosófico grego". McAllister

Scott demonstrou que o elemento egípcio na literatura hermética se apresenta em um grau mais significativo do que argumentaram e defenderam muitos intérpretes e pesquisadores anteriores, particularmente no século XX. No entanto, McAllister Scott reconheceu que não foi o primeiro a defender e assumir aquela posição, mencionando outros pesquisadores, tais como Pietschmann, Reitzenstein, Stricker, Derchain e Griffiths. A tese de McAllister Scott é certamente um marco desse enfoque ou dessa aproximação interpretativa da literatura hermética.

O filósofo Garth Fowden levou as pesquisas adiante, analisando o ambiente social, espiritual e geográfico dos escritos herméticos no seu livro *Egyptian Hermes*. A partir de análises aproximativas, ele enfatizou a influência egípcia, incidente na literatura hermética, misturada com as características helenísticas.[312]

Assim, Fowden conclui:

> Como um caminho espiritual prático, o hermetismo era um produto característico do *milieu* de fala grega no Egito [...] E, como o Egito helenístico e romano, o hermetismo era também parte de uma totalidade mediterrânea mais ampla, um mundo com seu *koinē* intelectual e linguístico. Os livros de Hermes, tanto filosóficos como técnicos, gozavam de uma ampla disseminação no Império Romano, enquanto sua doutrina tipificava e combinava a literatura do mundo romano e o orientalismo e sua aspiração pelo conhecimento revelado (tradução própria).[313]

Nesse sentido, ele aloca os textos herméticos para o ambiente greco-egípcio, ressaltando suas várias formas de busca pela salvação, tais como filosófico-religiosa, mágico-astrológica, contemplativo-meditativa, pragmático-teúrgica, literária ou cúltica, grega ou egípcia.

Em 2012, Anna Van den Kerchove publicou sua tese (defendida em 2011 na *École Pratique des Hautes Études* de Paris) na área de Novo Testamento, *La voie d'Hermès: Pratiques ritualles et traités hermétiques*,[314] na qual aborda o hermetismo como corrente pertencente à sabedoria egípcia em um contexto eclético greco-egípcio de tradições. Na obra, ela explora as práticas rituais e sua característica soteriológica, como orações, sacrifícios, batismo na cratera e regeneração com base nos textos grego, latino e copta. A pesquisa de Van den Kerchove também busca averiguar a prática didática como formação espiritual no contexto filosófico-religioso da época. A amplitude de sua obra ultrapassa a área do Novo Testamento, sendo de interesse para historiadores da Antiguidade tardia, da religião e da filosofia.

Em 2018, Christian Bull publicou *The tradition of Hermes Trismegistus: The Egyptian priestly figure as a teacher of Hellenized wisdom*.[315] Na obra, Bull argumenta que os tratados herméticos atribuídos a Hermes Trismegistos refletem uma ascese espiritual e as práticas ritualísticas de irmandades organizadas livremente no Egito. Esses pequenos grupos foram organizados e dirigidos por sacerdotes egípcios educados nos templos, mas também dialogando com a filosofia grega. Esses sacerdotes lidavam com uma audiência de fala grega que procurava pela sabedoria de Hermes Egípcio, considerado como uma fonte importante das filosofias pitagóricas e platônicas.

8

Tarefa e Técnica de Tradução do *Corpus Hermeticum*

Os expedientes de uma tradução só são possíveis porque a tradução é um processo unidirecional, por meio do qual se passa um texto de uma língua (*língua de origem*) a outra (*língua de destino*) e porque existem fatores que requerem uma aproximação mais acurada ao texto. Os tratados do *Corpus Hermeticum Græcum* foram redigidos em língua grega *koinē* alexandrina. Isso já pressupõe a necessidade de uma tradução. A exigência de uma tradução aproximativa do *Corp. Herm.* se deve ao fato de que, de forma geral, existem três fatores importantes no que diz respeito à tradução de textos antigos (principalmente filosóficos):[316]

- Que o texto do *Corp. Herm.*, como qualquer outro texto antigo, pressupõe unidades de sentido (palavras, conjunto de palavras, frases ou perícope) capazes de transmitir lembranças, mensagens e associações de ideias, que podem ser explicitadas, encobertas ou empregadas *en passant* (como nos usos figurados, apenas usados para chamar a atenção para certas escolhas). Essas unidades de sentido são palavras, grupos de palavras, frases, unidades comunicacionais mais extensas e complexas.

- Que o texto do *Corp. Herm.*, assim como outros textos antigos, fixou progressivamente determinados termos técnicos de seu ambiente cultural, com sentido definido, mas também com oscilações de acordo com o uso.
- Que o texto do *Corp. Herm.*, assim como outro texto antigo, exprime um conteúdo de forma explícita, destacada e sugerida. É imperativo estabelecer um equilíbrio entre o que é dito explicitamente, destacado e sugerido, de maneira que se explique aquilo que o autor tentou exprimir.

Na presente tradução, emprega-se o texto padrão grego e latino dos escritos herméticos, editado criticamente e publicado por Arthur Darby Nock e André-Jean Festugière entre 1945 e 1954. A edição de N.-F. de 1945 foi submetida a algumas revisões, principalmente no que diz respeito aos sinais de pontuação. Em todo caso, convém observar que essa edição deve passar constantemente por um processo de revisão por especialistas na área. A edição de N.-F. empregada nessa tradução é de 2011, quinto tomo de 2019 por Mahé.

Existe uma tradução do *Corpus Hermeticum* em língua portuguesa (sem o texto grego) publicada pela Hemus (esgotada) que não parece ser uma tradução formal e não ajuda a resolver os problemas subjacentes ao texto grego (HERMES TRISMEGISTO. *Corpus Hermeticum*. Discurso da Iniciação. A Tábua de Esmeralda. Texto estabelecido e traduzido por: Márcio Pagliesi e Norberto de Paula Lima. São Paulo: Hemus, c2005. 126p.). Seu texto não se configura como uma tradução direta do grego, mas da tradução francesa de André-Jean Festugière. Embora a tradução de Festugière tenha seu mérito, há um empobrecimento na tradução para o português. Essa tradução não é suficiente para aqueles e aquelas que querem ou intentam uma leitura mais acurada do texto e do contexto herméticos. Além disso, aquele que busca estudar e analisar o *Corpus Hermeticum* de forma acurada não pode lidar com a tradução da tradução. Se, do ponto de vista de uma pesquisa material, a tradução, em si, não é fonte, pode-se imaginar qual seria a funcionalidade de uma tradução de uma tradução.[317]

Há uma outra tradução, a saber: HERMES TRISMEGISTO. *Corpus Hermeticum*: Atribuído ao Grande Hermes Trismegisto. Tradução de Ali Onaissi. Organização de Sueli Bressan. São Paulo: Esotera, 2017. 120p. No entanto, essa obra não é necessariamente uma tradução, mas uma compilação do livro anterior da editora Hemus.

A tradução de Américo Sommerman, a saber, HERMES TRISMEGISTO. *Corpus Hermeticum*. Tradução, edição e notas de Américo Sommerman. São Paulo: Polar, 2019. 340p., é uma tradução a partir do cotejamento de quatro traduções em inglês e francês, de Festugière, Copenhaver, Salaman *et alii* e Menard. Nem sempre Sommerman segue as traduções referenciadas e há muitas paráfrases, textos híbridos e interpretações próprias. Muitas vezes, Sommerman tende a buscar uma certa harmonização e preenche de significados determinadas palavras que não se deixam levar pela sua interpretação. Nota-se, por exemplo, que, no *Corp. Herm.* 1.18, é dito: o amor-sexo (ἔρως [erōs]) constitui a *causa mortalitatis* do ser humano (*τὸν αἴτιον τοῦ θανάτου ἔρωτα*).[318] Sommerman traduz essa frase como "a causa da morte é o enamoramento pelo corpo (cf. HERMES TRISMEGISTO, 2019, p. 72)". Nenhum dos tradutores já citados verte ἔρως [erōs] como "enamoramento pelo corpo". Uma tradução que se espelha em traduções das fontes e forma um texto híbrido cheio de paráfrases não é algo acalentador. No *Corp. Herm.* 4.4, Américo Sommerman traduziu perifrasticamente a oração *ὅσοι μὲν οὖν συνῆκαν τοῦ κηρύγματος καὶ ἐβαπτίσαντο τοῦ νοός* por "E todos aqueles que responderam a esse apelo foram batizados nesse batismo da Inteligência" (cf. HERMES TRISMEGISTO, 2019, pp. 98-9). O texto grego não menciona batismo e o verbo *βαπτίζω* não tem a acepção de batizar, no texto mencionado, o que pode ser confirmado pelo uso do genitivo partitivo. Essa tendência a usar o locativo em, no, na foi o motivo de alguns copistas tentarem dar um sentido mais fácil à oração. Quanto à palavra νοῦς [*nous*], apesar de seu uso técnico, aqui é uma metonímia para conhecimento. Assim, buscamos uma leitura mais conservadora: "Assim, aqueles que ouviram a pregação e embeberam-se de conhecimento... (cf. também em LIRA, 2015, p. 131-136, 140-147, 296-303; LIRA, 2021, p. 16)".

Além disso, há marcadores de enunciadores discursivos na tradução de Sommerman que vêm a ser equívocos interpretativos. Deve-se considerar que: 1) Exceto em poucos diálogos, tais como *Poimandrēs* (*Corp. Herm.* 1), *Corp. Herm.* 17 e *Korē Kosmou* (*Stobæi Hermetica* 23),[319] há marcadores assindéticos de discurso em forma narrativa. 2) O emprego de marcador na tradução de Sommerman pode gerar repetição desnecessária ou descaracterizar o próprio estilo do texto quando este não o exige. 3) Apontar Hermes como visionário do *Corp. Herm.* 1 induz o leitor a acreditar nisso por causa do cabeçalho ou do título do tratado ou mesmo por uma referência externa ao texto, mas o próprio texto não menciona nada sobre quem é o visionário. Cabeçalho e título são elementos secundários que não evidenciam nada sobre o texto. Pode-se notar isso no próprio *Corp. Herm.* 2, cujo título não tem relação com o texto.

Existem algumas diferenças entre essa tradução e as demais em língua portuguesa. Primeiramente, aqui se trata especificamente da tradução de 17 *libelli* gregos, não incluindo *Asclepius*, *fragmenta* e *excerpta* herméticos. Em segundo lugar, a presente tradução do *Corpus Hermeticum Græcum* difere das demais por ser mais literal que as anteriores. Certamente há coisas que não podem ser equivalentes idênticos em questão de tradução. No máximo, o que se pode procurar é um equivalente natural mais próximo. Sendo assim, eu segui o princípio de Equivalência Formal (**E-F**).[320]

Ninguém discorda da ideia de que o objetivo da tradução é comunicar. Os tradutores, pelo menos, concordam que a mensagem deve ser comunicada. No entanto, é a forma que se torna um problema para orientações de tradução, que nesse quesito divergem. Não obstante, o público-alvo ao qual a tradução do *Corp. Herm.* se propõe lida com textos literários, filosóficos e religiosos. Em geral, o acesso à modalidade escrita é recorrente em seu processo de aprendizagem. Além disso, são pessoas que já têm acesso aos textos filosóficos e literários (traduzidos ou não).

A **E-F** foca a atenção na própria mensagem original o máximo possível, tanto em termos de forma como de conteúdo, reproduzindo vários elementos formais: 1) Unidades gramaticais; consistência no uso das palavras; significados em termos do contexto da mensagem original. Esses elementos formais constituem os princípios que regem a **E-F**. Reproduzir unidades gramaticais consiste em a) traduzir substantivos por substantivos; b) conservar frases e orações intactas; c) preservar os indicadores formais (sinais de pontuação, quebras de parágrafos e indicações poéticas). Tal orientação formal que tipifica uma equivalência estrutural é denominada de tradução de glosa justamente porque tenta reproduzir tão literal e significativamente quanto possível a forma e o conteúdo do texto original.[321]

O processo de tradução exige não apenas conhecimentos lexicais e gramaticais morfossintáticos da língua grega, mas também de competência acerca do pensamento doutrinal (filosófico ou teológico) do *Corp. Herm.*, sem o qual não se pode chegar às ideias que estão subjacentes ao texto hermético. Para a tradução, fez-se uso de várias gramáticas, dicionários e léxicos do grego antigo, além de comentários em notas dos textos herméticos e do *Index do Corp. Herm.*[322]

Sobre o *Corpus Hermeticum Græcum*: texto bilíngue grego-português

O texto bilíngue do *Corp. Herm.* é apresentado aqui de forma paralela, em páginas diferentes: de um lado o texto crítico, em grego; do outro lado, a tradução *aproximativa*, seguindo o Princípio de Equivalência Formal (**E-F**). Para não dizer que se segue estritamente esse princípio, há de comentar que existem casos em que uma oração subordinada reduzida, no grego, é traduzida como uma oração subordinada não reduzida, mas seu sentido continua intacto. As conjunções καί e δέ são muito usadas no *Corp. Herm.* A partícula conectiva δέ é classificada como adversativa, mas pode apenas expressar, na língua portuguesa, uma oração coordenada assindética ou uma coordenada sindética aditiva. No texto grego, pode haver a partícula, mas sua tradução é desnecessária. No português, isso seria uma oração coordenada assindética. De fato, a partícula conectiva δέ expressa um leve contraste, diferentemente de ἀλλά, que expressa um contraste mais forte. A partícula δέ pode ser traduzida como "e", "mas também", "enquanto", "mas" e "porém".[323]

As técnicas empregadas na tradução do *Corp. Herm.* dizem respeito aos ajustamentos, a saber, as adições, as subtrações e as alterações.[324] *Palavras em itálico* indicam que elas não estão presente no texto grego, mas são acrescentadas em benefício da clareza da tradução. Isso se dá por preenchimento de expressões elípticas; por ampliação do *status* implícito para o explícito; por indicação dos gêneros no particípio, empregando a terceira pessoa do discurso (ele, ela, eles, elas). Há também subtrações: de repetições, de conjunções ou partículas conectivas; e alterações: de ordem das palavras.

Às vezes, palavras elípticas ou ocultas (subentendidas) no texto grego podem ser expressas, *em itálico*, na tradução, para maior clareza. Observe o verbo conjugado "disse" com sujeito elíptico (oculto) — no grego as terminações pessoais do verbo são exatas, mas não no português. Aqui é preciso aclarar quem *disse* — eu ou ele? Para isso, utiliza-se, *em itálico*, o pronome (ou um substantivo) que indique o sujeito e, consequentemente, a pessoa na tradução. Isso também ocorre com os verbos elípticos. Ex.: eu sou a mente do mundo; tu, a do céu; ele, a do Universo. Poder-se-ia, nesse caso, dizer: eu sou a mente do mundo, tu és a do céu, ele é a do Universo.

Assim, para a tradução do *Corp. Herm.* a partir da **E-F**, seguiram-se as recomendações a seguir: os substantivos e os verbos foram traduzidos na sua acepção mais primária ou denotativa; a tradução respeitou a inclusão de artigo assim como a ordem original das palavras, exceto quando se gerou o sentido diferente do original; as construções gramaticais rústicas foram preservadas. Algumas palavras não foram vertidas para o português nem seguiram rigorosamente uma transladação via latim para o português, mas seguiram tanto quanto possível a transliteração técnico-filosófica. Exemplo: *γνῶσις* — *gnose*, *νοῦς* — *nous*, *δαίμων* — *daimon*, εἱμαρμένη — *heimarmene*, *πνεῦμα* — *pneuma*, *παλιγγενεσία* — *palingenesia*.[325] Quanto ao nome *Τρισμέγιστος*, o título de Hermes, optou-se por traduzir *Trismegistos* em vez de Trismegisto.

Dessa maneira, a tradução *aproximativa* do *Corp. Herm.*, seguindo o Princípio de Equivalência Formal (**E-F**), resultou em um texto semelhante aos textos interlineares e justalineares, conservando a forma e o conteúdo. Seu objetivo não é um bom português, mas um português capaz de, em maior ou menor grau, conservar as classes gramaticais da mesma forma como no original.

Qualquer tradução não é *per se* uma fonte, mas uma ajuda ou um aporte. No caso específico dessa tradução, buscou-se apresentar uma tradução paralela e mais fiel possível ao texto grego original. Apesar de tudo isso, procurou-se levar em conta o contexto no qual esses textos foram produzidos, por autores com intenções contextuais específicas e com determinados leitores e interlocutores. Nesse sentido, busca-se iniciar o leitor nesse tipo de texto muito caro para várias tradições, meios, movimentos, escolas filosóficas e confrarias religiosas, incluindo, da mesma forma, o meio acadêmico, em particular, os estudos clássicos. Assim, essa tradução está pautada na adequação do leitor que se insere no processo de leitura dos textos herméticos.

Parte Dois

Corpus Hermeticum Græcum: Texto Bilíngue Grego-Português

Tradução direta do grego de David Pessoa de Lira

Convém apresentar a disposição ou a formatação do *Corpus Hermeticum* em N.-F. Na edição crítica, não se utilizam símbolos especiais no texto grego propriamente para remeter aos dados no aparato crítico, exceto colchetes agudo e quadrado, e *crux desperationis*.[326]

> [ ] — Os *colchetes quadrados* indicam possíveis lacunas ou palavras supérfluas no texto grego.
>
> < > — Os *colchetes pontiagudos* indicam correções editoriais de possíveis omissões de copistas no texto grego.
>
> † — A *crux desperationis* antes e depois de uma ou mais palavras, indica a ininteligibilidade, no texto grego, de uma palavra ou grupo de palavras não sendo passível de uma solução de correção convincente. Na tradução, aquela palavra ou frase em *crux desperationis*, que ajuda na inteligibilidade imediata do texto, é apresentada na tradução. Quando a palavra ou frase não for suficientemente inteligível de acordo com o contexto, será suscetível à avaliação do leitor ou pesquisador que julgará ser adequada ou não ao contexto.

Quando esse símbolo incide na tradução, isso indica que a conjectura de N.-F. foi aceita pelo tradutor.

O emprego do *travessão* (—) nos diálogos herméticos na edição de N.-F. indica, muitas vezes, a marca de alternância do interlocutor ou a marca da fala de uma personagem. No entanto, na edição de N.-F., o *travessão* pode designar isolamento, separação, ênfase ou mesmo substituir vírgula e ponto suspenso (ponto e vírgula). Isso nem sempre segue uma justeza de emprego, ora usando devidamente ora mal-empregando ora subtraindo seu uso. Sendo assim, a tradução seguiu a edição de N.-F. no que diz ao emprego do travessão tanto quanto possível, subtraindo-o ou adicionando-o diante daquilo que se julgou apropriado.

LIBELLUS I —

ἙΡΜΟΥ
ΤΡΙΣΜΕΓΙΣΤΟΥ ΠΟΙΜΑΝΔΡΗΣ

1 Ἐννοίας μοί ποτε γενομένης περὶ τῶν ὄντων καὶ μετεωρισθείσης μοι τῆς διανοίας σφόδρα, κατασχεθεισῶν μου τῶν σωματικῶν αἰσθήσεων, καθάπερ οἱ ὕπνῳ βεβαρημένοι ἐκ κόρου τροφῆς ἢ ἐκ κόπου σώματος, ἔδοξά τινα ὑπερμεγέθη μέτρῳ ἀπεριορίστῳ τυγχάνοντα καλεῖν μου τὸ ὄνομα καὶ λέγοντά μοι, Τί βούλει ἀκοῦσαι καὶ θεάσασθαι, καὶ νοήσας μαθεῖν καὶ γνῶναι; — **2** φημὶ ἐγώ, Σὺ γὰρ τίς εἶ; — Ἐγὼ μέν, φησίν, εἰμὶ ὁ Ποιμάνδρης, ὁ τῆς αὐθεντίας νοῦς· οἶδα ὃ βούλει, καὶ σύνειμί σοι πανταχοῦ.

3 — φημὶ ἐγώ, Μαθεῖν θέλω τὰ ὄντα καὶ νοῆσαι τὴν τούτων φύσιν καὶ γνῶναι τὸν θεόν· πῶς, ἔφην, ἀκοῦσαι βούλομαι. — φησὶν ἐμοὶ πάλιν, Ἔχε νῷ σῷ ὅσα θέλεις μαθεῖν, κἀγώ σε διδάξω.

4 τοῦτο εἰπὼν ἠλλάγη τῇ ἰδέᾳ, καὶ εὐθέως πάντα μοι ἤνοικτο ῥοπῇ, καὶ ὁρῶ θέαν ἀόριστον, φῶς δὲ πάντα γεγενημένα, εὔδιόν τε καὶ ἱλαρόν, καὶ ἠράσθην ἰδών. καὶ μετ᾽ ὀλίγον σκότος κατωφερὲς ἦν, ἐν μέρει γεγενημένον, φοβερόν τε καὶ στυγνόν, σκολιῶς ἐσπειραμένον, ὡς <ὄφει> εἰκάσαι με· εἶτα μεταβαλλόμενον τὸ σκότος εἰς ὑγρὰν τινα φύσιν, ἀφάτως τεταραγμένην καὶ καπνὸν ἀποδιδοῦσαν, ὡς ἀπὸ πυρός, καί τινα ἦχον ἀποτελοῦσαν ἀνεκλάλητον γοώδη· εἶτα βοὴ ἐξ αὐτῆς ἀσυνάρθρως ἐξεπέμπετο, ὡς εἰκάσαι φωνῇ πυρός,

LIBELLUS I —

POIMANDRES DE HERMES TRISMEGISTOS

1 **U**ma vez, quando me veio uma reflexão acerca dos seres e se elevou o meu pensamento impetuosamente, enquanto meus sentidos corporais eram possuídos, como os que são pesados de saciedade de comida ou de trabalho do corpo, eu imaginei alguém enorme em medida ilimitada passando a chamar meu nome e me dizendo: o que queres ouvir e ver, e, tendo meditado, aprender e conhecer? **2** — **D**isse eu: Tu, então, quem és? — Eu, de fato, disse *ele*, sou o *Poimandres*, o *Nous* do Domínio Absoluto; sei o que queres, e coexisto contigo em todo lugar.

3 — **D**isse eu: Quero aprender sobre os seres e compreender a natureza deles e conhecer Deus; disse *eu*: como quero ouvir! — *ele* me disse novamente: Guarda na tua mente tanto quanto queres aprender, e eu te ensinarei.

4 Isso *ele* tendo falado, mudou de aparência, e logo todas as coisas me tinham sido abertas decisivamente, e tive uma visão indefinida, e tendo visto todas as coisas vindo a ser luz· serena e hilariante, também fiquei apaixonado. E, um pouco depois, uma escuridão foi postada embaixo, vindo a ser, em parte, terrificante e horrenda, tendo se enrolado tortuosamente, tal que eu comparei <a uma serpente>; em seguida, a escuridão *foi* sendo transmutada em alguma natureza úmida, indizivelmente agitada e liberando vapor, como do fogo, e realizando um eco inexprimível e lamentoso; então, um grito inarticuladamente de dentro dela foi enviado, tal que eu assemelhei a uma voz de fogo,

5 ἐκ δὲ φωτὸς ..... λόγος ἅγιος ἐπέβη τῇ φύσει, καὶ πῦρ ἄκρατον ἐξεπήδησεν ἐκ τῆς ὑγρᾶς φύσεως ἄνω εἰς ὕψος· κοῦφον δὲ ἦν καὶ ὀξύ, δραστικὸν δὲ ἅμα, καὶ ὁ ἀὴρ ἐλαφρὸς ὢν ἠκολούθησε τῷ πνεύματι, ἀναβαίνοντος αὐτοῦ μέχρι τοῦ πυρὸς ἀπὸ γῆς καὶ ὕδατος, ὡς δοκεῖν κρέμασθαι αὐτὸν ἀπ' αὐτοῦ· γῆ δὲ καὶ ὕδωρ ἔμενε καθ' ἑαυτὰ συμμεμιγμένα, ὡς μὴ θεωρεῖσθαι <τὴν γῆν> ἀπὸ τοῦ ὕδατος· κινούμενα δὲ ἦν διὰ τὸν ἐπιφερόμενον πνευματικὸν λόγον εἰς ἀκοήν.

6 ὁ δὲ Ποιμάνδρης ἐμοί, Ἐνόησας, φησί. τὴν θέαν ταύτην ὅ τι καὶ βούλεται; καὶ, Γνώσομαι, ἔφην ἐγώ. — Τὸ φῶς ἐκεῖνο, ἔφη, ἐγὼ Νοῦς ὁ σὸς θεός, ὁ πρὸ φύσεως ὑγρᾶς τῆς ἐκ σκότους φανείσης· ὁ δὲ ἐκ Νοὸς φωτεινὸς Λόγος υἱὸς θεοῦ. —Τί οὖν; φημί. — Οὕτω γνῶθι· τὸ ἐν σοὶ βλέπον καὶ ἀκοῦον, λόγος κυρίου, ὁ δὲ νοῦς πατὴρ θεός. οὐ γὰρ διίστανται ἀπ' ἀλλήλων· ἕνωσις γὰρ τούτων ἐστὶν ἡ ζωή. — Εὐχαριστῶ σοι, ἔφην ἔγω. — Ἀλλὰ δὴ νόει τὸ φῶς καὶ γνώριζε τοῦτο.

7 εἰπόντος ταῦτα ἐπὶ πλείονα χρόνον ἀντώπησέ μοι, ὥστε με τρέμειν αὐτοῦ τὴν ἰδέαν· ἀνανεύσαντος δέ, θεωρῶ ἐν τῷ νοΐ μου τὸ φῶς ἐν δυνάμεσιν ἀναριθμήτοις ὄν, καὶ κόσμον ἀπεριόριστον γεγενημένον, καὶ περιίσχεσθαι τὸ πῦρ δυνάμει μεγίστῃ, καὶ στάσιν ἐσχηκέναι κρατούμενον· ταῦτα δὲ ἐγὼ διενοήθην ὁρῶν διὰ τὸν τοῦ Ποιμάνδρου λόγον.

8 ὡς δὲ ἐν ἐκπλήξει μου ὄντος, φησὶ πάλιν ἐμοί, Εἶδες ἐν τῷ νῷ τὸ ἀρχέτυπον εἶδος, τὸ προάρχον τῆς ἀρχῆς τῆς ἀπεράντου· ταῦτα ὁ Ποιμάνδρης ἐμοί. — Τὰ οὖν, ἐγώ φημι, στοιχεῖα τῆς φύσεως πόθεν ὑπέστη; — πάλιν ἐκεῖνος πρὸς ταῦτα, Ἐκ βουλῆς θεοῦ, ἥτις λαβοῦσα τὸν Λόγον καὶ ἰδοῦσα τὸν καλὸν κόσμον ἐμιμήσατο, κοσμοποιηθεῖσα διὰ τῶν ἑαυτῆς στοιχείων καὶ γεννημάτων ψυχῶν.

5 e uma palavra santa proveniente da luz atacou a natureza, e um fogo puro saltou da natureza úmida acima para o alto; e era leve e sutil, todavia drástico ao mesmo tempo, e o ar, sendo suave, seguiu o sopro, enquanto este ascendia da terra e da água até o fogo, tal que aquele parecia ser suspenso por este; porém terra e água permaneciam confundidas entre si mesmas, tal que <a terra> não era vista *distante* da água; mas estavam sendo movidas por causa da palavra espiritual que era proferida ao ouvido.

6 Porém o Poimandres me disse: — Compreendeste esse espetáculo e o que ele quer *dizer*? E disse eu: Saberei. — Aquela luz, disse ele, sou eu, *Nous*, o teu Deus, o *que é* anterior à natureza úmida manifestada da escuridão; e proveniente do *Nous* é o luminoso Logos, filho de Deus. — Então o que é? disse eu. — Assim conhece: aquilo que vê e ouve em ti é a palavra do senhor, mas o *Nous* Deus é Pai. Pois não são separados um do outro; pois a união deles é a vida. — Agradeço-te, disse eu. — Mas agora considera a luz e conhece isto.

7 Tendo falado essas coisas, durante um longo tempo me encarou, de maneira que eu tremia por causa do seu viso; porém, tendo recusado *olhar*, vi na minha mente a luz existindo em potências inumeráveis, e um mundo ilimitado vindo a ser, e *vi* o fogo ser envolvido por uma grande potência, e ter subsistido sendo dominado; porém essas coisas eu refleti observando através do discurso do *Poimandres*.

8 E, enquanto eu estava como em estupefação, disse-me novamente: Viste na mente a forma arquetípica, o pré-princípio do começo infindo; essas coisas o Poimandres me *disse*. Então, eu disse: os elementos da criação, de onde se hipostasiaram? — Novamente ele *disse* sobre essas coisas: Da Vontade de Deus, que, tendo recebido o Logos e tendo visto o belo mundo, imitou, tendo *ela* ornamentado através dos elementos de si mesma e dos produtos das almas.

9 ὁ δὲ Νοῦς ὁ θεός, ἀρρενόθηλυς ὤν, ζωὴ καὶ φῶς ὑπάρχων, ἀπεκύησε λόγῳ ἕτερον Νοῦν δημιουργόν, ὃς θεὸς τοῦ πυρὸς καὶ πνεύματος ὤν, ἐδημιούργησε διοικητάς τινας ἑπτά, ἐν κύκλοις περιέχοντας τὸν αἰσθητὸν κόσμον, καὶ ἡ διοίκησις αὐτῶν εἱμαρμένη καλεῖται.

10 ἐπήδησεν εὐθὺς ἐκ τῶν κατωφερῶν στοιχείων [τοῦ θεοῦ] ὁ τοῦ θεοῦ Λόγος εἰς τὸ καθαρὸν τῆς φύσεως δημιούργημα, καὶ ἡνώθη τῷ δημιουργῷ Νῷ (ὁμοούσιος γὰρ ἦν), καὶ κατελείφθη [τὰ] ἄλογα τὰ κατωφερῆ τῆς φύσεως στοιχεῖα, ὡς εἶναι ὕλην μόνην. **11** ὁ δὲ δημιουργὸς Νοῦς σὺν τῷ Λόγῳ, ὁ περιίσχων τοὺς κύκλους καὶ δινῶν ῥοίζῳ, ἔστρεψετὰ ἑαυτοῦ δημιουργήματα καὶ εἴασε στρέφεσθαι ἀπ' ἀρχῆς ἀορίστου εἰς ἀπέραντον τέλος· ἄρχεται γάρ, οὗ λήγει· ἡ δὲ τούτων περιφορά, καθὼς ἠθέλησεν ὁ Νοῦς, ἐκ τῶν κατωφερῶν στοιχείων ζῷα ἤνεγκεν ἄλογα (οὐ γὰρ ἐπεῖχε τὸν Λόγον), ἀὴρ δὲ πετεινὰ ἤνεγκε, καὶ τὸ ὕδωρ νηκτά· διακεχώρισται δὲ ἀπ' ἀλλήλων ἥ τε γῆ καὶ τὸ ὕδωρ, καθὼς ἠθέλησεν ὁ Νοῦς, καὶ <ἡ γῆ> ἐξήνεγκεν ἀπ' αὐτῆς ἃ εἶχε ζῷα τετράποδα <καὶ> ἑρπετά, θηρία ἄγρια καὶ ἥμερα.

12 ὁ δὲ πάντων πατὴρ ὁ Νοῦς, ὢν ζωὴ καὶ φῶς, ἀπεκύησεν Ἄνθρωπον αὐτῷ ἴσον, οὗ ἠράσθη ὡς ἰδίου τόκου· περικαλλὴς γάρ, τὴν τοῦ πατρὸς εἰκόνα ἔχων· ὄντως γὰρ καὶ ὁ θεὸς ἠράσθη τῆς ἰδίας μορφῆς, παρέδωκέ <τε> τὰ ἑαυτοῦ πάντα δημιουργήματα, **13** καὶ κατανοήσας δὲ τὴν τοῦ Δημιουργοῦ κτίσιν ἐν τῷ πυρί, ἠβουλήθη καὶ αὐτὸς δημιουργεῖν, καὶ συνεχωρήθη ἀπὸ τοῦ πατρός· γενόμενος ἐν τῇ δημιουργικῇ σφαίρᾳ, ἕξων τὴν πᾶσαν ἐξουσίαν, κατενόησε τοῦ ἀδελφοῦ τὰ δημιουργήματα, οἱ δὲ ἠράσθησαν αὐτοῦ, ἕκαστος δὲ μετεδίδου τῆς ἰδίας τάξεως· καὶ καταμαθὼν τὴν τούτων οὐσίαν καὶ μεταλαβὼν τῆς αὐτῶν φύσεως ἠβουλήθη ἀναρρῆξαι τὴν περιφέρειαν τῶν κύκλων, καὶ τὸ κράτος τοῦ ἐπικειμένου ἐπὶ τοῦ πυρὸς κατανοῆσαι.

9 Porém o *Nous* Deus, sendo macho-fêmea, sendo vida e luz, gestou com uma palavra outro *Nous* Demiurgo, que, sendo Deus do fogo e do ar, criou uns sete regentes, os quais envolvem o mundo sensível em ciclos, e cuja regência é chamada heimarmene.

10 O Logos de Deus saltou imediatamente dos elementos inferiores [de Deus] para a pura obra da natureza, e se uniu ao *Nous* Demiurgo, (pois era consubstancial) e foram deixados embaixo os irracionais inferiores da natureza, tal que eram somente matéria. **11** Porém o *Nous* Demiurgo, com o Logos, o que envolve e que rodopia com zunidos, girou as obras de si mesmo e permitiu que fossem giradas desde um início indefinido até um infindo término; pois começa onde se acaba; porém a circunvolução desses, segundo quis o *Nous*, trouxe os viventes irracionais dos elementos inferiores (pois não possuíam o Logos): o ar trouxe os voláteis e a água os aquáticos; porém a terra e a água têm sido separadas uma da outra, segundo quis o *Nous*; a terra tirou *fora* de si os que eram viventes quadrúpedes <e> répteis, feras selvagens e domésticas.

12 O Pai de todos, o *Nous*, sendo vida e luz, gestou um Homem idêntico a ele, o qual ele amou como próprio rebento; pois *era* mui lindo, tendo a imagem do Pai; pois também, deveras, Deus amou a própria forma <e> entregou todas as obras de si mesmo, **13** e quando *o Homem* avistou a criação do Demiurgo no fogo, quis criar também, e foi permitido pelo Pai; quando veio a estar na esfera demiúrgica, estando para ter toda permissão, avistou as obras do irmão, e os *regentes* o amaram, porém cada um compartilhou de sua própria função; e tendo conhecido bem a essência desses e tendo comungado da natureza deles, quis romper a periferia dos ciclos, e compreender o poder do que se impõe sobre o fogo.

14 καὶ ὁ τοῦ τῶν θνητῶν κόσμου καὶ τῶν ἀλόγων ζῴων ἔχων πᾶσαν ἐξουσίαν διὰ τῆς ἁρμονίας παρέκυψεν, ἀναρρήξας τὸ κύτος, καὶ ἔδειξε τῇ κατωφερεῖ φύσει τὴν καλὴν τοῦ θεοῦ μορφὴν, ὃν ἰδοῦσα ἀκόρεστον κάλλος <καὶ> πᾶσαν ἐνέργειαν ἐν ἑαυτῷ ἔχοντα τῶν διοικητόρων τήν τε μορφὴν τοῦ θεοῦ ἐμειδίασεν ἔρωτι, ὡς ἅτε τῆς καλλίστης μορφῆς τοῦ Ἀνθρώπου τὸ εἶδος ἐν τῷ ὕδατι ἰδοῦσα καὶ τὸ σκίασμα ἐπὶ τῆς γῆς. ὁ δὲ ἰδὼν τὴν ὁμοίαν αὐτῷ μορφὴν ἐν αὐτῇ οὖσαν ἐν τῷ ὕδατι, ἐφίλησε καὶ ἠβουλήθη αὐτοῦ οἰκεῖν· ἅμα δὲ τῇ βουλῇ ἐγένετο ἐνέργεια, καὶ ᾤκησε τὴν ἄλογον μορφήν· ἡ δὲ φύσις λαβοῦσα τὸν ἐρώμενον περιεπλάκη ὅλη καὶ ἐμίγησαν· ἐρώμενοι γὰρ ἦσαν. **15** καὶ διὰ τοῦτο παρὰ πάντα τὰ ἐπὶ γῆς ζῷα διπλοῦς ἐστιν ὁ ἄνθρωπος, θνητὸς μὲν διὰ τὸ σῶμα, ἀθάνατος δὲ διὰ τὸν οὐσιώδη ἄνθρωπον· ἀθάνατος γὰρ ὢν καὶ πάντων τὴν ἐξουσίαν ἔχων, τὰ θνητὰ πάσχει ὑποκείμενος τῇ εἱμαρμένῃ. ὑπεράνω οὖν ὢν τῆς ἁρμονίας ἐναρμόνιος γέγονε δοῦλος ἀρρενόθηλυς δὲ ὤν, ἐξ ἀρρενοθήλεος ὢν πατρὸς καὶ ἄϋπνος ἀπὸ ἀΰπνου ..... Κρατεῖται. —

16 Καὶ μετὰ ταῦτα, Νοῦς ὁ ἐμός; καὶ αὐτὸς γὰρ ἐρῶ τοῦ λόγου — ὁ δὲ Ποιμάνδρης εἶπε, Τοῦτό ἐστι τὸ κεκρυμμένον μυστήριον μέχρι τῆσδε τῆς ἡμέρας. ἡ γὰρ φύσις ἐπιμιγεῖσα τῷ Ἀνθρώπῳ ἤνεγκέ τι θαῦμα θαυμασιώτατον· ἔχοντος γὰρ αὐτοῦ τῆς ἁρμονίας τῶν ἑπτὰ τὴν φύσιν, οὓς ἔφην σοι ἐκ πυρὸς καὶ πνεύματος, οὐκ ἀνέμενεν ἡ φύσις, ἀλλ' εὐθὺς ἀπεκύησεν ἑπτὰ ἀνθρώπους, πρὸς τὰς φύσεις τῶν ἑπτὰ διοκητόρων, ἀρρενοθήλεας καὶ μεταρσίους. —

καὶ μετὰ ταῦτα, ὦ Ποιμάνδρη; εἰς μεγάλην γὰρ νῦν ἐπιθυμίαν ἦλθον καὶ ποθῶ ἀκοῦσαι· μὴ ἔκτρεχε. καὶ ὁ Ποιμάνδρης εἶπεν, Ἀλλὰ σιώπα. οὔπω γάρ σοι ἀνήπλωσα τὸν πρῶτον λόγον. — Ἰδοὺ σιωπῶ, ἔφην ἐγώ. —

14 E tendo ele toda permissão do mundo dos mortais e dos viventes irracionais, olhou para baixo através da harmonia [*das esferas planetárias*], tendo rompido a couraça, também mostrou a bela forma de Deus à natureza postada para baixo; o qual, tendo uma beleza insaciável <e> toda energia dos regentes em si mesmo e a forma de Deus, ela tendo visto, sorriu com amor, já que ela tinha contemplado a visão da mui linda forma do Homem, a aparência [*dele*] na água e a sombra [*dele*] sobre a terra. Mas o [*mesmo*] vendo a forma semelhante a ele estando nela *e* na água, amou e quis habitar lá. E com a vontade foi feita a energia, e ele habitou a forma irracional; e a natureza tendo recebido o amado, enlaçou toda e se misturaram; pois eram amantes. **15 E**, por isso, de todos os viventes sobre a terra, o homem é duplo: mortal por causa do corpo, mas imortal por causa do homem essencial; pois sendo imortal e tendo a autoridade sobre todos, sofre as coisas mortais estando submetido à heimarmene. Portanto, [*mesmo*] estando acima da harmonia [*sic das esferas planetárias*], sendo harmonioso, tem vindo a ser escravo; e sendo macho-fêmea, de um Pai sendo macho-fêmea, e insone de um insone. É dominado. —

16 E depois dessas coisas, ó meu *Nous*? Pois também eu mesmo estou apaixonado pelo discurso — porém o Poimandres disse: Isso é o mistério escondido até este dia. Pois a natureza tendo se misturado ao homem, trouxe um espanto admirabilíssimo; pois ele tendo a natureza da harmonia dos sete, sobre os quais eu disse a ti que são do fogo e do ar, a natureza não esperou, mas imediatamente gestou sete homens, segundo as naturezas dos sete regentes, macho-fêmeas e superiores. —

E depois dessas coisas, ó Poimandres? Pois cheguei a um grande desejo e anelo ouvir; não saia *do assunto*. E o Poimandres disse: Mas, fica quieto. De modo nenhum expliquei o primeiro discurso a ti. — Eis que faço silêncio, disse eu. —

17 Ἐγένετο οὖν, ὡς ἔφην, τῶν ἑπτὰ τούτων ἡ γένεσις τοιῷδε τρόπῳ· θηλυκὴ γὰρ <γῆ> ἦν καὶ ὕδωρ ὀχευτικόν, τὸ δὲ ἐκ πυρὸς πέπειρον, ἐκ δὲ αἰθέρος τὸ πνεῦμα ἔλαβε καὶ ἐξήνεγκεν ἡ φύσις τὰ σώματα πρὸς τὸ εἶδος τοῦ Ἀνθρώπου. ὁ δὲ Ἄνθρωπος ἐκ ζωῆς καὶ φωτὸς ἐγένετο εἰς ψυχὴν καὶ νοῦν, ἐκ μὲν ζωῆς ψυχήν, ἐκ δὲ φωτὸς νοῦν, καὶ ἔμεινεν οὕτω τὰ πάντα τοῦ αἰσθητοῦ κόσμου μέχρι περιόδου τέλους <καὶ> ἀρχῶν γενῶν.

18 ἄκουε λοιπόν, ὃν ποθεῖς λόγον ἀκοῦσαι. τῆς περιόδου πεπληρωμένης ἐλύθη ὁ πάντων σύνδεσμος ἐκ βουλῆς θεοῦ· πάντα γὰρ ζῷα ἀρρενοθήλεα ὄντα διελύετο ἅμα τῷ ἀνθρώπῳ καὶ ἐγένετο τὰ μὲν ἀρρενικὰ ἐν μέρει, τὰ δὲ θηλυκὰ ὁμοίως. ὁ δὲ θεὸς εὐθὺς εἶπεν ἁγίῳ λόγῳ, Αὐξάνεσθε ἐν αὐξήσει καὶ πληθύνεσθε ἐν πλήθει πάντα τὰ κτίσματα καὶ δημιουργήματα, καὶ ἀναγνωρισάτω <ὁ> ἔννους ἑαυτὸν ὄντα ἀθάνατον, καὶ τὸν αἴτιον τοῦ θανάτου ἔρωτα, καὶ πάντα τὰ ὄντα.

19 τοῦτο εἰπόντος, ἡ πρόνοια διὰ τῆς εἱμαρμένης καὶ ἁρμονίας τὰς μίξεις ἐποιήσατο, καὶ τὰς γενέσεις κατέστησε, καὶ ἐπληθύνθη κατὰ γένος τὰ πάντα καὶ ὁ ἀναγνωρίσας ἑαυτὸν ἐλήλυθεν εἰς τὸ περιούσιον ἀγαθόν, ὁ δὲ ἀγαπήσας τὸ ἐκ πλάνης ἔρωτος σῶμα, οὗτος μένει ἐν τῷ σκότει πλανώμενος, αἰσθητῶς πάσχων τὰ τοῦ θανάτου.

20 — Τί τοσοῦτον ἁμαρτάνουσιν, ἔφην ἐγώ, οἱ ἀγνοοῦντες, ἵνα στερηθῶσι τῆς ἀθανασίας; — Ἔοικας, ὦ οὗτος, τούτων μὴ πεφροντικέναι ὧν ἤκουσας. οὐκ ἔφην σοι νοεῖν; — Νοῶ καὶ μιμνήσκομαι, εὐχαριστῶ δὲ ἅμα. — Εἰ ἐνόησας, εἰπέ μοι, διὰ τί ἄξιοί εἰσι τοῦ θανάτου οἱ ἐν τῷ θανάτῳ ὄντες; — Ὅτι προκατάρχεται τοῦ οἰκείου σώματος τὸ στυγνὸν σκότος, ἐξ οὗ ἡ ὑγρὰ φύσις, ἐξ ἧς τὸ σῶμα συνέστηκεν ἐν τῷ αἰσθητῷ κόσμῳ, ἐξ οὗ θάνατος ἀρδεύεται.

17 **E**ntão veio, como eu disse, o engendramento desses sete desta forma: com efeito, feminina era <a terra> e a água fertilizadora, porém do fogo *era* a prova *de maturação*. Do éter, a natureza recebeu o pneuma e produziu os corpos conforme a aparência do Homem. Porém o Homem, de vida e luz, veio a ser em alma e mente, de vida a alma, e de luz a mente, e todas as coisas do mundo sensível permaneceram assim até o fim de um período e até as origens das espécies.

18 **E**scuta o resto, o discurso que queres escutar: cumprido o período, a conjunção de todas as coisas foi solta pela vontade de Deus; pois todos os viventes sendo macho-fêmeas, separaram-se conjuntamente com o homem e vieram a ser os machos em parte, e a fêmeas semelhantemente, e Deus logo disse uma palavra santa: Crescei em crescimento e multiplicai em multitude todas as criaturas e obras, e <o> sensato reconheça a si sendo imortal, e *reconheça que* a causa da morte é o eros, e *reconheça* todos os seres.

19 **I**sso ele tendo dito, a providência, através da heimarmene e da harmonia, fez as misturas, e estabeleceu os engendramentos, e todas as coisas se multiplicaram segundo a espécie; e o que tem reconhecido a si tem vindo ao bem especial, porém o que tem amado o corpo *proveniente* do engano da paixão, esse sendo enganado, permanece na escuridão, sofrendo sensivelmente as coisas da morte.

20 **P**or que tanto, disse eu, erram os ignorantes, de modo que se privam da imortalidade? — Ei! Pareces não ter refletido sobre as coisas que ouviste. Não disse a ti para compreenderes? — Compreendo e lembro-me, e agradeço ao mesmo tempo. Se tivesses compreendido, dize-me: por que são dignos da morte os que estão na morte? — Porque principia a escuridão tenebrosa do corpo familiar, da qual a natureza *procede*, da qual, por sua vez, o corpo se compõe no mundo, do qual a morte é irrigada.

21 — Ἐνόησας ὀρθῶς, ὦ οὗτος. κατὰ τί δὲ "ὁ νοήσας ἑαυτὸν εἰς αὐτὸν χωρεῖ", ὅπερ ἔχει ὁ τοῦ θεοῦ λόγος; — φημὶ ἐγώ, Ὅτι ἐκ φωτὸς καὶ ζωῆς συνέστηκεν ὁ πατὴρ τῶν ὅλων, ἐξ οὗ γέγονεν ὁ Ἄνθρωπος. — Εὖ φῂς λαλῶν· φῶς καὶ ζωή ἐστιν ὁ θεὸς καὶ πατήρ, ἐξ οὗ ἐγένετο ὁ Ἄνθρωπος. ἐὰν οὖν μάθῃς αὐτὸν ἐκ ζωῆς καὶ φωτὸς ὄντα καὶ ὅτι ἐκ τούτων τυγχάνεις, εἰς ζωὴν πάλιν χωρήσεις. ταῦτα ὁ Ποιμάνδρης εἶπεν. — Ἀλλ' ἔτι μοι εἰπέ, πῶς εἰς ζωὴν χωρήσω ἐγώ, ἔφην, ὦ Νοῦς ἐμός; φησὶ γὰρ ὁ θεός· "ὁ ἔννους ἄνθρωπος ἀναγνωρισάτω ἑαυτόν". **22** οὐ πάντες γὰρ ἄνθρωποι νοῦν ἔχουσιν; — Εὐφήμει, ὦ οὗτος, λαλῶν· παραγίνομαι αὐτὸς ἐγὼ ὁ Νοῦς τοῖς ὁσίοις καὶ ἀγαθοῖς καὶ καθαροῖς καὶ ἐλεήμοσι, τοῖς εὐσεβοῦσι, καὶ ἡ παρουσία μου γίνεται βοήθεια, καὶ εὐθὺς τὰ πάντα γνωρίζουσι καὶ τὸν πατέρα ἱλάσκονται ἀγαπητικῶς καὶ εὐχαριστοῦσιν εὐλογοῦντες καὶ ὑμνοῦντες τεταγμένως πρὸς αὐτὸν τῇ στοργῇ, καὶ πρὸ τοῦ παραδοῦναι τὸ σῶμα ἰδίῳ θανάτῳ μυσάττονται τὰς αἰσθήσεις, εἰδότες αὐτῶν τὰ ἐνεργήματα· μᾶλλον δὲ οὐκ ἐάσω αὐτὸς ὁ Νοῦς τὰ προσπίπτοντα ἐνεργήματα τοῦ σώματος ἐκτελεσθῆναι. πυλωρὸς ὢν ἀποκλείσω τὰς εἰσόδους τῶν κακῶν καὶ αἰσχρῶν ἐνεργημάτων, τὰς ἐνθυμήσεις ἐκκόπτων. **23** τοῖς δὲ ἀνοήτοις καὶ κακοῖς καὶ πονηροῖς καὶ φθονεροῖς καὶ πλεονέκταις καὶ φονεῦσι καὶ ἀσεβέσι πόρρωθέν εἰμι, τῷ τιμωρῷ ἐκχωρήσας δαίμονι, ὅστις τὴν ὀξύτητα τοῦ πυρὸς προσβάλλων †θρώσκει αὐτὸν† αἰσθητικῶς καὶ μᾶλλον ἐπὶ τὰς ἀνομίας αὐτὸν ὁπλίζει, ἵνα τύχῃ πλείονος τιμωρίας, καὶ οὐ παύεται ἐπ' ὀρέξεις ἀπλέτους τὴν ἐπιθυμίαν ἔχων, ἀκορέστως σκοτομαχῶν, καὶ †τοῦτον† βασανίζει, καὶ ἐπ' αὐτὸν πῦρ ἐπὶ τὸ πλεῖον αὐξάνει.

24 — Εὖ μοι πάντα, ὡς ἐβουλόμην, ἐδίδαξας, ὦ Νοῦς, ἔτι δέ μοι εἰπὲ <περὶ> τῆς ἀνόδου τῆς γινομένης. — Πρὸς ταῦτα ὁ Ποιμάνδρης εἶπε, Πρῶτον μὲν ἐν τῇ ἀναλύσει τοῦ σώματος τοῦ ὑλικοῦ παραδίδως αὐτὸ τὸ σῶμα εἰς ἀλλοίωσιν, καὶ τὸ εἶδος ὃ εἶχες ἀφανὲς γίνεται, καὶ τὸ ἦθος τῷ δαίμονι ἀνενέργητον παραδίδως, καὶ αἱ αἰσθήσεις τοῦ σώματος εἰς τὰς ἑαυτῶν πηγὰς ἐπανέρχονται, μέρη γινόμεναι καὶ πάλιν συνανιστάμεναι εἰς τὰς ἐνεργείας. καὶ ὁ θυμὸς καὶ ἡ ἐπιθυμία εἰς τὴν ἄλογον φύσιν χωρεῖ.

21 — **E**i! Compreendeste corretamente. Porém por que a palavra de Deus tem aquilo que "o que compreende a si mesmo vai para si"? — Disse eu: porque de luz e vida se consiste o Pai de todos, do qual tem se originado o Homem. — Dizes bem, falando: luz e vida é Deus e Pai, do qual veio a ser o Homem. Logo, se aprenderes que ele sendo de vida e luz e que desses vens a ser, para vida novamente irás. Essas coisas o Poimandres disse. — Mas ainda, dize-me: como para vida eu irei, ó meu *Nous*? Disse eu. Pois Deus diz: "o homem sensato reconhecerá a si mesmo". **22 E**ntão nem todos os homens possuem *nous*? — Ei! Bendize falando; achego-me eu mesmo, o *Nous*, junto aos santos e bons, e aos puros e misericordiosos, aos devotos, e a minha presença vem a ser uma ajuda, e imediatamente conhecem todas as coisas e apaziguam amorosamente o Pai e agradecem bendizendo e cantando hinos ordeiramente para ele com ternura. E antes de entregar o corpo à própria morte, odeiam as sensações, tendo visto as atividades delas; melhor, eu mesmo, o *Nous*, não permitirei que as atividades, quando atacam o corpo, sejam levadas a termo. Sendo atalaia, fecharei as entradas das atividades viciosas e obscenas, cortando fora as recordações. **23 P**orém quanto aos insensatos e viciosos, e aos maliciosos e invejosos, e aos cúpidos e assassinos, aos ímpios, estou distante, cedendo lugar ao *daimon* vingador, que, quando aplica a agudez do fogo, †assalta o homem† sensivelmente e principalmente o prepara para as ilegalidades, para que *ele* ganhe muitos açoites; também não descansa dos muitos desejos, tendo concupiscência; e insaciavelmente lutando em trevas, prova †isso†, e o fogo aumenta sobre ele acima da completude.

24 — **E**nsinaste bem todas as coisas como eu queria, ó *Nous*; ainda, porém, fala-me <sobre> como acontece a ascensão. — Sobre essas coisas o Poimandres falou: primeiramente, deveras, na dissolução do corpo material, entregas o próprio corpo à mudança e a aparência que tinhas vem a ser imanifesta. O costume ineficaz entregas ao *daimon*, e as sensações do corpo voltam para as fontes delas mesmas, vindo elas a ser partes e novamente compondo-se na energia, também a ira e a concupiscência vão para a natureza irracional.

25 καὶ οὕτως ὁρμᾷ λοιπὸν ἄνω διὰ τῆς ἁρμονίας, καὶ τῇ πρώτῃ ζώνῃ δίδωσι τὴν αὐξητικὴν ἐνέργειαν καὶ τὴν μειωτικήν, καὶ τῇ δευτέρᾳ τὴν μηχανὴν τῶν κακῶν, δόλον ἀνενέργητον, καὶ τῇ τρίτῃ τὴν ἐπιθυμητικὴν ἀπάτην ἀνενέργητον, καὶ τῇ τετάρτῃ τὴν ἀρχοντικὴν προφανίαν ἀπλεονέκτητον, καὶ τῇ πέμπτῃ τὸ θράσος τὸ ἀνόσιον καὶ τῆς τόλμης τὴν προπέτειαν, καὶ τῇ ἕκτῃ τὰς ἀφορμὰς τὰς κακὰς τοῦ πλούτου ἀνενεργήτους, καὶ τῇ ἑβδόμῃ ζώνῃ τὸ ἐνεδρεῦον ψεῦδος. **26** καὶ τότε γυμνωθεὶς ἀπὸ τῶν τῆς ἁρμονίας ἐνεργημάτων γίνεται ἐπὶ τὴν ὀγδοατικὴν φύσιν, τὴν ἰδίαν δύναμιν ἔχων, καὶ ὑμνεῖ σὺν τοῖς οὖσι τὸν πατέρα· συγχαίρουσι δὲ οἱ παρόντες τῇ τούτου παρουσίᾳ, καὶ ὁμοιωθεὶς τοῖς συνοῦσιν ἀκούει καί τινων δυνάμεων ὑπὲρ τὴν ὀγδοατικὴν φύσιν φωνῇ τινι ἡδείᾳ ὑμνουσῶν τὸν θεόν· καὶ τότε τάξει ἀνέρχονται πρὸς τὸν πατέρα, καὶ αὐτοὶ εἰς δυνάμεις ἑαυτοὺς παραδιδόασι, καὶ δυνάμεις γενόμενοι ἐν θεῷ γίνονται. τοῦτό ἐστι τὸ ἀγαθὸν τέλος τοῖς γνῶσιν ἐσχηκόσι, θεωθῆναι. λοιπόν, τί μέλλεις; οὐχ ὡς πάντα παραλαβὼν καθοδηγὸς γίνῃ τοῖς ἀξίοις, ὅπως τὸ γένος τῆς ἀνθρωπότητος διὰ σοῦ ὑπὸ θεοῦ σωθῇ;

27 ταῦτα εἰπὼν ὁ Ποιμάνδρης ἐμοὶ ἐμίγη ταῖς δυνάμεσιν. ἐγὼ δὲ εὐχαριστήσας καὶ εὐλογήσας τὸν πατέρα τῶν ὅλων ἀνείθην ὑπ' αὐτοῦ δυναμωθεὶς καὶ διδαχθεὶς τοῦ παντὸς τὴν φύσιν καὶ τὴν μεγίστην θέαν, καὶ ἦργμαι κηρύσσειν τοῖς ἀνθρώποις τὸ τῆς εὐσεβείας καὶ γνώσεως κάλλος, Ὦ λαοί, ἄνδρες γηγενεῖς, οἱ μέθῃ καὶ ὕπνῳ ἑαυτοὺς ἐκδεδωκότες καὶ τῇ ἀγνωσίᾳ τοῦ θεοῦ, νήψατε, παύσασθε δὲ κραιπαλῶντες, θελγόμενοι ὕπνῳ ἀλόγῳ.

28 Οἱ δὲ ἀκούσαντες παρεγένοντο ὁμοθυμαδόν. ἐγὼ δέ φημι, Τί ἑαυτούς, ὦ ἄνδρες γηγενεῖς, εἰς θάνατον ἐκδεδώκατε, ἔχοντες ἐξουσίαν τῆς ἀθανασίας μεταλαβεῖν; μετανοήσατε, οἱ συνοδεύσαντες τῇ πλάνῃ καὶ συγκοινωνήσαντες τῇ ἀγνοίᾳ· ἀπαλλάγητε τοῦ σκοτεινοῦ φωτός, μεταλάβετε τῆς ἀθανασίας, καταλείψαντες τὴν φθοράν.

25 E, assim, move-se *o homem* doravante para cima através da harmonia *das esferas planetárias*: à primeira zona, entrega a energia aumentativa e diminutiva; e à segunda, a maquinação dos maus, dolo inoperante; e à terceira, o engano licencioso inoperante; e à quarta, a ostentação primacial desvantajosa; e à quinta, a presunção insana e a audácia da aventura; e à sexta, os recursos maus inoperantes da riqueza; e à sétima zona, a mentira ardilosa. **26** E quando se desnudar das obras da harmonia *das esferas planetárias*, vem a ser na natureza ogdoática, tendo a própria potência, e canta com os seres hinos ao Pai. Mas ainda, os presentes se regozijam com a presença desse, e tendo sido assemelhado aos companheiros, ouve também algumas potências cantando hinos com uma voz prazerosa acima na natureza ogdoática; e quando, em ordem, sobem para o Pai, eles se doam em potências, e vindo a ser potências, vêm a estar em Deus. Isso é o bom final aos que têm tido gnose: ter sido divinizado. De resto, o que pretendes? Já que recebeste todas as coisas, não vens a ser guia aos dignos, a fim de que o gênero humano através de ti, por Deus, seja salvo?

27 Quando disse essas coisas a mim, o Poimandres se misturou às potências. E, depois que eu agradeci e louvei o Pai de todos, fui liberado, tendo sido investido de potência e tendo sido ensinado por ele sobre a natureza do todo e sobre o grandessíssimo espetáculo, e comecei a apregoar aos homens a beleza da devoção e da gnose: Ó povos, homens terrenos, vós que tendes vos entregado à bebida forte e ao sono e ao desconhecimento de Deus, sede sóbrios; mas ainda, cessai vós que vos intoxicais, e vós que sois vencidos pelo sono irracional.

28 Porém os que ouviram seguiram unanimemente. E eu disse: Por que vós vos tendes entregado à morte, já que tendes a autoridade de obter a imortalidade? Mudai de mente, vós que caminhais no erro e que comungais com a ignorância; mudai da luz tenebrosa, e obtende a imortalidade, deixando a corrupção.

29 καὶ οἱ μὲν αὐτῶν καταφλυαρήσαντες ἀπέστησαν, τῇ τοῦ θανάτου ὁδῷ ἑαυτοὺς ἐκδεδωκότες, οἱ δὲ παρεκάλουν διδαχθῆναι, ἑαυτοὺς πρὸ ποδῶν μου ῥίψαντες. ἐγὼ δὲ ἀναστήσας αὐτοὺς καθοδηγὸς ἐγενόμην τοῦ γένους, τοὺς λόγους διδάσκων, πῶς καὶ τίνι τρόπῳ σωθήσονται, καὶ ἔσπειρα αὐτοῖς τοὺς τῆς σοφίας λόγους καὶ ἐτράφησαν ἐκ τοῦ ἀμβροσίου ὕδατος. ὀψίας δὲ γενομένης καὶ τῆς τοῦ ἡλίου αὐγῆς ἀρχομένης δύεσθαι ὅλης, ἐκέλευσα αὐτοῖς εὐχαριστεῖν τῷ θεῷ καὶ ἀναπληρώσαντες τὴν εὐχαριστίαν ἕκαστος ἐτράπη εἰς τὴν ἰδίαν κοίτην.

30 ἐγὼ δὲ τὴν εὐεργεσίαν τοῦ Ποιμάνδρου ἀνεγραψάμην εἰς ἐμαυτόν, καὶ πληρωθεὶς ὧν ἤθελον ἐξηυφράνθην. ἐγένετο γὰρ ὁ τοῦ σώματος ὕπνος τῆς ψυχῆς νῆψις, καὶ ἡ κάμμυσις τῶν ὀφθαλμῶν ἀληθινὴ ὅρασις, καὶ ἡ σιωπή μου ἐγκύμων τοῦ ἀγαθοῦ, καὶ ἡ τοῦ λόγου ἐκφορὰ γεννήματα ἀγαθῶν. τοῦτο δὲ συνέβη μοι λαβόντι ἀπὸ τοῦ νοός μου, τουτέστι τοῦ Ποιμάνδρου, τοῦ τῆς αὐθεντίας λόγου. θεόπνους γενόμενος τῆς ἀληθείας ἦλθον. διὸ δίδωμι ἐκ ψυχῆς καὶ ἰσχύος ὅλης εὐλογίαν τῷ πατρὶ θεῷ.

31 ἅγιος ὁ θεὸς καὶ πατὴρ τῶν ὅλων.
ἅγιος ὁ θεὸς, οὗ ἡ βουλὴ τελεῖται ἀπὸ τῶν ἰδίων δυνάμεων.
ἅγιος ὁ θεός, ὃς γνωσθῆναι βούλεται καὶ γινώσκεται τοῖς ἰδίοις.
ἅγιος εἶ, ὁ λόγῳ συστησάμενος τὰ ὄντα.
ἅγιος εἶ, οὗ πᾶσα φύσις εἰκὼν ἔφυ.
ἅγιος εἶ, ὃν ἡ φύσις οὐκ ἐμόρφωσεν.
ἅγιος εἶ, ὁ πάσης δυνάμεως ἰσχυρότερος.
ἅγιος εἶ, ὁ πάσης ὑπεροχῆς μείζων.
ἅγιος εἶ, ὁ κρείττων τῶν ἐπαίνων.
δέξαι λογικὰς θυσίας ἁγνὰς ἀπὸ ψυχῆς καὶ καρδίας πρὸς σὲ ἀνατεταμένης, ἀνεκλάλητε, ἄρρητε, σιωπῇ φωνούμενε. **32** αἰτουμένῳ τὸ μὴ σφαλῆναι τῆς γνώσεως τῆς κατ' οὐσίαν ἡμῶν ἐπίνευσόν μοι καὶ ἐνδυνάμωσόν με, καὶ τῆς χάριτος ταύτης φωτίσω τοὺς ἐν ἀγνοίᾳ τοῦ γένους, μοῦ ἀδελφούς, υἱοὺς δὲ σοῦ. διὸ πιστεύω καὶ μαρτυρῶ· εἰς ζωὴν καὶ φῶς χωρῶ. εὐλογητὸς εἶ, πάτερ. ὁ σὸς ἄνθρωπος συναγιάζειν σοι βούλεται, καθὼς παρέδωκας αὐτῷ τὴν πᾶσαν ἐξουσίαν.

29 E os que depreciaram entre eles, afastaram-se, entregues ao caminho da morte, porém, os que rogaram para serem ensinados se lançaram aos meus pés. E eu os tendo erguido, vim a ser guia do gênero *humano*, ensinando as palavras, como e por qual maneira eles seriam salvos, e semeei neles as palavras e foram nutridos da água de ambrosia. E quando se aproximou a tarde, e começou o raio do sol a se pôr totalmente, pedi-lhes para agradecer a Deus, e, tendo cumprido a ação de graça, cada um foi para seu próprio leito.

30 E eu registrei a benfeitoria do Poimandres em mim mesmo, completando também todas as coisas sobre as quais desejava me deleitar. Pois o sono do corpo veio a ser a sobriedade da alma; e a oclusão dos olhos, uma visão verdadeira; e a minha quietude, impregnada do bem; e a extração da palavra, os produtos das boas coisas. Porém isso aconteceu comigo, tendo recebido do meu *nous*, isto é, do Poimandres, do logos da autoridade. Vim divinamente inspirado da verdade. Por isso, dou um elogio a Deus Pai de toda a alma e força.

31 Santo é Deus e Pai de todos.
Santo é Deus, cuja vontade é cumprida pelas suas próprias potências.
Santo é Deus, que quer ser conhecido e é conhecido pelos seus.
Santo és, que tens constituído por ti os seres com a palavra.
Santo és, cuja toda natureza produziu uma imagem.
Santo és, que a natureza não formou.
Santo és, o mais forte do que a potência.
Santo és, o maior do que toda proeminência.
Santo és, o melhor que os louvores.

Recebe os sacros sacrifícios racionais de alma e coração, dedicados a ti, ó Inexprimível, ó Inefável, tu que és chamado em silêncio. **32 A**o que se solicita que não sejamos destituídos da gnose referente à nossa essência; consente a mim e me investe de potência, e iluminarei os que estão na ignorância do gênero *humano*, meus irmãos, mais ainda teus filhos, através dessa graça. Por isso, creio e testifico: eu vou para vida e luz. Bendito és, Pai, a tua humanidade quer consagrar contigo, conforme entregaste toda a autoridade a ela.

♀

LIBELLUS II A —ἙΡΜΟΥ ΠΡΟΣ ΤΑΤ ΛΟΓΟΣ ΚΑΘΟΛΙΚΟΣ

Intercidit dialogus

LIBELLUS II B

Intercidit titulus.

1 Πᾶν τὸ κινούμενον, ὦ Ἀσκληπιέ, οὐκ ἔν τινι κινεῖται καὶ ὑπό τινος; — Μάλιστα. — Οὐκ ἀνάγκη δὲ μεῖζον εἶναι ἐν ᾧ κινεῖται τὸ κινούμενον; Ἀνάγκη. — Ἰσχυρότερον ἄρα τὸ κινοῦν τοῦ κινουμένου; — Ἰσχυρότερον γάρ. — Ἐναντίαν δὲ ἔχειν φύσιν ἀνάγκη τὸ ἐν ᾧ κινεῖται τῇ τοῦ κινουμένου; — Καὶ πάνυ.

2 Μέγας οὖν οὗτος <ὁ> κόσμος, οὗ μεῖζον οὐκ ἔστι σῶμα; — Ὡμολόγηται. — Καὶ στιβαρός; πεπλήρωται γὰρ ἄλλων σωμάτων μεγάλων πολλῶν, μᾶλλον δὲ πάντων ὅσα ἐστὶ σώματα. — Οὕτως ἔχει. — Σῶμα δὲ ὁ κόσμος; — Σῶμα. — Καὶ κινούμενον; **3** — Μάλιστα.— Πηλίκον οὖν δεῖ τὸν τόπον εἶναι ἐν ᾧ κινεῖται καὶ ποταπὸν τὴν φύσιν; οὐ πολὺ μείζονα, ἵνα δυνηθῇ δέξασθαι τῆς φορᾶς τὴν συνέχειαν καὶ μὴ θλιβόμενον τὸ κινούμενον ὑπὸ τῆς στενότητος ἐπίσχῃ τὴν κίνησιν; — Παμμέγεθές τι χρῆμα, ὦ Τρισμέγιστε. — **4** Ποταπῆς δὲ φύσεως; τῆς ἐναντίας ἄρα, ὦ Ἀσκληπιέ; σώματι δὲ ἐναντία φύσις τὸ ἀσώματον. — Ὡμολόγηται. — Ἀσώματος οὖν ὁ τόπος, τὸ δὲ ἀσώματον ἢ θεῖόν ἐστιν ἢ ὁ θεός. τὸ δὲ θεῖον λέγω νῦν, οὐ τὸ γεννητόν, ἀλλὰ τὸ ἀγέννητον. **5** ἐὰν μὲν οὖν ᾖ θεῖον, οὐσιῶδές ἐστιν· ἐὰν δὲ ᾖ θεός, καὶ ἀνουσίαστον γίνεται. ἄλλως δὲ νοητόν, οὕτως· νοητὸς γὰρ πρῶτος ὁ θεός ἐστιν ἡμῖν, οὐχ ἑαυτῷ· τὸ γὰρ νοητὸν τῷ νοοῦντι αἰσθήσει ὑποπίπτει· ὁ θεὸς οὐκοῦν οὐχ ἑαυτῷ νοητός· οὐ γὰρ ἄλλο τι ὢν τοῦ νοουμένου ὑφ' ἑαυτοῦ νοεῖται·

LIBELLUS II A — DE HERMES PARA TAT: DISCURSO GERAL

Diálogo perdido

LIBELLUS II B

Título perdido.

1 Todo o móvel, ó Asclépio, não é movido em algo e por algo? — Certamente. — Porém não é necessário que o móvel seja maior *do que aquilo* no qual ele é movido? — É necessário. — Então, mais forte é o motor do que o móvel? — Pois é, mais forte. — E é necessário aquilo no qual é movido que tenha natureza oposta à do móvel? — Também sim.

2 — **E**ntão grande é esse mundo, do qual não existe corpo maior? — Que seja concordado. — E é compacto? Pois é preenchido de muitos outros grandes corpos, e melhor, tais são os corpos de todos. — Assim é. — Porém o mundo é um corpo? — É um corpo. — E é móvel? **3** — Certamente. — Que tamanho de espaço no qual ele é movido é necessário, qual é a natureza desse espaço? Não muito maior, a fim de que seja possível receber a perseverança de uma rápida moção e que, não sendo pressionado o movido pela estreiteza, retarde o movimento? — É alguma coisa enorme, ó Trismegistos. — **4 D**e que natureza? Então é da oposta, ó Asclépio? E o incorpóreo é natureza oposta ao corpo. — Que seja concordado. — Portanto, o espaço é incorporal, mas o incorporal ou é divino ou é Deus. Porém eu estou falando agora do divino, não do engendrado, mas do inengendrado. **5 S**e, pois, for divino, é essencial; porém, se for Deus, também vem a ser sem essência. E, de outra maneira, é inteligível. Assim, pois, para nós, o primeiro inteligível é Deus, *ele não é inteligível* por si mesmo; pois a coisa inteligível, para o pensante, cai na sensação; por isso, Deus não é em si inteligível; pois não sendo alguma outra coisa do que é pensada, ele é pensado por si.

6 ἡμῖν δὲ ἄλλο τί ἐστι· διὰ τοῦτο ἡμῖν νοεῖται. εἰ δὲ νοητὸς ὁ τόπος, οὐχ ὡς θεός, ἀλλ' ὡς τόπος. εἰ δὲ καὶ ὡς θεός, οὐχ ὡς τόπος, ἀλλ' ὡς ἐνέργεια χωρητική. πᾶν δὲ τὸ κινούμενον οὐκ ἐν κινουμένῳ κινεῖται ἀλλ' ἐν ἑστῶτι· καὶ τὸ κινοῦν δὲ ἕστηκεν, ἀδύνατον συγκινεῖσθαι. —

Πῶς οὖν, ὦ Τρισμέγιστε, τὰ ἐνθάδε συγκινεῖται τοῖς κινοῦσιν; τὰς γὰρ σφαίρας ἔφης τὰς πλανωμένας κινεῖσθαι ὑπὸ τῆς ἀπλανοῦς σφαίρας. — Οὐκ ἔστιν αὕτη, ὦ Ἀσκληπιέ, συγκίνησις ἀλλ' ἀντικίνησις· οὐ γὰρ ὁμοίως κινοῦνται, ἀλλ' ἐναντίαι ἀλλήλαις· ἡ δὲ ἐναντίωσις τὴν ἀντέρεισιν τῆς κινήσεως ἑστῶσαν ἔχει·

7 ἡ γὰρ ἀντιτυπία στάσις φορᾶς. αἱ οὖν πλανώμεναι σφαῖραι ἐναντίως κινούμεναι τῇ ἀπλανεῖ †ὑπ' ἀλλήλων τῇ ἐναντίᾳ ὑπαντήσει περὶ τὴν ἐναντιότητα αὐτὴν ὑπὸ τῆς ἑστώσης κινοῦνται†. καὶ ἄλλως ἔχειν ἀδύνατον. τὰς γὰρ ἄρκτους ταύτας ἃς ὁρᾷς μήτε δυνούσας μήτε ἀνατελλούσας, περὶ δὲ τὸ αὐτὸ στρεφομένας, ἢ οἴει κινεῖσθαι ἢ ἑστάναι; — Κινεῖσθαι, ὦ Τρισμέγιστε. — Κίνησιν ποίαν, ὦ Ἀσκληπιέ; — Τὴν περὶ τὰ αὐτὰ ἀναστρεφομένην. — Ἡ δὲ περιφορὰ τὸ αὐτὸ καὶ ἡ περὶ τὸ αὐτὸ κίνησις ὑπὸ στάσεως κατεχομένη. τὸ γὰρ περὶ αὐτὸ κωλύει τὸ ὑπὲρ αὐτὸ †κωλυόμενον δὲ τοὺς τὸ ὑπὲρ αὐτό, εἰ ἔστη εἰς τὸ περὶ αὐτό†, οὕτω καὶ ἡ ἐναντία φορὰ ἕστηκεν ἑδραία, ὑπὸ τῆς ἐναντιότητος στηριζομένη. **8** παράδειγμα δέ σοι ἐπίγειον τοῖς ὀφθαλμοῖς ὑποπῖπτον φράσω· τὰ ἐπίκηρα ζῷα, οἷον τὸν ἄνθρωπον λέγω, θεώρει νηχόμενον· φερομένου γὰρ τοῦ ὕδατος, ἡ ἀντιτυπία τῶν ποδῶν καὶ τῶν χειρῶν στάσις γίνεται τῷ ἀνθρώπῳ, τοῦ μὴ συγκατενεχθῆναι τῷ ὕδατι. — Σαφὲς τὸ παράδειγμα, ὦ Τρισμέγιστε.

— Πᾶσα οὖν κίνησις ἐν στάσει καὶ ὑπὸ στάσεως κινεῖται. ἡ οὖν κίνησις τοῦ κόσμου καὶ παντὸς δὲ ζῴου ὑλικοῦ οὐχ ὑπὸ τῶν κατ' ἐκτὸς τοῦ σώματος συμβαίνει γίνεσθαι, ἀλλ' ὑπὸ τῶν ἐντὸς εἰς τὸ κατ' ἐκτός, τῶν νοητῶν, ἤτοι ψυχῆς ἢ πνεύματος, ἢ ἄλλου τινὸς ἀσωμάτου. σῶμα γὰρ σῶμα ἔμψυχον οὐ κινεῖ, ἀλλ' οὐδὲ τὸ σύνολον σῶμα, κἂν ᾖ ἄψυχον. —

6 **P**ara nós, *ele* é alguma outra coisa; por isso, é pensado para nós. Porém se o espaço é inteligível, não é como Deus, mas como espaço. Porém, se também o é como Deus, não é como lugar, mas como energia capaz. Porém, todo o móvel não é movido no movido, mas no fixado; também, porém, o motor tem se fixado, impossível de ser movido.

Como, então, ó Trismegistos, as coisas aqui são movidas com os motores? Pois disseste serem as esferas errantes movidas pelas não errantes. — Não é essa, ó Asclépio, uma moção conjunta, mas uma contramoção; pois não são movidos semelhantemente, mas são contrárias umas às outras; porém, tendo se fixado, a contrariedade tem a firmeza da moção.

7 **P**ois a repulsa é uma parada de uma rápida moção. Portanto, as esferas errantes, contrariamente sendo movidas pela não errante, †umas pelas outras no encontro contrário ao redor da própria contrariedade, são movidas pela que tem sido fixada†. E de outro modo é impossível. Pois essas Ursas que vês nem se pondo nem nascendo, e girando ao redor do mesmo *centro*; pensas que são movidas ou estão paradas? — São movidas, ó Trismegistos. — Que tipo de moção, ó Asclépio? — A que circula ao redor das coisas. — Porém a circunvolução é o mesmo que a moção ao redor do mesmo *centro*, sendo retida pela parada. Pois circunvolução ao redor do ponto impede que ela esteja além dele. †Porém o impedimento de ser além dele, se fosse fixado, seria para a circunvolução ao redor do próprio ponto†. Assim, também, a rápida moção contrária tem se fixado firme, sendo firmemente alicerçada pela contrariedade. **8 E** um exemplo terreno aos teus olhos te mostrarei: os viventes perecíveis, digo tal como o homem, vê nadando; pois da água corrente, a repulsa dos pés e das mãos vem a ser uma parada para o homem, de maneira a não ser arrastado pela água. — É claro o exemplo, ó Trismegistos.

— Portanto, toda moção na parada e pela parada é movida. Portanto a moção do mundo e também de todo vivente material não acontece de vir a ser pelas causas do exterior do corpo, mas pelas causas do interior para dentro do exterior, dos inteligíveis, ou seja, da alma e do pneuma, ou de algum outro corpo. Pois um corpo não move um corpo animado, mas nem todo corpo, mesmo que seja inanimado. —

9 Πῶς τοῦτο λέγεις, ὦ Τρισμέγιστε; τὰ οὖν ξύλα καὶ τοὺς λίθους καὶ τὰ ἄλλα πάντα ἄψυχα, οὐ σώματά ἐστι τὰ κινοῦντα; — Οὐδαμῶς, ὦ Ἀσκληπιέ· τὸ γὰρ ἔνδον τοῦ σώματος τοῦ κινοῦντος τὸ ἄψυχον, οὐ σῶμα ἐκεῖνό ἐστι τὸ ἀμφότερα κινοῦν, καὶ τὸ τοῦ βαστάζοντος καὶ τὸ τοῦ βασταζομένου· διόπερ ἄψυχον οὐκ ἄψυχον κινήσει. ὁρᾷς οὖν καταβαρουμένην τὴν ψυχήν, ὅταν μόνη δύο σώματα φέρῃ. καὶ ὅτι μὲν ἔν τινι κινεῖται τὰ κινούμενα καὶ ὑπό τινος, δῆλον.

10 — Ἐν κενῷ δὲ δεῖ κινεῖσθαι τὰ κινούμενα, ὦ Τρισμέγιστε; — Εὐφήμει, ὦ Ἀσκληπιέ. οὐδὲ ἓν τῶν ὄντων ἐστὶ κενὸν τῷ τῆς ὑπάρξεως λόγῳ· τὸ δὲ ὂν οὐκ ἂν ἠδύνατο εἶναι ὄν, εἰ μὴ μεστὸν τῆς ὑπάρξεως ἦν· τὸ γὰρ ὑπάρχον κενὸν οὐδέποτε γενέσθαι δύναται. — Οὐκ ἔστιν οὖν κενά τινα, ὦ Τρισμέγιστε, οἷον κάδος καὶ κέραμος καὶ ληνὸς καὶ τὰ ἄλλα τὰ παραπλήσια; — Φεῦ τῆς πολλῆς πλάνης, <ὦ> Ἀσκληπιέ. τὰ μᾶλλον πληρέστατα καὶ μεστότατα ὄντα, ταῦτα ἡγῇ κενὰ εἶναι;

11 — Πῶς λέγεις, ὦ Τρισμέγιστε; — Οὐ σῶμά ἐστιν ὁ ἀήρ; — Σῶμα. — Τοῦτο δὲ τὸ σῶμα οὐ διὰ πάντων διήκει τῶν ὄντων, καὶ πάντα διῆκον πληροῖ; σῶμα δὲ οὐκ ἐκ τῶν τεσσάρων κεκραμένον συνέστηκε; μεστὰ οὖν ἐστι πάντα, ἃ σὺ φῂς κενά, τοῦ ἀέρος· εἰ δὲ τοῦ ἀέρος, καὶ τῶν τεσσάρων σωμάτων, καὶ συμβαίνει ὁ ἐναντίος λόγος ἐκφαίνεσθαι, ὅτι ἃ σὺ φῂς μεστά, ταῦτα πάντα κενά ἐστι τοῦ ἀέρος, ἐκείνων ὑπ' ἄλλων σωμάτων στενοχωρουμένων καὶ μὴ ἐχόντων τόπον δέξασθαι τὸν ἀέρα. ταῦτα οὖν ἃ σὺ φῂς εἶναι κενά, κοῖλα δεῖ ὀνομάζειν, οὐ κενά· ὑπάρξει γὰρ μεστά ἐστιν ἀέρος καὶ πνεύματος. — **12** Ἀναντίρρητος ὁ λόγος, ὦ Τρισμέγιστε. τὸν οὖν τόπον τὸν ἐν ᾧ κινεῖται τὸ πᾶν, τί εἴπομεν; — Ἀσώματον, ὦ Ἀσκληπιέ. — Τὸ οὖν ἀσώματον τί ἐστι; — Νοῦς ὅλος ἐξ ὅλουεαυτὸν ἐμπεριέχων, ἐλεύθερος σώματος παντός, ἀπλανής, ἀπαθής, ἀναφής, αὐτὸς ἐν ἑαυτῷ ἑστώς, χωρητικὸς τῶν πάντων καὶ σωτήριος τῶν ὄντων, οὗ ὥσπερ ἀκτῖνές εἰσι τὸ ἀγαθόν, ἡ ἀλήθεια, τὸ ἀρχέτυπον πνεύματος, τὸ ἀρχέτυπον ψυχῆς. — Ὁ οὖν θεὸς τί ἐστιν; — Ὁ μηδὲ ἓν τούτων ὑπάρχων, ὢν δὲ καὶ τοῦ εἶναι τούτοις αἴτιος καὶ πᾶσι καὶ ἑνὶ ἑκάστῳ τῶν ὄντων πάντων.

9 O que queres dizer, ó Trismegistos? Então, não são os corpos os que movem as madeiras e as pedras e todas as coisas inanimadas? — De modo nenhum, ó Asclépio; pois é aquilo no interior do corpo que move o inanimado, o *corpo* do que carrega e o *corpo* do que é carregado; não é aquele corpo que move ambos; por isso, um inanimado não moverá um inanimado. Portanto, vês a alma sobrecarregada quando só ela carregar os dois corpos. E, deveras, é evidente que em algo os móveis são movidos também por algo.

10 — **P**orém os móveis devem ser movidos no vazio, ó Trismegistos? — Bendize, ó Asclépio. Nenhum dos seres é vazio em razão da existência; e o ente não poderia ser ente se não fosse cheio da existência; pois o existente nunca pode vir a ser vazio. — Então, não existem algumas coisas vazias, ó Trismegistos, como jarro e vaso e lagar e outras coisas semelhantes? — Oh, que grande engano, <ó> Asclépio! Esses *seres,* que pensas serem vazios, são os seres absolutamente repletíssimos e cheíssimos?

11 — **O** que queres dizer, ó Trismegistos? O ar não é um corpo? — É um corpo. — Porém esse corpo não penetra através de todos os seres, e, penetrando, não preenche todas as coisas? Porém um corpo, misturado, não tem se constituído dos quatro elementos? Portanto, todas as coisas estão cheias de ar, as quais tu dizes estarem vazias; porém, se *estão cheias* do ar, também *estão* dos quatro corpos. E o argumento contrário vem a ser explicado assim: as que tu dizes cheias, todas essas coisas estão vazias de ar, *estão cheias* daqueles outros corpos comprimidos e não tendo espaço para receber o ar. Portanto, essas coisas as quais dizes *serem* vazias, é necessário chamá-las ocas, não vazias; pois, na realidade, elas estão cheias de ar e pneuma. — **12 É** um argumento irrefutável, ó Trismegistos. Então, falemos do espaço no qual o Todo é movido, o que ele é? — É incorpóreo, ó Asclépio. — Então, o incorpóreo, o que é? — Todo *nous* do todo, incluindo a si mesmo, livre de todo corpo, imóvel, impassível, intangível, ele que *é*, tendo fixado a si mesmo, capaz de todas as coisas e preservador dos seres, de quem o bem, a verdade, o arquétipo do pneuma, o arquétipo da alma são como raios. — Então, o que é Deus? — O que não é nenhuma dessas coisas que existem, porém, também, sendo o responsável por todas essas coisas e por cada um de todos os seres de ser o que são.

13 οὐδὲ γὰρ οὐδὲν ὑπέλειπε πλέον τὸ μὴ ὄν, πάντα δέ ἐστι τὰ ἐκ τῶν ὄντων γινόμενα οὐκ ἐκ τῶν μὴ ὄντων· τὰ γὰρ μὴ ὄντα οὐ φύσιν ἔχει τοῦ δύνασθαι γενέσθαι ἀλλὰ τοῦ μὴ δύνασθαί τι [τὸ] γενέσθαι καὶ πάλιν τὰ ὄντα οὐ φύσιν ἔχει τοῦ μηδέποτε εἶναι. **14** †τί οὖν φῄς τοῦ μὴ εἶναί ποτε;† ὁ οὖν θεὸς οὐ νοῦς ἐστιν, αἴτιος δὲ τοῦ <νοῦν> εἶναι, οὐδὲ πνεῦμα, αἴτιος δὲ τοῦ εἶναι πνεῦμα, οὐδὲ φῶς, αἴτιος δὲ τοῦ φῶς εἶναι. ὅθεν τὸν θεὸν δυσὶ ταύταις ταῖς προσηγορίαις σέβεσθαι δεῖ, ταῖς μόνῳ αὐτῷ προσῳκειωμέναις καὶ ἄλλῳ οὐδενί. οὔτε γὰρ τῶν ἄλλων λεγομένων θεῶν οὔτε ἀνθρώπων οὔτε δαιμόνων τις δύναται κἂν κατὰ ποσονοῦν ἀγαθὸς εἶναι ἢ μόνος ὁ θεός. καὶ τοῦτό ἐστι μόνον καὶ οὐδὲν ἄλλο. τὰ δὲ ἄλλα πάντα ἀχώρητά ἐστι τῆς τοῦ ἀγαθοῦ φύσεως· σῶμα γάρ εἰσι καὶ ψυχή, τόπον οὐκ ἔχοντα χωρῆσαι δυνάμενον τὸ ἀγαθόν. **15** τοσοῦτον γάρ ἐστι τοῦ ἀγαθοῦ τὸ μέγεθος ὅσον ἐστὶν ὕπαρξις πάντων τῶν ὄντων, καὶ σωμάτων καὶ ἀσωμάτων, καὶ αἰσθητῶν καὶ νοητῶν. τοῦτό ἐστι τὸ ἀγαθόν, τοῦτό ἐστιν ὁ θεός. μὴ οὖν εἴπῃς ἄλλο τι ἀγαθόν, ἐπεὶ ἀσεβεῖς, ἢ ἄλλο τί ποτε τὸν θεὸν ἢ μόνον τὸ ἀγαθόν, ἐπεὶ πάλιν ἀσεβεῖς.

16 λόγῳ μὲν οὖν ὑπὸ πάντων λέγεται τὸ ἀγαθόν, οὐ νοεῖται δὲ τί ποτέ ἐστιν ὑπὸ πάντων. διὰ τοῦτο οὐδὲ ὁ θεὸς νοεῖται ὑπὸ πάντων, ἀλλ᾽ ἀγνοίᾳ καὶ τοὺς θεοὺς καί τινας τῶν ἀνθρώπων ἀγαθοὺς ὀνομάζουσι, μηδέποτε δυναμένους μήτε εἶναι μήτε γενέσθαι· ἀναλλοτριώτατον γάρ ἐστι τοῦ θεοῦ καὶ ἀχώριστον, ὡς αὐτὸς ὁ θεὸς ὄν. θεοὶ μὲν οὖν οἱ ἄλλοι πάντες ἀθάνατοι τετιμημένοι τῇ τοῦ θεοῦ προσηγορίᾳ· ὁ δὲ θεὸς τὸ ἀγαθόν, οὐ κατὰ τιμήν, ἀλλὰ κατὰ φύσιν· μία γὰρ ἡ φύσις τοῦ θεοῦ, τὸ ἀγαθόν, καὶ ἓν γένος ἀμφοτέρων, ἐξ οὗ τὰ γένη πάντα. ὁ γὰρ ἀγαθὸς ἅπαντά ἐστι διδοὺς καὶ μηδὲν λαμβάνων. ὁ οὖν θεὸς πάντα δίδωσι καὶ οὐδὲν λαμβάνει· ὁ οὖν θεὸς <τὸ> ἀγαθόν, καὶ τὸ ἀγαθὸν ὁ θεός.

13 **C**om efeito, nem há nenhum não ser que ele não tenha deixado completo, mas todas as coisas que vieram a ser são provenientes das coisas existentes, não das não existentes. Pois as não existentes não têm a natureza de poder vir a ser, mas de não poder vir a ser algo e, por sua vez, as existentes não têm a natureza de nunca ser. **14** — †Então, o que queres dizer do não ser nunca?† — Portanto, Deus não é <*nous*>, mas é o causador do ser *nous*; nem do pneuma, mas o causador do ser pneuma; nem luz, mas o causador do ser luz. Donde é necessário reverenciar Deus por esses dois títulos, os quais têm sido aplicados somente a ele e a nenhum outro. Pois, nem algum dos outros chamados deuses nem dos homens, nem dos *daimones*, pode, segundo a grandeza, ser bom, exceto somente Deus. E esse é o Único e não há nenhum outro. Porém todas as outras coisas são incapazes da natureza do Bem; pois são o corpo e a alma, não tendo lugar que pode comportar o Bem. **15** **P**ois tal é a grandeza do Bem tanto quanto é a existência de todos os seres, incorpóreos como corpóreos, e dos sensíveis e dos inteligíveis. Isso é o Bem, isso é Deus. Portanto, não digas que alguma coisa é boa porque, por sua vez, serás ímpio, ou que Deus é alguma outra coisa, exceto somente o Bem.

16 **A**ssim, portanto, o Bem é pronunciado em palavra por todos, porém, não é nunca entendido por todos o que ele é. Por isso, Deus não é entendido por todos, mas, pela ignorância, chamam os deuses e alguns dos homens *de bons*, nunca podendo esses ser nem vir a ser *bons por natureza*; pois *o Bem* é inalienável e inseparável de Deus, sendo ele o próprio Deus. Assim, portanto, todos os outros deuses imortais têm sido honrados pelo título de deus; porém, Deus é o Bem, não segundo a honra, mas segundo a natureza; pois uma é a natureza de Deus, o Bem, e só há uma única espécie de ambos, da qual todas as espécies *se originam*. Pois o que dá todas as coisas e o que nada recebe é bom. Portanto, Deus dá todas as coisas e nada recebe; portanto, Deus é <o> Bem, e o Bem é Deus.

17 ἡ δὲ ἑτέρα προσηγορία ἐστὶν ἡ τοῦ πατρός, πάλιν διὰ τὸ ποιητικὸν πάντων· πατρὸς γὰρ τὸ ποιεῖν. διὸ καὶ μεγίστη ἐν τῷ βίῳ σπουδὴ καὶ εὐσεβεστάτη τοῖς εὖ φρονοῦσίν ἐστιν ἡ παιδοποιΐα, καὶ μέγιστον ἀτύχημα καὶ ἀσέβημά ἐστιν ἄτεκνόν τινα ἐξ ἀνθρώπων ἀπαλλαγῆναι, καὶ δίκην οὗτος δίδωσι μετὰ θάνατον τοῖς δαίμοσιν. ἡ δὲ τιμωρία ἐστὶν ἥδε, τὴν τοῦ ἀτέκνου ψυχὴν εἰς σῶμα καταδικασθῆναι μήτε ἀνδρὸς μήτε γυναικὸς φύσιν ἔχοντος, ὅπερ ἐστὶ κατηραμένον ὑπὸ τοῦ Ἡλίου. τοιγαροῦν, ὦ Ἀσκληπιέ, μηδενὶ ὄντι ἀτέκνῳ συνησθῇς· τοὐναντίον δὲ ἐλέησον τὴν συμφοράν, ἐπιστάμενος οἵα αὐτὸν μένει τιμωρία. τοσαῦτα καὶ τοιαῦτα λελέχθω, ὦ Ἀσκληπιέ, προγνωσία τις τῆς πάντων φύσεως.

17 Porém o outro título é o de pai, também por causa da feitoria de todas as coisas; pois o fazer é do pai. Por isso, a procriação é a maior e a mais piedosa solicitude na vida para os sábios, e o maior infortúnio e impiedade é que alguém sem filho dentre os *seres* humanos deixe *a vida*, e esse seja condenado pelos *daimones* depois da morte. Porém sua punição é esta: que a alma do sem filho seja condenada, não tendo nem a característica sexual de homem nem de mulher, como o que é execrado abaixo do Sol. Portanto, ó Asclépio, não regozijes com nenhum ser sem filho; pelo contrário, porém, apieda-te da infelicidade, sabendo como a condenação permanece lá. Quantas e tantas coisas sejam ditas, ó Asclépio, é apenas um prognóstico da natureza de todas as coisas.

☥

LIBELLUS III — ἙΡΜΟΥ ΛΟΓΟΣ ἹΕΡΟΣ

1 Δόξα πάντων ὁ θεὸς καὶ θεῖον καὶ φύσις θεία. ἀρχὴ τῶν ὄντων ὁ θεός, καὶ νοῦς καὶ φύσις καὶ ὕλη, σοφία εἰς δεῖξιν ἁπάντων ὤν· ἀρχὴ τὸ θεῖον καὶ φύσις καὶ ἐνέργεια καὶ ἀνάγκη καὶ τέλος καὶ ἀνανέωσις.

ἦν γὰρ σκότος ἄπειρον ἐν ἀβύσσῳ καὶ ὕδωρ καὶ πνεῦμα λεπτὸν νοερόν, δυνάμει θείᾳ ὄντα ἐν χάει. ἀνείθη δὴ φῶς ἅγιον καὶ ἐπάγη †ὑφ' ἄμμῳ† ἐξ ὑγρᾶς οὐσίας στοιχεῖα καὶ θεοὶ πάντες †καταδιερῶσι† φύσεως ἐνσπόρου. **2** ἀδιορίστων δὲ ὄντων ἁπάντων καὶ ἀκατασκευάστων, ἀποδιωρίσθη τὰ ἐλαφρὰ εἰς ὕψος καὶ τὰ βαρέα ἐθεμελιώθη ἐφ' ὑγρᾷ ἄμμῳ, πυρὶ τῶν ὅλων διορισθέντων καὶ ἀνακρεμασθέντων πνεύματι ὀχεῖσθαι· καὶ ὤφθη ὁ οὐρανὸς ἐν κύκλοις ἑπτά, καὶ θεοὶ [ταῖς] ἐν ἄστρων ἰδέαις ὀπτανόμενοι, σὺν τοῖς αὐτῶν σημείοις ἅπασι, καὶ διηρθρώθη ... σὺν τοῖς ἐν αὐτῇ θεοῖς, καὶ περιειλίγη τὸ περικύκλιον ἀέρι, κυκλίῳ δρομήματι πνεύματι θείῳ ὀχούμενον.

3 ἀνῆκε δὲ ἕκαστος θεὸς διὰ τῆς ἰδίας δυνάμεως τὸ προσταχθὲν αὐτῷ, καὶ ἐγένετο θηρία τετράποδα καὶ ἑρπετὰ καὶ ἔνυδρα καὶ πτηνὰ καὶ πᾶσα σπορὰ ἔνσπορος καὶ χόρτος καὶ ἄνθους παντὸς χλόη· τὸ σπέρμα τῆς παλιγγενεσίας †ἐν ἑαυτοῖς ἐσπερμολόγουν† τάς τε γενέσεις τῶν ἀνθρώπων εἰς ἔργων θείων γνῶσιν καὶ φύσεως ἐνεργοῦσαν μαρτυρίαν καὶ πλῆθος ἀνθρώπων καὶ πάντων τῶν ὑπὸ οὐρανὸν δεσποτείαν καὶ ἀγαθῶν ἐπίγνωσιν, εἰς τὸ αὐξάνεσθαι ἐν αὐξήσει καὶ πληθύνεσθαι ἐν πλήθει, καὶ πᾶσαν ἐν σαρκὶ ψυχὴν διὰ δρομήματος θεῶν ἐγκυκλίων †τερασπορίας†, εἰς κατοπτείαν οὐρανοῦ καὶ δρομήματος οὐρανίων θεῶν καὶ ἔργων θείων καὶ φύσεως ἐνεργείας εἴς τε †σημεῖα ἀγαθῶν†, εἰς γνῶσιν θείας δυνάμεως †μοίρης ὀχλουμένης† γνῶναι ἀγαθῶν καὶ φαύλων, καὶ πᾶσαν ἀγαθῶν δαιδαλουργίαν εὑρεῖν.

LIBELLUS III — DISCURSO SAGRADO DE HERMES

1 Glória de todas as coisas é Deus: tanto ser divino quanto natureza divina. Princípio dos seres é Deus: tanto *nous* quanto natureza e matéria, sendo *ele* a sabedoria para demonstração de todas as coisas. Princípio é o divino, tanto natureza quanto energia e necessidade, tanto fim quanto renovação.

Pois havia escuridão indefinida, água e pneuma sutil e intelectual no abismo, estando essas coisas no caos pela potência divina. Então uma luz santa foi elevada da substância úmida, tendo sobressaído †da areia†, e todos os deuses †separaram† os elementos da natureza germinal. **2 P**orém de todos os seres inacabados e não construídos, de todos os que têm sido separados e suspensos pelo fogo para serem conduzidos pelo pneuma, foram separados os leves para o alto e os pesados foram alicerçados sobre a areia úmida, e o céu foi visto em sete ciclos, e os deuses aparecendo em formas de constelações, e foram articulados com todos os seus signos... Com os deuses em si, também a circunferência foi enrolada pelo ar, sendo conduzida em curso cíclico pelo pneuma divino.

3 Porém cada deus levantou, pelas suas próprias potências, o que tem sido ordenado a ele: e vieram a existir feras quadrúpedes, répteis, aquáticos, voláteis, toda semente germinal, pasto e relva de toda flor, †colheram em si mesmos† a semente da *palingenesia*, os engendramentos dos homens para a gnose das obras divinas, o testemunho ativo da natureza, o crescimento dos homens, o domínio de todas as coisas abaixo do céu, e a cognição das coisas boas; para o crescer em crescimento e o multiplicar em multidão também toda alma em carne através do curso dos deuses cíclicos † e do semear portentos†; para o reconhecimento do céu e do curso dos deuses celestes e das obras divinas e da energia da natureza não só para †sinais de coisas boas†, para gnose de potências divinas †da parte que intima† para conhecer das coisas boas e más, mas também para descobrir todo trabalho engenhoso de coisas boas.

4 ἄρχεται αὐτῶν βιῶσαί τε καὶ σοφισθῆναι πρὸς μοῖραν δρομήματος κυκλίων θεῶν, καὶ ἀναλυθῆναι εἰς ὃ ἔσται μεγάλα ἀπομνημονεύματα τεχνουργημάτων ἐπὶ τῆς γῆς καταλιπόντες †ἐν ὀνόματι χρόνων ἀμαύρωσιν καὶ πᾶσαν γένεσιν ἐμψύχου σαρκὸς καὶ καρποῦ σπορᾶς καὶ πάσης τεχνουργίας† τὰ ἐλαττούμενα ἀνανεωθήσεται ἀνάγκῃ καὶ ἀνανεώσει θεῶν καὶ φύσεως κύκλου ἐναριθμίου δρομήματι.

τὸ γὰρ θεῖον ἡ πᾶσα κοσμικὴ σύγκρασις φύσει ἀνανεουμένη· ἐν γὰρ τῷ θείῳ καὶ ἡ φύσις καθέστηκεν.

4 Inicia-se para eles viverem e também serem instruídos para o destino dos deuses cíclicos, para serem dissolvidos naquilo que será, tendo eles deixado grandes lembranças das obras de arte sobre a terra; †em nome dos tempos, para a fraqueza e para todo nascimento de carne animada e do fruto da semente e de toda obra de arte†; as coisas decrescidas serão renovadas pela necessidade e pela renovação dos deuses e pelo curso do ciclo inumerável da natureza.

Pois o divino é toda combinação cósmica, sendo renovada pela natureza; pois em Deus também a natureza se estabeleceu.

☥

LIBELLUS IV — ῾ΕΡΜΟΥ ΠΡΟΣ ΤΑΤ Ὁ ΚΡΑΤΗΡ, Ἢ ΜΟΝΑΣ

1 Ἐπειδὴ τὸν πάντα κόσμον ἐποίησεν ὁ δημιουργός, οὐ χερσὶν ἀλλὰ λόγῳ, ὥστε οὕτως ὑπολάμβανε ὡς τοῦ παρόντος καὶ ἀεὶ ὄντος καὶ πάντα ποιήσαντος καὶ ἑνὸς μόνου, τῇ δὲ αὑτοῦ θελήσει δημιουργήσαντος τὰ ὄντα· τοῦτο γάρ ἐστι τὸ σῶμα ἐκείνου, οὐχ ἁπτόν, οὐδὲ ὁρατόν, οὐδὲ μετρητόν, οὐδὲ διαστατόν, οὐδὲ ἄλλῳ τινὶ σώματι ὅμοιον· οὔτε γὰρ πῦρ ἐστιν οὔτε ὕδωρ οὔτε ἀὴρ οὔτε πνεῦμα, ἀλλὰ πάντα ἀπ' αὐτοῦ. ἀγαθὸς γὰρ ὢν, <οὐ> μόνῳ ἑαυτῷ τοῦτο ἀναθεῖναι ἠθέλησε καὶ τὴν γῆν κοσμῆσαι, **2** κόσμον δὲ θείου σώματος κατέπεμψε τὸν ἄνθρωπον, ζῴου ἀθανάτου ζῷον θνητόν, καὶ ὁ μὲν κόσμος τῶν ζῴων ἐπλεονέκτει τὸ ἀείζωον, <ὁ δὲ ἄνθρωπος> καὶ τοῦ κόσμου τὸν λόγον καὶ τὸν νοῦν. θεατὴς γὰρ ἐγένετο τοῦ ἔργου τοῦ θεοῦ ὁ ἄνθρωπος, καὶ ἐθαύμασε καὶ ἐγνώρισε τὸν ποιήσαντα. **3** τὸν μὲν οὖν λόγον, ὦ Τάτ, ἐν πᾶσι τοῖς ἀνθρώποις ἐμέρισε, τὸν δὲ νοῦν οὐκέτι, οὐ φθονῶν τισιν· ὁ γὰρ φθόνος οὐκ ἔνθεν ἔρχεται, κάτω δὲ συνίσταται ταῖς τὸν νοῦν μὴ ἐχόντων ἀνθρώπων ψυχαῖς. — Διὰ τί οὖν, ὦ πάτερ, οὐ πᾶσιν ἐμέρισε τὸν νοῦν ὁ θεός; — Ἠθέλησεν, ὦ τέκνον, τοῦτον ἐν μέσῳ ταῖς ψυχαῖς ὥσπερ ἆθλον ἱδρῦσθαι. **4** — Καὶ ποῦ αὐτὸν ἱδρύσατο; — Κρατῆρα μέγαν πληρώσας τούτου κατέπεμψε, δοὺς κήρυκα, καὶ ἐκέλευσεν αὐτῷ κηρύξαι ταῖς τῶν ἀνθρώπων καρδίαις τάδε· βάπτισον σεαυτὴν ἡ δυναμένη εἰς τοῦτον τὸν κρατῆρα, ἡ πιστεύουσα ὅτι ἀνελεύσῃ πρὸς τὸν καταπέμψαντα τὸν κρατῆρα, ἡ γνωρίζουσα ἐπὶ τί γέγονας.

LIBELLUS IV — DE HERMES A TAT: A CRATERA OU A MÔNADA

1 Visto que o Demiurgo fez todo o mundo, não com as mãos, mas com uma palavra; sendo assim, compreende como é *o corpo daquele* que é Presente, Sempre Existente, que fez todas as coisas, o Uno, e o que criou todos os seres por vontade sua; com efeito, isto é o corpo dele: não é tangível, nem visível, nem comensurável, nem dimensional, nem semelhante a qualquer outro corpo. Pois nem é fogo, nem água, nem ar, nem pneuma, mas todas as coisas vêm dele. Pois, sendo bom, <não> quis a si mesmo somente dedicar isso e ornar a terra, **2** e enviou o homem, o ornamento do corpo divino, o vivente mortal do vivente imortal; e, de fato, o mundo superou os viventes, sendo o sempre vivente, <porém, o homem> superou o mundo por causa da razão e do conhecimento. Pois o homem veio a ser espectador da obra de Deus, e admirou e conheceu aquele que tem feito as coisas. **3** Assim, ó Tat, *Deus* repartiu a razão entre todos os homens, mas não o conhecimento; não menosprezando alguns; pois o menosprezo não vem de lá, mas é constituído aqui embaixo pelas almas dos que não têm conhecimento. — Por que, então, ó pai, Deus não repartiu o conhecimento entre todos? — Quis, ó filho, colocar isso como prêmio no meio para as almas. **4** — E onde o colocou? — Tendo enchido uma grande cratera disso, enviou; designando um arauto, também lhe ordenou apregoar aos corações dos homens estas coisas: mergulha-te a ti mesmo nessa cratera, tu que podes, tu que crês que subirás para o que tem enviado o vaso de mistura, tu que conheces por que vieste a ser.

ὅσοι μὲν οὖν συνῆκαν τοῦ κηρύγματος καὶ ἐβαπτίσαντο τοῦ νοός, οὗτοι μετέσχον τῆς γνώσεως καὶ τέλειοι ἐγένοντο ἄνθρωποι, τὸν νοῦν δεξάμενοι· ὅσοι δὲ ἥμαρτον τοῦ κηρύγματος, οὗτοι μὲν οἱ λογικοί, τὸν νοῦν μὴ προσειληφότες, ἀγνοοῦντες ἐπὶ τί γεγόνασιν καὶ ὑπὸ τίνων, **5** αἱ δὲ αἰσθήσεις τούτων ταῖς τῶν ἀλόγων ζῴων παραπλήσιαι, καὶ ἐν θυμῷ καὶ ὀργῇ τὴν κρᾶσιν ἔχοντες, οὐ θαυμάζοντες [οὐ] τὰ θέας ἄξια, ταῖς δὲ τῶν σωμάτων ἡδοναῖς καὶ ὀρέξεσι προσέχοντες, καὶ διὰ ταῦτα τὸν ἄνθρωπον γεγονέναι πιστεύοντες.

ὅσοι δὲ τῆς ἀπὸ τοῦ θεοῦ δωρεᾶς μετέσχον, οὗτοι, ὦ Τάτ, κατὰ σύγκρισιν τῶν ἔργων ἀθάνατοι ἀντὶ θνητῶν εἰσι, πάντα ἐμπεριλαβόντες τῷ ἑαυτῶν νοΐ, τὰ ἐπὶ γῆς, τὰ ἐν οὐρανῷ, καὶ εἴ τί ἐστιν ὑπὲρ οὐρανόν· τοσοῦτον ἑαυτοὺς ὑψώσαντες, εἶδον τὸ ἀγαθὸν καὶ ἰδόντες συμφορὰν ἡγήσαντο τὴν ἐνθάδε διατριβήν· καταφρονήσαντες πάντων τῶν σωματικῶν καὶ ἀσωμάτων ἐπὶ τὸ ἓν καὶ μόνον σπεύδουσιν. **6** αὕτη, ὦ Τάτ, ἡ τοῦ νοῦ ἐστὶν ἐπιστήμη, τῶν θείων †ἐντορία†, καὶ ἡ τοῦ θεοῦ κατανόησις, θείου ὄντος τοῦ κρατῆρος.

Κἀγὼ βαπτισθῆναι βούλομαι, ὦ πάτερ. — Ἐὰν μὴ πρῶτον τὸ σῶμά σου μισήσῃς, ὦ τέκνον, σεαυτὸν φιλῆσαι οὐ δύνασαι· φιλήσας δὲ σεαυτόν, νοῦν ἕξεις, καὶ τὸν νοῦν ἔχων καὶ τῆς ἐπιστήμης μεταλήψῃ. — Πῶς ταῦτα λέγεις, ὦ πάτερ; — Ἀδύνατον γάρ ἐστιν, ὦ τέκνον, περὶ ἀμφότερα γίνεσθαι, περὶ τὰ θνητὰ καὶ τὰ θεῖα. δύο γὰρ ὄντων τῶν ὄντων, σώματος καὶ ἀσωμάτου, ἐν οἷς τὸ θνητὸν καὶ τὸ θεῖον, ἡ αἵρεσις θατέρου καταλείπεται τῷ ἑλέσθαι βουλομένῳ. οὐ γὰρ ἔστιν †ἀμφότερα, ἐν οἷς τε ἡ ἐξαίρεσις καταλείπεται†, τὸ δὲ ἕτερον ἐλαττωθὲν τὴν τοῦ ἑτέρου ἐφανέρωσεν ἐνέργειαν.

7 ἡ μὲν οὖν [ἐνέργεια] τοῦ κρείττονος αἵρεσις οὐ μόνον τῷ ἑλομένῳ καλλίστη τυγχάνει <τῷ> τὸν ἄνθρωπον ἀποθεῶσαι, ἀλλὰ καὶ τὴν πρὸς θεὸν εὐσέβειαν ἐπιδείκνυσιν· ἡ δὲ τοῦ ἐλάττονος τὸν μὲν ἄνθρωπον ἀπώλεσεν, οὐδὲν δὲ εἰς τὸν θεὸν ἐπλημμέλησεν, ἢ τοῦτο μόνον ὅτι, καθάπερ αἱ πομπαὶ μέσον παρέρχονται, μήτε αὐταὶ ἐνεργῆσαί τι δυνάμεναι, τοὺς δὲ ἐμποδίζουσαι, τὸν αὐτὸν τρόπον καὶ οὗτοι μόνον πομπεύουσιν ἐν τῷ κόσμῳ, παραγόμενοι ὑπὸ τῶν σωματικῶν ἡδονῶν.

Assim, aqueles que ouviram a pregação e embeberam-se de conhecimento, esses participaram da gnose e, tendo recebido o conhecimento, vieram a ser homens perfeitos; mas aqueles que se desviaram da pregação, esses são os lógicos, que não tomaram em acréscimo o conhecimento, que desconhecem por que e por quem vieram a existir; **5 m**as as sensações desses são semelhantes às dos viventes irracionais: irascivelmente e cupidamente possuindo o temperamento, não admirando as coisas dignas de contemplação, mas obedecendo aos prazeres e aos deleites dos corpos, e acreditando que o homem vem a existir por causa dessas coisas.

Aqueles que, porém, participaram do dom de Deus, esses, ó Tat, em comparação às obras, são imortais em vez de mortais, tendo incluído no seu próprio conhecimento todas as coisas, as *coisas* da terra, as *coisas* do céu, e se algo existir acima do céu; porém, tendo elevado a si mesmos de tal modo, viram o Bem, e tendo visto, consideraram uma infelicidade o atraso aqui; tendo desdenhado de todas as coisas corpóreas e incorpóreas, também se dedicam ao Uno. **6 I**sso, ó Tat, é a ciência do conhecimento: †abundância† das coisas divinas, e é o aprendizado sobre Deus, já que divina é a cratera.

— Também eu quero ser imerso, ó pai. — Se primeiramente não odiares o teu corpo, ó filho, não podes amar a ti mesmo; tendo, porém, amado a ti mesmo, terás conhecimento, e tendo conhecimento, também participarás da ciência. — O que queres dizer com essas coisas, ó pai ? — Pois é impossível, ó filho, vir a ser de ambas as coisas, das mortais e das divinas. Pois são duas coisas de dois seres distintos, as do corpo e do incorpóreo, nos quais estão o mortal e o divino; a escolha de uma abandona a outra que quer ser eleita, e, com efeito, não é *eleita*; †*são* as duas coisas *simultâneas*, mas ainda, entre si, a escolha, deveras, abandona *uma delas*†: uma fraca mostra a força enérgica da outra.

7 Assim, portanto, a escolha da melhor não só vem a ser a mais bela energia para a eleita <com o intuito de> divinizar o homem, mas também mostra a piedade para com Deus. E a escolha da coisa mais fraca arruína o homem. Mas nenhuma coisa ofendeu a Deus, com exceção somente disto: Como os cortejos caminham no meio da multidão, não podendo efetuar alguma coisa, mas impedem os *outros de caminharem*; do mesmo modo, também, esses *homens* somente vagam no mundo, sendo desviados pelos prazeres corporais.

8 τούτων δὲ οὕτως ἐχόντων, ὦ Τάτ, τὰ μὲν παρὰ τοῦ θεοῦ ἡμῖν τε ὑπῆρξε καὶ ὑπάρξει· τὰ δὲ ἀφ' ἡμῶν ἀκολουθησάτω καὶ μὴ ὑστερήσατω· ἐπεὶ ὁ μὲν θεὸς ἀναίτιος, ἡμεῖς δὲ αἴτιοι τῶν κακῶν, ταῦτα προκρίνοντες τῶν ἀγαθῶν.

ὁρᾷς, ὦ τέκνον, πόσα ἡμᾶς δεῖ σώματα διεξελθεῖν, καὶ πόσους χοροὺς δαιμόνων καὶ συνέχειαν καὶ δρόμους ἀστέρων ἵνα πρὸς τὸν ἕνα καὶ μόνον σπεύσωμεν; ἀδιάβατον γὰρ τὸ ἀγαθὸν καὶ ἀπέραντον καὶ ἀτελές, αὐτῷ δὲ καὶ ἄναρχον, ἡμῖν δὲ δοκοῦν ἀρχὴν ἔχειν τὴν γνῶσιν. **9** οὐκ αὐτοῦ οὖν ἀρχὴ γίνεται ἡ γνῶσις, ἀλλ' ἡμῖν τὴν ἀρχὴν παρέχεται τοῦ γνωσθησομένου. λαβώμεθα οὖν τῆς ἀρχῆς, καὶ ὁδεύσωμεν τάχει ἅπαντα· πάνυ γάρ ἐστι σκολιόν, τὸ τὰ συνήθη καὶ παρόντα καταλιπόντα ἐπὶ τὰ παλαιὰ καὶ ἀρχαῖα ἀνακάμπτειν. τὰ μὲν γὰρ φαινόμενα τέρπει, τὰ δὲ ἀφανῆ δυσπιστεῖν ποιεῖ. φανερώτερα δέ ἐστι τὰ κακά, τὸ δὲ ἀγαθὸν ἀφανὲς τοῖς φανεροῖς. οὐ γὰρ μορφὴ οὔτε τύπος ἐστὶν αὐτοῦ. διὰ τοῦτο αὐτῷ μέν ἐστιν ὅμοιον, τοῖς δὲ ἄλλοις πᾶσιν ἀνόμοιον· ἀδύνατον γὰρ ἀσώματον σώματι φανῆναι· **10** Αὕτη διαφορὰ τοῦ ὁμοίου πρὸς τὸ ἀνόμοιον, καὶ τῷ ἀνομοίῳ ὑστέρημα πρὸς τὸ ὅμοιον.

ἡ γὰρ μονάς, οὖσα πάντων ἀρχὴ καὶ ῥίζα, ἐν πᾶσίν ἐστιν ὡς ἂν ῥίζα καὶ ἀρχή. ἄνευ δὲ ἀρχῆς οὐδὲν, ἀρχὴ δὲ ἐξ οὐδενὸς ἀλλ' ἐξ αὑτῆς, εἴ γε ἀρχή ἐστι τῶν ἑτέρων. μονὰς οὖσα οὖν ἀρχὴ πάντα ἀριθμὸν ἐμπεριέχει, ὑπὸ μηδενὸς ἐμπεριεχομένη, καὶ πάντα ἀριθμὸν γεννᾷ ὑπὸ μηδενὸς γεννωμένη ἑτέρου ἀριθμοῦ. **11** πᾶν δὲ τὸ γεννώμενον ἀτελὲς καὶ διαιρετόν, καὶ αὐξητὸν καὶ μειωτόν, τῷ δὲ τελείῳ οὐδὲν τούτων γίνεται. καὶ τὸ μὲν αὐξητὸν αὐξάνεται ἀπὸ τῆς μονάδος, ἁλίσκεται δὲ ὑπὸ τῆς αὑτοῦ ἀσθενείας, μηκέτι δυνάμενον τὴν μονάδα χωρῆσαι.

αὕτη οὖν, ὦ Τάτ, κατὰ τὸ δυνατόν σοι ὑπογέγραπται τοῦ θεοῦ εἰκών· ἣν ἀκριβῶς εἰ θεάσῃ καὶ νοήσεις τοῖς τῆς καρδίας ὀφθαλμοῖς, πίστευσόν μοι, τέκνον, εὑρήσεις τὴν πρὸς τὰ ἄνω ὁδόν. μᾶλλον δὲ αὐτή σε ἡ εἰκὼν ὁδηγήσει. ἔχει γάρ τι ἴδιον ἡ θέα· τοὺς φθάσαντας θεάσασθαι κατέχει καὶ ἀνέλκει, καθάπερ φασὶν ἡ μαγνῆτις λίθος τὸν σίδηρον.

8 Porém, sendo essas coisas assim, ó Tat, deveras, as coisas que vêm de Deus existiram e existirão para nós; e as que vêm de nós atendam e não venham a faltar. Como Deus é, de fato, inimputável, nós somos causadores dos males, preferindo essas coisas às coisas boas.

Vês, ó filho, quantos corpos nos são necessários atravessar, quantos coros de *daimones* e continuidade e os cursos das estrelas para chegarmos com pressa ao Uno? Pois o Bem é Impenetrável, tanto interminável quanto infindo, e sem-princípio em si, mas nos faz lembrar que a gnose tem princípio. **9 P**ortanto, a gnose não vem a ser princípio dele, mas para nós, isso oferece o princípio do que virá a ser conhecido. Recebamos, portanto, do princípio, e também percorramos rapidamente todas as coisas; pois, sim, é tortuoso, tendo deixado as coisas habituais e as presentes retornar às coisas antigas e primordiais. Pois tanto as coisas manifestas deleitam como as imanifestas fazem desconfiar. Todavia mais manifestas são as coisas más, mas o Bem é imanifesto aos manifestos. Pois não é forma nem tipo. Por isso, deveras, é semelhante a si mesmo, mas é dessemelhante a todos os outros. Com efeito, é impossível um incorpóreo ser manifestado no corpo; **10 e**ssa é a diferença do semelhante para o não semelhante, há uma falta ao dessemelhante diante do semelhante.

Pois a mônada, sendo princípio e raiz, está em todas as coisas como raiz e princípio. E não há nada sem princípio, e o princípio não vem de nada, mas de si mesmo, se ao menos o princípio for dos diferentes. A mônada sendo princípio, portanto, inclui todo número, não sendo incluída por nada, e gerando todo número, não sendo gerada por nenhum outro número. **11 P**orém todo gerado é inacabado e divisível, aumentativo e diminutivo, e, no fim, nenhum desses vem a ser. E, de fato, o aumentativo é aumentado pela mônada, porém apreendido por sua própria fraqueza, já não podendo conter a mônada.

Portanto, ó Tat, essa imagem de Deus tem sido gravada para ti, segundo o possível: a qual certamente, se contemplares e meditares aos olhos do coração, creia em mim, filho, encontrarás o caminho para as coisas de cima. E, principalmente, a imagem mesmo te conduzirá. Pois a contemplação tem algo próprio; ela prende e atrai os que estão diante dela, para contemplá-la, como dizem que a pedra magnética atrai o ferro.

☥

LIBELLUS V — ἙΡΜΟΥ ΠΡΟΣ ΤΑΤ ΥΙΟΝ

Ὅτι ἀφανὴς θεὸς φανερώτατός ἐστιν.

1 Καὶ τόνδε σοι τὸν λόγον, ὦ Τάτ, διεξελεύσομαι, ὅπως μὴ ἀμύητος ᾖς τοῦ κρείττονος θεοῦ ὀνόματος. σὺ δὲ νόει πῶς τὸ δοκοῦν τοῖς πολλοῖς ἀφανὲς φανερώτατόν σοι γενήσεται. οὐ γὰρ ἂν ἦν <ἀεὶ> εἰ <μὴ> ἀφανὲς ἦν· πᾶν γὰρ τὸ φαινόμενον γεννητόν· ἐφάνη γάρ· τὸ δὲ ἀφανὲς ἀεί ἐστι· τοῦ γὰρ φανῆναι οὐ χρῄζει· ἀεὶ γάρ ἐστι. καὶ τὰ ἄλλα πάντα φανερὰ ποιεῖ, αὐτὸς ἀφανὴς ὤν, ὡς ἀεὶ ὢν φανερῶν αὐτὸς οὐ φανεροῦται, <γεννᾷ> οὐκ αὐτὸς γεννώμενος, ἐν φαντασίᾳ δὲ <οὐκ ἔστι> πάντα φαντασιῶν. ἡ γὰρ φαντασία μόνων τῶν γεννητῶν ἐστίν. οὐδὲν γάρ ἐστιν ἢ φαντασία ἡ γένεσις. **2** ὁ δὲ εἷς ἀγέννητος δηλονότι καὶ ἀφαντασίαστος καὶ ἀφανής, τὰ δὲ πάντα φαντασιῶν διὰ πάντων φαίνεται, καὶ ἐν πᾶσι, καὶ μάλιστα οἷς ἂν αὐτὸς βουληθῇ φανῆναι. σὺ οὖν, ὦ τέκνον Τάτ, εὖξαι πρῶτον τῷ κυρίῳ καὶ πατρὶ καὶ μόνῳ καὶ οὐχ ἑνί, ἀλλ' ἀφ' οὗ ὁ εἷς, ἵλεω τυχεῖν, ἵνα δυνηθῇς τὸν τηλικοῦτον θεὸν νοῆσαι, καὶ ἀκτῖνά σοι κἂν μίαν αὐτοῦ τῇ σῇ διανοίᾳ ἐκλάμψαι. νόησις γὰρ μόνη ὁρᾷ τὸ ἀφανές, ὡς καὶ αὐτὴ ἀφανὴς οὖσα. εἰ δύνασαι, τοῖς τοῦ νοῦ ὀφθαλμοῖς φανήσεται, ὦ Τάτ· ἄφθονος γὰρ ὁ κύριος φαίνεται διὰ παντὸς τοῦ κόσμου. νόησιν ἰδεῖν καὶ λαβέσθαι αὐταῖς ταῖς χερσὶ δύνασαι καὶ τὴν εἰκόνα τοῦ θεοῦ θεάσασθαι; εἰ δὲ καὶ τὸ ἐν σοὶ ἀφανές ἐστί σοι, πῶς †ἑαυτὸν ἐν σαυτῷ† διὰ τῶν ὀφθαλμῶν σοι φανήσεται;

LIBELLUS V — DE HERMES AO FILHO TAT

Que Deus imanifesto é o mais manifesto.

1 E este discurso, ó Tat, explicarei a ti, para que não sejas não iniciado *nos mistérios* do melhor nome, *que é* Deus. Porém compreenda como o que parece *ser* o imanifesto para muitos virá a ser mais manifesto para ti. Pois não existiria <sempre> se <não> fosse imanifesto. Pois tudo que é manifestado é engendrado; com efeito, foi manifestado; e o imanifesto sempre existe, pois não necessita ser manifestado *para existir*; com efeito, sempre existe. Sendo ele imanifesto, faz todas as outras coisas manifestas; como sempre existe, ele não é manifestado pelas coisas manifestas; <engendra> não sendo engendrado; mas todas as coisas <não são> de aparências sensíveis e em aparência sensível. Pois a aparência sensível é somente dos engendrados. Por isso, nada mais é o engendramento do que a aparência sensível. **2 E** o inengendrado plenamente e inaparente e imanifesto é Um, mas todas as coisas de aparências sensíveis são manifestadas através de todas as coisas, em todas as coisas, e principalmente nas quais ele quiser ser manifesto. Portanto, tu, ó filho Tat, ora primeiramente ao Senhor e Pai e Único, e *que* não é o Um, mas de quem *vem* o Um; a fim de que possas encontrá-lo favorável a ti para resplandecer um raio, ainda que só um dele, em teu pensamento, e *possas* compreender tão grande Deus. Pois somente a intelecção, e como sendo ela imanifesta, vê o imanifesto. Se puderes, ele se manifestará aos olhos da mente, ó Tat; pois o Senhor é livre para se manifestar através de todo o mundo. Podes ver a intelecção e receber com as próprias mãos, e contemplar a imagem de Deus? Porém, também, o manifesto está em ti e por ti. Como, †o si mesmo em ti mesmo†, através dos olhos, será manifestado a ti?

3 εἰ δὲ θέλεις αὐτὸν ἰδεῖν, νόησον τὸν ἥλιον, νόησον τὸν σελήνης δρόμον, νόησον τῶν ἀστέρων τὴν τάξιν. τίς ὁ τὴν τάξιν τηρῶν; (τάξις γὰρ πᾶσα περιώρισται ἀριθμῷ καὶ τόπῳ). ὁ ἥλιος, θεὸς μέγιστος τῶν κατ' οὐρανὸν θεῶν, ᾧ πάντες εἴκουσιν οἱ οὐράνιοι θεοὶ ὡσανεὶ βασιλεῖ καὶ δυνάστῃ, καὶ οὗτος ὁ τηλικοῦτος, ὁ μείζων γῆς καὶ θαλάσσης, ἀνέχεται ὑπὲρ ἑαυτὸν ἔχων ἑαυτοῦ μικροτέρους πολεύοντας ἀστέρας, τίν' αἰδούμενος ἢ τίνα φοβούμενος, ὦ τέκνον; ἕκαστος τούτων τῶν ἀστέρων οὐ τὸν ὅμοιον ἢ ἴσον δρόμον ποιοῦνται ἐν οὐρανῷ ὄντες; τίς ὁ ἑκάστῳ τὸν τρόπον καὶ τὸ μέγεθος τοῦ δρόμου ὁρίσας;

4 ἄρκτος αὕτη, ἡ περὶ αὐτὴν στρεφομένη καὶ τὸν πάντα κόσμον συμπεριφέρουσα. τίς ὁ τοῦτο κεκτημένος τὸ ὄργανον; τίς ὁ τῇ θαλάσσῃ τοὺς ὅρους περιβαλών; τίς ὁ τὴν γῆν ἑδράσας; ἔστι γάρ τις, ὦ Τάτ, ὁ τούτων πάντων ποιητὴς καὶ δεσπότης. ἀδύνατον γὰρ ἢ τόπον ἢ ἀριθμὸν ἢ μέτρον φυλαχθῆναι χωρὶς τοῦ ποιήσαντος. πᾶσα γὰρ τάξις <ποιητή, μόνη δὲ ἡ> ἀτοπία καὶ ἀμετρία ἀποίητος. ἀλλ' οὐκ ἀδέσποτος οὐδὲ αὕτη, ὦ τέκνον. καὶ γὰρ εἰ τὸ ἄτακτόν ἐστιν ἐνδεές, †ὅτε κατέχει, τουτό ἐστι, τὸν τρόπον τῆς τάξεως,† καὶ ὑπὸ δεσπότην ἐστὶ τὸν μηδέπω αὐτῇ τὴν τάξιν τάξαντα.

5 εἴθε δυνατόν σοι ἦν πτηνῷ γενομένῳ ἀναπτῆναι εἰς τὸν ἀέρα, καὶ μέσον ἀρθέντα τῆς γῆς καὶ οὐρανοῦ ἰδεῖν γῆς μὲν τὸ στερεόν, θαλάσσης δὲ τὸ κεχυμένον, ποταμῶν δὲ τὰ ῥεύματα, ἀέρος τὸ ἀνειμένον, πυρὸς τὴν ὀξύτητα, ἄστρων τὸν δρόμον, οὐρανοῦ τὴν ταχύτητα, τὴν περὶ ταὐτὰ περίβασιν. ὢ θέας ἐκείνης, τέκνον, εὐτυχεστάτης, ὑπὸ μίαν ῥοπὴν πάντα ταῦτα θεάσασθαι, τὸν ἀκίνητον διακινούμενον, καὶ τὸν ἀφανῆ φαινόμενον δι' ὧν ποιεῖ· αὕτη ἡ τάξις τοῦ κόσμου καὶ οὗτος ὁ κόσμος τῆς τάξεως.

3 Porém, se queres vê-lo, pensa no Sol, pensa no curso da Lua, pensa na ordem das estrelas. Quem é o preservador da ordem? (Pois toda ordem tem sido delimitada por número e espaço). O Sol, o maior deus dos deuses no céu, ao qual todos os deuses celestes se submetem como a um rei e dinasta; e tão grande é esse, o maior que a Terra e o mar; retém, tendo sobre si mesmo as estrelas menores que ele, as quais abrem sulcos *para ele passar*; quem ele respeita e quem ele teme, ó filho? Havendo cada uma dessas estrelas, *cada uma* não faz o curso semelhante ou igual, estando no céu? Quem é o que define o modo e a grandeza do curso para cada uma?

4 Essa Ursa, que gira em torno de si e tendo conduzido o mundo inteiro, quem é o que tem adquirido esse instrumento? Quem é o que tem atribuído limites ao mar? Quem é o que tem assentado a terra? Pois existe alguém, ó Tat, o feitor e senhor de todas essas coisas. Pois é impossível ser preservado ou lugar, ou número, ou medida, sem aquele que fez. Pois toda ordem é <feita, e somente a> excentralidade e a incomensurabilidade são não feitos. Porém essa não é insubordinada, ó filho. Pois, se também a desordem é incompleta, †quando restringe o modo da ordem†, também ainda não está abaixo do soberano que tem dado a ordem.

5 Se somente fosse possível a ti, vindo a ser alado, voar no ar. E, tendo sido elevado ao meio da terra e do céu, ver a solidez da terra, a *onda* que se espalha no mar, as correntezas dos rios, a liberação do ar, a agudez do fogo, o curso das constelações, a rapidez do céu, a proteção ao redor dos mesmos pontos; contemplar todas essas coisas desse espetáculo bem-aventurado, ó filho, por um só instante de tempo: o imóvel se movimentando por si só, e o imanifesto sendo manifestado através das coisas que ele faz. Essa é a ordem do mundo e esse é o mundo da ordem.

6 εἰ θέλεις καὶ διὰ τῶν θνητῶν θεάσασθαι τῶν ἐπὶ τῆς γῆς καὶ τῶν ἐν βυθῷ, νόησον, ὦ τέκνον, δημιουργούμενον ἐν τῇ γαστρὶ τὸν ἄνθρωπον καὶ τοῦ δημιουργήματος ἀκριβῶς τὴν τέχνην ἐξέτασον, καὶ μάθε τίς ὁ δημιουργῶν ταύτην τὴν καλὴν καὶ θείαν τοῦ ἀνθρώπου εἰκόνα. τίς ὁ τοὺς ὀφθαλμοὺς περιγράψας; τίς ὁ τὰς ῥῖνας καὶ τὰ ὦτα τρυπήσας; τίς ὁ τὸ στόμα διανοίξας; τίς ὁ τὰ νεῦρα ἐκτείνας καὶ δεσμεύσας; τίς ὁ ὀχετεύσας τὰς φλέβας; τίς ὁ τὰ ὀστέα στερροποιήσας; τίς ὁ δέρμα τῇ σαρκὶ περιβαλών; τίς ὁ τοὺς δακτύλους διελών; τίς ὁ τοῖς ποσὶ βάσιν πλατύνας; τίς ὁ διορύξας τοὺς πόρους; τίς ὁ τὸν σπλῆνα ἐκτείνας; τίς ὁ τὴν καρδίαν πυραμοειδῆ ποιήσας; τίς ὁ τὰ †νεῦρα† συνθείς; τίς ὁ τὸ ἧπαρ πλατύνας; τίς ὁ τὸν πνεύμονα σηραγγώσας; τίς ὁ τὴν κοιλίαν εὐρύχωρον ποιήσας; τίς ὁ τὰ τιμιώτατα εἰς τὸ φανερὸν ἐκτυπώσας καὶ τὰ αἰσχρὰ κρύψας;

7 ἴδε πόσαι τέχναι μιᾶς ὕλης καὶ πόσα ἔργα μιᾷ περιγραφῇ, καὶ πάντα περικαλλῆ καὶ πάντα μεμετρημένα, πάντα δὲ ἐνδιάφορα. τίς πάντα ταῦτα ἐποίησε; ποία μήτηρ, ποῖος πατήρ, εἰ μὴ ὁ ἀφανὴς θεός, τῷ ἑαυτοῦ θελήματι πάντα δημιουργήσας;

8 καὶ ἀνδρίαντα μὲν ἢ εἰκόνα χωρὶς ἀνδριαντοποιοῦ ἢ ζωγράφου οὐδείς φησι γεγονέναι, τοῦτο δὲ τὸ δημιούργημα χωρὶς δημιουργοῦ γέγονεν; ὦ τῆς πολλῆς τυφλότητος, ὦ τῆς πολλῆς ἀσεβείας, ὦ τῆς πολλῆς ἀγνωμοσύνης. μηδέποτε, ὦ τέκνον Τάτ, ἀποστερήσῃς τοῦ δημιουργοῦ τὰ δημιουργήματα .... μᾶλλον δὲ καὶ κρείττων ἐστὶν †ὅση κατὰ θεὸν ὀνόματος†. τοσοῦτός ἐστιν ὁ πάντων πατήρ· ἢ γὰρ μόνος οὗτος, καὶ τοῦτο αὐτῷ τὸ ἔργον ἐστί, πατέρα εἶναι.

6 Se queres, também, contemplar através dos seres mortais sobre a terra e no abismo, considera, ó filho, o homem sendo gerado na barriga e examina exatamente a técnica da criação, e aprende quem é o que cria essa imagem bela e divina do homem. Quem é o que tem contornado os olhos? Quem é o que tem furado as narinas e os ouvidos? Quem é o que tem aberto a boca? Quem é o que tem estendido e posto em rede os tendões? Quem é o que tem desviado por um canal as veias? Quem é o que tem feito sólidos os ossos? Quem é o que tem vestido a pele na carne? Quem é o que tem separado os dedos? Quem é o que tem ampliado a planta aos pés? Quem é o que tem definido os poros? Quem é o que tem estendido o baço? Quem é o que tem feito o coração em forma de pirâmide? Quem é o que tem conjuntado os †tendões†? Quem é o que tem alargado o fígado? Quem é o que tem cavado o pulmão? Quem é o que fez o útero um espaço amplo? Quem é o que tem imprimido as coisas honrosas na coisa aparente e tem ocultado as coisas vergonhosas?

7 Vê quantas técnicas de uma única matéria e quantas obras de uma única descrição, e todas as coisas mui lindas e todas medidas exatamente, porém todas são diferentes. Quem fez todas essas coisas? Que tipo de mãe, que tipo de pai, senão o Deus imanifesto, tendo criado todas as coisas pela vontade de si mesmo?

8 E, deveras, ninguém diz que ou estátua ou imagens têm vindo a ser sem escultor ou sem pintor. Porém essa obra veio a ser sem Demiurgo? Oh, que grande cegueira! Oh, que grande impiedade! Oh, que grande imprudência! Nunca, ó filho Tat, prives as obras do Demiurgo .... Mas ainda principalmente *porque ele* é maior †*e* tal é o nome de Deus †. Tal é o Pai de todas as coisas; pois esse é o Único, e essa é sua obra por si: ser Pai.

9 εἰ δέ τί με καὶ τολμηρότερον ἀναγκάζεις εἰπεῖν, τούτου ἐστὶν οὐσία τὸ κύειν πάντα καὶ ποιεῖν καί, ὥσπερ χωρὶς τοῦ ποιοῦντος ἀδύνατόν ἐστι γενέσθαι τι, οὕτω καὶ τοῦτον ἀεὶ [μὴ] εἶναι, εἰ μὴ πάντα ἀεὶ ποιοῦντα, ἐν οὐρανῷ, ἐν ἀέρι, ἐν γῇ, ἐν βυθῷ, ἐν παντὶ τοῦ κόσμου, ἐν παντὶ τοῦ παντός, τῷ ὄντι καὶ τῷ μὴ ὄντι. οὐδὲν γάρ ἐστιν ἐν παντὶ ἐκείνῳ ὃ οὐκ ἔστιν αὐτός. ἔστιν οὗτος καὶ τὰ ὄντα αὐτὸς καὶ τὰ μὴ ὄντα. τὰ μὲν γὰρ ὄντα ἐφανέρωσε, τὰ δὲ μὴ ὄντα ἔχει ἐν ἑαυτῷ. **10** οὗτος ὁ θεὸς ὀνόματος κρείττων, οὗτος ὁ ἀφανής, οὗτος ὁ φανερώτατος· ὁ τῷ νοῒ θεωρητός, οὗτος ὁ τοῖς ὀφθαλμοῖς ὁρατός· οὗτος ὁ ἀσώματος, ὁ πολυσώματος, μᾶλλον δὲ παντοσώματος. οὐδέν ἐστιν οὗτος ὃ οὐκ ἔστι· πάντα γὰρ <ἃ> ἔστι καὶ οὗτός ἐστι, καὶ διὰ τοῦτο ὀνόματα ἔχει ἅπαντα, ὅτι ἑνός ἐστι πατρός, καὶ διὰ τοῦτο αὐτὸς ὄνομα οὐκ ἔχει, ὅτι πάντων ἐστὶ πατήρ.

Τίς οὖν σε εὐλογήσαι ὑπὲρ σοῦ ἢ πρὸς σέ; ποῦ δὲ καὶ βλέπων εὐλογήσω σε, ἄνω, κάτω, ἔσω, ἔξω; οὐ γὰρ τρόπος, οὐ τόπος ἐστὶ περὶ σέ, οὐδὲ ἄλλο οὐδὲν τῶν ὄντων· πάντα δὲ ἐν σοί, πάντα ἀπὸ σοῦ. πάντα δίδως καὶ οὐδὲν λαμβάνεις. πάντα γὰρ ἔχεις, καὶ οὐδὲν ὃ οὐκ ἔχεις.

11 πότε δὲ σὲ ὑμνήσω; οὔτε γὰρ ὥραν σοῦ οὔτε χρόνον καταλαβεῖν δυνατόν. ὑπὲρ τίνος δὲ καὶ ὑμνήσω; ὑπὲρ ὧν ἐποίησας, ἢ ὑπὲρ ὧν οὐκ ἐποίησας; ὑπὲρ ὧν ἐφανέρωσας, ἢ ὑπὲρ ὧν ἔκρυψας; διὰ τί δὲ καὶ ὑμνήσω σέ; ὡς ἐμαυτοῦ ὤν, ὡς ἔχων τι ἴδιον, ὡς ἄλλος ὤν; σὺ γὰρ εἶ ὃ [ε]ἂν ὦ, σὺ εἶ ὃ ἂν ποιῶ, σὺ εἶ ὃ ἂν λέγω. σὺ γὰρ πάντα εἶ καὶ ἄλλο οὐδὲν ἔστιν· ὃ μὴ ἔστι, σὺ εἶ. σὺ πᾶν τὸ γενόμενον, σὺ τὸ μὴ γενόμενον, νοῦς μέν, νοούμενος, πατὴρ δέ, δημιουργῶν, θεὸς δέ, ἐνεργῶν, ἀγαθὸς δέ, καὶ πάντα ποιῶν. [ὕλης μὲν γὰρ τὸ λεπτομερέστερον ἀήρ, ἀέρος δὲ ψυχή, ψυχῆς δὲ νοῦς, νοῦ δὲ ὁ θεός].

9 Porém, se necessitas que eu diga algo mais desafiador, a essência desse é o criar e fazer todas as coisas, de maneira que sem aquele que faz, é impossível algo vir a ser assim como esse não pode sempre ser se não faz sempre todas as coisas no céu, no ar, na terra, no abismo, em todas as coisas do mundo, em todas as coisas do todo, no ser e no não ser. As existentes, deveras, ele manifestou, porém, as não existentes ele tem em si mesmo. **10** Deus é o melhor nome, esse é o imanifesto, esse é o mais manifesto; o visível pela mente, esse é perceptível pelos olhos; esse é o incorpóreo, multicorpóreo, mas principalmente omnicorpóreo. Nada é que ele não é. Pois todas as coisas <que> existem também ele é, e, por isso, ele tem todos os nomes, porque são de Um Único Pai, e, por isso, ele não tem nome, porque é Pai de todas as coisas.

Então, quem te bendirá abaixo de ti ou em direção a ti? Mas, ainda, onde te bendirei, olhando em cima, embaixo, dentro ou fora? Pois não há direção, não há lugar ao redor de ti, nem outra coisa, nenhum dos seres; porém todas as coisas estão em ti, todas as coisas vêm de ti. Tu todas as coisas dás e nada recebes. Pois tens todas as coisas, e nada existe que não tenhas.

11 Mas quando te cantarei hinos? Pois nem hora nem tempo pode te prender. Mas, ainda, pelo que cantarei? Pelas coisas que criaste ou pelas que não criaste? Pelas que manifestaste ou pelas que ocultaste? E por que eu te cantarei? Como sendo de mim mesmo, como tendo algo próprio, como sendo outro? Pois tu és o que eu for, tu és o que eu fizer, tu és o que eu disser. Pois tu és todas as coisas, e nenhuma outra coisa existe: o que não existe, tu és. Tu és tudo o que tem vindo a ser, tu és tudo que não tem vindo a ser: *nous* por ser pensado; e Pai por criar; e Deus por operar; e Bom também por fazer todas as coisas. [Pois, deveras, o ar é mais minucioso do que a matéria; e a alma, do que o ar; e a mente, do que a alma; e Deus, do que a mente].

♀

LIBELLUS VI

Ὅτι ἐν μόνῳ τῷ θεῷ τὸ ἀγαθόν ἐστιν, ἀλλαχόθι δὲ οὐδαμοῦ.

1 Τὸ ἀγαθόν, ὦ Ἀσκληπιέ, ἐν οὐδενί ἐστιν, εἰ μὴ ἐν μόνῳ τῷ θεῷ, μᾶλλον δὲ τὸ ἀγαθὸν αὐτός ἐστιν ὁ θεὸς ἀεί· εἰ δὲ οὕτως, οὐσίαν εἶναι δεῖ πάσης κινήσεως καὶ γενέσεως (ἔρημον δὲ οὐδέν ἐστιν αὐτῆς), περὶ δὲ αὐτὴν στατικὴν ἐνέργειαν ἔχουσαν, ἀνενδεῆ καὶ ἀπέριττον, πληρεστάτην, χορηγόν, ἐν δὲ ἀρχῇ πάντων· πᾶν γὰρ τὸ χορηγοῦν ἀγαθὸν ὅταν λέγω, καὶ πάντα καὶ ἀεὶ ἀγαθόν ἐστι.

τοῦτο δὲ [ἐν] οὐδενὶ ἄλλῳ πρόσεστιν, εἰ μὴ μόνῳ τῷ θεῷ· οὔτε γὰρ ἐνδεής ἐστί τινος, ἵνα ἐπιθυμήσας αὐτὸ κτήσασθαι κακὸς γένηται, οὔτε τῶν ὄντων οὐδὲν ἀπόβλητόν ἐστιν αὐτῷ, ὃ ἀποβαλὼν λυπηθήσεται (λύπη γὰρ κακίας μέρος) οὔτε κρεῖττον αὐτοῦ ἐστιν οὐδέν, ὑφ᾽ οὗ πολεμηθήσεται (οὐδὲ σύζυγόν ἐστιν αὐτῷ τὸ ἀδικηθῆναι), <οὔτε κάλλιον>, καὶ διὰ τοῦτο αὐτοῦ ἐρασθήσεται, οὔτε ἀνήκοον, ᾧ ὀργισθήσεται, οὔτε σοφώτερον, ὃ ζηλώσει.

LIBELLUS VI

Que somente em Deus o Bem existe, porém em nenhum outro lugar.

1 O Bem, ó Asclépio, em nada existe, senão somente em Deus. E certamente o Bem é sempre o próprio Deus. E se é assim: é necessário ser essência de toda moção e engendramento (porém nada é desprovido dela), porém tendo tido a energia estática ao redor de si mesma, não carente e não exagerada, completíssima, doadora, e no princípio de todas as coisas; pois, quando digo que o Bem concede tudo e todas as coisas, também o Bem sempre existe.

Porém ele não preexiste em nenhuma outra coisa, senão somente em Deus; pois nem é carente de algo, para que, desejando possuir a si mesmo, venha a ser mal; nem nenhum dos seres é rejeitado por ele, que se rejeitasse, *ele* se entristeceria (pois a tristeza é parte do mal); nem nenhum é melhor do que ele, pelo qual seria combatido (nenhum ato de injustiça é conjugado a ele); <nem mais belo>, e, por isso, seria desejado por ele; nem desobediente, com o qual ficaria irritado; nem mais sábio, que *ele* invejaria.

2 τούτων δὲ μὴ ὄντος τῇ οὐσίᾳ μηδενός, τί ὑπολείπεται ἢ μόνον τὸ ἀγαθόν; ὥσπερ γὰρ οὐδὲν τῶν <ἄλλων> ἐν τῇ τοιαύτῃ οὐσίᾳ, οὕτως ἐν οὐδενὶ τῶν ἄλλων τὸ ἀγαθὸν εὑρεθήσεται· ἐν πᾶσι γὰρ τὰ ἄλλα πάντα ἐστί, καὶ ἐν τοῖς μικροῖς καὶ ἐν τοῖς μεγάλοις καὶ ἐν τοῖς καθ' ἓν καὶ ἐν αὐτῷ τῷ ζῴῳ τῷ πάντων μείζονι καὶ δυνατωτάτῳ· παθῶν γὰρ πλήρη τὰ γεννητά, αὐτῆς τῆς γενέσεως παθητῆς οὔσης· ὅπου δὲ πάθος, οὐδαμοῦ τὸ ἀγαθόν· ὅπου δὲ τὸ ἀγαθόν, οὐδαμοῦ οὐδὲ ἓν πάθος, ὅπου γὰρ ἡμέρα, οὐδαμοῦ νύξ, ὅπου δὲ νύξ, οὐδαμοῦ ἡμέρα· ὅθεν ἀδύνατον ἐν γενέσει εἶναι τὸ ἀγαθόν, ἐν μόνῳ δὲ τῷ ἀγεννήτῳ. Ὥσπερ δὲ μετουσία πάντων ἐστὶν ἐν τῇ ὕλῃ δεδομένη, οὕτω καὶ τοῦ ἀγαθοῦ. τοῦτον τὸν τρόπον ἀγαθὸς ὁ κόσμος, καθὰ καὶ αὐτὸς πάντα ποιεῖ, <ὡς> ἐν τῷ μέρει τοῦ ποιεῖν ἀγαθὸς εἶναι. ἐν δὲ τοῖς ἄλλοις πᾶσιν οὐκ ἀγαθός· καὶ γὰρ παθητός ἐστι, καὶ κινητός, καὶ παθητῶν ποιητής.

3 ἐν δὲ τῷ ἀνθρώπῳ κατὰ σύγκρισιν τὸ ἀγαθὸν τοῦ κακοῦ τέτακται· τὸ γὰρ μὴ λίαν κακόν, ἐνθάδε τὸ ἀγαθόν ἐστι, τὸ δὲ ἐνθάδε ἀγαθόν, μόριον τοῦ κακοῦ τὸ ἐλάχιστον. ἀδύνατον οὖν τὸ ἀγαθὸν ἐνθάδε καθαρεύειν τῆς κακίας· κακοῦται γὰρ ἐνθάδε τὸ ἀγαθόν· κακούμενον γὰρ οὐκέτι ἀγαθὸν μένει· μὴ μεῖναν δέ, κακὸν γίνεται. ἐν μόνῳ ἄρα τῷ θεῷ τὸ ἀγαθόν ἐστιν, ἢ αὐτός ἐστιν ὁ θεὸς τὸ ἀγαθόν. μόνον οὖν, ὦ Ἀσκληπιέ, τὸ ὄνομα τοῦ ἀγαθοῦ ἐν ἀνθρώποις, τὸ δὲ ἔργον οὐδαμοῦ· ἀδύνατον γάρ· οὐ γὰρ χωρεῖ σῶμα ὑλικόν, τὸ πανταχόθεν ἐσφιγμένον κακίᾳ καὶ πόνοις καὶ ἀλγηδόσι καὶ ἐπιθυμίαις καὶ ὀργαῖς καὶ ἀπάταις καὶ δόξαις ἀνοήτοις. καὶ τὸ πάντων κάκιστόν ἐστιν, ὦ Ἀσκληπιέ, ὅτι ἕκαστον τούτων τῶν προειρημένων ἐμπεπίστευται ἐνθάδε τὸ μέγιστον εἶναι ἀγαθόν, τὸ μᾶλλον ἀνυπέρβλητον κακόν. ἡ γαστριμαργία, ἡ τῶν κακῶν πάντων χορηγὸς ... ἡ πλάνη ἡ ἀπουσία ἐνθάδε τοῦ ἀγαθοῦ ἐστι.

2 E não existindo nada dessas coisas na essência, o que resta senão somente o Bem? Pois, como nenhum dos <outros> está em tal essência, em nenhum dos outros o Bem será encontrado; pois todas as outras coisas estão em todos os seres, tanto nos pequenos quanto nos grandes e no maior e mais poderoso vivente de todos; pois as coisas engendradas são plenas de paixões, o próprio engendramento sendo passível de sofrimento; e onde há sofrimento, de modo nenhum há o Bem; e onde há o Bem, certamente nenhum sofrimento há; pois onde há dia, de modo nenhum há noite; e onde há noite, certamente não há dia; donde é impossível o Bem estar no engendramento, mas somente no Inengendrado. E como a transubstanciação de todas as coisas é dada na matéria, assim também é a do Bem. Do mesmo modo, o mundo é bom conforme também ele faz todas as coisas; <porque>, em parte, é bom pelo fazer e pelo ser. Porém, em todas as outras coisas, não é bom; com efeito, é sujeito ao sofrimento, e *é* móvel, e *é* feitor das coisas passíveis de paixão.

3 **P**orém, no homem, o Bem tem sido determinado em comparação com o mal: pois a coisa não muito má, aqui, é o bem; porém, o bem, aqui, é a menor divisão do mal. Portanto, é impossível o bem aqui se purificar da maldade. Pois o bem aqui é atormentado; pois, sendo atormentado, já não mais permanece bom. Porém, não tendo permanecido *bom*, vem a ser mau. Então, o Bem existe somente em Deus. Portanto, ó Asclépio, somente *existe* o nome do bem entre os homens; mas *não existe*, de modo nenhum, a obra *do Bem*, pois é impossível; com efeito, *o Bem* não ocupa corpo material, apertado de todos os lados pela maldade e pelas penas, dores, concupiscências, iras, enganos e opiniões incompreensíveis. E a pior de todas as coisas é, ó Asclépio, que tem se acreditado ser o melhor bem cada uma dessas coisas supracitadas, sendo certamente o mal insuperável. A glutonaria é o doador de todas as coisas más... O engano perverso, aqui, é a ausência do Bem.

4 κἀγὼ δὲ χάριν ἔχω τῷ θεῷ, τῷ εἰς νοῦν μοι βαλόντι κἂν περὶ τῆς γνώσεως τοῦ ἀγαθοῦ, ὅτι ἀδύνατόν ἐστιν αὐτὸ ἐν τῷ κόσμῳ εἶναι. ὁ γὰρ κόσμος πλήρωμά ἐστι τῆς κακίας, ὁ δὲ θεὸς τοῦ ἀγαθοῦ, ἢ τὸ ἀγαθὸν τοῦ θεοῦ .... αἱ γὰρ ἐξοχαὶ τῶν καλῶν περὶ αὐτοῦ εἰσι τὴν οὐσίαν· φαίνονται καὶ καθαρώτεραι καὶ εἰλικρινέστεραι τάχα που καὶ αὐταὶ αἱ οὖσαι ἐκείνου. τολμητέον γὰρ εἰπεῖν, ὦ Ἀσκληπιέ, ὅτι ἡ οὐσία τοῦ θεοῦ, εἴγε οὐσίαν ἔχει, τὸ καλόν ἐστι, τὸ δὲ καλὸν καὶ ἀγαθὸν ἐν οὐδενὶ ἔστι καταλαβέσθαι τῶν ἐν τῷ κόσμῳ· πάντα γὰρ τὰ ὀφθαλμῷ ὑποπίπτοντα εἴδωλά ἐστι καὶ ὥσπερ σκιαγραφίαι· τὰ δὲ μὴ ὑποπίπτοντα, μάλιστα δὲ ἡ τοῦ καλοῦ καὶ τοῦ ἀγαθοῦ ..... καὶ ὥσπερ ὀφθαλμὸς οὐ δύναται τὸν θεὸν ἰδεῖν, οὕτως οὐδὲ τὸ καλὸν καὶ τὸ ἀγαθόν. ταῦτα γὰρ μέρη τοῦ θεοῦ ἐστιν ὁλόκληρα, ἴδια αὐτοῦ μόνου, οἰκεῖα, ἀχώριστα, ἐρασμιώτατα, ὧν ἢ αὐτὸς ὁ θεὸς ἐρᾷ ἢ αὐτὰ τοῦ θεοῦ ἐρᾷ.

5 εἰ δύνασαι νοῆσαι τὸν θεόν, νοήσεις τὸ καλὸν καὶ ἀγαθόν, τὸ ὑπέρλαμπρον, τὸ ὑπερλαμπόμενον ὑπὸ τοῦ θεοῦ· ἐκεῖνο γὰρ τὸ κάλλος ἀσύγκριτον, καὶ ἐκεῖνο τὸ ἀγαθὸν ἀμίμητον, ὥσπερ καὶ αὐτὸς ὁ θεός. ὡς οὖν τὸν θεὸν νοεῖς, οὕτω καὶ τὸ καλὸν καὶ ἀγαθὸν νόει· ἀκοινώνητα γὰρ ταῦτα τοῖς ἄλλοις τῶν [ἄλλων] ζῴων ἐστί, διὰ τὸ ἀχώριστα εἶναι τοῦ θεοῦ. ἐὰν περὶ τοῦ θεοῦ ζητῇς, καὶ περὶ τοῦ καλοῦ ζητεῖς. μία γάρ ἐστιν εἰς αὐτὸ ἀποφέρουσα ὁδός, ἡ μετὰ γνώσεως εὐσέβεια·

6 ὅθεν οἱ ἀγνοοῦντες καὶ μὴ ὁδεύσαντες τὴν περὶ τῆς εὐσεβείας ὁδόν, καλὸν καὶ ἀγαθὸν τολμῶσι λέγειν ἄνθρωπον, μηδὲ ὄναρ θεασάμενον εἴ τί ἐστιν ἀγαθόν, ἀλλὰ παντὶ κακῷ προειλημμένον, καὶ τὸ κακὸν πιστεύσαντα ἀγαθὸν εἶναι καὶ οὕτως αὐτῷ χρώμενον ἀκορέστερον καὶ φοβούμενον αὐτοῦ στερηθῆναι, πάντα δὲ ἀγωνιζόμενον, ἵνα μὴ μόνον ἔχῃ ἀλλὰ καὶ ἐπαύξῃ. τοιαῦτα τὰ ἀνθρώπεια ἀγαθὰ καὶ τὰ καλά, ὦ Ἀσκληπιέ, ἃ οὔτε φυγεῖν δυνάμεθα οὔτε μισῆσαι· τὸ γὰρ πάντων χαλεπώτατον, ὅτι χρείαν αὐτῶν ἔχομεν καὶ ζῆν τούτων χωρὶς οὐ δυνάμεθα.

4 Porém eu também dou graças a Deus, ao que tem colocado em minha mente, ao menos sobre a gnose do Bem, que é impossível ele estar no mundo. Pois o mundo é o pleroma da maldade, porém Deus é a *completude* do Bem, ou o Bem é a *completude* de Deus ... Pois as excelências das belas coisas são da essência dele; talvez também as essências dele se mostrem tanto as mais puras como as mais íntegras. Pois é ousado dizer, ó Asclépio, que a essência de Deus, se aos menos tiver essência, é a Beleza; porém, o Belo-e-Bom não está em nada para ser apreendido pelas coisas no mundo; pois todas as coisas que caem aos olhos são simulacros e também como desenhos; porém as que não caem aos olhos são principalmente a *essência* do Belo e do Bem... e, como o olho não pode ver Deus, assim não *pode ver* a Beleza e o Bem. Pois essas são partes inteiras de Deus, próprias somente dele, peculiares, inseparáveis, as mais amáveis; as quais Deus mesmo ama ou elas amam a Deus.

5 Se puderes pensar em Deus, pensarás no Belo-e-Bom, o Ilustríssimo, o Iluminado por Deus. Como também ele é Deus, com efeito, aquela Beleza é incomparável, e aquele Bem é inigualável. Portanto, como pensas Deus, assim também pensas no Belo-e-Bom; pois essas coisas são insociáveis aos outros viventes, por serem inseparáveis de Deus. Se procurares por Deus, também procurarás pelo Belo. Pois um é o caminho que leva para ele: a piedade com a gnose.

6 Por isso, os ignorantes e os que não percorreram o caminho da piedade ousam dizer ser o homem belo e bom. Nem tendo visto em sonho o que é bom, mas surpreendido por todo mal, e acreditando ser o mal o bem. E, assim, sendo possuído por ele, ávido e temendo ser privado dele, e lutando contra todas as coisas, a fim de que não somente tenha outras coisas, mas que também aumente. Tais coisas humanas são boas e belas, ó Asclépio, das quais nem podemos fugir nem podemos odiar; pois a mais dura de todas as coisas é que temos necessidade delas e não podemos viver sem essas.

☥

LIBELLUS VII

Ὅτι μέγιστον κακὸν ἐν ἀνθρώποις ἡ περὶ τοῦ θεοῦ ἀγνωσία.

1 Ποῖ φέρεσθε, ὦ ἄνθρωποι, μεθύοντες, τὸν τῆς ἀγνωσίας ἄκρατον λόγον ἐκπιόντες, ὃν οὐδὲ φέρειν δύνασθε, ἀλλ' ἤδη αὐτὸν καὶ ἐμεῖτε; στῆτε νήψαντες· ἀναβλέψατε τοῖς ὀφθαλμοῖς τῆς καρδίας· καὶ εἰ μὴ πάντες δύνασθε, οἵ γε καὶ δυνάμενοι· ἡ γὰρ τῆς ἀγνωσίας κακία ἐπικλύζει πᾶσαν τὴν γῆν καὶ συμφθείρει τὴν ἐν τῷ σώματι κατακεκλεισμένην ψυχήν, μὴ ἐῶσα ἐνορμίζεσθαι τοῖς τῆς σωτηρίας λιμέσι. **2** μὴ συγκατενεχθῆτε τοιγαροῦν τῷ πολλῷ ῥεύματι, ἀναρροίᾳ δὲ χρησάμενοι, οἱ δυνάμενοι λαβέσθαι τοῦ τῆς σωτηρίας λιμένος, ἐνορμισάμενοι τούτῳ, ζητήσατε χειραγωγὸν τὸν ὁδηγήσοντα ὑμᾶς ἐπὶ τὰς τῆς γνώσεως θύρας, ὅπου ἐστὶ τὸ λαμπρὸν φῶς, τὸ καθαρὸν σκότους, ὅπου οὐδὲ εἷς μεθύει, ἀλλὰ πάντες νήφουσιν, ἀφορῶντες τῇ καρδίᾳ εἰς τὸν ὁραθῆναι θέλοντα· οὐ γάρ ἐστιν ἀκουστός, οὐδὲ λεκτός, οὐδὲ ὁρατὸς ὀφθαλμοῖς, ἀλλὰ νῷ καὶ καρδίᾳ. πρῶτον δὲ δεῖ σε περιρρήξασθαι ὃν φορεῖς χιτῶνα, τὸ τῆς ἀγνωσίας ὕφασμα, τὸ τῆς κακίας στήριγμα, τὸν τῆς φθορᾶς δεσμόν, τὸν σκοτεινὸν περίβολον, τὸν ζῶντα θάνατον, τὸν αἰσθητὸν νεκρόν, τὸν περιφόρητον τάφον, τὸν ἔνοικον λῃστήν, τὸν δι' ὧν φιλεῖ μισοῦντα καὶ δι' ὧν μισεῖ φθονοῦντα. **3** τοιοῦτός ἐστιν ὃν ἐνεδύσω ἐχθρὸν χιτῶνα, ἄγχων σε κάτω πρὸς αὐτόν, ἵνα μὴ ἀναβλέψας καὶ θεασάμενος τὸ κάλλος τῆς ἀληθείας καὶ τὸ ἐγκείμενον ἀγαθόν, μισήσῃς τὴν τούτου κακίαν, νοήσας αὐτοῦ τὴν ἐπιβουλήν, ἣν ἐπεβούλευσέ σοι, τὰ δοκοῦντα [καὶ μὴ νομιζόμενα] αἰσθητήρια ἀναίσθητα ποιῶν, τῇ πολλῇ ὕλῃ αὐτὰ ἀποφράξας καὶ μυσαρᾶς ἡδονῆς ἐμπλήσας, ἵνα μήτε ἀκούῃς περὶ ὧν ἀκούειν σε δεῖ, μήτε βλέπῃς περὶ ὧν βλέπειν σε δεῖ.

LIBELLUS VII

Que o maior mal entre os homens é o desconhecimento sobre Deus.

1 Para onde levais, ó homens, a vigorosa doutrina da ignorância, sendo embriagados e tendo bebido dela, a qual não podeis suportar, mas já também a vomitais? Tendo ficado sóbrios, levantai! Olhai com os olhos do coração! E, se vós todos não podeis, pelo menos, deveras, os que podem; pois a maldade da ignorância transborda toda a terra e corrompe a alma trancada no corpo, não permitindo ancorar nos portos da salvação. **2 P**ortanto, não sejais arrastados pela grande onda, mas sede vós possuídos pela força! Vós que podeis vos apoderar do porto da salvação, tendo sido ancorado nele, procurai um guia que vos conduzirá para a porta da gnose, onde está a luz resplandecente, a pura escuridão, onde ninguém se embriaga, mas todos são sóbrios, dirigindo o olhar pelo coração para aquele que quer ser visto; pois não é audível, nem verbal, nem visível aos olhos, mas pelo *nous* e pelo coração. Pois é necessário primeiramente tu despojares a túnica que vestes, o tecido da ignorância, o suporte da maldade, o laço da corrupção, o véu obscuro, a morte vivente, o defunto sensível, a sepultura errante, o habitante ladrão, o que odeia pelas coisas que ama e inveja pelas coisas que odeia. **3 T**al é a túnica detestável que vestiste, estrangulando-te embaixo sobre ela, a fim de que, não vendo e contemplando a beleza da verdade e o Bem existente, não odeies a maldade dessa; não tendo refletido a imposição dessa que se impôs em ti, fazendo insensíveis os que são tidos por órgãos dos sentidos, e não sendo considerados. Tendo obstruído pela grande matéria e enchido de execrável desejo *os órgãos dos sentidos*, para que nem ouças sobre as coisas que são necessárias ouvires, nem vejas sobre as coisas que são necessárias que vejas.

♀

LIBELLUS VIII

Ὅτι οὐδὲν τῶν ὄντων ἀπόλλυται, ἀλλὰ τὰς μεταβολὰς ἀπωλείας καὶ θανάτους πλανώμενοι λέγουσιν.

1 Περὶ ψυχῆς καὶ σώματος, ὦ παῖ, νῦν λεκτέον, τρόπῳ μὲν ποίῳ ἀθάνατος ἡ ψυχή, ἐνέργεια δὲ ποταπή ἐστι συστάσεως σώματος καὶ διαλύσεως. περὶ οὐδὲν γὰρ αὐτῶν ὁ θάνατος, ἀλλὰ νόημά ἐστιν ἀθανάτου προσηγορίας, ἢ κενὸν ἔργον ἢ κατὰ στέρησιν τοῦ πρώτου γράμματος λεγόμενος θάνατος ἀντὶ τοῦ ἀθάνατος. ὁ γὰρ θάνατος ἀπωλείας ἐστίν· οὐδὲν δὲ τῶν ἐν τῷ κόσμῳ ἀπόλλυται. εἰ γὰρ δεύτερος θεὸς ὁ κόσμος καὶ ζῷον ἀθάνατον, ἀδύνατόν ἐστι τοῦ ἀθανάτου *ζῴου* μέρος τι ἀποθανεῖν· πάντα δὲ τὰ ἐν τῷ κόσμῳ μέρη ἐστὶ τοῦ κόσμου, μάλιστα δὲ ὁ ἄνθρωπος, τὸ λογικὸν ζῷον.

2 πρῶτος γὰρ πάντων ὄντως καὶ ἀΐδιος καὶ ἀγέννητος καὶ δημιουργὸς τῶν ὅλων θεός· δεύτερος δὲ ὁ κατ' εἰκόνα αὐτοῦ ὑπ' αὐτοῦ γενόμενος καὶ ὑπ´ αὐτοῦ συνεχόμενος καὶ τρεφόμενος καὶ ἀθανατιζόμενος, ὡς ὑπὸ ἀϊδίου πατρός, ἀείζωον ὡς ἀθάνατος. τὸ γὰρ ἀείζωον τοῦ ἀϊδίου διαφέρει. ὁ μὲν γὰρ ὑπὸ ἑτέρου οὐκ ἐγένετο· εἰ δὲ καὶ ἐγένετο, ὑφ' ἑαυτοῦ· οὔποτε <δὲ> ἐγένετο, ἀλλὰ ἀεὶ γίνεται·†τὸ γὰρ ἀΐδιον οὐ ἀΐδιόν ἐστι τὸ πᾶν,† ὁ δὲ πατὴρ αὐτὸς ἑαυτοῦ ἀΐδιος· ὁ δὲ κόσμος ὑπὸ τοῦ πατρὸς †ἀΐδιος† καὶ ἀθάνατος γέγονε,

LIBELLUS VIII

Que nenhum dos seres é destruído, mas os iludidos chamam as metáboles de destruição e morte.

1 **S**obre a alma e o corpo, ó criança, agora é dito de que modo, de fato, a alma é imortal, e qual é a energia da composição e da dissolução do corpo. Pois a morte não é nenhuma delas, mas é uma designação de apelação de imortal (*athanatos*), sendo chamada morte (*thanatos*) em vez de imortal (*athanatos*) por causa da carência da primeira letra ou por bobagem qualquer. Pois a morte é destruição; porém nenhum desses *seres* no mundo é destruído. Se o mundo é o segundo deus e um vivente imortal, é impossível alguma parte do vivente imortal morrer; mas todas as partes no mundo são do mundo, e principalmente o homem, o vivente racional.

2 **P**ois o primeiro de todos realmente é tanto eterno e inengendrado como Deus Demiurgo de todos; e o segundo é o que tem vindo a ser segundo a imagem daquele e, sendo conservado, alimentado e imortalizado por aquele, como pelo Pai eterno, sempre-vivente porque *é* imortal. Pois o sempre-vivente difere do eterno. Com efeito, de fato, um não veio a ser pelo outro; ainda que tenha sido feito por si mesmo; <porém> jamais foi feito, mas sempre vem a ser; †pois o eterno do qual *vem* o Todo é perpétuo† e o próprio Pai dele é eterno; porém, o mundo é †perpétuo† e veio a ser imortal pelo Pai.

3 καὶ ὅσον ἦν τῆς ὕλης ἀποκείμενον τῷ ἑαυτοῦ... τὸ πᾶν ὁ πατὴρ σωματοποιήσας καὶ ὀγκώσας ἐποίησε σφαιροειδές, τοῦτο αὐτῷ τὸ ποιὸν περιθείς, οὖσαν καὶ αὐτὴν ἀθάνατον, καὶ ἔχουσαν ἀΐδιον τὴν ὑλότητα. πλέον δέ, τῶν ἰδεῶν τὰ ποιὰ ὁ πατὴρ ἐγκατασπείρας τῇ σφαίρᾳ ὥσπερ ἐν ἄντρῳ κατέκλεισε, πάσῃ ποιότητι κοσμῆσαι βουλόμενος τὸ μετ' αὐτοῦ ποιόν, τῇ δὲ ἀθανασίᾳ περιβαλὼν τὸ πᾶν σῶμα, ἵνα μὴ ὕλη καὶ τῆς τούτου συστάσεως θελήσασα ἀποστῆναι διαλυθῇ εἰς τὴν ἑαυτῆς ἀταξίαν· ὅτε γὰρ ἦν ἀσώματος ἡ ὕλη, ὦ τέκνον, ἄτακτος ἦν· ἔχει δὲ καὶ ἐνθάδε †τὴν περὶ τὰ ἄλλα μικρὰ ποιὰ εἰλουμένην† τὸ τῆς αὐξήσεως καὶ τὸ τῆς μειώσεως, ὃν θάνατον οἱ ἄνθρωποι καλοῦσιν.

4 αὕτη δὲ ἡ ἀταξία περὶ τὰ ἐπίγεια ζῷα γίνεται· τῶν γὰρ οὐρανίων τὰ σώματα μίαν τάξιν ἔχει, ἣν εἴληχεν ἀπὸ τοῦ πατρὸς τὴν ἀρχήν· τηρεῖται δὲ αὕτη ὑπὸ τῆς ἑκάστου ἀποκαταστάσεως ἀδιάλυτος· ἡ δὲ ἀποκατάστασις τῶν ἐπιγείων σωμάτων συστάσεως..., ἡ δὲ διάλυσις αὕτη ἀποκαθίσταται εἰς τὰ ἀδιάλυτα σώματα, τουτέστι τὰ ἀθάνατα· καὶ οὕτω στέρησις γίνεται τῆς αἰσθήσεως, οὐκ ἀπώλεια τῶν σωμάτων.

5 τὸ δὲ τρίτον ζῷον, ὁ ἄνθρωπος, κατ' εἰκόνα τοῦ κόσμου γενόμενος, νοῦν κατὰ βούλησιν τοῦ πατρὸς ἔχων παρὰ τὰ ἄλλα ἐπίγεια ζῷα, οὐ μόνον πρὸς τὸν δεύτερον θεὸν συμπάθειαν ἔχων, ἀλλὰ καὶ ἔννοιαν τοῦ πρώτου· τοῦ μὲν γὰρ αἴσθεται ὡς σώματος, τοῦ δὲ ἔννοιαν λαμβάνει ὡς ἀσωμάτου καὶ νοῦ, τοῦ ἀγαθοῦ.

— Τοῦτο οὖν οὐκ ἀπόλλυται τὸ ζῷον; — Εὐφήμησον, ὦ τέκνον, καὶ νόησον τί θεός, τί κόσμος, τί ζῷον ἀθάνατον, τί ζῷον διάλυτον, καὶ νόησον ὅτι ὁ μὲν κόσμος ὑπὸ τοῦ θεοῦ καὶ ἐν τῷ θεῷ, ὁ δὲ ἄνθρωπος ὑπὸ τοῦ κόσμου καὶ ἐν τῷ κόσμῳ, ἀρχὴ δὲ καὶ περιοχὴ καὶ σύστασις πάντων ὁ θεός.

3 E lhe sendo reservado tanto quanto era de matéria de si mesmo, o Pai, dando corpo e avolumando o Todo, fez em forma de esfera, pondo nele essa feitura e também a própria existência eterna que possui a materialidade perpétua. Além disso, tendo semeado as qualidades de espécies na esfera, ele as trancou como em um antro, querendo ornamentar a espécie consigo mesmo com toda qualidade; e tendo vestido todo o corpo com a imortalidade, para que a matéria, tendo anelado, não pudesse se separar da composição dele para a desordem de si mesma. Pois, quando a matéria era incorporal, ó filho, era desordenada; mas também tem aqui, †sendo agarrada em redor de outras pequenas espécies†, a capacidade de aumento e diminuição, que os homens chamam morte.

4 Porém essa vem a ser a desordem dos viventes; pois os corpos dos celestes têm uma ordem, que foi concedida pelo Pai desde o princípio; porém essa é preservada indissolúvel pela apocatástase de cada um; porém, segundo a apocatástase da composição dos corpos terrestres..., a própria dissolução restaura aos corpos indissolúveis, isto é, para os imortais; e, assim, a privação de sensações vem a existir, não a destruição dos corpos.

5 Porém o terceiro vivente, o homem, tendo vindo a ser segundo a imagem do mundo, tendo *nous* segundo a vontade do Pai, ao contrário dos outros viventes terrestres, não só tem simpatia para com o segundo deus, mas também para com o pensamento do primeiro. Pois, de fato, ele tem sensação de um como de um corpo, porém recebe o pensamento do outro como de incorpóreo e de mente, isto é, do Bem.

— Então, esse vivente não é destruído? Bendize, ó filho, compreenda o que é Deus, o que é o mundo, o que é imortal no vivente, o que é vivente dissoluto; não só compreenda que o mundo foi feito por Deus e em Deus, mas também que o homem foi feito pelo mundo e no mundo, porém o princípio e o conteúdo e a composição de todas as coisas é Deus.

☥

LIBELLUS IX

Περὶ νοήσεως καὶ αἰσθήσεως. [Ὅτι ἐν μόνῳ τῷ θεῷ τὸ καλὸν καὶ ἀγαθόν ἐστιν, ἀλλαχόθι δὲ οὐδαμοῦ].

1 Χθές, ὦ Ἀσκληπιέ, τὸν τέλειον ἀποδέδωκα λόγον· νῦν δὲ ἀναγκαῖον ἡγοῦμαι ἀκόλουθον ἐκείνῳ καὶ τὸν περὶ αἰσθήσεως λόγον διεξελθεῖν. αἴσθησις γὰρ καὶ νόησις διαφορὰν μὲν δοκοῦσιν ἔχειν, ὅτι ἡ μὲν ὑλική ἐστιν, ἡ δὲ οὐσιώδης. ἐμοὶ δὲ δοκοῦσιν ἀμφότεραι ἡνῶσθαι καὶ μὴ διαιρεῖσθαι, ἐν ἀνθρώποις λέγω· ἐν γὰρ τοῖς ἄλλοις ζῴοις ἡ αἴσθησις τῇ φύσει ἥνωται, ἐν δὲ ἀνθρώποις <καὶ> ἡ νοήσις. νοήσεως ὁ νοῦς διαφέρει τοσοῦτον, ὅσον ὁ θεὸς θειότητος· ἡ μὲν γὰρ θειότης ὑπὸ τοῦ θεοῦ γίνεται, ἡ δὲ νόησις ὑπὸ τοῦ νοῦ, ἀδελφὴ οὖσα τοῦ λόγου· ἢ ὄργανα ἀλλήλων· οὔτε γὰρ ὁ λόγος ἐκφωνεῖται χωρὶς νοήσεως οὔτε ἡ νόησις φαίνεται χωρὶς λόγου.

2 ἡ οὖν αἴσθησις καὶ ἡ νόησις ἀμφότεραι εἰς τὸν ἄνθρωπον συνεπεισρέουσιν ἀλλήλαις ὥσπερ συμπεπλεγμέναι· οὔτε γὰρ χωρὶς αἰσθήσεως δυνατὸν νοῆσαι οὔτε †αἰσθῆναι† χωρὶς νοήσεως. — Δυνατὸν δὲ νόησιν χωρὶς αἰσθήσεως νοεῖσθαι, καθάπερ οἱ διὰ τῶν ὀνείρων φανταζόμενοι ὁράματα; — †Ἐμοὶ δὲ δοκεῖ τὸ γεγονέναι ἀμφοτέρας τὰς ἐνεργείας ἐν τῇ τῶν ὀνείρων ὄψει ἐγρηγοροῦσι γὰρ αἰσθήσει† διῄρηταί γε εἴς τε τὸ σῶμα καὶ εἰς τὴν ψυχήν, καὶ ὅταν ἀμφότερα τὰ μέρη τῆς αἰσθήσεως πρὸς ἄλληλα συμφωνήσῃ, τότε τὴν νόησιν ἐκφωνεῖσθαι ἀποκυηθεῖσαν ὑπὸ τοῦ νοῦ.

LIBELLUS IX

Sobre a intelecção e a sensação. [Que somente em Deus o Belo e o Bem existem, porém em nenhum outro lugar].

1 Ontem, ó Asclépio, eu comuniquei o Perfeito Discurso; porém, agora, penso *ser* necessário, e adido àquele, também expor o discurso sobre a sensação. Pois sensação e intelecção, de fato, parecem ter diferença, que, de um lado, é material, e por outro lado, é essencial. Porém ambas me parecem ser unidas e *parecem* não se distinguir, *isto é*, digo nos homens; pois, nos outros animais, a sensação é unida ao instinto; porém, nos homens, também é intelecção. O *nous* se diferencia tanto da intelecção quanto Deus da divindade; pois, de um lado, a divindade vem a ser por causa de Deus; por outro lado, a intelecção, em consequência do *nous*, sendo irmã do logos; pois nem o logos é proferido sem a intelecção nem a intelecção é manifestada sem o logos.

2 Portanto, ambas, a sensação e a intelecção, confluem no homem como contorcidas uma com a outra. Pois nem é possível pensar sem sensação nem †sentir† sem intelecção. — Porém é possível que a intelecção seja pensada sem sensação como os que se mostram através dos sonos sejam aparições? — †Porém me parece vir a ser duas energias na visão dos sonos, pois se levantam em sensação†; pelo menos *a sensação* tem sido dividida tanto no corpo como na alma, e quando as duas partes da sensação se harmonizarem uma em relação à outra, então a intelecção, tendo sido gestada pelo *nous*, será proferida.

3 ὁ γὰρ νοῦς κύει πάντα τὰ νοήματα, ἀγαθὰ μέν, ὅταν ὑπὸ τοῦ θεοῦ τὰ σπέρματα λάβῃ, ἐναντία δὲ, ὅταν ὑπό τινος τῶν δαιμονίων, μηδενὸς μέρους τοῦ κόσμου κενοῦ ὄντος δαίμονος † τῷ ὑπὸ τοῦ θεοῦ πεφωτισμένῳ δαίμονι † ὅστις ὑπεισελθὼν ἔσπειρε τῆς ἰδίας ἐνεργείας τὸ σπέρμα, καὶ ἐκύησεν ὁ νοῦς τὸ σπαρέν, μοιχείας, φόνους, πατροτυπίας, ἱεροσυλίας, ἀσεβείας, ἀγχόνας, κατὰ κρημνῶν καταφοράς, καὶ ἄλλα πάντα ὅσα δαιμόνων ἔργα.

4 τοῦ γὰρ θεοῦ τὰ σπέρματα ὀλίγα, μεγάλα δὲ καὶ καλὰ καὶ ἀγαθὰ, ἀρετὴ καὶ σωφροσύνη καὶ εὐσέβεια· εὐσέβεια δέ ἐστι θεοῦ γνῶσις, ὃν ὁ ἐπιγνοὺς πλήρης γενόμενος πάντων τῶν ἀγαθῶν τὰς νοήσεις θείας ἴσχει, καὶ οὐ τοῖς πολλοῖς ὁμοίας. διὰ τοῦτο οἱ ἐν γνώσει ὄντες οὔτε τοῖς πολλοῖς ἀρέσκουσιν, οὔτε οἱ πολλοὶ αὐτοῖς· μεμηνέναι δὲ δοκοῦσι, καὶ γέλωτα ὀφλισκάνουσι, μισούμενοί τε καὶ καταφρονούμενοι καὶ τάχα που καὶ φονευόμενοι. τὴν γὰρ κακίαν ἐνθάδε δεῖν οἰκεῖν εἶπον ἐν τῷ ἑαυτῆς χωρίῳ οὖσαν· χωρίον γὰρ αὐτῆς ἡ γῆ, οὐχ ὁ κόσμος, ὡς ἔνιοί ποτε ἐροῦσι βλασφημοῦντες. ὁ μέντοι θεοσεβὴς πάντα ὑποστήσει αἰσθόμενος τῆς γνώσεως· πάντα γὰρ τῷ τοιούτῳ, κἂν τοῖς ἄλλοις τὰ κακὰ, ἀγαθά ἐστι· καὶ ἐπιβουλευόμενος πάντα ἀναφέρει εἰς τὴν γνῶσιν, καὶ τὰ κακὰ μόνος ἀγαθοποιεῖ.

5 ἐπάνειμι πάλιν ἐπὶ τὸν τῆς αἰσθήσεως λόγον. ἀνθρώπινον οὖν τὸ κοινωνῆσαι αἴσθησιν νοήσει· οὐ πᾶς δὲ ἄνθρωπος, ὡς προεῖπον, ἀπολαύει τῆς νοήσεως, ἀλλ᾽ ὁ μὲν ὑλικός, ὁ δὲ οὐσιώδης· ὁ μὲν γὰρ μετὰ κακίας ὑλικός, ὡς ἔφην, ἀπὸ τῶν δαιμόνων τὸ σπέρμα τῆς νοήσεως ἴσχει, οἱ δὲ μετὰ τοῦ ἀγαθοῦ οὐσιωδῶς ὑπὸ τοῦ θεοῦ σῳζόμενοι· ὁ μὲν γὰρ θεός, πάντων δημιουργός, δημιουργῶν πάντα ποιεῖ μὲν αὐτῷ ὅμοια, ταῦτα δ᾽ ἀγαθὰ γενόμενα ἐν τῇ χρήσει τῆς ἐνεργείας διάφορα. ἡ γὰρ κοσμικὴ φορὰ τρίβουσα τὰς γενέσεις ποιὰς ποιεῖ, τὰς μὲν ῥυπαίνουσα τῇ κακίᾳ, τὰς δὲ καθαίρουσα τῷ ἀγαθῷ. καὶ γὰρ ὁ κόσμος, ὦ Ἀσκληπιέ, αἴσθησιν ἰδίαν καὶ νόησιν ἔχει, οὐκ ὁμοίαν τῇ ἀνθρωπείᾳ, οὐδὲ ὡς ποικίλην, ἄλλως δὲ καὶ κρείττω καὶ ἁπλουστέραν.

3 **P**ois o *nous* gesta todos os pensamentos, tanto os bons, quando receber as sementes por Deus; como os contrários, quando *receber as sementes* por alguns dos *daimones*. *Pois* nenhuma parte do mundo é vazia de *daimon*; †*exceto quando* iluminado por Deus *com a luz espiritual*,† *este*, tendo entrado na mente, semeia a semente de sua própria energia, e o *nous* gesta o que foi semeado: adultérios, assassinatos, espancamentos dos pais, sacrilégios, impiedades, estrangulamento, os atos de lançar dos precipícios, e todas tais obras dos *daimones*.

4 **P**ois as sementes de Deus são poucas, mas são grandes e belas e boas: virtude, sensatez e piedade; e a piedade é a gnose de Deus, que o conhecedor, vindo a ser cheio de todas as coisas boas, tem as intelecções divinas, e não as produzidas pela massa. Por isso, os que estão na gnose nem podem agradar à massa; nem a massa, a eles. Porém parecem ser denunciados, e são condenados aos risos públicos, sendo odiados assim como desdenhados e talvez também assassinados. Pois se disse que é necessário que a maldade habite aqui, estando no seu próprio lugar; pois seu lugar é a Terra, não o cosmo, como alguns blasfemando às vezes dirão. Mas o piedoso, tendo consciência da gnose, suportará todas as coisas; pois todas as coisas para ele, mesmo as más para os outros, são boas; mesmo sendo hostilizado, dirige todas as coisas à gnose, e somente ele faz com que as coisas más sejam favoráveis.

5 **V**oltarei novamente para o discurso da sensação. Portanto é humano que a sensação tenha algo em comum com a intelecção; porém nem todo homem, como supracitei, goza da intelecção, mas há tanto o homem material como o essencial: pois, tanto o material, associado com a maldade, como eu disse, tem a semente de intelecção dos *daimones*; como os essenciais são associados com o Bem, sendo salvos por Deus; pois Deus é Demiurgo de todas as coisas, criando todas as coisas, faz tanto essas semelhantes a si mesmo, como boas, vindo a ser distintas na relação da energia. Pois a marcha cósmica, friccionando os engendramentos, faz as espécies, tanto as sujando pela maldade, como as purificando pelo Bem. Com efeito, o mundo, ó Asclépio, tem sua própria sensação e intelecção, não semelhante à humana, nem distinta, sobretudo, melhor e mais simples.

6 ἡ γὰρ αἴσθησις καὶ νόησις τοῦ κόσμου μία ἐστὶ τὸ πάντα ποιεῖν καὶ εἰς ἑαυτὴν ἀποποιεῖν, ὄργανον τῆς τοῦ θεοῦ βουλήσεως, καὶ ὄντως ὀργανοποιηθέν, ἵνα πάντα παρ' ἑαυτῷ πάντα ποιῇ ἐνεργῶς, καὶ διαλύων πάντα ἀνανεοῖ, καὶ διὰ τοῦτο λυθέντα ὥσπερ ἀγαθὸς ζωῆς γεωργὸς τῇ μεταβολῇ ἀνανέωσιν αὐτοῖς φερόμενος παρέχῃ. <οὐκ> ἔστιν ὃ μὴ ζωογονεῖ, φερόμενος δὲ πάντα ζωοποιεῖ καὶ ὁμοῦ τόπος ἐστὶ καὶ δημιουργὸς ζωῆς.

7 τὰ δὲ σώματα ἀπὸ ὕλης, ἐν διαφορᾷ· τὰ μὲν γάρ ἐστιν ἐκ γῆς, τὰ δὲ ἐξ ὕδατος, τὰ δὲ ἐξ ἀέρος, τὰ δὲ ἐκ πυρός· πάντα δέ ἐστι σύνθετα, καὶ τὰ μὲν μᾶλλον, τὰ δὲ ἁπλούστερα· μᾶλλον μέν, τὰ βαρύτερα, ἧττον δέ, τὰ κουφότερα· τὸ δὲ τάχος αὐτοῦ τῆς φορᾶς τὴν ποικιλίαν τῶν ποιῶν γενέσεων ἐργάζεται· πνοὴ γὰρ οὖσα πυκνοτάτη προτείνει τὰ ποιὰ τοῖς σώμασι μετὰ ἑνὸς πληρώματος τοῦ τῆς ζωῆς.

8 πατὴρ μὲν οὖν ὁ θεὸς τοῦ κόσμου, ὁ δὲ κόσμος τῶν ἐν τῷ κόσμῳ, καὶ ὁ μὲν κόσμος υἱὸς τοῦ θεοῦ, τὰ δὲ ἐν τῷ κόσμῳ, ὑπὸ τοῦ κόσμου· καὶ εἰκότως κόσμος κέκληται· κοσμεῖ γὰρ τὰ πάντα τῇ ποικιλίᾳ τῆς γενέσεως καὶ τῷ ἀδιαλείπτῳ τῆς ζωῆς καὶ ἀκοπιάστῳ τῆς ἐνεργείας καὶ τῷ τάχει τῆς ἀνάγκης καὶ τῇ συστάσει τῶν στοιχείων καὶ τῇ τάξει τῶν γινομένων. ὁ αὐτὸς οὖν κόσμος καὶ ἀναγκαίως καὶ οἰκείως καλοῖτο.

πάντων οὖν τῶν ζῴων ἡ αἴθησις καὶ νόησις ἔξωθεν ἐπεισέρχεται, εἰσπνέουσα ὑπὸ τοῦ περιέχοντος, ὁ δὲ κόσμος, ἅπαξ λαβὼν ἅμα τῷ γενέσθαι, ὑπὸ τοῦ θεοῦ λαβὼν ἔχει.

6 Pois a sensação e a intelecção do mundo é fazer todas as coisas e desfazer para si, *sendo* instrumento da vontade de Deus. E, assim, sendo feito instrumento, a fim de que todas as coisas façam energicamente tudo perto dele mesmo; e dissolvendo todas as coisas, renove; e, por isso, tendo sido liberadas, como o bom lavrador da vida, trazendo renovação a elas na metábole e na existência. <Não> existe o que ele não vivifica; e, trazendo todas as coisas, vivifica; e, semelhantemente, o espaço também e Demiurgo da vida.

7 Porém os corpos provenientes de matéria vieram a ser com diferença: pois são tanto os da terra como os da água, como os do ar, como os do fogo. Mas todas as coisas são compostas, tanto as mais complexas como as mais simples: tanto as mais complexas são as mais pesadas; quanto as mais simples, as mais leves. Porém a rapidez da marcha opera a distinção dos engendramentos das espécies; pois o vento, sendo mais espesso, prepara as qualidades para os corpos com um único pleroma, o de vida.

8 Assim, Deus é o Pai do mundo; e o mundo, das coisas no mundo; e tanto o mundo é filho de Deus como os *que* no mundo *existem* por causa do mundo; e provavelmente o mundo tem sido chamado *ordem*; pois ornamenta todos os seres pela distinção do engendramento, e pelo contínuo da vida, e pelo infatigável de energia, e pela velocidade da necessidade, e pela sustentação dos elementos, e pela ordem dos que hão de vir a ser. Pois que o mesmo mundo possa ser chamado por necessidade e por familiaridade.

Portanto, a sensação e a intelecção de todos os viventes sobrevêm de fora para dentro, inspirando da parte do que *as* contém; e o mundo, uma vez tendo recebido ao mesmo tempo em que vem a ser, ele *as* comporta recebendo da parte de Deus.

9 ὁ δὲ θεὸς οὐχ, ὥσπερ ἐνίοις δόξει, ἀναίσθητός ἐστι καὶ ἀνόητος· ὑπὸ γὰρ δεισιδαιμονίας βλασφημοῦσι· πάντα γὰρ ὅσα ἔστιν, ὦ Ἀκληπιέ, ταῦτα ἐν τῷ θεῷ ἐστι καὶ ὑπὸ τοῦ θεοῦ γινόμενα καὶ ἐκεῖθεν ἠρτημένα, τὰ μὲν διὰ σωμάτων ἐνεργοῦντα, τὰ δὲ διὰ οὐσίας ψυχικῆς κινοῦντα, τὰ δὲ διὰ πνεύματος ζωοποιοῦντα, τὰ δὲ τὰ κεκμηκότα ὑποδεχόμενα, καὶ εἰκότως. μᾶλλον δὲ λέγω, ὅτι οὐκ αὐτὸς αὐτὰ ἔχει, ἀλλὰ τὸ ἀληθὲς ἀποφαίνομαι· αὐτὸς ἅπαντά ἐστιν, οὐκ ἔξωθεν αὐτὰ προσλαμβάνων, ἔξω δὲ ἐπιδιδούς, καὶ τοῦτό ἐστιν ἡ αἴσθησις καὶ νόησις τοῦ θεοῦ, τὸ τὰ πάντα ἀεὶ κινεῖν, καὶ οὐκ ἔσται ποτὲ χρόνος ὅτε ἀπολειφθήσεταί τι τῶν ὄντων· ὅταν δὲ λέγω τῶν ὄντων, λέγω τοῦ θεοῦ· τὰ γὰρ ὄντα ὁ θεὸς ἔχει, καὶ οὔτε αὐτοῦ οὐδὲν ἐκτὸς οὔτε αὐτὸς οὐδενός.

10 ταῦτά σοι, Ἀσκληπιέ, ἐννοοῦντι, ἀληθῆ δόξειεν, ἀγνοοῦντι δὲ ἄπιστα. τὸ γὰρ νοῆσαί ἐστι τὸ πιστεῦσαι, ἀπιστῆσαι δὲ τὸ μὴ νοῆσαι. ὁ γὰρ λόγος οὐ φθάνει μέχρι τῆς ἀληθείας, ὁ δὲ νοῦς μέγας ἐστὶ καὶ ὑπὸ τοῦ λόγου μέχρι τινὸς ὁδηγηθεὶς φθάνειν ἔχει <ἕως> τῆς ἀληθείας, καὶ περινοήσας τὰ πάντα καὶ εὑρὼν σύμφωνα τοῖς ὑπὸ τοῦ λόγου ἑρμηνευθεῖσιν ἐπίστευσε, καὶ τῇ καλῇ πίστει ἐπανεπαύσατο. τοῖς οὖν τὰ προειρημένα ὑπὸ τοῦ θεοῦ νοήσασι μὲν πιστά, μὴ νοήσασι δὲ ἄπιστα. ταῦτα καὶ τοσαῦτα περὶ νοήσεως καὶ αἰσθήσεως λεγέσθω.

9 **P**orém Deus não é insensível e ininteligível, como parecerá a alguns; pois blasfemam por superstição; pois todas as coisas tais que são, ó Asclépio, essas estão em Deus e vindo a ser e tendo dependido dali: tanto as que operam através dos corpos como as que movem através da essência da alma, como as que vivificam através do pneuma, como as que recebem as que têm sido fadigadas também provavelmente; mas ainda digo que ele não as tem, mas explico a verdade: ele é todas as coisas, não as tomando em acréscimo de fora, mas as distribuindo para fora, e isto é a sensação e a intelecção de Deus: o sempre mover todas as coisas; e não haverá nunca tempo quando algum dos seres será abandonado; porém, quando eu disser dos seres, digo, de Deus; pois Deus tem os seres, nem nada existe fora dele nem ele *existe fora* de nenhum.

10 **E**ssas coisas, a ti que compreendes, ó Asclépio, possam parecer verdadeiras; porém aos ignorantes, *são* inacreditáveis. Pois o compreender é o crer, porém o desconfiar é o não compreender. Pois o logos não chega até a verdade, porém o *nous* é grande, e tendo sido conduzido pelo logos até certo ponto, tem de alcançar <até> a verdade. E tendo compreendido bem todas as coisas e as tendo encontrado concordantes às que são interpretadas pelo logos, creu, e descansou na bela fé. Portanto, tanto as coisas preditas são críveis aos que têm compreendido como são incríveis aos que não têm compreendido. Essas coisas e tantas outras sobre a intelecção e sobre a sensação sejam ditas.

♀

LIBELLUS X — ἙΡΜΟΥ ΤΡΙΣΜΕΓΙΣΤΟΥ ΚΛΕΙΣ

1 Τὸν χθὲς λόγον, ὦ Ἀσκληπιέ, σοι ἀνέθηκα, τὸν δὲ σήμερον δίκαιόν ἐστι τῷ Τὰτ ἀναθεῖναι, ἐπεὶ καὶ τῶν Γενικῶν λόγων τῶν πρὸς αὐτὸν λελαλημένων ἐστὶν ἐπιτομή. ὁ μὲν οὖν θεὸς καὶ πατὴρ καὶ τὸ ἀγαθόν, ὦ Τάτ, τὴν αὐτὴν ἔχει φύσιν, μᾶλλον δὲ καὶ ἐνέργειαν· ἡ μὲν γὰρ †φύσεως† καὶ αὐξήσεώς ἐστι προσηγορία, ἅπερ ἐστὶ περὶ τὰ μεταβλητὰ καὶ κινητὰ ... καὶ ἀκίνητα, τουτέστι τὰ θεῖά τε καὶ ἀνθρώπεια †ὧν αὐτὸς βούλεται εἶναι· ἀλλαχοῦ δὲ ἐνέργειαν† καθὼς καὶ ἐπὶ τῶν ἄλλων ἐδιδάξαμεν θείων τε καὶ ἀνθρωπίνων· ἃ δεῖ νοεῖν ἐπὶ τούτου. **2** ἡ γὰρ τούτου ἐνέργεια ἡ θέλησίς ἐστι καὶ ἡ οὐσία αὐτοῦ τὸ θέλειν πάντα εἶναι. τί γάρ ἐστι θεὸς καὶ πατὴρ καὶ τὸ ἀγαθόν, ἢ τὸ τῶν πάντων εἶναι οὐκέτι ὄντων †ἀλλὰ ὕπαρξιν αὐτὴν τῶν ὄντων †; τοῦτο ὁ θεός, τοῦτο ὁ πατήρ, τοῦτο τὸ ἀγαθόν, ᾧ μηδὲν πρόσεστι τῶν ἄλλων. ὁ μὲν γὰρ κόσμος καὶ ὁ ἥλιος, τῶν κατὰ μετουσίαν καὶ αὐτὸς πατήρ, οὐκέτι δὲ τοῦ ἀγαθοῦ τοῖς ζῴοις ἴσως αἴτιός ἐστιν, οὐδὲ τοῦ ζῆν. εἰ δὲ τοῦτο οὕτως ἔχει, πάντως μέντοι ἀναγκαζόμενος ὑπὸ τοῦ ἀγαθοῦ θελήματος, οὗ χωρὶς οὔτε εἶναι οὔτε γενέσθαι δυνατόν. **3** αἴτιος δὲ ὁ πατὴρ τῶν τέκνων καὶ τῆς σπορᾶς καὶ τῆς τροφῆς, τὴν ὄρεξιν λαβὼν τοῦ ἀγαθοῦ διὰ τοῦ ἡλίου· τὸ γὰρ ἀγαθόν ἐστι τὸ ποιητικόν· τοῦτο δὲ οὐ δυνατὸν ἐγγενέσθαι ἄλλῳ τινὶ ἢ μόνῳ ἐκείνῳ, τῷ μηδὲν μὲν λαμβάνοντι, πάντα δὲ θέλοντι εἶναι· οὐ γὰρ ἐρῶ, ὦ Τάτ, ποιοῦντι· ὁ γὰρ ποιῶν ἐλλιπής ἐστι πολλῷ χρόνῳ, ἐν ᾧ ὁτὲ μὲν ποιεῖ, ὁτὲ δὲ οὐ ποιεῖ, καὶ ποιότητος καὶ ποσότητος· ποτὲ μὲν γὰρ ποσὰ καὶ ποιά. ὁτὲ δὲ τὰ ἐναντία· ὁ δὲ θεὸς καὶ πατὴρ καὶ τὸ ἀγαθὸν τῷ εἶναι τὰ πάντα.

LIBELLUS X — A CHAVE DE HERMES TRISMEGISTOS

1 O discurso de ontem, ó Asclépio, dediquei a ti, porém o de hoje é justo dedicar a Tat, uma vez que, também, é um epítome dos Discursos Gerais pronunciados a ele. Assim, portanto, Deus, tanto Pai quanto o Bem, ó Tat, tem a mesma natureza, e mais ainda, energia; pois, deveras, aquelas coisas que são acerca das mutáveis e móveis ... e imóveis, isto é, das divinas assim como das humanas, são a denominação †da natureza† e a denominação do crescimento, †das quais ele quer que todas as coisas existam; noutro lugar, porém, *são pura* energia† conforme também ensinamos sobre as outras coisas divinas assim como humanas que são necessárias para compreender sobre isso. **2 P**ois a energia desse é a vontade, e a essência dele é o querer que todas as coisas existam. Pois, o que é Deus, o Pai e o Bem, senão o ser de todos os entes que ainda não são, †mas *tendo* a própria existência dos entes†? Isso é Deus, isso é o Pai, isso é o Bem, *e* nenhum dos outros seres é antes dele. Pois, deveras, o mundo, assim como o Sol, também é o próprio pai das coisas segundo a transubstanciação, porém já não é o responsável igualmente pelo bem aos viventes, nem pelo viver. Porém, se assim o é, de todos os modos, contudo, sendo compelido *o é* pelo bem-querer, sem o qual não é possível nem ser nem vir a ser. **3 P**orém o pai é responsável pela linhagem e pela nutrição dos filhos, recebendo o apetite do Bem através do Sol. Pois o Bem é o feitor; porém isso não é possível de vir a ser por algum outro exceto somente por aquele; deveras, por aquele que nada recebe e que quer *que todas as coisas existam*. Pois não direi, ó Tat, *que é possível de a linhagem e a nutrição dos filhos virem a ser somente* pelo que faz; pois o que faz é defeituoso por longo tempo, tanto quando faz como quando não faz, também é defeituoso por causa de qualidade e de quantidade: pois, deveras, faz tanto as quantidades e as qualidades como as contrariedades; porém, ele é Deus, o Pai e o Bem, porque todas as coisas existem.

4 οὕτως ἄρα ταῦτα τῷ δυναμένῳ ἰδεῖν· καὶ γὰρ τοῦτο θέλει εἶναι, καὶ ἔστι †καὶ αὐτῷ, μάλιστα δὲ αὐτό.† καὶ γὰρ τὰ ἄλλα πάντα διὰ τοῦτον ἔστιν ... ἴδιον γὰρ τοῦ ἀγαθοῦ τὸ γνωρίζεσθαί ἐστι τὸ ἀγαθόν, ὦ Τάτ.

— Ἐπλήρωσας ἡμᾶς, ὦ πάτερ, τῆς ἀγαθῆς καὶ καλλίστης θέας καὶ ὀλίγου δεῖν †ἐσεβάσθη† μου ὁ τοῦ νοῦ ὀφθαλμὸς ὑπὸ τῆς τοιαύτης θέας. — Οὐ γάρ, ὥσπερ ἡ τοῦ ἡλίου ἀκτίς, πυρώδης οὖσα, καταυγάζει καὶ μύειν ποιεῖ τοὺς ὀφθαλμούς, οὕτω καὶ ἡ τοῦ ἀγαθοῦ θέα· τοὐναντίον ἐκλάμπει καὶ ἐπὶ τοσοῦτον, ἐφ' ὅσον δύναται ὁ δυνάμενος δέξασθαι τὴν ἐπεισροὴν τῆς νοητῆς λαμπηδόνος· ὀξυτέρα μὲν γάρ ἐστιν εἰς τὸ καθικνεῖσθαι, ἀβλαβὴς δὲ καὶ πάσης ἀθανασίας ἀνάπλεως,

5 ἧς οἱ δυνάμενοι πλέον τι ἀρύσασθαι τῆς θέας κατακοιμίζονται πολλάκις [δὲ] ἀπὸ τοῦ σώματος εἰς τὴν καλλίστην ὄψιν ᾧπερ Οὐρανὸς καὶ κρόνος, οἱ ἡμέτεροι πρόγονοι, ἐντετυχήκασιν. — Εἴθε καὶ ἡμεῖς, ὦ πάτερ. — Εἴθε γάρ, ὦ τέκνον· νῦν δὲ ἔτι ἀτονοῦμεν πρὸς τὴν ὄψιν καὶ οὔπω ἰσχύομεν ἀναπετάσαι ἡμῶν τοὺς τοῦ νοῦ ὀφθαλμούς, καὶ θεάσασθαι τὸ κάλλος τοῦ ἀγαθοῦ ἐκείνου τὸ ἄφθαρτον, τὸ ἄληπτον. τότε γὰρ αὐτὸ ὄψει, ὅταν μηδὲν περὶ αὐτοῦ ἔχῃς εἰπεῖν. ἡ γὰρ γνῶσις αὐτοῦ καὶ θεία σιωπή ἐστι καὶ καταργία πασῶν τῶν αἰσθήσεων. **6** οὔτε γὰρ ἄλλο τι δύναται νοῆσαι ὁ τοῦτο νοήσας οὔτε ἄλλο τι θεάσασθαι ὁ τοῦτο θεασάμενος οὔτε περὶ ἄλλου τινὸς ἀκοῦσαι οὔτε τὸ σύνολον τὸ σῶμα κινῆσαι· πασῶν γὰρ τῶν σωματικῶν αἰσθήσεών τε καὶ κινήσεων ἐπιλαθόμενος ἀτρεμεῖ· περιλάμψαν δὲ πάντα τὸν νοῦν καὶ τὴν ὅλην ψυχὴν ἀναλάμπει καὶ ἀνέλκει διὰ τοῦ σώματος καὶ ὅλον αὐτὸν εἰς οὐσίαν μεταβάλλει. ἀδύνατον γάρ, ὦ τέκνον, ψυχὴν ἀποθεωθῆναι ἐν σώματι ἀνθρώπου θεασαμένην <τὸ> τοῦ ἀγαθοῦ κάλλος.

4 Assim, então, ao que pode ver essas coisas: com efeito, Deus quer que isso exista, †e isso existe sobretudo por ele†. Pois que todas as outras coisas existem por causa dele ... Pois a coisa própria do Bem é ser o *próprio* Bem conhecido, ó Tat.

— Encheste-nos, ó pai, da boa e mui bela contemplação e do pouco que é necessário: o olho de minha mente ficou †admirado† por tal contemplação. — Pois, assim, a contemplação do Bem não é como o raio do Sol, *que*, sendo ígneo, ofusca e faz os olhos fecharem; pelo contrário, *o Bem* tanto brilha quanto, sendo o poderoso, pode receber o influxo do brilho inteligível; pois, deveras, é agudíssimo para chegar ao coração, porém, também, é inofensivo e cheio de toda imortalidade,

5 da qual os que podem tirar algo mais abundante da contemplação dormem muitas vezes no corpo para ter a mui bela visão, como aquilo que Urano e Crono, os nossos antepassados, contaram. — Oxalá nós também, ó pai! — Pois é, oxalá, ó filho! Porém agora ainda somos fracos em relação à visão e ainda não temos os olhos da mente para abrir e contemplar a beleza incorruptível e inconcebível daquele Bem. Pois, então, o verás quando não tiveres nada a dizer sobre ele. Pois a gnose dele é um silêncio divino e a supressão de todas as sensações. **6 P**ois nem aquele que compreende isso pode compreender alguma outra coisa, nem o que vê isso *pode* ver alguma outra coisa, nem *pode* ouvir acerca de alguma outra coisa, nem *pode* mover o corpo inteiro; pois ele, tendo esquecido todas as sensações e movimentos corporais, fica quieto. Porém *o Bem,* tendo brilhado sobre toda a mente, também ilumina e eleva toda a alma através do corpo e o transforma todo em essência. Pois é impossível, ó filho, uma alma, tendo visto <a> beleza do Bem, ter sido divinizada em corpo de homem.

7 — Τὸ ἀποθεωθῆναι πῶς λέγεις, ὦ πάτερ; — Πάσης ψυχῆς, ὦ τέκνον, διαιρετῆς μεταβολαί. — Πῶς πάλιν διαιρετῆς; — Οὐκ ἤκουσας ἐν τοῖς Γενικοῖς ὅτι ἀπὸ μιᾶς ψυχῆς τῆς τοῦ παντὸς πᾶσαι αἱ ψυχαί εἰσιν αὗται ἐν τῷ παντὶ κόσμῳ κυλινδούμεναι, ὥσπερ ἀπονενεμημέναι; τούτων τοίνυν τῶν ψυχῶν πολλαὶ αἱ μεταβολαί, τῶν μὲν ἐπὶ τὸ εὐτυχέστερον, τῶν δὲ ἐπὶ τὸ ἐναντίον. αἱ μὲν γὰρ ἑρπετώδεις οὖσαι εἰς ἔνυδρα μεταβάλλουσιν, αἱ δὲ ἔνυδροι εἰς χερσαῖα, αἱ δὲ χερσαῖαι εἰς πετεινά, αἱ δὲ ἀέριαι εἰς ἀνθρώπους, αἱ δὲ ἀνθρώπιναι ἀρχὴν ἀθανασίας ἴσχουσιν εἰς δαίμονας μεταβάλλουσαι, εἶθ' οὕτως εἰς τὸν τῶν θεῶν χορόν· χοροὶ δὲ δύο θεῶν, ὁ μὲν τῶν πλανωμένων, ὁ δὲ τῶν ἀπλανῶν. **8** καὶ αὕτη ψυχῆς ἡ τελειοτάτη δόξα· ψυχὴ δὲ εἰς ἀνθρώπους ἐλθοῦσα ἐὰν κακὴ μείνῃ, οὔτε γεύεται ἀθανασίας οὔτε τοῦ ἀγαθοῦ μεταλαμβάνει, παλίσσυτος δὲ τὴν ὁδὸν ὑποστρέφει τὴν εἰς τὰ ἑρπετά, καὶ αὕτη καταδίκη ψυχῆς κακῆς.

κακία δὲ ψυχῆς ἀγνωσία. ψυχὴ γάρ, μηδὲν ἐπιγνοῦσα τῶν ὄντων μηδὲ τὴν τούτων φύσιν, μηδὲ τὸ ἀγαθόν, τυφλώττουσα δέ, ἐντινάσσει τοῖς πάθεσι τοῖς σωματικοῖς, καὶ ἡ κακοδαίμων, ἀγνοήσασα ἑαυτήν, δουλεύει σώμασιν ἀλλοκότοις καὶ μοχθηροῖς, ὥσπερ φορτίον βαστάζουσα τὸ σῶμα, καὶ οὐκ ἄρχουσα ἀλλ' ἀρχομένη. αὕτη κακία ψυχῆς.

9 τοὐναντίον δὲ ἀρετὴ ψυχῆς γνῶσις· ὁ γὰρ γνοὺς καὶ ἀγαθὸς καὶ εὐσεβὴς καὶ ἤδη θεῖος. — Τίς δέ ἐστιν οὗτος, ὦ πάτερ; — Ὁ μὴ πολλὰ λαλῶν, μηδὲ πολλὰ ἀκούων· ὁ γὰρ δύο λόγοις σχολάζων καὶ ἀκοαῖς, ὦ τέκνον, σκιαμαχεῖ. ὁ γὰρ θεὸς καὶ πατὴρ καὶ τὸ ἀγαθὸν οὔτε λέγεται οὔτε ἀκούεται· τούτου δὲ οὕτως ἔχοντος, ἐν πᾶσι τοῖς οὖσιν αἱ αἰσθήσεις εἰσί, διὰ τὸ μὴ δύνασθαι εἶναι χωρὶς αὐτοῦ· γνῶσις δὲ αἰσθήσεως πολὺ διαφέρει· αἴσθησις μὲν γὰρ γίνεται τοῦ ἐπικρατοῦντος, γνῶσις δέ ἐστιν ἐπιστήμης τὸ τέλος, ἐπιστήμη δὲ δῶρον τοῦ θεοῦ. **10** πᾶσα γὰρ ἐπιστήμη ἀσώματος, ὀργάνῳ χρωμένη αὐτῷ τῷ νοΐ, ὁ δὲ νοῦς τῷ σώματι. ἀμφότερα οὖν χωρεῖ εἰς σῶμα, τά τε νοητὰ καὶ τὰ ὑλικά. ἐξ ἀντιθέσεως γὰρ καὶ ἐναντιότητος δεῖ τὰ πάντα συνεστάναι· καὶ τοῦτο ἄλλως εἶναι ἀδύνατον.

7 — **Q**ue queres dizer por ser divinizado, ó pai? — As metáboles de todas as almas separadas. — O que vem a ser agora separadas? — Não ouviste nos *Discursos* Gerais que todas as almas são de uma única alma, *e* essas são arroladas em todo mundo, como sendo retribuídas? Por isso, muitas são as metáboles dessas almas tanto para a mui bem-aventurada coisa como para a coisa contrária. Pois, deveras, as que são em formas de réptil se transformam em aquáticas; e as que são aquáticas, em viventes terrestres; e as terrestres, em voláteis; e as aéreas, em homens; e as humanas têm o princípio da imortalidade, transformando-se em *daimones*, então, assim, *entram* no coro dos deuses; porém há dois coros dos deuses, tanto o dos errantes como o dos não errantes. **8.** Essa é a mais perfeita glória da alma; porém, se a alma, tendo entrado nos homens, permanecer viciosa, nem provam da imortalidade nem comungam do Bem, porém, apressada, retorna o caminho de volta para os répteis, e essa é uma condenação da alma viciosa.

Porém o vício da alma é a ignorância. Pois a alma que não conhece nenhum dos seres nem a natureza deles, nem o Bem, e, tendo ficado cega, tropeça nas paixões corporais; e a alma infeliz, tendo desconhecido a si mesma, serve aos corpos estranhos e miseráveis, arrastando o corpo como uma carga, e não governando, mas sendo governada. Esse é o vício da alma.

9 **P**orém, pelo contrário, a gnose é a virtude da alma; pois o que conhece também é bom e piedoso e já divino. — Quem é esse, ó pai? — O que não fala muitas coisas, nem escuta muitas coisas; pois o que perde tempo com duas conversas e escutas, ó filho, luta com as sombras. Pois Deus e o Pai e o Bem, nem é falado nem é ouvido; e, assim sendo, em todos os seres as sensações estão por causa do não poder ser sem isso; porém gnose difere muito das sensações; pois, deveras, a sensação vem a ser pelo que prevalece, porém, gnose é o fim da ciência, e a ciência é um dom de Deus. **10** **P**ois toda ciência é incorpórea, usando, do próprio instrumento, a mente; porém o *nous usa* do corpo. Portanto, ambas entram no corpo, tanto as coisas inteligíveis como as materiais. Pois é necessário que todas as coisas se componham da antítese e da contrariedade. E de outro modo, é impossível isso ser.

— Τίς οὖν ὁ ὑλικὸς θεὸς ὅδε; — Ὁ καλὸς κόσμος, οὐκ ἔστι δὲ ἀγαθός· ὑλικὸς γάρ, καὶ εὐπάθητος, καὶ πρῶτος μὲν πάντων παθητῶν, δεύτερος δὲ τῶν ὄντων καὶ αὐτοδεής, καὶ αὐτὸς ποτὲ μὲν γενόμενος, ἀεὶ δὲ ὤν, ὢν δὲ ἐν γενέσει, καὶ γινόμενος ἀεί, γένεσις τῶν ποιῶν καὶ τῶν ποσῶν· κινητὸς γάρ· πᾶσα γὰρ ὑλικὴ κίνησις γένεσίς ἐστιν.

11 ἡ δὲ νοητὴ στάσις κινεῖ τὴν ὑλικὴν κίνησιν τὸν τρόπον τοῦτον. ἐπεὶ ὁ κόσμος σφαῖρά ἐστι, τουτέστι κεφαλή, κεφαλῆς δὲ οὐδὲν ὑπεράνω ὑλικόν, ὥσπερ οὐδὲ ποδῶν οὐδὲν νοητὸν ὑποκάτω, πᾶν δὲ ὑλικόν, νοῦς δὲ κεφαλή, αὕτη σφαιρικῶς κινουμένη. τοῦτό ἐστι κεφαλικῶς, — ὅσα οὖν προσήνωται τῷ ὑμένι τῆς κεφαλῆς ταύτης, <ἐν ᾗ> ἐστιν ἡ ψυχή, ἀθάνατα πέφυκεν, ὥσπερ ἐν ψυχῇ δὲ σώματος πεποιημένου καὶ πλείονα τοῦ σώματος τὴν ψυχὴν ἔχοντα· τὰ δὲ πόρρω τοῦ ὑμένος θνητά, πλέον ἔχοντα τῆς ψυχῆς τὸ σῶμα· πᾶν δὲ ζῷον, ὥσπερ οὖν τὸ πᾶν, ἔκ τε ὑλικοῦ καὶ νοητοῦ συνέστηκε.

12 καὶ ὁ μὲν κόσμος πρῶτος, ὁ δὲ ἄνθρωπος δεύτερον ζῷον μετὰ τὸν κόσμον, πρῶτον δὲ τῶν θνητῶν, τῶν μὲν ἄλλων ζῴων τὸ ἔμψυχον ἔχει· οὐκέτι δὲ μόνον οὐκ ἀγαθός, ἀλλὰ καὶ κακὸς ὡς θνητός. ὁ μὲν γὰρ κόσμος οὐκ ἀγαθὸς ὡς κινητός, οὐ κακὸς δὲ ὡς ἀθάνατος· ὁ δὲ ἄνθρωπος, καὶ ὡς κινητὸς, καὶ ὡς θνητός, κακός. **13** ψυχὴ δὲ ἀνθρώπου ὀχεῖται τὸν τρόπον τοῦτον· ὁ νοῦς ἐν τῷ λόγῳ, ὁ λόγος ἐν τῇ ψυχῇ, ἡ ψυχὴ ἐν τῷ πνεύματι· τὸ πνεῦμα διῆκον διὰ φλεβῶν καὶ ἀρτηριῶν καὶ αἵματος κινεῖ τὸ ζῷον καὶ ὥσπερ τρόπον τινὰ βαστάζει.

διὸ καί τινες τὴν ψυχὴν αἷμα νομίζουσιν εἶναι, σφαλλόμενοι τὴν φύσιν, οὐκ εἰδότες ὅτι πρῶτον δεῖ τὸ πνεῦμα ἀναχωρῆσαι εἰς τὴν ψυχὴν καὶ τότε τὸ αἷμα παγῆναι καὶ τὰς φλέβας καὶ τὰς ἀρτηρίας κενωθῆναι καὶ τότε τὸ ζῷον καθελεῖν· καὶ τοῦτό ἐστιν ὁ θάνατος τοῦ σώματος.

— Quem, portanto, é o deus material aqui? O belo mundo, mas não é bom; pois é material e vulnerável, tanto é o primeiro de todos os passíveis como o segundo dos seres e insuficiente em si; tanto ele veio a ser uma vez como é o que é sempre, e o que está sempre em engendramento; e vindo a ser sempre, é o engendramento das qualidades e das quantidades; pois é móvel; pois todo movimento é engendramento.

11 Porém a fixação inteligível move a moção material deste modo: visto que o mundo é uma esfera, isto é, uma cabeça, e nada há sobre a cabeça, como nada inteligível há abaixo dos pés, mas todo material; e o *nous* é a cabeça, sendo esta movida esfericamente, isto é, como cabeça; portanto, aquelas coisas que têm se juntado à fina pele dessa cabeça, <na qual> está a alma, têm plantado as coisas imortais, e tendo mais alma do que corpo, e uma vez que o corpo tem sido feito na alma e tendo mais alma do que corpo; e as coisas mortais estão distantes da fina pele, contendo o corpo cheio de alma; porém todo vivente, como, portanto, o Todo, constituiu-se tanto de coisa material como *de coisa* intelectiva.

12 E, deveras, o mundo é o primeiro. E o homem, sendo o segundo vivente depois do mundo, mas o primeiro dos mortais, tem, de fato, a capacidade de animação dos outros viventes; porém ainda não é somente não bom, mas também mau enquanto mortal. Pois tanto o mundo não é bom enquanto móvel como não é mau enquanto imortal. E o homem, também enquanto móvel, e enquanto mortal, é mau. **13 P**orém a alma do homem é dirigida desse modo: o *nous* no logos, o logos na alma, a alma no pneuma; o pneuma atravessando pelas veias e artérias e sangue, move o vivente e, de algum modo, suporta *o vivente*.

Por isso, também, alguns acham que a alma seja sangue, abalando eles a natureza, não vendo eles que primeiro é necessário o pneuma se retirar para dentro da alma e então o sangue ser coagulado e as veias e as artérias se esvaziarem e então abater o vivente; e isso é a morte do corpo.

14 ἐκ μιᾶς δὲ ἀρχῆς τὰ πάντα ἤρτηται, ἡ δὲ ἀρχὴ ἐκ τοῦ ἑνὸς καὶ μόνου, καὶ ἡ μὲν ἀρχὴ κινεῖται, ἵνα πάλιν ἀρχὴ γένηται, τὸ δὲ ἓν μόνον ἕστηκεν, οὐ κινεῖται. καὶ τρία τοίνυν ταῦτα, ὁ θεὸς καὶ πατὴρ καὶ τὸ ἀγαθόν, καὶ ὁ κόσμος, καὶ ὁ ἄνθρωπος· καὶ τὸν μὲν κόσμον ὁ θεὸς ἔχει, τὸν δὲ ἄνθρωπον ὁ κόσμος· καὶ γίνεται ὁ μὲν κόσμος τοῦ θεοῦ υἱός, ὁ δὲ ἄνθρωπος τοῦ κόσμου, ὥσπερ ἔγγονος.

15 οὐ γὰρ ἀγνοεῖ τὸν ἄνθρωπον ὁ θεός, ἀλλὰ καὶ πάνυ γνωρίζει καὶ θέλει γνωρίζεσθαι. τοῦτο μόνον σωτήριον ἀνθρώπῳ ἐστίν, ἡ γνῶσις τοῦ θεοῦ. αὕτη εἰς τὸν Ὄλυμπον ἀνάβασις· οὕτω μόνως ἀγαθὴ ψυχή, καὶ οὐδέποτε ἀγαθὴ <ἀεί>, κακὴ δὲ γίνεται· κατ' ἀνάγκην γίνεται. — Πῶς τοῦτο λέγεις, ὦ Τρισμέγιστε;

— Ψυχὴν παιδὸς θέασαι, ὦ τέκνον, αὐτὴν διάλυσιν αὐτῆς μηδέπω ἐπιδεχομένην, τοῦ σώματος αὐτῆς †ἔτι ὀλίγον ὄγκωτο καὶ† μηδέπω τὸ πᾶν ὠγκωμένου, πῶς καλὴν μὲν βλέπειν πανταχοῦ, μηδέποτε δὲ τεθολωμένην ὑπὸ τῶν τοῦ σώματος παθῶν, ἔτι σχεδὸν ἠρτημένην τῆς τοῦ κόσμου ψυχῆς· ὅταν δὲ ὀγκωθῇ τὸ σῶμα καὶ κατασπάσῃ αὐτὴν εἰς τοὺς τοῦ σώματος ὄγκους, διαλύσασα δὲ ἑαυτὴν ἐγγεννᾷ λήθην, καὶ τοῦ καλοῦ καὶ ἀγαθοῦ οὐ μεταλαμβάνει· ἡ δὲ λήθη κακία γίνεται.

16 τὸ δὲ αὐτὸ συμβαίνει καὶ τοῖς τοῦ σώματος ἐξιοῦσιν. ἀναδραμοῦσα γὰρ ἡ ψυχὴ εἰς ἑαυτήν, συστέλλεται τὸ πνεῦμα εἰς τὸ αἷμα, ἡ δὲ ψυχὴ εἰς τὸ πνεῦμα, ὁ δὲ νοῦς καθαρὸς γενόμενος τῶν ἐνδυμάτων, θεῖος ὢν φύσει, σώματος πυρίνου λαβόμενος περιπολεῖ πάντα τόπον, καταλιπὼν τὴν ψυχὴν κρίσει καὶ τῇ κατ' ἀξίαν δίκῃ. — Πῶς τοῦτο λέγεις, ὦ πάτερ; ὁ νοῦς τῆς ψυχῆς χωρίζεται καὶ ἡ ψυχὴ τοῦ πνεύματος, σοῦ εἰπόντος ἔνδυμα εἶναι τοῦ μὲν νοῦ τὴν ψυχήν, τῆς δὲ ψυχῆς τὸ πνεῦμα;

14 **P**orém todas as coisas dependem de um princípio. E o princípio é do Um e Único. O princípio, de fato, é movido, a fim de que novamente se torne princípio; mas o Um e Único tem se fixado, *e ele* não é movido. Por isso, existem estes três seres: Deus, o Pai e o Bem; o mundo; e o homem. E Deus tem o mundo; e o mundo, o homem; e tanto o mundo é filho de Deus como o homem o é do mundo, *sendo* como descendente.

15 **P**ois Deus não desconhece o homem, mas certamente também conhece e quer ser conhecido. Isso é a única salvação para o homem: a gnose de Deus. Esta é a subida para o Olimpo; somente assim a alma é boa, e nunca vem a ser boa <sempre>, mas vem a ser má; pela necessidade é que vem a ser *má*. — O que queres dizer por isso, ó Trismegistos?

— Contempla a alma de uma criança, ó filho, ela ainda não recebendo o desmantelamento do seu corpo, †o qual ainda *tem* pouca massa e† ainda não tendo sido inchado completamente; para ver, de fato, quão bela é, mas jamais turvada pelas paixões do corpo, ainda tendo sido presa próxima da Alma do Mundo; porém, quando o corpo inchar e a puxar para baixo para as protuberâncias do corpo, e ela tendo se desmantelado, gera o esquecimento, e não comunga do Belo e Bom. O esquecimento vem a ser o vício.

16 **P**orém a mesma coisa ocorre aos que saem do corpo. Pois a alma tendo regredido para si mesma, o pneuma é contraído no sangue; e a alma, no pneuma; e a mente, depois de ter vindo a ser limpa dos indumentos, sendo divina por natureza, recebe um corpo de fogo *e* anda por todo lugar, tendo deixado a alma ao julgamento justo segundo a dignidade. — O que queres dizer com isso, ó pai? Tu, tendo dito ser tanto a alma um indumento da mente como o pneuma *um indumento* da alma, pretendias dizer que o *nous* é separado da alma; e a alma, da mente?

17 — Συννοεῖν δεῖ, ὦ τέκνον, τὸν ἀκούοντα τῷ λέγοντι, καὶ συμπνέειν καὶ ὀξυτέραν ἔχειν τὴν ἀκοὴν τῆς τοῦ λέγοντος φωνῆς· ἡ σύνθεσις τῶν ἐνδυμάτων τούτων, ὦ τέκνον, ἐν σώματι γηίνῳ γίνεται· ἀδύνατον γὰρ τὸν νοῦν ἐν γηίνῳ σώματι γυμνὸν αὐτὸν καθ' ἑαυτὸν ἑδράσαι· οὔτε γὰρ τὸ γήινον σῶμα δυνατόν ἐστι τὴν τηλικαύτην ἀθανασίαν ἐνεγκεῖν, οὔτε τὴν τοσαύτην ἀρετὴν ἀνασχέσθαι συγχρωτιζόμενον αὐτῇ παθητὸν σῶμα· ἔλαβεν οὖν ὥσπερ περιβόλαιον τὴν ψυχήν, ἡ δὲ ψυχὴ καὶ αὐτὴ θεία τις οὖσα καθάπερ ὑπηρέτῃ τῷ πνεύματι χρῆται· τὸ δὲ πνεῦμα τὸ ζῷον διοικεῖ.

18 ὅταν οὖν ὁ νοῦς ἀπαλλαγῇ τοῦ γηίνου σώματος, τὸν ἴδιον εὐθὺς ἐνεδύσατο χιτῶνα, τὸν πύρινον, ὃν οὐκ ἐδύνατο ἔχων εἰς τὸ γήινον σῶμα κατοικῆσαι· γῆ γὰρ πῦρ οὐ βαστάζει· πᾶσα γὰρ φλέγεται καὶ ὑπὸ ὀλίγου σπινθῆρος καὶ διὰ τοῦτο τὸ ὕδωρ περικέχυται τῇ γῇ, ὥσπερ ἔρυμα καὶ τεῖχος ἀντέχον πρὸς τὴν τοῦ πυρὸς φλόγα. νοῦς δὲ ὀξύτατος ὢν πάντων τῶν θείων νοημάτων καὶ τὸ ὀξύτατον πάντων τῶν στοιχείων ἔχει σῶμα, τὸ πῦρ· δημιουργὸς γὰρ ὢν ὁ νοῦς τῶν πάντων, ὀργάνῳ τῷ πυρὶ πρὸς τὴν δημιουργίαν χρῆται· καὶ ὁ μὲν τοῦ παντός, τῶν πάντων, ὁ δὲ τοῦ ἀνθρώπου, τῶν ἐπὶ γῆς μόνον· γυμνὸς γὰρ ὢν τοῦ πυρὸς ὁ ἐν ἀνθρώποις νοῦς ἀδυνατεῖ τὰ θεῖα δημιουργεῖν, ἀνθρώπινος ὢν τῇ οἰκήσει.

19 ψυχὴ δὲ ἀνθρωπίνη, οὐ πᾶσα μέν, ἡ δὲ εὐσεβής, δαιμονία τίς ἐστι καὶ θεία· καὶ ἡ τοιαύτη καὶ μετὰ τὸ ἀπαλλαγῆναι τοῦ σώματος τὸν τῆς εὐσεβείας ἀγῶνα ἠγωνισμένη (ἀγὼν δὲ εὐσεβείας, τὸ γνῶναι τὸ θεῖον καὶ μηδένα ἀνθρώπων ἀδικῆσαι), ὅλη νοῦς γίνεται. ἡ δὲ ἀσεβὴς ψυχὴ μένει ἐπὶ τῆς ἰδίας οὐσίας, ὑφ' ἑαυτῆς κολαζομένη, καὶ γήινον σῶμα ζητοῦσα εἰς ὃ εἰσέλθῃ, εἰς ἀνθρώπινον δέ· ἄλλο γὰρ σῶμα οὐ χωρεῖ ἀνθρωπίνην ψυχήν, οὐδὲ θέμις ἐστὶν εἰς ἀλόγου ζῴου σῶμα ψυχὴν ἀνθρωπίνην καταπεσεῖν. θεοῦ γὰρ νόμος οὗτος, φυλάσσειν ψυχὴν ἀνθρωπίνην ἀπὸ τῆς τοσαύτης ὕβρεως.

17 — É necessário, ó filho, o ouvinte compreender o falante, e ser de mesma mente e ter a audição mais aguçada do que a voz do falante; a composição desses indumentos, ó filho, vem a ser com corpo terreno; pois é impossível o *nous*, ele por si mesmo, fixar-se nu em um corpo terreno; pois, nem é possível um corpo terreno aguentar tão grande imortalidade, nem tal virtude tolerar um corpo passivo tendo boas relações consigo; portanto, recebeu a alma como um véu, mas a alma sendo algo divino, usa o pneuma como ajudante; porém, o pneuma rege o vivente.

18 Portanto, quando o *nous* se libertar do corpo terreno, imediatamente vestirá a própria túnica ígnea, mesmo tendo *a túnica*, não pôde vesti-la no corpo terreno; pois a terra não suporta o fogo; pois toda a terra arde também por uma única faísca e, por isso, a água rega a terra, como uma cerca e muralha resistindo contra a flama do fogo. Porém o *nous* sendo o mais penetrante de todos os desígnios divinos, também tem o corpo mais sutil de todos os elementos, o fogo; pois o *nous* sendo Demiurgo de todos, usa o fogo *como* o instrumento para a criação; e, de fato, o *nous* do Todo é *Demiurgo* de todas as coisas, mas o *nous* do homem é *Demiurgo* somente das coisas sobre a terra; pois, nos homens, estando desnudo do fogo, sendo humano pela ação de habitar, o *nous* não pode criar as coisas divinas.

19 Porém a alma humana, nem toda de fato, mas a piedosa, alguma que é sobrenatural e também divina: e a tal, também depois de ter sido libertada do corpo, tendo lutado o combate da piedade (porém o combate da piedade é conhecer o divino e não injustiçar nenhum dos homens), ela toda vem a ser mente. Porém a alma ímpia permanece na sua própria essência, sendo castigada por si mesma, e procurando um corpo terreno para no qual entrar, mas em um *corpo* humano; pois outro corpo não abriga uma alma humana, nem há uma lei divina para uma alma humana cair em um corpo de um vivente irracional. Pois a lei de Deus é esta: guardar a alma humana de tão grande ultraje.

20 — Πῶς οὖν κολάζεται, ὦ πάτερ, ἀνθρωπίνη ψυχή; — Καὶ τίς ἐστι μείζων κόλασις ἀνθρωπίνης ψυχῆς, ὦ τέκνον, ἢ ἀσέβεια; ποῖον πῦρ τοσαύτην φλόγα ἔχει ὅσην ἡ ἀσέβεια; ποῖον δὲ δακετὸν θηρίον, ὥστε λυμᾶναι σῶμα, ὅσον αὐτὴν τὴν ψυχὴν ἡ ἀσέβεια; ἢ οὐχ ὁρᾷς ὅσα κακὰ πάσχει ψυχὴ ἀσεβής, βοώσης αὐτῆς καὶ κεκραγυίας, "καίομαι, φλέγομαι· τί εἴπω, τί ποιήσω, οὐκ οἶδα· διεσθίομαι ἡ κακοδαίμων ὑπὸ τῶν κατεχόντων με κακῶν· οὔτε βλέπω οὔτε ἀκούω"; αὗται αἱ φωναὶ οὐ κολαζομένης εἰσὶ ψυχῆς; ἢ ὡς οἱ πολλοὶ δοκοῦσι, καὶ σὺ δοξάζεις, ὦ τέκνον, ὅτι ψυχὴ ἐξελθοῦσα τοῦ σώματος θηριάζεται, ὅπερ ἐστὶ πλάνη μεγίστη; **21** ψυχὴ γὰρ κολάζεται τοῦτον τὸν τρόπον. ὁ γὰρ νοῦς, ὅταν δαίμων γένηται, πυρίνου τυχεῖν σώματος τέτακται πρὸς τὰς τοῦ θεοῦ ὑπηρεσίας καὶ εἰσδύνας εἰς τὴν ἀσεβεστάτην ψυχὴν αἰκίζεται αὐτὴν ταῖς τῶν ἁμαρτανόντων μάστιξιν, ὑφ' ὧν μαστιζομένη ἀσεβὴς ψυχὴ τρέπεται ἐπὶ φόνους καὶ ὕβρεις καὶ βλασφημίας καὶ βίας ποικίλας, δι' ὧν ἄνθρωποι ἀδικοῦνται. εἰς δὲ τὴν εὐσεβῆ ψυχὴν ὁ νοῦς ἐμβὰς ὁδηγεῖ αὐτὴν ἐπὶ τὸ τῆς γνώσεως φῶς· ἡ δὲ τοιαύτη ψυχὴ κόρον οὐδέποτε ἔχει ὑμνοῦσα, εὐφημοῦσα δὲ πάντας ἀνθρώπους καὶ ἔργοις καὶ λόγοις πάντα εὖ ποιοῦσα, μιμουμένη αὐτῆς τὸν πατέρα.

22 διό, ὦ τέκνον, εὐχαριστοῦντα τῷ θεῷ δεῖ εὔχεσθαι καλοῦ τοῦ νοῦ τυχεῖν. εἰς μὲν οὖν τὸ κρεῖττον ψυχὴ μεταβαίνει, εἰς δὲ τὸ ἔλαττον ἀδύνατον· κοινωνία δέ ἐστι ψυχῶν, καὶ κοινωνοῦσι μὲν αἱ τῶν θεῶν ταῖς τῶν ἀνθρώπων, αἱ δὲ τῶν ἀνθρώπων ταῖς τῶν ἀλόγων. ἐπιμελοῦνται δὲ οἱ κρείττονες τῶν ἐλαττόνων, θεοὶ μὲν ἀνθρώπων, ἄνθρωποι δὲ τῶν ἀλόγων ζῴων, ὁ δὲ θεὸς πάντων· πάντων γὰρ οὗτος κρείττων, καὶ πάντα αὐτοῦ ἐλάττονα. ὁ μὲν οὖν κόσμος ὑπόκειται τῷ θεῷ, ὁ δὲ ἄνθρωπος τῷ κόσμῳ, τὰ δὲ ἄλογα τῷ ἀνθρώπῳ· ὁ δὲ θεὸς ὑπὲρ πάντα καὶ περὶ πάντα· καὶ τοῦ μὲν θεοῦ καθάπερ ἀκτῖνες αἱ ἐνέργειαι, τοῦ δὲ κόσμου ἀκτῖνες αἱ φύσεις, τοῦ δὲ ἀνθρώπου, αἱ τέχναι καὶ ἐπιστῆμαι· καὶ αἱ μὲν ἐνέργειαι διὰ τοῦ κόσμου ἐνεργοῦσι καὶ ἐπὶ τὸν ἄνθρωπον διὰ τῶν τοῦ κόσμου φυσικῶν ἀκτίνων, αἱ δὲ φύσεις διὰ τῶν στοιχείων, οἱ δὲ ἄνθρωποι διὰ τῶν τεχνῶν καὶ ἐπιστημῶν.

20 — **E**ntão, como é punida, ó pai, uma alma humana? — E qual é a maior punição da alma humana, ó filho, do que a impiedade? Que fogo tem tanta flama quanto a impiedade? E que besta é devoradora, a tal ponto de maltratar o corpo, como a impiedade *maltrata* a própria alma? Ou não vês quantas coisas más sofre a alma ímpia, tendo bradado e clamado: "queimo, ardo; que direi, que farei, não vejo; infeliz que sou, sou devorada pelos vícios que me tomam; nem vejo nem ouço"? Essas não são as vozes da alma que é punida? Ou como a massa acha, também tu acharás, ó filho, que a alma, tendo saído do corpo, é bestializada, o que é o maior engano? **21 P**ois uma alma é punida deste modo: pois a mente, quando vir a ser *daimon*, é ordenada a ganhar um corpo ígneo para a execução *da justiça* de Deus e tendo se introduzido na alma mais ímpia, o *nous* maltrata a chicotadas a *alma* dos que pecam, pelas quais a alma ímpia, sendo flagelada, cai em assassinatos e insultos e blasfêmias e várias violências, através das quais os homens são condenados. Porém o *nous,* tendo entrado na alma piedosa, conduz essa pela luz do conhecimento; porém tal alma jamais tem saciedade, cantando hino, e bendizendo todos os homens tanto em obras como em palavras, fazendo bem todas as coisas, imitando seu Pai.

22 Por isso, ó filho, quando agradecer a Deus, é necessário orar para alcançar a bela mente. Assim, portanto, a alma passa para o *corpo* superior, porém é impossível *passar* para o inferior; porém é a comunhão das almas, e tanto as dos deuses comungam com as dos homens como as dos homens *comungam* com as dos irracionais. E as superiores cuidam das inferiores, tanto as *almas* dos deuses *cuidam* das *almas* dos homens como as *almas* dos homens *cuidam* dos *viventes* irracionais; e Deus *cuida* de todos. Pois esse é o melhor de todos, e todas as coisas são menores do que ele. Assim, portanto, o mundo é subjacente a Deus; e o homem, ao mundo; e os irracionais, ao homem; e Deus está acima e ao redor de todas as coisas; e, deveras, as energias são como raios de Deus, e as ordens naturais *são como* raios do mundo, e as artes e ciências *são como raios* do homem; e, de fato, as energias operam através dos raios físicos do mundo; e as ordens naturais, através dos elementais; e os homens, através das artes e dos engenhos.

23 καὶ αὕτη ἡ τοῦ παντὸς διοίκησις, ἠρτημένη ἐκ τῆς τοῦ ἑνὸς φύσεως καὶ διήκουσα δι' ἑνὸς τοῦ νοῦ· <οὗ> οὐδέν ἐστι θειότερον καὶ ἐνεργέστερον καὶ ἑνωτικώτερον ἀνθρώπων μὲν πρὸς τοὺς θεούς, θεῶν δὲ πρὸς τοὺς ἀνθρώπους· οὗτός ἐστιν ὁ ἀγαθὸς δαίμων. μακαρία ψυχή, ἡ τούτου πληρεστάτη, κακοδαίμων δὲ ψυχὴ ἡ τούτου κενωτάτη.

Πῶς τοῦτο πάλιν λέγεις, ὦ πάτερ; — Οἴει οὖν, ὦ τέκνον, ὅτι πᾶσα ψυχὴ νοῦν ἔχει τὸν ἀγαθόν; περὶ γὰρ τούτου ὁ νῦν λόγος, οὐ περὶ τοῦ ὑπηρετικοῦ, οὗ ἔμπροσθεν εἰρήκαμεν, τοῦ καταπεμπομένου ὑπὸ τῆς Δίκης. **24** ψυχὴ γὰρ χωρὶς νοῦ

οὔτε τι εἰπεῖν
οὔτ' ἔρξαι δύναται.

πολλάκις γὰρ ἐξίπταται ὁ νοῦς τῆς ψυχῆς, καὶ ἐν ἐκείνῃ τῇ ὥρᾳ οὔτε βλέπει ἡ ψυχὴ οὔτε ἀκούει, ἀλλ' ἀλόγῳ ζῴῳ ἔοικε· τηλικαύτη δύναμίς ἐστι τοῦ νοῦ. ἀλλ' οὐδὲ νωθρᾶς ψυχῆς ἀνέχεται, ἀλλὰ καταλείπει τὴν τοιαύτην ψυχὴν τῷ σώματι προσηρτημένην καὶ ὑπ' αὐτοῦ ἀγχομένην κάτω. ἡ δὲ τοιαύτη ψυχή, ὦ τέκνον, νοῦν οὐκ ἔχει· ὅθεν οὐδὲ ἄνθρωπον δεῖ λέγεσθαι τὸν τοιοῦτον· ὁ γὰρ ἄνθρωπος ζῷόν ἐστι θεῖον καὶ οὐδὲ τοῖς ἄλλοις ζῴοις συγκρινόμενον τῶν ἐπιγείων ἀλλὰ τοῖς ἐν οὐρανῷ ἄνω λεγομένοις θεοῖς· μᾶλλον δ' εἰ χρὴ τολμήσαντα εἰπεῖν τὸ ἀληθές, καὶ ὑπὲρ ἐκείνους ἐστὶν ὁ ὄντως ἄνθρωπος, ἢ πάντως γε ἰσοδυναμοῦσιν ἀλλήλοις.

25 οὐδεὶς μὲν γὰρ τῶν οὐρανίων θεῶν ἐπὶ γῆς κατελεύσεται, οὐρανοῦ τὸν ὅρον καταλιπών, ὁ δὲ ἄνθρωπος καὶ εἰς τὸν οὐρανὸν ἀναβαίνει καὶ μετρεῖ αὐτὸν καὶ οἶδε ποῖα μὲν αὐτοῦ ἐστιν ὑψηλά, ποῖα δὲ ταπεινά, καὶ τὰ ἄλλα πάντα ἀκριβῶς μανθάνει, καὶ τὸ πάντων μεῖζον, οὐδὲ τὴν γῆν καταλιπὼν ἄνω γίνεται· τοσοῦτον τὸ μέγεθός ἐστιν αὐτοῦ τῆς ἐκτάσεως· διὸ τολμητέον εἰπεῖν τὸν μὲν ἄνθρωπον ἐπίγειον εἶναι θεὸν θνητόν, τὸν δὲ οὐράνιον θεὸν ἀθάνατον ἄνθρωπον· διόπερ διὰ τούτων τὰ πάντα τῶν δύο, κόσμου καὶ ἀνθρώπου· ὑπὸ δὲ τοῦ ἑνὸς τὰ πάντα.

23 E esta é a regência do Todo, dependendo da natureza do Universo e escutando *como em um tribunal* através de uma única mente; <do que> nada é mais divino e mais enérgico e mais unificador dos homens em relação aos deuses e dos deuses em relação aos homens; esse é o Bom *Daimon*. É uma alma bem-aventurada, que é mui repleta dele. Porém uma alma infeliz *é* aquela mui vazia dele.

Por que agora falas isso, ó pai? — Pensas, portanto, ó filho, que toda alma tem um bom *nous*? Pois sobre isso é o discurso de agora, não *é* sobre o *nous* executor que foi enviado aqui embaixo pela Justiça, do qual anteriormente temos falado. **24 P**ois uma alma sem a mente

Nem algo pode dizer
nem pode fazer.

Pois muitas vezes o *nous* voa da alma, e naquela hora a alma nem vê nem ouve, mas parece com um vivente irracional; tão grande potência é a da mente. E nem levanta uma alma indolente, mas deixa a tal alma agarrada ao corpo e por ele sendo estrangulada aqui embaixo. Porém a tal alma, ó filho, não tem mente; sobre o que nem deve o homem pronunciar tal coisa; pois o homem é um vidente divino e nem sendo comparado aos outros viventes dentre os terrestres, mas aos chamados de deuses que estão no alto do céu; e, principalmente se *for* necessário, tendo ousado, dizer a verdade: também o homem essencialmente *humano* é acima daqueles, se não totalmente, ao menos, equivalem-se entre um e outro.

25 Pois, de fato, nenhum dos deuses celestes descerá sobre a terra deixando a fronteira do céu; mas o homem também sobe para o céu e mede e sabe, de fato, qual é a altura, e qual é a profundidade, e também aprende precisamente todas as outras coisas, e a maior de todas as coisas: não tendo deixado a terra, vem a estar no alto; tal é a grandeza da extensão dele; por isso, é ousado dizer que o homem terreno é um deus mortal; o deus celeste *é* um homem imortal; por isso, através desses dois, do mundo e do homem, todas as coisas existem; mas todas as coisas *são criadas* pelo Uno.

☥

LIBELLUS XI — ΝΟΥΣ ΠΡΟΣ ἙΡΜΗΝ

1 Κατάσχες οὖν τὸν λόγον, ὦ Τρισμέγιστε Ἑρμῆ, καὶ μέμνησο τῶν λεγομένων. ὡς δὲ μοι ἐπῆλθεν εἰπεῖν οὐκ ὀκνήσω — Ἐπεὶ πολλὰ πολλῶν καὶ ταῦτα διάφορα περὶ τοῦ παντὸς καὶ τοῦ θεοῦ εἰπόντων, ἐγὼ τὸ ἀληθὲς οὐκ ἔμαθον, σύ μοι περὶ τούτου, δέσποτα, διασάφησον· σοὶ γὰρ ἂν καὶ μόνῳ πιστεύσαιμι τὴν περὶ τούτου φανέρωσιν. **2** [ὁ χρόνος]. — Ἄκουε, ὦ τέκνον, ὡς ἔχει ὁ θεὸς καὶ τὸ πᾶν.

<ὁ> θεὸς, ὁ αἰών, ὁ κόσμος, ὁ χρόνος, ἡ γένεσις.

ὁ θεὸς αἰῶνα ποιεῖ, ὁ αἰὼν δὲ τὸν κόσμον, ὁ κόσμος δὲ χρόνον, ὁ χρόνος δὲ γένεσιν. τοῦ δὲ θεοῦ ὥσπερ οὐσία ἐστὶ [τὸ ἀγαθόν, τὸ καλόν, ἡ εὐδαιμονία,] ἡ σοφία· τοῦ δὲ αἰῶνος ἡ ταυτότης· τοῦ δὲ κόσμου ἡ τάξις· τοῦ δὲ χρόνου ἡ μεταβολή· τῆς δὲ γενέσεως ἡ ζωὴ καὶ ὁ θάνατος. ἐνέργεια δὲ τοῦ θεοῦ νοῦς καὶ ψυχή· τοῦ δὲ αἰῶνος διαμονὴ καὶ ἀθανασία· τοῦ δὲ κόσμου ἀποκατάστασις καὶ ἀνταποκατάστασις· τοῦ δὲ χρόνου αὔξησις καὶ μείωσις· τῆς δὲ γενέσεως ποιότης <καὶ ποσότης>. ὁ οὖν αἰὼν ἐν τῷ θεῷ, ὁ δὲ κόσμος ἐν τῷ αἰῶνι, ὁ δὲ χρόνος ἐν τῷ κόσμῳ, ἡ δὲ γένεσις ἐν τῷ χρόνῳ. καὶ ὁ μὲν αἰὼν ἕστηκε περὶ τὸν θεόν, ὁ δὲ κόσμος κινεῖται ἐν τῷ αἰῶνι, ὁ δὲ χρόνος περαιοῦται ἐν τῷ κόσμῳ, ἡ δὲ γένεσις γίνεται ἐν τῷ χρόνῳ.

3 πηγὴ μὲν οὖν πάντων ὁ θεός, οὐσία δὲ ὁ αἰών, ὕλη δὲ ὁ κόσμος, δύναμις δὲ τοῦ θεοῦ ὁ αἰών, ἔργον δὲ τοῦ αἰῶνος ὁ κόσμος, γενόμενος οὔποτε, καὶ ἀεὶ γινόμενος ὑπὸ τοῦ αἰῶνος· διὸ οὐδὲ φθαρήσεταί ποτε (αἰὼν γὰρ ἄφθαρτος) οὐδὲ ἀπολεῖταί τι τῶν ἐν τῷ κόσμῳ, τοῦ κόσμου ὑπὸ τοῦ αἰῶνος ἐμπεριεχομένου. — Ἡ δὲ τοῦ θεοῦ σοφία τί ἔστι; — Τὸ ἀγαθὸν καὶ τὸ καλὸν καὶ εὐδαιμονία καὶ ἡ πᾶσα ἀρετὴ καὶ ὁ αἰών. κοσμεῖ οὖν τὴν ἀθανασίαν καὶ διαμονὴν ἐνθεὶς ὁ αἰὼν τῇ ὕλῃ.

LIBELLUS XI — *NOUS* PARA HERMES

1 Guarda, portanto, o discurso, ó Hermes Trismegistos, e memoriza as coisas que são ditas, e como ocorreu a mim, não hesitarei em dizer — Como muitos têm dito muitas coisas acerca do Todo e acerca de Deus, e essas são explicações diferentes, eu não aprendi a verdade. Tu, senhor, explana-me sobre isso; pois também para que eu possa acreditar somente em ti por causa da revelação acerca disso. **2** — Escuta, ó filho, como Deus possui o todo.

Deus, o *aion*, o mundo, o tempo, a gênese.

Deus faz o *aion*; e o *aion*, o mundo; e o mundo, o tempo; e o tempo, a gênese. E de Deus, como substância, é o <Bem, o Belo, a Felicidade>, a Sabedoria; e do *aion*, a identidade; e do mundo, a ordem; e do tempo, a metábole; e da gênese, a vida e a morte. E a energia de Deus é o *nous* e a alma; e do *aion*, a permanência e a imortalidade; e do mundo, a apocatástase e a antapocatástase; e do tempo, o aumento e a diminuição; e da gênese, a qualidade <e a quantidade>. Portanto, o *aion* está em Deus; e o mundo, no *aion*; e o tempo, no mundo; e a gênese, no tempo. E, deveras, o *aion* tem se estabelecido em torno de Deus, e o mundo é movido no *aion*, e o tempo passa no mundo, e a gênese vem a ser no tempo.

3 Portanto, tanto Deus é fonte de todas as coisas como o *aion* é essência, e o mundo é matéria. Porém o *aion* é a potência de Deus; e obra do *aion*, o mundo, jamais tendo vindo a ser, e sempre vindo a ser pelo *aion*; por isso, nem será destruído jamais (pois o *aion* é indestrutível) nem alguma das coisas no mundo é destruída, porque o mundo é contido pelo *aion*. — Mas o que é a Sabedoria de Deus? — O Bom e o Belo e a Felicidade e todas as virtudes e o *aion*. Portanto, o *aion* ornamenta a imortalidade e a permanência, sendo introduzido pela matéria.

4 ἡ γὰρ ἐκείνης γένεσις ἤρτηται ἐκ τοῦ αἰῶνος, καθάπερ καὶ ὁ αἰὼν ἐκ τοῦ θεοῦ. ἡ γὰρ γένεσις καὶ ὁ χρόνος ἐν οὐρανῷ καὶ ἐν γῇ εἰσιν, ὄντες διφυεῖς· ἐν μὲν οὐρανῷ ἀμετάβλητοι καὶ ἄφθαρτοι, ἐν δὲ γῇ μεταβλητοὶ καὶ φθαρτοί. καὶ τοῦ μὲν αἰῶνος ἡ ψυχὴ ὁ θεός, τοῦ δὲ κόσμου ὁ αἰών, τῆς δὲ γῆς ὁ οὐρανός. καὶ ὁ μὲν θεὸς ἐν τῷ νῷ, ὁ δὲ νοῦς ἐν τῇ ψυχῇ, ἡ δὲ ψυχὴ ἐν τῇ ὕλῃ· πάντα δὲ ταῦτα διὰ τοῦ αἰῶνος· τὸ δὲ πᾶν τοῦτο σῶμα, ἐν ᾧ τὰ πάντα ἐστὶ σώματα, ψυχὴ πληρὴς τοῦ νοῦ καὶ τοῦ θεοῦ ἐντὸς μὲν αὐτὸ πληροῖ, ἐκτὸς δὲ περιλαμβάνει, ζῳοποιοῦσα τὸ πᾶν, ἐκτὸς μὲν τοῦτο τὸ μέγα καὶ τέλειον ζῷον, τὸν κόσμον, ἐντὸς δὲ πάντα τὰ ζῷα καὶ ἄνω μὲν ἐν τῷ οὐρανῷ διαμένουσα τῇ ταυτότητι, κάτω δὲ ἐπὶ τῆς γῆς τὴν γένεσιν μεταβάλλουσα.

5 συνέχει δὲ τοῦτον ὁ αἰών, εἴτε δι' ἀνάγκην εἴτε πρόνοιαν εἴτε φύσιν καὶ εἴ τι ἄλλο οἴεται ἢ οἰήσεταί τις. τοῦτό ἐστι πᾶν ὁ θεὸς ἐνεργῶν, ἡ δὲ ἐνέργεια θεοῦ, δύναμις οὖσα ἀνυπέρβλητος, ᾗ οὔτε τὰ ἀνθρώπεια οὔτε τὰ θεῖα παραβάλλοι ἄν τις. διό, Ἑρμῆ, μηδέποτε τῶν κάτω μηδὲ τῶν ἄνω ὅμοιόν τι ἡγήσῃ τῷ θεῷ, ἐπεὶ τῆς ἀληθείας ἐκπεσῇ οὐδὲν γὰρ ὅμοιον τῷ ἀνομοίῳ καὶ μόνῳ καὶ ἑνί. καὶ μηδὲ ἄλλῳ τινὶ ἡγήσῃ τῆς δυνάμεως ἐκχωρεῖν. τίς γὰρ μετ' ἐκεῖνόν ἐστι ζωῆς καὶ ἀθανασίας <καὶ> μεταβολῆς ποιότητος; τί δὲ αὐτὸς ἄλλο τι <ἢ> ποιήσειεν; οὐ γὰρ ἀργὸς ὁ θεός, ἐπεὶ πάντα ἂν ἦν ἀργά. ἅπαντα γὰρ πλήρη τοῦ θεοῦ. ἀλλ' οὐδὲ ἐν τῷ κόσμῳ ἐστὶν ἀργία οὐδαμοῦ, οὐδὲν ἔν τινι ἄλλῳ· ἀργία γὰρ ὄνομα κενόν ἐστι, καὶ τοῦ ποιοῦντος καὶ τοῦ γινομένου, **6** πάντα δὲ δεῖ γίνεσθαι καὶ ἀεὶ καὶ καθ' ἑκάστου τόπου ῥοπήν. ὁ γὰρ ποιῶν ἐν πᾶσίν ἐστιν, οὐκ ἔν τινι ἱδρυμένος, οὐδὲ ἔν τινι ποιῶν, ἀλλὰ πάντα· δύναμις γὰρ ὢν ἐνεργὴς, οὐκ αὐτάρκης ἐστὶ τοῖς γινομένοις ἀλλὰ τὰ γινόμενα ὑπ' αὐτῷ.

θέασαι δὲ δι' ἐμοῦ τὸν κόσμον ὑποκείμενον τῇ σῇ ὄψει, τό τε κάλλος αὐτοῦ ἀκριβῶς κατανόησον, σῶμα μὲν ἀκήρατον καὶ οὗ παλαιότερον οὐδὲν ἔσται, διὰ παντὸς δὲ ἀκμαῖον καὶ νέον καὶ μᾶλλον ἀκμαιότερον.

4 Pois o engendramento tem dependido do *aion*, como também o *aion tem dependido* de Deus. Pois o engendramento e o tempo existem no céu e na terra, sendo diferentes: tanto imutáveis e incorruptíveis no céu como mutáveis e corruptíveis na terra. E Deus é a alma do *aion*; e o *aion*, do mundo; e o céu, da Terra. E Deus está na mente; a mente, na alma; a alma, na matéria; e todas essas coisas através do *aion*. E todo esse corpo, no qual todos esses corpos existem, a alma plena de mente e de Deus tanto o preenche interiormente como o envolve externamente, avivando o Todo: tanto *avivando* interiormente esse grande e perfeito vivente, o mundo, como *avivando* internamente todos os viventes; e tanto perseverando pela identidade em cima, no céu, como transformando o engendramento embaixo, na Terra.

5 E o *aion* reúne esse mundo, seja por necessidade, seja por providência, seja por natureza ou também por alguma outra coisa que alguém pensa ou pensará ser. Esse Todo é Deus operando, e a energia de Deus, potência sendo insuperável, com a qual nem as coisas humanas nem as divinas alguém possa comparar. Por isso, Hermes, nunca das coisas superiores nem das inferiores pensarás ser alguma coisa semelhante a Deus, visto que tu te desviarás da verdade; pois nem é semelhante ao dessemelhante e ao Um e Único. E nem pensarás em conceder a potência a algum outro. Pois depois daquele, existe algum feitor de vida e de imortalidade e de metábole? E que outra coisa a não ser que ele possa fazer? Pois Deus não é inativo, visto que todas as coisas seriam inativas. Pois todas as coisas estão cheias de Deus. E nem no mundo existe inação em nenhum lugar, nem em alguma outra coisa; pois inação é um nome vazio, tanto do que faz como do que vem a ser, **6 e** é necessário que todas as coisas sempre venham a ser e de acordo com o momento de cada lugar. Pois o que faz existe em todas as coisas, não tendo sido fixado em alguma coisa, nem fazendo em alguma coisa, mas *fazendo* todas as coisas. Pois a potência sendo energética, não é autossuficiente pelos que vêm a ser, mas as coisas que vêm a ser lhe são submetidas.

E contempla através de mim o mundo subjacente à tua visão, e o compreende com exatidão, o corpo inteiro e do qual nada será mais velho, porém, será continuamente vigoroso e novo, e mais e mais vigoroso.

7 ἴδε καὶ τοὺς ὑποκειμένους ἑπτὰ κόσμους κεκοσμημένους τάξει αἰωνίῳ καὶ δρόμῳ διαφόρῳ τὸν αἰῶνα ἀναπληροῦντας, φωτὸς δὲ πάντα πλήρη, πῦρ δὲ οὐδαμοῦ· ἡ γὰρ φιλία καὶ ἡ σύγκρασις τῶν ἐναντίων καὶ τῶν ἀνομοίοων φῶς γέγονε, καταλαμπόμενον ὑπὸ τῆς τοῦ θεοῦ ἐνεργείας παντὸς ἀγαθοῦ γεννήτορος καὶ πάσης τάξεως ἄρχοντος καὶ ἡγεμόνος τῶν ἑπτὰ κόσμων· σελήνην δὲ ἐκείνων πρόδρομον πάντων, ὄργανον τῆς φύσεως, τὴν κάτω ὕλην μεταβάλλουσαν· τήν τε γῆν μέσην τοῦ παντός, ὑποστάθμην τοῦ καλοῦ κόσμου ἱδρυμένην, τροφὸν καὶ τιθήνην τῶν ἐπιγείων. θέασαι δὲ καὶ τὸ πλῆθος τῶν ἀθανάτων ζῴων ὅσον ἐστὶ καὶ τῶν θνητῶν, μέσην δὲ ἀμφοτέρων, τῶν τε ἀθανάτων καὶ τῶν θνητῶν, τὴν σελήνην περιπορευομένην. **8** πάντα δὲ πλήρη ψυχῆς καὶ πάντα κινούμενα, τὰ μὲν περὶ τὸν οὐρανὸν, τὰ δὲ περὶ τὴν γῆν, καὶ μήτε τὰ δεξιὰ ἐπὶ τὰ ἀριστερὰ, μήτε τὰ ἀριστερὰ ἐπὶ τὰ δεξιά, μήτε τὰ ἄνω κάτω μήτε τὰ κάτω ἄνω. καὶ ὅτι ταῦτα πάντα γενητά, ὦ φίλτατε Ἑρμῆ, οὐκέτι ἐμοῦ χρῄζεις μαθεῖν. καὶ γὰρ σώματά ἐστι καὶ ψυχὴν ἔχει καὶ κινεῖται· ταῦτα δὲ εἰς ἓν συνελθεῖν ἀδύνατον χωρὶς τοῦ συνάγοντος· δεῖ οὖν τινα εἶναι τοῦτον καὶ πάντως ἕνα. **9** ἐνδιαφόρων γὰρ καὶ πολλῶν οὐσῶν τῶν κινήσεων καὶ τῶν σωμάτων οὐχ ὁμοίων, μιᾶς δὲ κατὰ πάντων ταχύτητος τεταγμένης, ἀδύνατον δύο ἢ πλείους ποιητὰς εἶναι· μία γὰρ ἐπὶ πολλῶν οὐ τηρεῖται τάξις· ζῆλος δὲ τοῖς πολλοῖς παρέπεται τοῦ κρείττονος. καὶ ἐρῶ σοι· καὶ εἰ ἕτερος ἦν ὁ ποιητὴς τῶν μεταβλητῶν ζῴων καὶ θνητῶν, ἐπεθύμησεν ἂν καὶ ἀθανάτους ποιῆσαι, ὥσπερ καὶ ὁ τῶν ἀθανάτων θνητούς. φέρε δὲ εἰ καὶ δύο εἰσί, μιᾶς οὔσης τῆς ὕλης καὶ μιᾶς τῆς ψυχῆς, παρὰ τίνι ἂν αὐτῶν ἡ χορηγία τῆς ποιήσεως; εἰ δέ τι καὶ παρὰ ἀμφοτέροις, παρὰ τίνι τὸ πλεῖον μέρος;

10 οὕτω δὲ νόει, ὡς παντὸς σώματος ζῶντος ἐξ ὕλης καὶ ψυχῆς τὴν σύστασιν ἔχοντος, καὶ τοῦ ἀθανάτου καὶ τοῦ θνητοῦ, καὶ <τοῦ λογικοῦ καὶ> τοῦ ἀλόγου· πάντα γὰρ σώματα ζῶντα ἔμψυχα, τὰ δὲ μὴ ζῶντα ὕλη πάλιν καθ' ἑαυτήν ἐστι, καὶ ψυχὴ ὁμοίως καθ' ἑαυτήν τῷ ποιητῇ παρακειμένη τῆς ζωῆς αἰτία, τῆς δὲ ζωῆς πᾶς αἴτιος ὁ τῶν ἀθανάτων. πῶς οὖν καὶ τὰ θνητὰ ζῷα ἄλλα τῶν †θνητῶν†; πῶς δὲ τὸ ἀθάνατον καὶ ἀθανασίαν ποιοῦν τὰ ζῴων μὴ ποιεῖ;

7 Vê também os sete mundos subjacentes ornamentados pela ordem eterna e pelo curso diferente, enchendo o *aion*, e todas as coisas repletas de luz, porém em lugar nenhum *há* fogo; pois a amizade e a combinação dos contrários e dos dessemelhantes têm vindo a ser luz, e sendo iluminada pela energia de Deus, Gerador de todo bem e Arconte de toda ordem e Líder dos sete mundos; e *vê* a Lua, a precursora de todos aqueles, instrumento da natureza transformando a matéria daqui de baixo; *vê* a terra no meio do Universo, sedimento fixado do belo mundo, nutriz e ama dos terrestres. E contempla também quão grande é a massa dos viventes imortais e dos mortais, e *contempla* a lua rodeando no meio de ambos, dos imortais e dos mortais. **8** e todas as coisas plenas de alma e todas as coisas sendo movidas, tanto as ao redor do céu como as ao redor da terra; e nem as coisas da direita estão sobre as da esquerda, nem as da esquerda estão sobre as da direita, nem as de cima sobre as de baixo nem as debaixo sobre as de cima. E também que todas essas coisas são geradas, ó caríssimo Hermes, já não necessitas aprender de mim. Pois também os corpos têm alma e são movidos. É impossível agregar esses em um ser sem aquele que agrega; portanto é necessário esse alguém existir e *ser* totalmente um. **9** Pois, sendo os movimentos diferentes e muitos, e os corpos *sendo* não semelhantes, e existindo uma única velocidade ordenada a todos *os corpos*, é impossível dois ou mais feitores existirem; pois uma única ordem não é cumprida passando por cima de muitas *outras*. E a emulação do melhor é seguida por muitos. E te digo: se também outro fosse o feitor dos viventes mutáveis e mortais, também ele desejaria fazer os imortais, assim como também *ele sendo* o *feitor* dos imortais *desejaria fazer* os mortais. E vamos também *supor que* se existem dois, sendo uma a matéria e uma a alma, a quem *caberia* o cuidado da feitoria? E se algo *cabe* aos dois, a quem *caberá* a maior parte?

10 E, assim, compreende, que todo corpo vivente, imortal e mortal, <racional> e irracional, tem a combinação de matéria e alma; pois todos os corpos viventes são animados, e os não viventes são matéria por si mesma, e a alma semelhantemente por si mesma é a causa da vida, *aquela* subjacente ao feitor, e todo causador da vida é o *causador* das coisas imortais. Portanto, como também *o feitor cria* os viventes mortais *não criaria* outros dos *viventes* imortais? E como o Imortal que faz a imortalidade não faz as coisas *mortais* dos viventes?

11 καὶ ὅτι μὲν ἔστι τις ὁ ποιῶν ταῦτα δῆλον· ὅτι δὲ καὶ εἷς, φανερῶτατον· καὶ γὰρ μία ψυχὴ καὶ μία ζωὴ καὶ μία ὕλη. τίς δὲ οὗτος; τίς δὲ ἂν ἄλλος εἰ μὴ εἷς ὁ θεός; τίνι γὰρ ἄλλῳ ἂν καὶ πρέποι ζῷα ἔμψυχα ποιεῖν, εἰ μὴ μόνῳ τῷ θεῷ; εἷς οὖν θεός. †γελοιότατον†· καὶ τὸν μὲν κόσμον ὡμολόγησας ἀεὶ εἶναι καὶ τὸν ἥλιον ἕνα καὶ τὴν σελήνην μίαν καὶ θειότητα μίαν, αὐτὸν δὲ τὸν θεὸν πόστον εἶναι θέλεις;

12 πάντα οὖν αὐτὸς ποιεῖ †ἐν πολλῷ γελοιότατον†.

καὶ τί μέγα τῷ θεῷ ζωὴν καὶ ψυχὴν καὶ ἀθανασίαν καὶ μεταβολὴν ποιεῖν, σοῦ τοσαῦτα ποιοῦντος; καὶ γὰρ βλέπεις καὶ λαλεῖς καὶ ἀκούεις καὶ ὀσφραίνῃ καὶ ἅπτῃ καὶ περιπατεῖς καὶ νοεῖς καὶ πνεῖς, καὶ οὐχ ἕτερος μέν ἐστιν ὁ βλέπων, ἕτερος δὲ ὁ ἀκούων, ἕτερος δὲ ὁ λαλῶν, ἄλλος δὲ ὁ ἁπτόμενος, ἄλλος δὲ ὁ ὀσφραινόμενος, ἄλλος δὲ ὁ περιπατῶν, καὶ ἄλλος ὁ νοῶν, καὶ ἄλλος ὁ ἀναπνέων, ἀλλὰ εἷς ὁ ταῦτα πάντα. ἀλλὰ οὐδὲ δυνατὰ ἐκεῖνα χωρὶς τοῦ θεοῦ εἶναι. ὥσπερ γάρ, ἂν τούτων καταργηθῇς, οὐκέτι ζῷον εἶ, οὕτως οὐδ' ἂν ἐκείνων καταργηθῇ ὁ θεός, ὃ μὴ θέμις ἐστὶν εἰπεῖν, οὐκέτι ἐστὶ θεός.

13 εἰ γὰρ ἀποδέδεικταί <σε> μηδὲν <ποιοῦντα μὴ> δυνάμενον εἶναι, πόσῳ μᾶλλον ὁ θεός; εἰ γὰρ τί ἐστιν ὃ μὴ ποιεῖ, ὃ μὴ θέμις εἰπεῖν, ἀτελής ἐστιν· εἰ δὲ μήτε ἀργός ἐστι, τέλειος δέ, ἄρα πάντα ποιεῖ.

πρὸς ὀλίγον δ' ἄν μοι σεαυτὸν ἐπιδῷς, ὦ Ἑρμῆ, ῥᾴδιον νοήσεις τὸ τοῦ θεοῦ ἔργον ἓν ὄν, ἵνα πάντα γίνηται τὰ γινόμενα ἢ τὰ ἅπαξ γεγονότα ἢ τὰ μέλλοντα γίνεσθαι. ἔστι δὲ τοῦτο, ὦ φίλτατε, ζωή. τοῦτο δέ ἐστι τὸ καλόν, τοῦτο δέ ἐστι τὸ ἀγαθόν, τοῦτό ἐστιν ὁ θεός.

11 E que há alguém que criou essas coisas é evidente; e que também é Um, isso é mais manifesto: pois também há uma alma e uma vida e uma matéria. E quem é esse? E qual é outro senão o Único Deus? A que outro também possa ser apropriado fazer os viventes animados senão somente a Deus? Portanto, Um é Deus. †O mais ridículo é que† também concordaste ser sempre um o mundo e o Sol e *ser sempre* uma a Lua e *ser sempre* uma a Divindade, mas queres que Deus mesmo seja um dentre quantos?

12 Pois ele faz todas as coisas † ridicularizado pela massa†.

E se tu fazes tantas experiências diversificadas, o que *há de* tão grande em Deus fazer a vida, a alma, a imortalidade e a metábole? Pois também vês, falas, escutas, cheiras, tocas, andas, pensas e respiras; e não é outro o que vê, e não é outro o que ouve, e não é outro o que fala, e não é outro o que tem tato, e não é outro o que tem olfato, e não é outro o que anda, também não é outro o que pensa, também não é outro o que respira, mas um são todas essas coisas. Mas não são possíveis serem aquelas coisas sem Deus. Pois, assim como, se fores desvinculado dessas, já não és vivente; assim, nem Deus será desvinculado daquelas, o que não é justo dizer, já não é Deus.

13 Pois se tem sido demonstrado a ti que tu, não fazendo, não podes existir, quanto mais Deus? Pois se existe algo que ele não faz, o que não é justo dizer, ele é imperfeito; e se não é inativo, mas perfeito, então ele faz todas as coisas.

Porém, se te entregares a mim por um breve tempo, ó Hermes, compreenderás facilmente que é uma a obra de Deus, para que todas as coisas vindo a ser venham a ser; ou as que uma vez tendo existido *existam*; ou as que havendo de vir a ser *existam*. E isso é, ó querido, vida. E isso é o Belo, e isso é o Bem, isso é Deus.

14 εἰ δὲ καὶ ἔργῳ αὐτὸ θέλεις νοῆσαι, ἴδε τί σοὶ ἐγγίνεται θέλοντι γεννῆσαι· ἀλλ' οὐκ ἐκείνῳ τοῦτο ὅμοιον· ἐκεῖνος ἄρ' οὐχ ἥδεται· οὐδὲ γὰρ ἄλλον ἔχει συνεργόν· αὐτουργὸς γὰρ ὤν, ἀεί ἐστιν ἐν τῷ ἔργῳ, αὐτὸς ὢν ὃ ποιεῖ· εἰ γὰρ χωρισθείη αὐτοῦ, πάντα μὲν συμπεσεῖσθαι, πάντα δὲ τεθνήξεσθαι ἀνάγκη, ὡς μὴ οὔσης ζωῆς. εἰ δὲ πάντα ζῷα, μία δὲ καὶ ἡ ζωή, εἷς ἄρα καὶ ὁ θεός. καὶ πάλιν εἰ πάντα ζῷά ἐστι, καὶ τὰ ἐν οὐρανῷ καὶ τὰ ἐν τῇ γῇ. μία δὲ κατὰ πάντων ζωή ὑπὸ τοῦ θεοῦ γίνεται, καὶ αὕτη ἔστι θεός, ὑπὸ τοῦ θεοῦ ἄρα γίνεται πάντα, ζωὴ δέ ἐστιν ἕνωσις νοῦ καὶ ψυχῆς· θάνατος δὲ οὐκ ἀπώλεια τῶν συναχθέντων, διάλυσις δὲ τῆς ἑνώσεως.

15 ἐστὶ τοίνυν εἰκὼν τοῦ θεοῦ ὁ αἰών, τοῦ δὲ αἰῶνος ὁ κόσμος, τοῦ δὲ κόσμου ὁ ἥλιος, τοῦ δὲ ἡλίου ὁ ἄνθρωπος· τὴν δὲ μεταβολὴν θάνατόν φασιν εἶναι, διὰ τὸ μὲν σῶμα διαλύεσθαι, τὴν δὲ ζωὴν εἰς τὸ ἀφανὲς χωρεῖν. τὰ διαλυόμενα τούτῳ τῷ λόγῳ, φίλτατέ μοι Ἑρμῆ, καὶ τὸν κόσμον †δεισιδαίμων ὡς ἀκούεις†, φημὶ μεταβάλλεσθαι διὰ τὸ γίνεσθαι μέρος αὐτοῦ καθ' ἑκάστην ἡμέραν ἐν τῷ ἀφανεῖ, μηδέποτε <δὲ> διαλύεσθαι. καὶ ταῦτά ἐστι τὰ τοῦ κόσμου πάθη, δινήσεις τε καὶ κρύψεις. καὶ ἡ μὲν δίνησις †στροφή†, ἡ δὲ κρύψις ἀνανέωσις. **16** παντόμορφος δὲ ἐστιν, οὐ τὰς μορφὰς ἐγκειμένας ἔχων, ἐν ἑαυτῷ δὲ αὐτὸς μεταβάλλων. ἐπεὶ οὖν ὁ κόσμος παντόμορφος γέγονεν, ὁ ποιήσας τί ἂν εἴη; ἄμορφος μὲν γὰρ μὴ γένοιτο. εἰ δὲ καὶ αὐτὸς παντόμορφος, ὅμοιος ἔσται τῷ κόσμῳ. ἀλλὰ μίαν ἔχων μορφὴν; κατὰ τοῦτο ἐλάττων ἔσται τοῦ κόσμου. τί οὖν φαμεν αὐτὸν εἶναι, μὴ εἰς ἀπορίαν τὸν λόγον περιστήσωμεν; οὐδὲν γὰρ ἄπορον περὶ τοῦ θεοῦ νοούμενον· μίαν οὖν ἔχει ἰδέαν. εἴ τίς ἐστιν αὐτοῦ ἰδέα, ἥτις ταῖς ὄψεσιν οὐχ ὑποσταίη, ἀσώματος. καὶ πάσας διὰ τῶν σωμάτων δείκνυσι.

17 καὶ μὴ θαυμάσῃς εἰ ἔστι τις ἀσώματος ἰδέα· ἔστι γὰρ ὥσπερ ἡ τοῦ λόγου· καὶ ἐν ταῖς γραφαῖς ἀκρώρειαι ὁρῶνται μὲν γὰρ πάνυ ἐξέχουσαι, λεῖαι δὲ τῇ φύσει καὶ ὁμολαί εἰσι παντελῶς. ἐννόησον δὲ τὸ λεγόμενον, τολμηρότερον, ἀληθέστερον δέ· ὥσπερ γὰρ ὁ ἄνθρωπος χωρὶς ζωῆς οὐ δύναται ζῆν, οὕτως οὐδὲ ὁ θεὸς δύναται μὴ ποῶν τὸ ἀγαθόν· τοῦτο γὰρ ὥσπερ ζωὴ καὶ ὥσπερ κίνησίς ἐστι τοῦ θεοῦ, κινεῖν τὰ πάντα καὶ ζωοποιεῖν.

14 E, se também queres compreendê-lo pela obra, veja o que acontece em ti quando queres engendrar; mas isso não é semelhante àquele; logo não tem prazeres; pois não tem outro cooperador; pois, sendo perpetrador, sempre está na obra, ele sendo o que faz; pois, se puderem ser separadas dele, tanto *será* necessário que todas as coisas desabem como *será necessário que* todas as coisas morram, como não tendo vida. E, se todas as coisas são viventes, e também a vida é uma, então, também, Deus *é Um*. E, novamente, se todos os viventes existem, *existem* os *viventes* no céu e os *viventes* na terra. E a vida de todos vem a ser uma por Deus, e esta é Deus. Logo, por Deus todas as coisas vêm a ser, e a vida é a união da mente e da alma; e a morte não é a destruição dos elementos congregados, mas a dissolução da união.

15 Por isso, o *aion* é a imagem de Deus; e o mundo, do *aion*; e o Sol, do mundo; e o homem, do Sol; e dizem que a metábole é morte, tanto pelo fato de o corpo se dissolver como de a vida ir para o obscuro. Digo que as coisas dissolutas, e por essa razão, ó meu querido Hermes, também o mundo, †porque escutas reverentemente†, são transformadas pelo simples fato de que *cada* parte do mundo vem a estar no obscuro a cada dia, mas nunca é destruída. E essas são as paixões do mundo: rotações e desaparecimentos. E tanto a rotação é um giro como a dissimulação é uma renovação. **16 E** ele é omniforme, não tendo as formas envoltas, e em si mesmo ele mudando *as formas*. Portanto, visto que o mundo é omniforme, tem vindo a ser, o que pode ser aquele que *o* fez? Pois, de fato, amorfo não poderia ser. E se também é omniforme, semelhante ao mundo será. Mas tendo apenas uma forma? Segundo isso, ele será menor que o mundo. Então, o que diremos ser ele, para que não circundemos em aporia? Pois nada sendo pensado sobre Deus é embaraçante; portanto, tem uma forma. Se há alguma forma dele, a qual em visão não possa ser colocada, é incorporal. E mostra todas *as formas* através dos corpos.

17 E não admires se houver alguma forma incorporal; pois é como a *imagem* da palavra; e, nas pinturas, os cimos das montanhas são vistos sobressaindo, porém são lisos por natureza e são completamente planos. E compreenda o que está sendo dito, o que é mais ousado e mais verdadeiro: pois como o homem sem vida não pode viver, desse modo, nem Deus pode viver não fazendo o Bem. Pois isso é como vida e como movimento de Deus, mover todas as coisas e fazer os viventes.

18 ἔνια δὲ τῶν λεγομένων ἰδίαν ἔννοιαν ἔχειν ὀφείλει· οἷον ὃ λέγω νόησον. πάντα ἐστὶν ἐν τῷ θεῷ. οὐχ ὡς ἐν τόπῳ κείμενα (ὁ μὲν γὰρ τόπος καὶ σῶμά ἐστι, καὶ σῶμα ἀκίνητον, καὶ τὰ κείμενα κίνησιν οὐκ ἔχει)· κεῖται γὰρ ἄλλως ἐν ἀσωμάτῳ φαντασίᾳ. νόησον τὸν περιέχοντα τὰ πάντα καὶ νόησον ὅτι τοῦ ἀσωμάτου οὐδέν ἐστι περιοριστικόν, οὐδὲ ταχύτερον, οὐδὲ δυνατώτερον· αὐτὸ δὲ πάντων καὶ ἀπεριόριστον καὶ ταχύτατον καὶ δυνατώτατον.

19 καὶ οὕτω νόησον ἀπὸ σεαυτοῦ, καὶ κέλευσόν σου τῇ ψυχῇ εἰς Ἰνδικὴν πορευθῆναι, καὶ ταχύτερόν σου τῆς κελεύσεως ἐκεῖ ἔσται. μετελθεῖν δὲ αὐτῇ κέλευσον ἐπὶ τὸν ὠκεανόν, καὶ οὕτως ἐκεῖ πάλιν ταχέως ἔσται, οὐχ ὡς μεταβᾶσα ἀπὸ τόπου εἰς τόπον, ἀλλ' ὡς ἐκεῖ οὖσα. κέλευσον δὲ αὐτῃ καὶ εἰς τὸν οὐρανὸν ἀναπτῆναι, καὶ οὐδὲ πτερῶν δεηθήσεται. ἀλλ' οὐδὲ αὐτῇ οὐδὲν ἐμπόδιον, οὐ τοῦ ἡλίου πῦρ, οὐχ ὁ αἰθήρ, οὐχ ἡ δίνη, οὐχὶ τὰ τῶν ἄλλων ἀστέρων σώματα· πάντα δὲ διατεμοῦσα ἀναπτήσεται μέχρι τοῦ ἐσχατου σώματος. εἰ δὲ βουληθείης καὶ αὐτὸ ὅλον διαρρήξασθαι καὶ τὰ ἐκτὸς (εἴ γέ τι ἐκτὸς τοῦ κόσμου) θεάσασθαι ἔξεστί σοι.

20 ἴδε ὅσην δύναμιν, ὅσον τάχος ἔχεις· εἶτα σὺ μὲν δύνασαι ταῦτα, ὁ θεὸς δὲ οὔ; τοῦτον οὖν τὸν τρόπον νόησον τὸν θεὸν, ὥσπερ νοήματα πάντα ἐν ἑαυτῷ ἔχειν, τὸν κόσμον, ἑαυτόν, <τὸ> ὅλον. ἐὰν οὖν μὴ σεαυτὸν ἐξισάσῃς τῷ θεῷ, τὸν θεὸν νοῆσαι οὐ δύνασαι· τὸ γὰρ ὅμοιον τῷ ὁμοίῳ νοητόν. συναύξησον σεαυτὸν τῷ ἀμετρήτῳ μεγέθει, παντὸς σώματος ἐκπηδήσας, καὶ πάντα χρόνον ὑπεράρας Αἰὼν γενοῦ, καὶ νοήσεις τὸν θεὸν· μηδὲν ἀδύνατον σεαυτῷ ὑποστησάμενος, σεαυτὸν ἥγησαι ἀθάνατον καὶ πάντα δυνάμενον νοῆσαι, πᾶσαν μὲν τέχνην, πᾶσαν δὲ ἐπιστήμην, παντὸς *ζῴου* ἦθος· παντὸς δὲ ὕψους ὑψηλότερος γενοῦ καὶ παντὸς βάθους ταπεινότερος· πάσας δὲ τὰς αἰσθήσεις τῶν ποιητῶν σύλλαβε ἐν σεαυτῷ, πυρὸς, ὕδατος, ξηροῦ, καὶ ὑγροῦ, καὶ ὁμοῦ πανταχῇ εἶναι, ἐν γῇ, ἐν θαλάττῃ, ἐν οὐρανῷ, μηδέπω γεγενῆσθαι, ἐν τῇ γαστρὶ εἶναι, νέος, γέρων, τεθνηκέναι, τὰ μετὰ τὸν θάνατον· καὶ ταῦτα πάντα ὁμοῦ νοήσας, χρόνους, τόπους, πράγματα, ποιότητας, ποσότητας, δύνασαι νοῆσαι τὸν θεόν.

18 E algumas das coisas que são faladas devem ter seu próprio significado; por exemplo, compreende o que digo: todas as coisas estão em Deus. Não como as que jazem em um lugar (de fato, o lugar é também corpo, e é um corpo imóvel, e as coisas que jazem não têm movimento); mas ele se estabelece de outra maneira numa manifestação incorporal. Compreende aquele que contém todas as coisas, e entende que nem é restritivo, nem há nada mais rápido nem mais poderoso que o incorporal; mas ele é o mais ilimitado, mais rápido e mais poderoso do que todas as coisas.

19 E, assim, pensa de ti mesmo, e ordena à tua alma para ir à *Região* Índica, e mais rápida do que tua ordem lá estará. Ordena-lhe atravessar sobre o oceano, e, assim, lá rapidamente estará também, não como que mudasse de um lugar para outro, mas como que estivesse lá. Ordena-lhe voar alto para o céu, e nem necessitará de asas. E nenhum obstáculo haverá para ela, nem o fogo do Sol, nem o éter, nem o tornado, nem os corpos estelares; mas atravessando todas as coisas, voará alto até o último corpo. E se quiseres rompê-lo todo e contemplar as coisas externas (se, pelo menos, algo externo do mundo existir), isso te será lícito.

20 Vê quanta potência e quanta velocidade tens; se, então, podes essas coisas, e Deus não *poderia*? Portanto, desta forma compreenda Deus, como o ter em si mesmo todos os significados, o mundo, o si mesmo, o Todo. Portanto, se não te igualares a Deus, não podes compreender a Deus; pois o inteligível é semelhante ao semelhante. Faze a ti mesmo crescer com uma grandeza incomensurável, saltando do corpo inteiro, e vem a ser *Aion*, erguendo todo o tempo, e compreenderás a Deus; resistindo, nada é impossível a ti, conduze a ti mesmo *sendo* imortal e podendo entender todas as coisas, toda técnica e toda episteme, e o hábito de todo vivente; e venha a ser mais alto que toda a altura e mais profundo que toda profundeza; e junte todas as sensações de todas as coisas criadas em ti mesmo, do fogo, da água, do seco, do úmido, e semelhantemente estar em tudo, na Terra, no mar, no céu, e jamais ter vindo a estar; estar na barriga, ser jovem e velho, e ter vindo a morrer, e ser as coisas depois da morte; e todas estas coisas tendo pensado, *a saber*, tempos, lugares, práticas, qualidades e quantidades, podes compreender a Deus.

21 ἐὰν δὲ κατακλείσῃς σου τὴν ψυχὴν ἐν τῷ σώματι καὶ ταπεινώσῃς αὐτὴν καὶ εἴπῃς, "οὐδὲν νοῶ, οὐδὲν δύναμαι· φοβοῦμαι τὴν θάλασσαν, εἰς τὸν οὐρανὸν ἀναβῆναι οὐ δύναμαι· οὐκ οἶδα τίς ἤμην, οὐκ οἶδα τίς ἔσομαι", τί σοι καὶ τῷ θεῷ; οὐδὲν γὰρ δύνασαι τῶν καλῶν καὶ ἀγαθῶν, φιλοσώματος καὶ κακὸς ὤν, νοῆσαι· ἡ γὰρ τελεία κακία, τὸ ἀγνοεῖν τὸ θεῖον· τὸ δὲ δύνασθαι γνῶναι καὶ θελῆσαι καὶ ἐλπίσαι, ὁδός ἐστιν †εὐθεία ἰδία† τοῦ ἀγαθοῦ φέρουσα καὶ ῥᾳδία. ὁδεύοντί σοι πανταχοῦ συναντήσει καὶ πανταχοῦ ὀφθήσεται, ὅπου καὶ ὅτε οὐ προσδοκᾷς, γρηγοροῦντι, κοιμωμένῳ, πλέοντι, ὁδεύοντι, νυκτός, ἡμέρας, λαλοῦντι, σιωπῶντι· οὐδὲν γάρ ἐστιν ὃ οὐκ ἔστιν.

22 εἶτα φῄς, "ἀόρατος ὁ θεός"; εὐφήμησον. καὶ τίς αὐτοῦ φανερώτατος; δι' αὐτὸ τοῦτο πάντα ἐποίησεν, ἵνα διὰ πάντων αὐτὸν βλέπῃς. τοῦτό ἐστι τὸ ἀγαθὸν τὸ τοῦ θεοῦ, τοῦτο δὲ αὐτοῦ ἀρετή, τὸ αὐτὸν φαίνεσθαι διὰ πάντων· οὐδὲν γὰρ ἀόρατον, οὐδὲ τῶν ἀσωμάτων· νοῦς ὁρᾶται ἐν τῷ νοεῖν, ὁ θεὸς ἐν τῷ ποιεῖν.

ταῦτά σοι τοσοῦτον πεφανέρωται, ὦ Τρισμέγιστε· τὰ δὲ ἄλλα πάντα ὁμοίως κατὰ σεαυτὸν νόει, καὶ οὐ διαψευσθήσῃ.

21 E se trancares tua alma no corpo e a humilhares e disseres: "nada compreendo, nada posso; temo o mar, não posso subir para o céu; não sei quem *eu* era, não sei quem serei", o que há entre ti e Deus? Pois não podes nenhuma das coisas belas e boas enquanto és amante do corpo e mau. Pois o mal supremo é o desconhecer a Deus; porém o caminho do Bem é †propriamente direto† e fácil, produzindo o poder conhecer e o querer *conhecer* e o esperar *conhecer*. Ele te encontrará caminhando em todo lugar e será visto em todo lugar, onde e quando não esperares, acordando, dormindo, navegando, caminhando, de noite, de dia, falando, silenciando; pois nada é que ele não é.

22 Então dizes que "Deus é invisível"? Bendize. E há alguém mais manifesto do que ele? Por isso mesmo ele fez todas as coisas, para que, através de todas as coisas, o vejas. Isso é o Bem de Deus, e está é sua virtude: ser manifestado através de todas as coisas; pois nada é invisível, nem dos incorpóreos. O *nous* é visível no pensar, Deus é visível no fazer.

Essas coisas têm sido manifestadas a ti até esse ponto, ó Trismegistos; porém, pensa segundo ti mesmo todas as outras coisas semelhantemente e não serás enganado.

☥

LIBELLUS XII — ἙΡΜΟΥ ΤΡΙΣΜΕΓΙΣΤΟΥ ΠΕΡΙ ΝΟΥ ΚΟΙΝΟΥ ΠΡΟΣ ΤΑΤ

1 Ὁ νοῦς, ὦ Τάτ, ἐξ αὐτῆς τῆς τοῦ θεοῦ οὐσίας ἐστίν, εἴ γέ τις ἔστιν οὐσία θεοῦ· καὶ ποία τις οὖσα τυγχάνει, οὗτος μόνος ἀκριβῶς αὐτὸν οἶδεν. ὁ νοῦς οὖν οὐκ ἔστιν ἀποτετμημένος τῆς οὐσιότητος τοῦ θεοῦ, ἀλλ' ὥσπερ ἡπλωμένος καθάπερ τὸ τοῦ ἡλίου φῶς. οὗτος δὲ ὁ νοῦς ἐν μὲν ἀνθρώποις θεός ἐστι. διὸ καί τινες τῶν ἀνθρώπων θεοί εἰσι, καὶ ἡ αὐτῶν ἀνθρωπότης ἐγγύς ἐστι τῆς θεότητος· καὶ γὰρ ὁ Ἀγαθὸς Δαίμων τοὺς μὲν θεοὺς εἶπεν ἀθανάτους <ἀνθρώπους>, τοὺς δὲ ἀνθρώπους θεοὺς θνητούς· ἐν δὲ τοῖς ἀλόγοις ζῴοις ἡ φύσις ἐστίν.

2 ὅπου γὰρ ψυχή, ἐκεῖ καὶ νοῦς ἐστιν, ὥσπερ ὅπου καὶ ζωή, ἐκεῖ καὶ ψυχή· ἐν δὲ τοῖς ἀλόγοις ζῴοις ἡ ψυχὴ ζωή ἐστι κενὴ τοῦ νοῦ. ὁ γὰρ νοῦς ψυχῶν ἐστιν εὐεργέτης ἀνθρώπων· ἐργάζεται γὰρ αὐτὰς εἰς τὸ ἀγαθόν, καὶ τοῖς μὲν ἀλόγοις τῇ δι' ἑκάστου φύσει συνεργεῖ, ταῖς δὲ τῶν ἀνθρώπων ἀντιπράσσει. ψυχὴ γὰρ πᾶσα ἐν σώματι γενομένη εὐθέως ὑπό τε τῆς λύπης καὶ τῆς ἡδονῆς κακίζεται. σώματος γὰρ συνθέτου ὥσπερ χυμοὶ ζέουσιν ἥ τε λύπη καὶ ἡ ἡδονή, εἰς ἃς ἐμβᾶσα ἡ ψυχὴ βαπτίζεται.

3 ὅσαις ἂν οὖν ψυχαῖς ὁ νοῦς ἐπιστατήσῃ, ταύταις φαίνει ἑαυτοῦ τὸ φέγγος, ἀντιπράσσων αὐτῶν τοῖς προλήμμασιν. ὥσπερ ἰατρὸς ἀγαθὸς λυπεῖ τὸ σῶμα προειλημμένον ὑπὸ νόσου, καίων ἢ τέμνων, τὸν αὐτὸν τρόπον καὶ ὁ νοῦς ψυχὴν λυπεῖ, ἐξυφαιρῶν αὐτὴν τῆς ἡδονῆς, ἀφ' ἧς πᾶσα νόσος ψυχῆς γίνεται· νόσος δὲ μεγάλη ψυχῆς ἀθεότης, ἔπειτα δόξα, αἷς πάντα τὰ κακὰ ἐπακολουθεῖ καὶ ἀγαθὸν οὐδέν· ἄρ' οὖν ὁ νοῦς ἀντιπράσσων αὐτῇ τὸ ἀγαθὸν περιποιεῖται τῇ ψυχῇ, ὥσπερ καὶ ὁ ἰατρὸς τῷ σώματι τὴν ὑγίειαν.

LIBELLUS XII — DE HERMES TRISMEGISTOS A TAT:

SOBRE O SENSO COMUM

1 O *nous*, ó Tat, é da própria essência de Deus, se ao menos houver alguma essência de Deus; só esse certamente sabe de que natureza vem a ser, caso exista alguma. Portanto, o *nous* não é separado da essencialidade de Deus, mas emitido como a luz do Sol. E esse *nous*, deveras, é Deus no homem. Por isso, alguns dos homens são deuses, e a sua humanidade é próxima da divindade; pois também o *Agathos Daimon* disse que os deuses *são* <homens> imortais; e os homens, deuses mortais; e o instinto está nos viventes irracionais.

2 Pois onde está a alma, lá também está o *nous*, assim como onde está a vida, lá também está a alma; porém, nos viventes irracionais, a alma é a vida vazia de *nous*. Com efeito, o *nous* é o benfeitor das almas dos homens; pois as opera para o bem, e, por um lado, nos viventes irracionais, coopera com o instinto através de cada um; por outro lado, age contrariamente nas almas dos homens. Pois toda alma que vem a estar no corpo imediatamente é reprimida tanto pela tristeza como pelo prazer. Com efeito, a tristeza e o prazer do corpo composto ardem como temperos, nos quais tendo entrado a alma, é imersa.

3 Portanto, quando e se o *nous* for conhecido por tais almas, *ele* mostrará o seu fulgor a essas, reagindo contra as superstições delas. Como um bom médico aflige o corpo surpreendido pela doença, queimando ou cortando, do mesmo modo também o *nous* aflige a alma, expugnando-a do prazer, do qual toda doença da alma vem a existir; e a grande doença da alma é a impiedade, depois a opinião enganosa, das quais todas as coisas más resultam e não há nenhum bem; assim, então, o *nous* contrariando-a, causa o bem à alma, assim como também o médico *traz* a saúde ao corpo.

4 ὅσαι δὲ ψυχαὶ ἀνθρώπιναι οὐκ ἔτυχον κυβερνήτου τοῦ νοῦ, τὸ αὐτὸ πάσχουσι ταῖς τῶν ἀλόγων ζῴων· συνεργὸς γὰρ αὐταῖς γενόμενος καὶ ἀνέσας ταῖς ἐπιθυμίαις, εἰς ἃς φέρονται τῇ ῥύμῃ τῆς ὀρέξεως πρὸς τὸ ἄλογον συντεινούσας καὶ ὥσπερ τὰ ἄλογα τῶν ζῴων ἀλόγως θυμούμεναι καὶ ἀλόγως ἐπιθυμοῦσαι οὐ παύονται, οὐδὲ κόρον ἔχουσι τῶν κακῶν· θυμοὶ γὰρ καὶ ἐπιθυμίαι ἄλογοι κακίαι ὑπερβάλλουσαι· ταύταις δὲ ὥσπερ τιμωρὸν καὶ ἔλεγχον ὁ θεὸς ἐπέστησε τὸν νόμον.

5 — Ἐνταῦθα, ὦ πάτερ, ὁ περὶ τῆς εἱμαρμένης λόγος ὁ ἔμπροσθέν μοι ἐξεληλυθὼς κινδυνεύει ἀνατρέπεσθαι. εἰ γὰρ πάντως εἵμαρται τῷδέ τινι μοιχεῦσαι ἢ ἱεροσυλῆσαι ἢ ἄλλο τι κακὸν δρᾶσαι, καὶ κολάζεται [ἢ] ὁ ἐξ ἀνάγκης τῆς εἱμαρμένης δράσας τὸ ἔργον; — Εἱμαρμένης γὰρ πάντα τὰ ἔργα, ὦ τέκνον, καὶ χωρὶς ἐκείνης οὐδέν ἐστι τῶν σωματικῶν· οὔτε ἀγαθὸν οὔτε κακὸν γενέσθαι συμβαίνει. εἵμαρται δὲ καὶ τὸ καλὸν ποιήσαντα παθεῖν, καὶ διὰ τοῦτο δρᾷ ἵνα πάθῃ ὃ πάσχει ὅτι ἔδρασε. **6** τὸ δὲ νῦν ἔχον οὐ περὶ κακίας καὶ εἱμαρμένης <ὁ> λόγος. ἐν ἄλλοις μὲν περὶ τούτων εἰρήκαμεν· νῦν δὲ περὶ νοῦ ἔστιν ἡμῖν ὁ λόγος, τί δύναται νοῦς καὶ πῶς ἐνδιάφορός ἐστιν, ἐν μὲν ἀνθρώποις τοιόσδε, ἐν δὲ τοῖς ἀλόγοις ζῴοις ἠλλαγμένος· καὶ πάλιν ὅτι ἐν μὲν τοῖς ἄλλοις ζῴοις οὐκ ἔστιν εὐεργετικὸς ἀλλ' ἀνόμοιος ἐν πᾶσι, τό τε θυμικὸν καὶ τὸ ἐπιθυμητικὸν σβεννύων, καὶ τούτων τοὺς μὲν ἐλλογίσμους ἄνδρας δεῖ νοεῖν, τοὺς δὲ ἀλόγους, πάντες δὲ οἱ ἄνθρωποι εἱμαρμένῃ ὑπόκεινται καὶ γενέσει καὶ μεταβολῇ· ἀρχὴ γὰρ καὶ τέλος ταῦτα εἱμαρμένης. **7** καὶ πάντες μὲν ἄνθρωποι πάσχουσιν τὰ εἱμαρμένα, οἱ δὲ ἐλλόγιμοι, ὧν ἔφαμεν τὸν νοῦν ἡγεμονεύειν, οὐχ ὁμοίως τοῖς ἄλλοις πάσχουσιν, ἀλλὰ τῆς κακίας ἀπηλλαγμένοι οὐ κακοὶ ὄντες πάσχουσι.

— Πῶς πάλιν λέγεις, ὦ πάτερ; ὁ μοιχὸς οὐ κακός; ὁ φονεὺς οὐ κακός, καὶ οἱ ἄλλοι πάντες; — Ἀλλ' ὁ ἐλλόγιμος, ὦ τέκνον, οὐ μοιχεύσας πείσεται ἀλλ' ὡς μοιχεύσας, οὐδὲ φονεύσας ἀλλ' ὡς φονεύσας, καὶ ποιότητα μεταβολῆς ἀδύνατόν ἐστι διεκφυγεῖν, ὥσπερ καὶ γενέσεως· κακίαν δὲ τῷ νοῦν ἔχοντι διεκφυγεῖν ἔστι.

4 E *se* tais almas humanas não ganharam o *nous* como comandante, sofrem a mesma coisa que aquelas *almas* dos viventes irracionais; pois vindo a ser cooperador com elas e deixando à sorte das concupiscências, para as quais são levadas pela veemência do apetite, tendendo ao irracional e como os irracionais dentre os viventes, irracionalmente sendo encolerizados e irracionalmente desejando ardentemente, não cessam, nem têm saciedade das coisas viciosas; pois o acesso de cólera e as concupiscências são os vícios irracionais superiores; e, como uma punição e correção, Deus fixou a lei para essas *almas*.

5 — **E**ntão, ó pai, o discurso acerca da heimarmene transmitido anteriormente a mim corre o risco de ser refutado. Pois se tem sido decretado totalmente a este alguém adulterar ou roubar os templos ou cometer algum outro mal, também é punido o que tem cometido a ação pela necessidade da heimarmene? — Todas as coisas são obras da heimarmene, ó filho, e sem ela não existe nenhuma das coisas corporais: nem coisa boa nem coisa má vêm a existir. E tem sido decretado também sofrer a coisa boa que foi feita; e, por isso, age para que sofra aquilo pelo qual se apaixona porque agiu. **6 P**orém <o> discurso do agora não é acerca do vício e da heimarmene. De fato, em outros *discursos* acerca dessas coisas temos falado; porém agora para nós o discurso é acerca do *nous*, o que o *nous* pode *ser* e como é diferente, nestes homens, mas modificado nos viventes irracionais; e também que nos outros viventes não é benfeitor, mas dissemelhante em todas as coisas, queimando o irascível e o concupiscente, e também é necessário compreender que dentre esses *há* os homens excelentes e os irracionais, e todos os homens estão sujeitos à heimarmene, e ao engendramento e à metábole; pois essas coisas são princípio e o fim da heimarmene. **7 E**, de fato, todos os homens sofrem as coisas decretadas, e os excelentes, dos quais dissemos que o *nous* os conduz, não sofrem semelhantemente como os outros, mas tendo se livrado do vício, não sendo viciados, não sofrem.

— Como novamente dizes *isso*, ó pai? O adúltero não *é* mau? O assassino não *é* mau, e todos os outros? — Mas o excelente, ó filho, não sofrerá tendo adulterado, mas como tendo adulterado, nem tendo assassinado, mas como tendo assassinado, e é impossível fugir da qualidade da metábole, assim como do engendramento; e ao que possui o *nous* é possível se furtar do vício.

8 διὸ καὶ τοῦ Ἀγαθοῦ Δαίμονος ἐγὼ ἤκουσα λέγοντος ἀεί, καὶ εἰ ἐγγράφως ἐκδεδώκει, πάνυ ἂν τὸ τῶν ἀνθρώπων γένος ὠφελήκει· ἐκεῖνος γὰρ μόνος, ὦ τέκνον, ἀληθῶς, ὡς πρωτόγονος θεός, τὰ πάντα κατιδὼν θείους λόγους ἐφθέγξατο· ἤκουσα γοῦν ποτε αὐτοῦ λέγοντος, ὅτι ἕν ἐστι τὰ πάντα καὶ μάλιστα <τὰ> νοητὰ σώματα· ζῶμεν δὲ δυνάμει καὶ ἐνεργείᾳ καὶ Αἰῶνι· καὶ ὁ νοῦς τούτου ἀγαθός ἐστιν, ὅπερ ἐστὶν αὐτοῦ καὶ ψυχή. τούτου δὲ τοιούτου ὄντος οὐδὲν διαστατὸν τῶν νοητῶν· ὡς οὖν δυνατὸν νοῦν, ἄρχοντα πάντων καὶ ψυχὴν ὄντα τοῦ θεοῦ, ποιεῖν ὅπερ βούλεται.

9 σὺ δὲ νόει, καὶ τὸν λόγον τοῦτον ἀνένεγκαι πρὸς τὴν πεῦσιν ἣν ἐπύθου μου ἐν τοῖς ἔμπροσθεν· λέγω δὲ περὶ τῆς εἱμαρμένης [τοῦ νοῦ]. ἐὰν γὰρ τοὺς ἐριστικοὺς λόγους ἀκριβῶς ἀφέλῃ, ὦ τέκνον, εὑρήσεις ὅτι ἀληθῶς πάντων ἐπικρατεῖ ὁ νοῦς, ἡ τοῦ θεοῦ ψυχή, καὶ εἱμαρμένης καὶ νόμου καὶ τῶν ἄλλων πάντων· καὶ οὐδὲν αὐτῷ ἀδύνατον, οὔτε εἱμαρμένης ὑπεράνω θεῖναι ψυχὴν ἀνθρωπίνην οὔτε ἀμελήσασαν, ἅπερ συμβαίνει, ὑπὸ τὴν εἱμαρμένην θεῖναι. καὶ ταῦτα μὲν ἐπὶ τοσοῦτον λελέχθω τὰ τοῦ Ἀγαθοῦ Δαίμονος ἄριστα.

— Καὶ θείως, ὦ πάτερ, ταῦτα καὶ ἀληθῶς καὶ ὠφελίμως. **10** ἐκεῖνο δέ μοι ἔτι διασάφησον. ἔλεγες γὰρ τὸν νοῦν ἐν τοῖς ἀλόγοις ζῴοις φύσεως δίκην ἐνεργεῖν, συνεργοῦντα αὐτῶν ταῖς ὁρμαῖς· αἱ δὲ ὁρμαὶ τῶν ἀλόγων ζῴων, ὡς οἶμαι, πάθη εἰσίν· εἰ δὲ καὶ ὁ νοῦς συνεργεῖται ταῖς ὁρμαῖς, αἱ δὲ ὁρμαὶ πάθη, καὶ ὁ νοῦς ἄρα πάθος ἐστί, συγχρωτίζων τοῖς πάθεσιν;

— Εὖγε, ὦ τέκνον· γενναίως πυνθάνῃ· δίκαιον δὲ κἀμὲ ἀποκρίνασθαι.

8 Por isso, também eu ouvi o *Agathos Daimon* dizendo sempre, e se tivesse dado por escrito, certamente o gênero humano teria sido devedor; pois somente ele, ó filho, verdadeiramente, como um deus primogênito, tendo visto todas as coisas, proferiu discursos divinos; portanto o ouvi uma vez dizendo que todas as coisas e principalmente os corpos inteligíveis são uma única coisa; e vivemos pela potência e pela energia e pelo *Aion*; e que o *nous* desse é bom, assim como também a alma dele é *boa*. Quando este existe, nada é distante dos inteligíveis; assim, com efeito, é possível que o *nous*, arconte de todas as coisas e a alma de Deus, faça o que ele quer.

9 Tu, porém, compreende e adscreve esse discurso em relação à pergunta que inquiriste a mim nos *discursos* anteriores: digo, *os discursos* sobre a heimarmene [do *nous*]. Se, pois, certamente eliminares os discursos discordantes, ó filho, descobrirás que o *nous*, a alma de Deus, verdadeiramente prevalece sobre todas as coisas, sobre a heimarmene e sobre a lei e sobre todas as outras coisas; e nada é impossível a ele: nem *é impossível a ele* colocar a alma humana acima da heimarmene nem *é impossível a ele* colocar aquela que tem sido negligente, como existe, abaixo da heimarmene. E sejam ditas essas melhores coisas do *Agathos Daimon* sobre tal assunto.

— E essas, ó pai, *sejam ditas* divina e verdadeiramente e com utilidade. **10** Mas ainda me explica aquilo. Pois disseste que o *nous* atua nos viventes à maneira do instinto, cooperando com os impulsos deles; e os impulsos dos viventes irracionais, como suponho, são paixões, e o *nous*, então, é paixão, tendo contato com as paixões?

— Bem falado, ó filho; nobremente perguntas; e é justo que eu também responda.

11 πάντα, ὦ τέκνον, τὰ ἐν σώματι ἀσώματα παθητά, καὶ κυρίως αὐτά ἐστι πάθη· πᾶν γὰρ κινοῦν ἀσώματον, πᾶν δὲ τὸ κινούμενον σῶμα, καὶ τὰ ἀσώματα δὲ κινεῖται ὑπὸ τοῦ νοῦ· κίνησις δὲ πάθος· πάσχει οὖν ἀμφότερα, καὶ τὸ κινοῦν καὶ τὸ κινούμενον, τὸ μὲν ἄρχον, τὸ δὲ ἀρχόμενον· ἀπαλλαγείς δὲ τοῦ σώματος ἀπηλλάγη καὶ τοῦ πάθους· μᾶλλον δέ ποτε, ὦ τέκνον, οὐδὲν ἀπαθές, πάντα δὲ παθητά· διαφέρει δὲ πάθος παθητοῦ· τὸ μὲν γὰρ ἐνεργεῖ, τὸ δὲ πάσχει· τὰ δὲ σώματα καὶ καθ' ἑαυτὰ ἐνεργεῖ· ἢ γὰρ ἀκίνητά ἐστιν ἢ κινεῖται. ὁπότερον δὲ ἂν ᾖ πάθος ἐστί, τὰ δὲ ἀσώματα ἀεὶ ἐνεργεῖται, καὶ διὰ τοῦτο παθητά ἐστι. μὴ οὖν σε αἱ προσηγορίαι ταραττέτωσαν. ἥ τε γὰρ ἐνέργεια καὶ τὸ πάθος ταὐτό ἐστιν· εὐφημοτέρῳ δὲ τῷ ὀνόματι χρήσασθαι οὐ λυπεῖ.

12 — Σαφέστατα, ὦ πάτερ, τὸν λόγον ἀποδέδωκας. — Κἀκεῖνο δὲ ὅρα, ὦ τέκνον, ὅτι δύο ταῦτα τῷ ἀνθρώπῳ ὁ θεὸς παρὰ πάντα τὰ θνητὰ ζῷα ἐχαρίσατο τόν τε νοῦν καὶ τὸν λόγον ἰσότιμα τῇ ἀθανασίᾳ, [τὸν δὲ προφορικὸν λόγον ἔχει]. τούτοις δὲ εἴ τις χρήσαιτο εἰς ἃ δεῖ, οὐδὲν τῶν ἀθανάτων διοίσει· μᾶλλον δὲ καὶ ἐξελθὼν ἐκ τοῦ σώματος ὁδηγηθήσεται ὑπὸ ἀμφοτέρων εἰς τὸν τῶν θεῶν καὶ μακάρων χορόν.

13 — Τὰ γὰρ ἄλλα ζῷα λόγῳ οὐ χρᾶται, ὦ πάτερ; — Οὔ, τέκνον, ἀλλὰ φωνῇ· πάμπολυ δὲ διαφέρει λόγος φωνῆς. ὁ μὲν γὰρ λόγος κοινὸς πάντων ἀνθρώπων, ἰδία δὲ ἑκάστου φωνή ἐστι γένους *ζῴου*. — Ἀλλὰ καὶ τῶν ἀνθρώπων, ὦ πάτερ, ἕκαστον κατὰ ἔθνος διάφορος ὁ λόγος; — Διάφορος μέν, ὦ τέκνον, εἷς δὲ ὁ ἄνθρωπος· οὕτω καὶ ὁ λόγος εἷς ἐστι καὶ μεθερμηνεύεται καὶ ὁ αὐτὸς εὑρίσκεται καὶ ἐν Αἰγύπτῳ καὶ Περσίδι καὶ ἐν Ἑλλάδι. δοκεῖς δέ μοι, ὦ τέκνον, ἀγνοεῖν ἀρετὴν καὶ μέγεθος λόγου. ὁ γὰρ μακάριος θεὸς Ἀγαθὸς Δαίμων ψυχὴν μὲν ἐν σώματι ἔφη εἶναι, νοῦν δὲ ἐν ψυχῇ, λόγον δὲ ἐν τῷ νῷ, τὸν οὖν θεὸν τούτων πατέρα.

11 Todas as coisas incorpóreas no corpo, ó filho, são passíveis, e principalmente porque elas são paixões; pois tudo que move é incorpóreo, e tudo que é movido é corpo, e também os imóveis são movidos pelo *nous*; e o movimento é paixão; portanto, ambos sofrem, o motor e o móvel, tanto o que rege como o que é regido; e tendo *o nous* se separado do corpo, é separado também da paixão; mais ainda quando, ó filho, nada for impassível, todas as coisas serão passíveis. Mas a paixão difere do passível: o que atua, e o que sofre. E os corpos também segundo si mesmos agem. Pois ou são imóveis ou são movidos. Quer seja um, quer seja outro, existe paixão, e os corpos sempre sofrem ação, e, por isso, são passíveis. Portanto, que não te perturbem as designações. A ação e a paixão são a mesma coisa. Mas não é penoso querer usar o nome mais auspicioso.

12 — **M**ui claramente, ó pai, concedeste o discurso. — E também observa isto, ó filho, que Deus agraciou ao homem, dentre os viventes mortais, com esses dois dons: com o *nous* e com a palavra, equivalentes à imortalidade, ademais, *o homem* [tem a palavra proferida]. E entre esses dons, se alguém quiser aqueles que forem necessários, não diferirá dos imortais; e principalmente tendo saído do corpo, será conduzido por ambos *os dons* até o coro dos deuses e dos bem-aventurados.

13 — **P**ois os outros viventes não usam palavra, ó pai? — Não, filho, mas som; e palavra difere muito do som. Pois, deveras, a palavra de todos os homens é comum, e o som é próprio de cada gênero vivente. — Mas também dentre os homens, ó pai, a palavra não é diferente segundo a etnia? — Deveras, é diferente, ó filho, mas o homem é um: assim também a palavra é uma e é traduzida e a mesma é encontrada também no Egito e na Pérsia e na Grécia. E me pareces, ó filho, desconhecer a virtude e a grandeza da palavra. Pois o bem-aventurado deus *Agathos Daimon* disse que a alma está no corpo; e a mente, na alma; e a palavra, na mente; portanto, Deus é pai de todos.

14 ὁ οὖν λόγος ἐστὶν εἰκὼν καὶ νοῦς τοῦ θεοῦ, καὶ τὸ σῶμα δὲ τῆς ἰδέας, ἡ δὲ ἰδέα τῆς ψυχῆς. ἔστιν οὖν τῆς μὲν ὕλης τὸ λεπτομερέστατον ἀήρ, ἀέρος δὲ ψυχή, ψυχῆς δὲ νοῦς, νοῦ δὲ θεός· καὶ ὁ μὲν θεὸς περὶ πάντα καὶ διὰ πάντων, ὁ δὲ νοῦς περὶ τὴν ψυχήν, ἡ δὲ ψυχὴ περὶ τὸν ἀέρα, ὁ δὲ ἀὴρ περὶ τὴν ὕλην.

ἀνάγκη δὲ καὶ ἡ πρόνοια καὶ ἡ φύσις ὄργανά ἐστι τοῦ κόσμου καὶ τῆς τάξεως τῆς ὕλης, — καὶ τῶν μὲν νοητῶν ἕκαστόν ἐστιν οὐσία, οὐσία δὲ αὐτῶν ἡ ταυτότης· τῶν δὲ τοῦ παντὸς σωμάτων ἕκαστον πολλά ἐστιν· ἔχοντα γὰρ τὴν ταυτότητα <τὰ> σύνθετα σώματα καὶ τὴν μεταβολὴν εἰς ἄλληλα ποιούμενα ἀεὶ τῆς ταυτότητος τὴν ἀφθαρσίαν σῴζει.

15 ἐν δὲ τοῖς ἄλλοις συνθέτοις πᾶσι σώμασιν ἀριθμὸς ἑκάστου ἐστί. χωρὶς γὰρ ἀριθμοῦ σύστασιν ἢ σύνθεσιν ἢ διάλυσιν ἀδύνατον γενέσθαι· αἱ δὲ ἑνάδες τὸν ἀριθμὸν γεννῶσι καὶ αὔξουσι καὶ πάλιν διαλυόμενον εἰς ἑαυτὰς δέχονται, καὶ ἡ ὕλη μία. ὁ δὲ σύμπας κόσμος οὗτος, ὁ μέγας θεὸς καὶ τοῦ μείζονος εἰκών, καὶ ἡνωμένος ἐκείνῳ καὶ συσσῴζων τὴν τάξιν καὶ βούλησιν τοῦ πατρὸς πλήρωμά ἐστι τῆς ζωῆς καὶ οὐδέν ἐστιν ἐν τούτῳ διὰ παντὸς τοῦ αἰῶνος τῆς πατρῴας ἀποκαταστάσεως, οὔτε τοῦ παντὸς οὔτε τῶν κατὰ μέρος, ὃ οὐχὶ ζῇ· νεκρὸν γὰρ οὐδὲν ἓν οὔτε γέγονεν οὔτε ἔστιν οὔτε ἔσται ἐν κόσμῳ. ζῷον γὰρ ἠθέλησεν ὁ πατὴρ αὐτὸ εἶναι ἔστ' ἂν συνέστηκε· διὸ καὶ θεὸν εἶναι ἀνάγκη. **16** πῶς ἂν οὖν δύναιτο, ὦ τέκνον, ἐν τῷ θεῷ, ἐν τῇ τοῦ παντὸς εἰκόνι, ἐν τῷ τῆς ζωῆς πληρώματι νεκρὰ εἶναι; ἡ γὰρ νεκρότης φθορά ἐστιν, ἡ δὲ φθορὰ ἀπώλεια. πῶς οὖν μέρος τι δύναται φθαρῆναι τοῦ ἀφθάρτου ἢ ἀπολέσθαι τι τοῦ θεοῦ;

— Οὐκ ἀποθνῄσκει οὖν, ὦ πάτερ, τὰ ἐν αὐτῷ ζῷα, ὄντα αὐτοῦ μέρη;
— Εὐφήμησον, ὦ τέκνον, πλανώμενος τῇ προσηγορίᾳ τοῦ γινομένου. οὐ γὰρ ἀποθνῄσκει, ὦ τέκνον, ἀλλ' ὡς σύνθετα σώματα διαλύεται· ἡ δὲ διάλυσις οὐ θάνατός ἐστιν, ἀλλὰ κράματος διάλυσις· διαλύεται δὲ οὐχ ἵνα ἀπόληται, ἀλλ' ἵνα νέα γένηται ἐπεὶ τίς τῆς ζωῆς ἐστιν ἐνέργεια; Οὐχὶ κίνησις; Τί οὖν ἐν τῷ κόσμῳ ἀκίνητον; Οὐδέν, ὦ τέκνον.

14 Sendo assim, a palavra é a imagem e o *nous* de Deus; e o corpo, da ideia; e a ideia, da alma. Por isso, deveras, a coisa mais sutil da matéria é o ar; e do ar, a alma; e da alma, a mente; e da mente, Deus; e Deus está ao redor de todas as coisas e através de todas as coisas; e a mente, ao redor da alma; e a alma, ao redor do ar; e o ar, ao redor da matéria.

Porém a necessidade e a providência e a natureza são órgãos do ornamento e da ordem da matéria, e dentre os inteligíveis, cada coisa é essência; e a identidade é essência deles; e dentre os corpos do Universo, cada coisa é um conjunto de coisas; pois os corpos compostos tendo a identidade e fazendo a metábole em outros *corpos*, sempre salvam a incorruptibilidade da identidade.

15 E em todos os outros corpos compostos, há um número de cada um. Pois sem um número, é impossível vir a existir uma combinação ou uma composição ou uma dissolução; e as unidades geram o número e aumentam e novamente recebem em si mesmas o que é desintegrado, e a matéria é uma. E todo esse mundo, *sendo* o grande deus e a imagem do maior *Deus*, e unido a esse e ajudando a salvar a ordem e a vontade do pai, é a plenitude da vida; e não há nada nele, através do *aion* da apocatástase paterna, nem *nada* do Universo, nem nenhuma das partes, que não tenha vida. Pois nenhuma coisa nem tem vindo a ser nem é nem será morta no mundo. Com efeito, o pai quis que ele fosse vivente enquanto se constituísse; por isso, é necessário que seja um deus. **16** Portanto, como pode ser possível, ó filho, existirem coisas mortas em Deus, na imagem do Universo, na plenitude da vida? Pois a mortandade é corrupção, e a corrupção é destruição. Então, como alguma parte do incorruptível pode ser corrompida ou *alguma parte* de Deus *pode* ser destruída?

— Então, ó pai, não morrem os viventes, sendo partes dele? — Bendize, ó meu filho; *tu és* enganado pela designação daquilo que vem a ser. Pois não morrem, ó filho, mas como corpos compostos, *eles* são desintegrados. E a dissolução não é morte, mas desintegração da mistura; e são desintegrados, não para serem destruídos, mas para virem a ser novas coisas. E qual é a energia da vida? Não é a moção? Então o que é imóvel no mundo? Nada, ó filho.

17 — Οὐδ' ἡ γῆ ἀκίνητός σοι δοκεῖ, ὦ πάτερ; — Οὔ, τέκνον, ἀλλὰ καὶ πολυκίνητος μόνη ἥδε καὶ στασίμη· πῶς οὐκ ἂν γελοῖον εἴη τὴν τροφὸν πάντων ἀκίνητον εἶναι, τὴν φύουσαν καὶ γεννῶσαν τὰ πάντα; ἀδύνατον γὰρ χωρὶς κινήσεως φύειν τι τὸν φύοντα. γελοιότατον δὲ ἐπύθου εἰ τὸ τέταρτον μέρος ἀργὸν ἔσται· οὐδὲν γὰρ ἕτερον σημαίνει τὸ ἀκίνητον σῶμα ἢ ἀργίαν. **18** πᾶν τοίνυν ἴσθι καθολικῶς, ὦ τέκνον, τὸ ὂν ἐν κόσμῳ κινούμενον, ἤτοι κατὰ μείωσιν ἢ αὔξησιν· τὸ δὲ κινούμενον καὶ ζῇ, τὸ δὲ ζῷον πᾶν οὐκ ἀνάγκη τὸ αὐτὸ εἶναι· ὢν γὰρ ὁμοῦ σύμπας ὁ κόσμος ἀμετάβλητος, ὦ τέκνον, ἐστί, τὰ δὲ μέρη αὐτοῦ πάντα μεταβλητά, οὐδὲν δὲ φθαρτὸν ἢ ἀπολλύμενον, αἱ δὲ προσηγορίαι τοὺς ἀνθρώπους ταράττουσιν· οὐ γὰρ ἡ γένεσίς ἐστι ζωή, ἀλλ' ἡ αἴσθησις, οὐδὲ ἡ μεταβολὴ θάνατος ἀλλὰ λήθη. τούτων τοίνυν οὕτως ἐχόντων, ἀθάνατα πάντα, ἡ ὕλη, ζωή, τὸ πνεῦμα, ψυχή, ὁ νοῦς, ἐξ οὗ πᾶν ζῷον συνέστηκε.

19 πᾶν ἄρα ζῷον ἀθάνατον δι' αὐτόν· πάντων δὲ μᾶλλον ὁ ἄνθρωπος, ὁ καὶ τοῦ θεοῦ δεκτικὸς καὶ τῷ θεῷ συνουσιαστικός. τούτῳ γὰρ μόνῳ τῷ ζῴῳ ὁ θεὸς ὁμιλεῖ, νυκτὸς μὲν δι' ὀνείρων, ἡμέρας δὲ διὰ συμβόλων, καὶ διὰ πάντων αὐτῷ προλέγει τὰ μέλλοντα, διὰ ὀρνέων, διὰ σπλάγχνων, διὰ πνεύματος, διὰ δρυός, διὸ καὶ ἐπαγγέλλεται ὁ ἄνθρωπος ἐπίστασθαι τὰ προγεγενημένα καὶ ἐνεστῶτα καὶ μέλλοντα. **20** κἀκεῖνο δὲ ὅρα, ὦ τέκνον, ὅτι ἕκαστον τῶν ζῴων ἐνὶ μέρει ἐπιφοιτᾷ τοῦ κόσμου· τὰ μὲν γὰρ ἔνυδρα τῷ ὕδατι, τὰ δὲ χερσαῖα τῇ γῇ, τὰ δὲ μετάρσια τῷ ἀέρι, ὁ δὲ ἄνθρωπος πᾶσι τούτοις χρῆται, γῇ, ὕδατι, ἀέρι, πυρί· ὁρᾷ δὲ καὶ οὐρανόν, ἅπτεται δὲ καὶ τούτου αἰσθήσει· ὁ δὲ θεὸς καὶ περὶ πάντα καὶ διὰ πάντων· ἐνέργεια γάρ ἐστι καὶ δύναμις· καὶ οὐδὲν δὲ δύσκολόν ἐστι νοῆσαι τὸν θεὸν, ὦ τέκνον.

17 — **A** terra não te parece imóvel, ó pai? — Não, filho, mas também somente *ela é* policinética e parada; como não seria ridículo *supor* que a motriz de todas as coisas, aquela que tem feito nascer e tem engendrado todas as coisas, fosse imóvel? Pois é impossível que algo faça nascer o que é nascido sem movimento. E é mui ridículo o que perguntaste, se a quarta parte *do mundo* será inútil. Pois nada diferente significa o corpo imóvel que uma inutilidade. **18 A**gora saiba totalmente que tudo no mundo está sendo movido, ou segundo a diminuição ou segundo o aumento; e o que está sendo movido também vive, e não há necessidade de todo vivente ser o mesmo; pois estando junto o mundo inteiro, ó filho, *ele* é imutável; mas todas as partes dele são mutáveis, e nada é perecível e destruído; e estas designações perturbam os homens: pois o engendramento não é vida, mas o sentido; nem a metábole é morte, mas esquecimento. Assim, agora, enquanto essas coisas, todas são imortais, a matéria, a vida, o pneuma, a alma, o *nous*, de que todo vivente tem se composto.

19 Então todo vivente é imortal por causa do *nous*; e dentre todos, o homem é o mais *imortal, pois* o *homem é* receptor de Deus e consubstancial com Deus. Pois Deus conversa só com esse vivente, tanto de noite através de sonhos, quanto de dia através de símbolos, e lhe prediz todas as coisas futuras através de todas as coisas, de pássaros, de entranhas, de espírito, de carvalho; por isso, também o homem procura conhecer as coisas acontecidas antes e as coisas presentes e as coisas futuras. **20 E** também veja isto, ó filho, que cada um dos viventes visita frequentemente uma parte do mundo: com efeito, de fato, os aquáticos, a água; e os terrestres, a terra; e os voláteis, o ar; e o homem tem relações com todos esses, com a terra, com a água, com ar, com fogo; e também vê o céu, e também o alcança com seu sentido; e deus também está ao redor de todas as coisas e através de todas as coisas; pois é a energia e potência; e também nada difícil há para compreender Deus, ó filho.

21 εἰ δὲ θέλεις αὐτὸν καὶ θεωρῆσαι, ἴδε τὴν τάξιν τοῦ κόσμου καὶ τὴν εὐκοσμίαν τῆς τάξεως· ἴδε τὴν ἀνάγκην τῶν φαινομένων καὶ τὴν πρόνοιαν τῶν γεγονότων τε καὶ γινομένων· ἴδε τὴν ὕλην, πληρεστάτην οὖσαν ζωῆς, τὸν τηλικοῦτον θεὸν κινούμενον μετὰ πάντων ἀγαθῶν καὶ καλῶν, θεῶν τε καὶ δαιμόνων καὶ ἀνθρώπων. — Ἀλλ᾽ αὗται, ὦ πάτερ, ἐνέργειαί εἰσιν. — Εἰ οὖν ἐνέργειαι ὅλως εἰσίν, ὦ τέκνον, ὑπὸ τίνος οὖν ἐνεργοῦνται; ὑπὸ ἄλλου θεοῦ; ἢ ἀγνοεῖς ὅτι ὥσπερ τοῦ κόσμου μέρη ἐστὶν οὐρανὸς καὶ ὕδωρ καὶ γῆ καὶ ἀήρ, τὸν αὐτὸν τρόπον μέλη ἐστὶ ζωὴ καὶ ἀθανασία †καὶ αἷμα† καὶ ἀνάγκη καὶ πρόνοια καὶ φύσις καὶ ψυχὴ καὶ νοῦς, καὶ τούτων πάντων ἡ διαμονὴ τὸ λεγόμενον ἀγαθόν; καὶ οὐκέτι ἐστί τι τῶν γινομένων ἢ τῶν γεγονότων, ὅπου οὐκ ἔστιν ὁ θεός.

22 — Ἐν τῇ ὕλῃ οὖν, ὦ πάτερ; — Ἡ γὰρ ὕλη, ὦ τέκνον, χωρὶς θεοῦ ἐστιν, ἵνα ποῖον αὐτῇ ἀπομερίσῃς τόπον; τί δὲ οὖσαν ἢ σωρὸν αὐτὴν οἴει εἶναι, μὴ ἐνεργουμένην; εἰ δὲ ἐνεργεῖται, ἀπὸ τίνος ἐνεργεῖται; Τὰς γὰρ ἐνεργείας ἔφαμεν εἶναι μέρη τοῦ θεοῦ. ὑπὸ τίνος οὖν ζωοποιεῖται τὰ πάντα ζῷα; ὑπὸ τίνος ἀθανατίζεται τὰ ἀθάνατα; ὑπὸ τίνος μεταβάλλεται τὰ μεταβλητά; εἴτε δὲ ὕλη εἴτε σῶμα εἴτε οὐσίαν φῂς, ἴσθι καὶ ταύτας αὐτὰς ἐνεργείας τοῦ θεοῦ, καὶ ὕλης ἐνέργειαν τὴν ὑλότητα, καὶ τῶν σωμάτων <τὴν> σωματότητα, καὶ τῆς οὐσίας τὴν οὐσιότητα· καὶ τοῦτό ἐστιν ὁ θεός, τὸ πᾶν.

23 ἐν δὲ τῷ παντὶ οὐδέν ἐστιν ὃ μὴ ἔστιν. ὅθεν οὔτε μέγεθος οὔτε τόπος οὔτε ποιότης οὔτε σχῆμα οὔτε χρόνος περὶ τὸν θεόν ἐστιν· πᾶν γάρ ἐστι· τὸ δὲ πᾶν διὰ πάντων καὶ περὶ πάντα. τοῦτον τὸν λόγον, ὦ τέκνον, προσκύνει καὶ θρήσκευε· θρησκεία δὲ τοῦ θεοῦ μία ἐστί, μὴ εἶναι κακόν.

21 E se quiseres também o contemplar, veja a ordem do mundo e o bom ornamento da ordem; veja a necessidade das coisas manifestas e a providência das coisas que têm vindo a ser e as que estão vindo a ser; veja a matéria mui plena de vida; veja esse tão grande deus sendo movido com todas as coisas boas e belas, com os deuses e os *daimones*, e com os homens. — Mas essas, ó pai, são energias. — Portanto, se são energias totalmente, ó filho, por quem são energizadas? Por outro deus? Ou desconheces que céu e água e terra e ar são como partes do cosmo, do mesmo modo a vida e a imortalidade †e o sangue† e a necessidade e a providência e a natureza e a alma e o *nous* são membros de Deus, e a permanência de todos esses é o que é chamado Bem? Também ainda não há nenhuma das coisas que vêm a ser ou das que têm vindo a ser onde Deus não esteja.

22 — Então, ó pai, ele está na matéria? — Pois a matéria, ó filho, existe sem Deus, para que lhe atribuas que lugar? E o que supões ser ela senão sendo uma pilha *de coisas confusas*, não sendo energizada? E se é energizada, de quem é energizada? Pois dissemos serem as energias partes de Deus. Então, por quem todos os viventes são vivificados? Por quem os *viventes* imortais são imortalizados? Por quem os *viventes* mutáveis são transformados? E quer fales de matéria, ou de corpo, ou de essência, saiba também *que* essas são as próprias energias de Deus; e a energia da matéria é a materialidade; e dos corpos, a corporeidade; e da substância, a substancialidade; e isto é Deus, o Universo.

23 E no todo nada é que *ele* não seja. Donde nem grandeza nem lugar nem qualidade nem formato nem tempo é referente a Deus; pois *ele* é tudo; e o Todo está através de todas as coisas e ao redor de todas as coisas. Prosta-te e observa religiosamente esse discurso, ó filho; e a observância religiosa de Deus é uma: não ser mau.

♀

LIBELLUS XIII — ἙΡΜΟΥ ΤΡΙΣΜΕΓΙΣΤΟΥ ΠΡΟΣ ΤΟΝ ΥΙΟΝ ΤΑΤ ΕΝ ΟΡΕΙ ΛΟΓΟΣ ἈΠΟΚΡΥΦΟΣ, ΠΕΡΙ ΠΑΛΙΓΓΕΝΕΣΙΑΣ ΚΑΙ ΣΙΓΗΣ ἘΠΑΓΓΕΛΙΑΣ.

1 Ἐν τοῖς Γενικοῖς, ὦ πάτερ, αἰνιγματωδῶς καὶ οὐ τηλαυγῶς ἔφρασας περὶ θειότητος διαλεγόμενος· οὐκ ἀπεκάλυψας, φάμενος μηδένα δύνασθαι σωθῆναι πρὸ τῆς παλιγγενεσίας· ἐμοῦ τε σοῦ ἱκέτου γενομένου, ἐπὶ τῆς τοῦ ὄρους καταβάσεως, μετὰ τὸ σὲ ἐμοὶ διαλεχθῆναι, πυθομένου τὸν τῆς παλιγγενεσίας λόγον μαθεῖν, ὅτι τοῦτον παρὰ πάντα μόνον ἀγνοῶ, καὶ ἔφης, ὅταν μέλλῃς κόσμου ἀπαλλοτριοῦσθαι, παραδιδόναι μοι. ἕτοιμος ἐγενόμην καὶ ἀπηνδρείωσα τὸ ἐν ἐμοὶ φρόνημα ἀπὸ τῆς τοῦ κόσμου ἀπάτης· σὺ δέ μου καὶ τὰ ὑστερήματα ἀναπλήρωσον οἷς ἔφης μοι παλιγγενεσίας <γένεσιν> παραδοῦναι προθέμενος ἐκ φωνῆς ἢ κρυβήν· ἀγνοῶ, ὦ Τρισμέγιστε, ἐξ οἵας μήτρας ἄνθρωπος ἐγεννήθη, σπορᾶς δὲ ποίας.

2 — Ὦ τέκνον, σοφία νοερὰ ἐν σιγῇ καὶ ἡ σπορὰ τὸ ἀληθινὸν ἀγαθόν. — Τίνος σπείραντος, ὦ πάτερ; τὸ γὰρ σύνολον ἀπορῶ. — Τοῦ θελήματος τοῦ θεοῦ, ὦ τέκνον. — Καὶ ποταπὸς ὁ γεννώμενος, ὦ πάτερ; ἄμοιρος γὰρ τῆς ἐν ἐμοὶ οὐσίας [καὶ τῆς νοητῆς]. — Ἄλλος ἔσται ὁ γεννώμενος θεοῦ θεὸς παῖς, τὸ πᾶν ἐν παντί, ἐκ πασῶν δυνάμεων συνεστώς. — Αἴνιγμά μοι λέγεις, ὦ πάτερ, καὶ οὐχ ὡς πατὴρ υἱῷ διαλέγῃ. — Τοῦτο τὸ γένος, ὦ τέκνον, οὐ διδάσκεται, ἀλλ' ὅταν θέλῃ, ὑπὸ τοῦ θεοῦ ἀναμιμνήσκεται.

LIBELLUS XIII — DISCURSO SECRETO DE HERMES TRISMEGISTOS AO FILHO TAT NO MONTE, ACERCA DA PALINGENESIA E DA PROMESSA DE SILÊNCIO.

1 Nos *Discursos* Gerais, ó pai, disseste enigmaticamente e não claramente quando falavas sobre a divindade. Não *me* desvelaste *nada*, dizendo que ninguém pode ser salvo antes da palingenesia. Quando eu fiquei suplicante a ti, na descida do monte, depois que tu conversaste comigo, quando pedi para aprender sobre o discurso da palingenesia, que só isso desconheço em comparação com todos os outros; e disseste que irias me dar quando *eu* viesse a ser estranho ao mundo. *Eu* fiquei pronto e encorajei o pensamento em mim longe da ilusão do mundo; e tu, suprime as minhas faltas, proferindo o engendramento da palingenesia de *viva* voz ou secretamente, como disseste-me; desconheço, ó Trismegistos, de que matriz o homem veio a ser, e de qual semente.

2 — **Ó** filho, a sabedoria é intelectual no silêncio e a semente é o verdadeiro Bem. — Pelo que é semeada, ó pai? Pois tenho dificuldades completamente. — Pela vontade de Deus, ó filho. — E de que natureza é o engendrado, ó pai? Pois não compartilha da essência [e da intelecção] em mim. — Outro deus será o engendrado filho de Deus, o todo no Todo, composto completamente de todas as potências. — Falas enigma para mim, ó pai, e não como um pai que dialoga com um filho. — Esse tipo *de coisa*, ó filho, não é ensinado, mas, quando se quer, por Deus é lembrado.

3 — Ἀδύνατά μοι λέγεις, ὦ πάτερ, καὶ βεβιασμένα· ὅθεν πρὸς ταῦτα ὀρθῶς ἀντειπεῖν θέλω· "ἀλλότριος υἱὸς πέφυκα τοῦ πατρικοῦ γένους"· μὴ φθόνει μοι, πάτερ· γνήσιος υἱός εἰμι· διάφρασόν μοι τῆς παλιγγενεσίας τὸν τρόπον. — Τί εἴπω, ὦ τέκνον; οὐκ ἔχω λέγειν, πλὴν τοῦτο· ὁρῶν †τι† ἐν ἐμοὶ ἄπλαστον θέαν γεγενημένην ἐξ ἐλέου θεοῦ, καὶ ἐμαυτὸν ἐξελήλυθα εἰς ἀθάνατον σῶμα, καί εἰμι νῦν οὐχ ὁ πρίν, ἀλλ' ἐγεννήθην ἐν νῷ· τὸ πρᾶγμα τοῦτο οὐ διδάσκεται, οὐδὲ τῷ πλαστῷ τούτῳ στοιχείῳ, δι' οὗ ἔστιν ἰδεῖν· διὸ καὶ ἠμέληταί μοι τὸ πρῶτον σύνθετον εἶδος· οὐκέτι κέχρῳσμαι καὶ ἁφὴν ἔχω καὶ μέτρον, ἀλλότριος δὲ τούτων εἰμί. νῦν ὁρᾷς με, ὦ τέκνον, ὀφθαλμοῖς, ὅ τι δέ <εἰμι οὐ> κατανοεῖς ἀτενίζων σώματι καὶ ὁράσει. οὐκ ὀφθαλμοῖς τούτοις θεωροῦμαι νῦν, ὦ τέκνον.

4 — Εἰς μανίαν με οὐκ ὀλίγην καὶ οἴστρησιν φρενῶν ἐνέσεισας, ὦ πάτερ· ἐμαυτὸν γὰρ νῦν οὐχ ὁρῶ. — Εἴθε, ὦ τέκνον, καὶ σὺ σεαυτὸν διεξελήλυθας, ὡς οἱ ἐν ὕπνῳ ὀνειροπολούμενοι χωρὶς ὕπνου. — Λέγε μοι καὶ τοῦτο· τίς ἐστι γενεσιουργὸς τῆς παλιγγενεσίας; — Ὁ τοῦ θεοῦ παῖς, ἄνθρωπος εἷς, θελήματι θεοῦ. **5** — Νῦν τὸ λοιπόν, ὦ πάτερ, εἰς ἀφασίαν με ἤνεγκας· τῶν πρὶν ἀπολειφθεὶς φρενῶν, —τὸ γὰρ μέγεθος βλέπω τὸ σὸν τὸ αὐτό, ὦ πάτερ, σὺν τῷ χαρακτῆρι. — Καὶ ἐν τούτῳ ψεύδῃ· τὸ γὰρ θνητὸν εἶδος καθ' ἡμέραν ἀλλάσσεται· χρόνῳ γὰρ τρέπεται εἰς αὔξησιν καὶ μείωσιν, ὡς ψεῦδος.

6 — Τί οὖν ἀληθές ἐστιν, ὦ Τρισμέγιστε; — Τὸ μὴ θολούμενον, ὦ τέκνον, τὸ μὴ διοριζόμενον, τὸ ἀχρώματον, τὸ ἀσχημάτιστον, τὸ ἄτρεπτον, τὸ γυμνόν, τὸ φαῖνον, τὸ αὐτῷ καταληπτόν, τὸ ἀναλλοίωτον ἀγαθόν, τὸ ἀσώματον. — Μέμηνα ὄντως, ὦ πάτερ· δοκοῦντος γάρ μου ὑπὸ σοῦ σοφοῦ γεγονέναι, ἐνεφράχθησαν αἱ αἰσθήσεις τούτου μου τοῦ νοήματος. — Οὕτως ἔχει, ὦ τέκνον· τὸ μὲν ἀνωφερές, ὡς πῦρ, καὶ κατωφερές, ὡς γῆ, καὶ ὑγρόν, ὡς ὕδωρ, καὶ σύμπνοον, ὡς ἀήρ...., πῶς αἰσθητῶς αὐτὸ νοήσεις τὸ μὴ σκληρόν, τὸ μὴ ὑγρόν, τὸ ἀσφίγγωτον, τὸ μὴ διαδυόμενον, τὸ μόνον δυνάμει καὶ ἐνεργείᾳ νοούμενον, δεόμενον δὲ τοῦ δυναμένου νοεῖν τὴν ἐν θεῷ γένεσιν;

3 — **C**oisas impossíveis e artificiais me dizes, ó pai; por isso, em relação a essas coisas, quero corretamente refutar: " tenho vindo a ser um filho estrangeiro do meu próprio país"; não me rejeites, ó pai; sou um filho legítimo; mostra-me claramente o modo da palingenesia. — Que direi, ó filho? Não tenho *nada* a dizer, exceto isto: vendo †algo† dentro de mim que, da misericórdia de Deus, veio ser uma visão sem forma, e saí de mim mesmo para um corpo imortal, e agora não sou aquele que era antes, mas nasci no *nous*. Essa coisa não é ensinada, nem com rudimento formado, por meio do qual se vê; assim, também, não me incomodo com a primeira imagem composta. Não toco mais a superfície nem tenho tato nem medida, mas sou contrário a esses. Agora me vês, ó filho, com olhos, mas o que sou não compreendes quando olhas com o corpo e a visão. Agora contemplo não com estes olhos, ó filho.

4 — **E**m uma loucura não pequena e em uma fúria mental me impeliste, ó pai; pois agora eu me vejo a mim mesmo. — Praza a Deus, ó filho, e tu transpassarás através de ti mesmo, como os que sonham sem sono. — Dize-me também isto: quem é o gerador da palingenesia? — O filho de Deus, um *único* homem, pela vontade de Deus. **5** — **A**gora de resto, ó pai, me conduziste a uma afasia, deixando antes sem mentalidade, pois te vejo com a mesma altura, ó pai, com a *mesma* característica. — Também nisto te enganas; pois a imagem mortal cada dia é modificada; pois com o tempo se oscila em crescimento e decréscimo, como mentira.

6 — **E**ntão o que é a verdade, ó Trismegistos? — O que não é manchado, ó filho, o que não é limitado, o incolor, o desfigurado, o imóvel, o desnudo, o irradiante, o autocompreensível, o Bem invariável, o incorporal. — Assim fico furioso, ó pai; pois quando parecia que eu vim a ser sábio por ti, as sensações sobre isso se desordenaram do meu pensamento. — Tens razão, ó filho; o que se direciona para o alto, o que se direciona para baixo como terra, e o que é líquido como água, o que sopra como o ar..., como sensivelmente tu o compreenderás o não duro, o não úmido, o não compacto, o que não escapa, o único por meio da potência e da energia apreendido, e o que exige pensar no nascimento de Deus.

7 — Ἀδύνατος οὖν εἰμι, ὦ πάτερ; — Μὴ γένοιτο, ὦ τέκνον· ἐπίσπασαι εἰς ἑαυτόν, καὶ ἐλεύσεται· θέλησον, καὶ γίνεται· κατάργησον τοῦ σώματος τὰς αἰσθήσεις, καὶ ἔσται ἡ γένεσις τῆς θεότητος· κάθαραι σεαυτὸν ἀπὸ τῶν ἀλόγων τῆς ὕλης τιμωριῶν. — Τιμωροὺς γὰρ ἐν ἐμαυτῷ ἔχω, ὦ πάτερ; — Οὐκ ὀλίγους, ὦ τέκνον, ἀλλὰ καὶ φοβεροὺς καὶ πολλούς. — Ἀγνοῶ, ὦ πάτερ.

— Μία αὕτη, ὦ τέκνον, τιμωρία ἡ ἄγνοια· δευτέρα λύπη· τρίτη ἀκρασία· τετάρτη ἐπιθυμία· πέμπτη ἀδικία· ἕκτη πλεονεξία· ἑβδόμη ἀπάτη· ὀγδόη φθόνος· ἐνάτη δόλος· δεκάτη ὀργή· ἑνδεκάτη προπέτεια· δωδεκάτη κακία· εἰσὶ δὲ αὗται τὸν ἀριθμὸν δώδεκα· ὑπὸ δὲ ταύτας πλείονες ἄλλαι, ὦ τέκνον, διὰ τοῦ δεσμωτηρίου τοῦ σώματος αἰσθητικῶς πάσχειν ἀναγκάζουσι τὸν ἐνδιάθετον ἄνθρωπον· ἀφίστανται δὲ αὗται, οὐκ ἀθρόως, ἀπὸ τοῦ ἐλεηθέντος ὑπὸ τοῦ θεοῦ, καὶ οὕτω συνίσταται ὁ τῆς παλιγγενεσίας τρόπος καὶ λόγος.

8 λοιπὸν σιώπησον, ὦ τέκνον, καὶ εὐφήμησον καὶ διὰ τοῦτο οὐ καταπαύσει τὸ ἔλεος εἰς ἡμᾶς ἀπὸ τοῦ θεοῦ· χαῖρε λοιπόν, ὦ τέκνον, ἀνακαθαιρόμενος ταῖς τοῦ θεοῦ δυνάμεσιν, εἰς συνάρθρωσιν τοῦ Λόγου. ἦλθεν ἡμῖν γνῶσις θεοῦ· ταύτης ἐλθούσης, ὦ τέκνον, ἐξηλάθη ἡ ἄγνοια.

ἦλθεν ἡμῖν γνῶσις χαρᾶς· παραγενομένης ταύτης, ὦ τέκνον, ἡ λύπη φεύξεται εἰς τοὺς χωροῦντας αὐτήν. **9** δύναμιν καλῶ ἐπὶ χαρᾷ τὴν ἐγκράτειαν· ὦ δύναμις ἡδίστη, προσλάβωμεν, ὦ τέκνον, αὐτὴν ἀσμενέστατα· πῶς ἅμα τῷ παραγενέσθαι ἀπώσατο τὴν ἀκρασίαν; τετάρτην δὲ νῦν καλῶ καρτερίαν, τὴν κατὰ τῆς ἐπιθυμίας δύναμιν. ὁ βαθμὸς οὗτος, ὦ τέκνον, δικαιοσύνης ἐστὶν ἕδρασμα· χωρὶς γὰρ κρίσεως ἴδε πῶς τὴν ἀδικίαν ἐξήλασεν· ἐδικαιώθημεν, ὦ τέκνον, ἀδικίας ἀπούσης. ἕκτην δύναμιν καλῶ εἰς ἡμᾶς, τὴν κατὰ τῆς πλεονεξίας, κοινωνίαν. ἀποστάσης δὲ ἔτι καλῶ τὴν ἀλήθειαν καὶ φεύγει ἀπάτη, ἀλήθεια παραγίνεται ἴδε πῶς τὸ ἀγαθὸν πεπλήρωται, ὦ τέκνον, παραγινομένης τῆς ἀληθείας· φθόνος γὰρ ἀφ' ἡμῶν ἀπέστη· τῇ δὲ ἀληθείᾳ καὶ τὸ ἀγαθὸν ἐπεγένετο, ἅμα ζωῇ καὶ φωτί, καὶ οὐκέτι ἐπῆλθεν οὐδεμία τοῦ σκότους τιμωρία, ἀλλ' ἐξέπτησαν νικηθεῖσαι ῥοίζῳ.

7 — **E**ntão, ó pai, sou incapaz? — Que assim não seja, ó filho. Atrai para ti, e virá; quere-o e virá a ser; inutiliza as sensações do corpo, e haverá o nascimento da divindade. Purifica a ti mesmo dos suplícios da matéria dos irracionais. — Então tenho suplícios em mim mesmo, ó pai? — Não poucos, ó filho, mas temíveis e muitos. — Desconheço isso, ó pai.

— Um suplício é este, ó filho: a ignorância; segundo, a tristeza; terceiro, a intemperança; quarto, o desejo; quinto, a injustiça; sexto, a ambição; sétimo, a fraude; oitavo, a inveja; nono, o dolo; décimo, a ira, décimo primeiro, a precipitação; décimo segundo, o vício; e esses são em número de doze; mas sob esses existem outros mais numerosos, ó filho, *que*, através da prisão do corpo, obrigam o homem interior a sofrer perceptivelmente; mas estes se afastam, não todos de uma vez, *é claro*, daquele que teve a misericórdia de Deus, e, assim, *isso* constitui o modo e a razão da palingenesia.

8 **D**e resto, silêncio, ó filho, e bendiz também porque não cessará a misericórdia de Deus sobre nós; assim, alegra-te, ó filho, sendo purificado pelas potências de Deus, para conjunção dos membros do Logos. Veio para nós a gnose de Deus; tendo vindo essa, ó filho, a ignorância se retira.

Veio para nós a gnose da alegria; tendo se aproximado essa, ó filho, a tristeza fugirá para os que lhe abrem caminho. **9** **A**lém da alegria, a potência que eu convoco é a continência; ó potência agradabilíssima, ó filho, recebamo-la mais contentemente; *note* como, ao se aproximar *a continência*, apartou-se a intemperança. E agora convoco a quarta, a firmeza, a potência contra o desejo. Este grau, ó filho, é suporte da justiça; pois vê como, sem julgamento, expulsou a injustiça; fomos justificados, ó filho, da injustiça que foi embora. Convoco a sexta potência para nós contra a ambição, *a saber*, a disposição caridosa. Tendo *a ambição* partido, ainda convoco a verdade e a fraude foge; a verdade se aproxima e veja como o bem se realiza, ó filho, aproximando-se a verdade; pois a inveja se distanciou de nós; e pela verdade o bem se achegou com a vida e a luz, e nunca mais nenhum suplício da escuridão se aproximou, mas fugiram espantados com bramido e bater de asas quando foram vencidos.

10 ἔγνωκας, ὦ τέκνον, τῆς παλιγγενεσίας τὸν τρόπον· τῆς δεκάδος παραγινομένης, ὦ τέκνον, συνετέθη νοερὰ γένεσις καὶ τὴν δωδεκάδα ἐξελαύνει καὶ ἐθεώθημεν τῇ γενέσει· ὅστις οὖν ἔτυχε κατὰ τὸ ἔλεος τῆς κατὰ θεὸν γενέσεως, τὴν σωματικὴν αἴσθησιν καταλιπών, ἑαυτὸν γνωρίζει ἐκ τούτων συνιστάμενον καὶ εὐφραίνεται

11 — Ἀκλινὴς γενόμενος ὑπὸ τοῦ θεοῦ, ὦ πάτερ, φαντάζομαι, οὐχ ὁράσει ὀφθαλμῶν ἀλλὰ τῇ διὰ δυνάμεων νοητικῇ ἐνεργείᾳ. ἐν οὐρανῷ εἰμι, ἐν γῇ, ἐν ὕδατι, ἐν ἀέρι· ἐν ζῴοις εἰμί, ἐν φυτοῖς· ἐν γαστρί, πρὸ γαστρός, μετὰ γαστέρα, πανταχοῦ. ἀλλ' ἔτι τοῦτό μοι εἰπέ, πῶς αἱ τιμωρίαι τοῦ σκότους, οὖσαι ἀριθμῷ δώδεκα, ὑπὸ δέκα δυνάμεων ἀπωθοῦνται. τίς ὁ τρόπος, ὦ Τρισμέγιστε; **12** — Τὸ σκῆνος τοῦτο, ὃ καί, ὦ τέκνον, διεξεληλύθαμεν, ἐκ τοῦ ζῳοφόρου κύκλου συνέστη καὶ τούτου συνεστῶτος ἐκ [ἀριθμῶν] δώδεκα ὄντων τὸν ἀριθμόν, φύσεως μιᾶς, παντομόρφου ἰδέας, εἰς πλάνην τοῦ ἀνθρώπου· διαζυγαὶ ἐν αὐταῖς εἰσιν, ὦ τέκνον, ἡνωμέναι ἐν τῇ πράξει ....ἀχώριστός ἐστιν ἡ προπέτεια τῆς ὀργῆς· εἰσὶ δὲ καὶ ἀδιόριστοι. εἰκότως οὖν κατὰ τὸν ὀρθὸν λόγον τὴν ἀπόστασιν ποιοῦνται, καθὼς καὶ ἀπὸ δέκα δυνάμεων ἐλαυνόμεναι, τουτέστιν ἀπὸ τῆς δεκάδος·

ἡ γὰρ δεκάς, ὦ τέκνον, ἐστὶ ψυχογόνος· ζωὴ δὲ καὶ φῶς ἡνωμέναι εἰσίν, ἔνθα ὁ τῆς ἑνάδος ἀριθμὸς πέφυκε τοῦ πνεύματος. ἡ ἑνὰς οὖν κατὰ λόγον τὴν δεκάδα ἔχει, ἡ δὲ δεκὰς τὴν ἑνάδα.

13 — Πάτερ, τὸ πᾶν ὁρῶ καὶ ἐμαυτὸν ἐν τῷ νοΐ. — Αὕτη ἐστὶν ἡ παλιγγενεσία, ὦ τέκνον, τὸ μηκέτι φαντάζεσθαι εἰς τὸ σῶμα τὸ τριχῇ διαστατόν... διὰ τὸν λόγον τοῦτον τὸν περὶ τῆς παλιγγενεσίας †εἰς ὃν ὑπεμνηματισάμην† ἵνα μὴ ὦμεν διάβολοι τοῦ παντὸς εἰς τοὺς πολλούς, †εἰς οὓς† ὁ θεὸς αὐτὸς θέλει.

14 Εἰπέ μοι, ὦ πάτερ, τὸ σῶμα τοῦτο τὸ ἐκ δυνάμεων συνεστὸς λύσιν ἴσχει ποτέ; — Εὐφήμησον καὶ μὴ ἀδύνατα φθέγγου· ἐπεὶ ἁμαρτήσεις καὶ ἀσεβηθήσεταί σου ὁ ὀφθαλμὸς τοῦ νοῦ. τὸ αἰσθητὸν τῆς φύσεως σῶμα πόρρωθέν ἐστι τῆς οὐσιωδοῦς γενέσεως· τὸ μὲν γάρ ἐστι διαλυτόν, τὸ δὲ ἀδιάλυτον, καὶ τὸ μὲν θνητόν, τὸ δὲ ἀθάνατον. ἀγνοεῖς ὅτι θεὸς πέφυκας καὶ τοῦ ἑνὸς παῖς, ὃ κἀγώ;

10 Conheceste, ó filho, o modo da palingenesia. A Década tendo vindo, ó filho, o nascimento intelectual foi composto e caçou a Dodécada e fomos divinizados no nascimento; então aquele que alcançou o nascimento de acordo com Deus segundo a misericórdia, deixando a sensação corporal, conhece a si mesmo, sendo constituído dessas *potências* e se deleita.

11 — Vindo a ser indeclinável por Deus, ó pai, mostro-me, não pela visão dos olhos, mas pela energia noética das potências. Estou no céu, na terra, na água e no ar; estou nos animais, nos vegetais, no ventre, antes do ventre, depois do ventre, em todo lugar. Mas ainda me dize isto: como os suplícios da escuridão, sendo em número de doze, por dez potências são repelidos e de que modo, ó Trismegistos? **12** — Esta tenda, ó filho, que também temos atravessado, constituiu-se do ciclo zodiacal e esse é composto de doze números, de uma natureza, sendo de aspecto exterior pantomórfico, para erro do homem; as disjunções nesses suplícios são, ó filho, reunidas na prática ... a precipitação não é separada da ira; e também são indefinidas. Semelhantemente, portanto, segundo a palavra correta, eles fazem o afastamento quando são caçados pelas dez potências, isto é, pela Década.

Pois a Década, ó filho, é o gerador das almas; e também a vida e a luz são unidas, então o número da unidade tem nascido do pneuma. Portanto, a Unidade tem a Década segundo a razão, e a Década tem a Unidade.

13 — Pai, vejo o Universo e me vejo no *nous*. — Esta é a palingenesia, ó filho, o que não aparece em corpo medido tridimensionalmente... por causa desse discurso da palingenesia †no qual deixei uma recordação† para que não sejamos divulgadores de tudo para a massa, mas somente †para os quais† o próprio Deus quer.

14 — Dize-me, ó pai, este corpo composto das potências tem dissolução em algum tempo? — Bendiz e não pronuncies coisas impossíveis; porque errarás e o olho do teu *nous* cometerá sacrilégio. O corpo sensível da natureza está distante do nascimento essencial. Pois, por um lado, é dissolúvel, por outro lado, é indissolúvel; e, de fato, é mortal, mas é imortal. Desconheces que nasceste deus e és filho do Uno, o que também sou?

15 — Ἐβουλόμην, ὦ πάτερ, τὴν διὰ τοῦ ὕμνου εὐλογίαν, ἣν ἔφης ἐπὶ τὴν ὀγδοάδα γενομένου σου ἀκοῦσαι τῶν δυνάμεων. — Καθὼς Ὀγδοάδα ὁ Ποιμάνδρης ἐθέσπισε, τέκνον, καλῶς σπεύδεις λῦσαι τὸ σκῆνος· κεκαθαρμένος γάρ. ὁ Ποιμάνδρης, ὁ τῆς αὐθεντίας νοῦς, πλέον μοι τῶν ἐγγεγραμμένων οὐ παρέδωκεν, εἰδὼς ὅτι ἀπ' ἐμαυτοῦ δυνήσομαι πάντα νοεῖν καὶ ἀκούειν ὧν βούλομαι, καὶ ὁρᾶν τὰ πάντα, καὶ ἐπέτρεψέ μοι ἐκεῖνος ποιεῖν τὰ καλά. διὸ καὶ ἐν πᾶσιν αἱ δυνάμεις αἱ ἐν ἐμοὶ ᾄδουσι.

— Θέλω, πάτερ, ἀκοῦσαι, καὶ βούλομαι ταῦτα νοῆσαι.

16 — Ἡσύχασον, ὦ τέκνον, καὶ τῆς ἁρμοζούσης νῦν ἄκουε εὐλογίας, τὸν ὕμνον τῆς παλιγγενεσίας, ὃν οὐκ ἔκρινα οὕτως εὐκόλως ἐκφάναι, εἰ μὴ σοὶ ἐπὶ τέλει τοῦ παντός. ὅθεν τοῦτο οὐ διδάσκεται, ἀλλὰ κρύπτεται ἐν σιγῇ. οὕτως οὖν, ὦ τέκνον, στὰς ἐν ὑπαίθρῳ τόπῳ, νότῳ ἀνέμῳ ἀποβλέπων περὶ καταφορὰν τοῦ ἡλίου δύνοντος, προσκύνει· ὁμοίως καὶ ἀνιόντος πρὸς ἀπηλιώτην. ἡσύχασον, ὦ τέκνον.

Υμνωδια Κρυπτη, Λογος Δ'

17 πᾶσα φύσις κόσμου προσδεχέσθω τοῦ ὕμνου τὴν ἀκοήν. ἀνοίγηθι γῆ, ἀνοιγήτω μοι πᾶς μοχλὸς ὄμβρου, τὰ δένδρα μὴ σείεσθε. ὑμνεῖν μέλλω τὸν τῆς κτίσεως κύριον, καὶ τὸ πᾶν καὶ τὸ ἕν. ἀνοίγητε οὐρανοί, ἄνεμοί τε στῆτε. ὁ κύκλος ὁ ἀθάνατος τοῦ θεοῦ, προσδεξάσθω μου τὸν λόγον· μέλλω γὰρ ὑμνεῖν τὸν κτίσαντα τὰ πάντα, τὸν πήξαντα τὴν γῆν καὶ οὐρανὸν κρεμάσαντα καὶ ἐπιτάξαντα ἐκ τοῦ ὠκεανοῦ τὸ γλυκὺ ὕδωρ εἰς τὴν οἰκουμένην καὶ ἀοίκητον ὑπάρχειν εἰς διατροφὴν καὶ κτίσιν πάντων τῶν ἀνθρώπων, τὸν ἐπιτάξαντα πῦρ φανῆναι εἰς πᾶσαν πρᾶξιν θεοῖς τε καὶ ἀνθρώποις. δῶμεν πάντες ὁμοῦ αὐτῷ τὴν εὐλογίαν, τῷ ἐπὶ τῶν οὐρανῶν μετεώρῳ, τῷ πάσης φύσεως κτίστῃ. οὗτός ἐστιν ὁ τοῦ νοῦ ὀφθαλμός, καὶ δέξαιτο τῶν δυνάμεων μου τὴν εὐλογίαν.

15 — **Q**ueria, ó pai, o louvor através do hino, que disseste ter ouvido quando vieste a estar na Ogdoada. — Como Poimandres revelou a Ogdoada, filho, bem procedes em liberar a tenda; pois estás purificado. O Poimandres, o *Nous* do Domínio Absoluto, não me transmitiu exceto as coisas que estão escritas, sabendo que poderei de mim compreender todas as coisas e ouvir o que quisesse, e vendo todas as coisas, esse me confiou fazer as coisas belas. Por isso, também, em todas as coisas as potências que estão em mim cantam.

— Ó Pai, quero ouvir e quero pensar nessas coisas.

16 — **S**ilêncio, ó filho, e agora ouve um louvor bem ajustado, o hino da palingenesia, o qual não decidi de tal maneira amavelmente expor, senão a ti, ao fim de tudo. Pelo que, isso não se aprende, mas se guarda em silêncio. Assim, portanto, estando em um lugar ao ar livre, olhando fixamente para o vento sul de acordo com a descida do sol quando se põe, prosta-te para reverenciar; semelhantemente também quando te voltares em direção ao vento leste. Silêncio, ó filho.

HINÓDIA SECRETA, DISCURSO IV

17 ***Que*** toda natureza do mundo acolha a escuta do hino. Abre-te, terra; que se abra toda tranca da chuva; árvores, não vos agiteis. Vou louvar o Senhor da criação, e tanto o Todo quanto o Uno. Abri, céus; e, ventos, fixai. Que o ciclo imortal de Deus receba a minha palavra; pois vou louvar o que criou todos os seres; o que fixou a terra e o céu suspendeu, e o que ordenou que a água doce saísse do fundo do oceano para a *terra* habitada e a *terra* não habitada para sustento e criação de todos os seres humanos; o que ordenou o fogo que aparecesse aos deuses e aos homens para toda prática. Demos todos conjuntamente louvor a ele que está no alto acima dos céus, ao Criador da natureza. Este é o olho do *nous*, e que possa receber o louvor de minhas potências.

18 αἱ δυνάμεις αἱ ἐν ἐμοί, ὑμνεῖτε τὸ ἓν καὶ τὸ πᾶν· συνᾴσατε τῷ θελήματί μου πᾶσαι αἱ ἐν ἐμοὶ δυνάμεις. γνῶσις ἁγία, φωτισθεὶς ἀπὸ σοῦ, διὰ σοῦ τὸ νοητὸν φῶς ὑμνῶν χαίρω ἐν χαρᾷ νοῦ. πᾶσαι δυνάμεις ὑμνεῖτε σὺν ἐμοί. καὶ σύ μοι, ἐγκράτεια, ὕμνει. δικαιοσύνη μου, τὸ δίκαιον ὕμνει δι' ἐμοῦ. κοινωνία ἡ ἐμή, τὸ πᾶν ὕμνει δι' ἐμοῦ· ὕμνει ἀλήθεια τὴν ἀλήθειαν. τὸ ἀγαθόν, ἀγαθόν, ὕμνει· ζωὴ καὶ φῶς, ἀφ' ὑμῶν εἰς ὑμᾶς χωρεῖ ἡ εὐλογία. εὐχαριστῶ σοι, πάτερ, ἐνέργεια τῶν δυνάμεων. εὐχαριστῶ σοι, θεέ, δύναμις τῶν ἐνεργειῶν μου· ὁ σὸς Λόγος δι' ἐμοῦ ὑμνεῖ σέ. δι' ἐμοῦ δέξαι τὸ πᾶν λόγῳ, λογικὴν θυσίαν. **19** ταῦτα βοῶσιν αἱ δυνάμεις αἱ ἐν ἐμοί· τὸ πᾶν ὑμνοῦσι, τὸ σὸν θέλημα τελοῦσι, σὴ βουλὴ ἀπὸ σοῦ ἐπὶ σέ, τὸ πᾶν. δέξαι ἀπὸ πάντων λογικὴν θυσίαν· τὸ πᾶν τὸ ἐν ἡμῖν, σῷζε ζωή, φώτιζε φῶς, †πνεῦμα† θεέ· Λόγον γὰρ τὸν σὸν ποιμαίνει ὁ Νοῦς. πνευματοφόρε, δημιουργέ· **20** σὺ εἶ ὁ θεός. ὁ σὸς ἄνθρωπος ταῦτα βοᾷ διὰ πυρός, δι' ἀέρος, διὰ γῆς, διὰ ὕδατος, διὰ πνεύματος, διὰ τῶν κτισμάτων σου. ἀπὸ σοῦ Αἰῶνος εὐλογίαν εὗρον καί, ὃ ζητῶ, βουλῇ τῇ σῇ ἀναπέπαυμαι. εἶδον θελήματι τῷ σῷ τὴν εὐλογίαν ταύτην λεγομένην.

21 — Ὦ πάτερ, τέθεικα καὶ ἐν κόσμῳ τῷ ἐμῷ. — "Ἐν τῷ νοητῷ" λέγε, τέκνον. — Ἐν τῷ νοητῷ, ὦ πάτερ· δύναμαι. ἐκ τοῦ σοῦ ὕμνου καὶ τῆς σῆς εὐλογίας ἐπιπεφώτισταί μου ὁ νοῦς. πλέον θέλω κἀγὼ πέμψαι ἐξ ἰδίας φρενὸς εὐλογίαν τῷ θεῷ. — Ὦ τέκνον, μὴ ἀσκόπως. — Ἐν τῷ νῷ, ὦ πάτερ, ἃ θεωρῶ, λέγω. σοί, γενάρχα τῆς γενεσιουργίας, Τὰτ θεῷ πέμπω λογικὰς θυσίας. θεέ, σὺ πάτερ, σὺ ὁ κύριος, σὺ ὁ νοῦς, δέξαι λογικὰς ἃς θέλεις ἀπ' ἐμοῦ· σοῦ γὰρ βουλομένου πάντα τελεῖται.

— Σύ, ὦ τέκνον, πέμψον δεκτὴν θυσίαν τῷ πάντων πατρὶ θεῷ. ἀλλὰ καὶ πρόσθες, ὦ τέκνον, "διὰ τοῦ Λόγου."

22 — Εὐχαριστῶ σοι, πάτερ, †ταῦτά μοι αἰνεῖν εὐξαμένῳ.† — Χαίρω, τέκνον, καρποφορήσαντος ἐκ τῆς ἀληθείας τὰ ἀγαθά, τὰ ἀθάνατα γενήματα. τοῦτο μαθὼν παρ' ἐμοῦ τῆς ἀρετῆς σιγὴν ἐπάγγειλαι, μηδενί, τέκνον, ἐκφαίνων τῆς παλιγγενεσίας τὴν παράδοσιν, ἵνα μὴ ὡς διάβολοι λογισθῶμεν. ἱκανῶς γὰρ ἕκαστος ἡμῶν ἐπεμελήθη, ἐγώ τε ὁ λέγων, σύ τε ὁ ἀκούων. νοερῶς ἔγνως σεαυτὸν καὶ τὸν πατέρα τὸν ἡμέτερον.

18 **A**s potências que estão em mim, louvai o Todo e o Uno; todas as potências em mim, cantai à minha vontade. Santa gnose, sendo iluminado por ti, através de ti, louvando a luz inteligível, alegro-me com a alegria do *nous*. Todas as potências, louvai comigo. E tu, continência, comigo louva. Minha justiça, louva o ser justo através de mim. Minha disposição caridosa, louva o Uno através de mim: Verdade, louva a verdade. Bem, louva o bem. Ó vida e luz, o louvor habita de nós para nós. Agradeço-te, Pai, energia das potências. Agradeço-te, Deus, potência das minhas energias. O teu Logos por meio de mim te louva. Por meio de mim, receba o Todo com palavra, o sacrifício racional. **19** **A**s potências em mim emitem essas coisas; louvam o Todo; cumprem tua vontade; teu conselho é de ti e para ti, o Todo. Recebe de todos um sacrifício racional; o Todo em nós, salva-*o*, ó vida; ilumina-*o*, ó luz, †pneuma†, Deus; pois o *Nous* pastoreia o teu Logos. Ó portador do pneuma, Demiurgo, **20** **t**u és Deus. A tua humanidade emite essas coisas através do fogo, através do ar, através da terra, através do pneuma, através das tuas criaturas. Do teu *Aion* também encontrei louvor, *é* o que procuro; pela tua vontade tenho descansado. Vi pela tua vontade esse louvor sendo proferido.

21 — **Ó** pai, tenho me colocado no meu mundo. — "No *mundo* noético" diz, filho. — No noético, ó pai, tenho potência. Do teu hino e do teu louvor meu *nous* tem sido iluminado. Ademais, eu também quero enviar, da visão de minha mente, louvor a Deus. — ó filho, que não *faças* irrefletidamente. — No *nous*, ó pai, as *coisas* que contemplo, digo. A ti, originador da criação, *eu*, Tat, a Deus, envio sacrifícios racionais. Deus, tu és Pai, tu és o Senhor, tu és o *Nous*, recebe os sacrifícios que queres de mim; pois quando queres, todas as coisas se realizam.

— Tu, ó filho, envia um sacrifício agradável a Deus, pai de todos. Mas também coloca ao lado, ó filho, "através do Logos".

22 — **A**gradeço-te, pai, †estas coisas *e* por me aprovar quando orei†. — Alegro-me, filho, porque da verdade que produz frutos, *existem* os rebentos bons e imortais. Aprendendo isso de minha parte, promete silêncio de honra, *e* a ninguém, filho, expõe a tradição da palingenesia, para que não sejamos considerados como divulgadores. Pois *é o suficiente*, cada um de nós se ocupou o bastante *até agora*, eu, o locutor, e tu, o ouvinte. Conheceste intelectualmente a ti mesmo e o nosso pai.

☥

LIBELLUS XIV — ἙΡΜΟΥ ΤΡΙΣΜΕΓΙΣΤΟΥ ἈΣΚΛΗΠΙΩΙ

ΕΥ ΦΡΟΝΕΙΝ.

1 Ἐπεὶ ὁ υἱός μου Τὰτ ἀπόντος σοῦ τὴν τῶν ὅλων ἠθέλησε φύσιν μαθεῖν, ὑπερθέσθαι δέ μοι ἔπρεπεν, ὡς υἱὸς καὶ νεώτερος ἄρτι παρελθὼν ἐπὶ τὴν γνῶσιν τῶν περὶ ἑνὸς ἑκάστου, ἠναγκάσθην πλείονα εἰπεῖν, ὅπως εὐπαρακολούθητος αὐτῷ γένηται ἡ θεωρία. σοὶ δὲ ἐγὼ τῶν λεχθέντων τὰ κυριώτατα κεφάλαια ἐκλεξάμενος δι' ὀλίγων ἠθέλησα ἐπιστεῖλαι, μυστικώτερον αὐτὰ ἑρμηνεύσας, ὡς ἂν τηλικούτῳ καὶ ἐπιστήμονι τῆς φύσεως.

2 εἰ τὰ φαινόμενα πάντα γέγονε καὶ γίνεται, τὰ δὲ γεννητὰ οὐχ ὑφ' ἑαυτῶν ἀλλ' ὑφ' ἑτέρου γίνεται, πολλὰ δὲ γεννητὰ, μᾶλλον δὲ πάντα τὰ φαινόμενα καὶ πάντα διάφορα καὶ οὐχ ὅμοια, γίνεται δὲ ὑφ' ἑτέρου τὰ γινόμενα, ἔστι τις ὁ ταῦτα ποιῶν καὶ οὗτος ἀγέννητος, ἵν' ᾖ πρεσβύτερος τῶν γεννητῶν· τὰ γὰρ γεννητά φημι ὑφ' ἑτέρου γίνεσθαι· τῶν δὲ γεννητῶν ὄντων ἀδύνατόν τι πρεσβύτερον πάντων εἶναι, ἢ μόνον τὸ ἀγέννητον. **3** οὗτος δὲ καὶ κρείττων καὶ εἷς καὶ μόνος ὄντως σοφὸς τὰ πάντα, ὡς μὴ ἔχων μηδὲν πρεσβύτερον ἄρχει γὰρ καὶ τῷ πλήθει καὶ τῷ μεγέθει καὶ τῇ διαφορᾷ τῶν γενομένων καὶ συνεχείᾳ τῆς ποιήσεως, ἔπειτα δὲ τὰ γεννητὰ ὁρώμενά ἐστιν, ἐκεῖνος δὲ ἀόρατος. διὰ τοῦτο γὰρ ποιεῖ, ἵνα ὁρατὸς ᾖ. ἀεὶ οὖν ποιεῖ. ὁρατὸς τοιγαροῦν ἐστιν.

LIBELLUS XIV — DE HERMES TRISMEGISTOS A ASCLÉPIO

O BEM PENSAR.

1 Já que meu filho, Tat, quando tu estavas ausente, quis aprender da natureza de todas as coisas, convinha a mim delongar; porque *meu* filho é novo, somente agora se aproximando do conhecimento das coisas acerca de cada qual, fui obrigado falar mais abundantemente, a fim de que a teoria lhe viesse a ser fácil de seguir com a mente. Mas a ti, eu gostaria de escrever em forma de epístola, elegendo através de poucos, os pontos principais das coisas proferidas, interpretando-as mais secretamente já que és de tanta idade e conhecedor da natureza.

2 Se todos os seres manifestos têm vindo a ser e vêm a ser; *se* as coisas engendradas não existem por si mesmas, mas por outro diferente; e *se* muitas coisas *são* engendradas; e principalmente *se* todas as coisas manifestas *são* tanto todas diferentes quanto não semelhantes; e *se* as coisas que existem vêm a existir por outro diferente, existe alguém que faz essas coisas e este é inengendrado, que ele seja maior do que os seres gerados; pois digo que os gerados vieram a ser por outro diferente; e é impossível que algum dos seres engendrados seja maior do que todos, exceto somente o inengendrado. **3 E** esse também *é* o Melhor, Um e Único, e certamente Sábio *em* todas as coisas, com nada superior, pois *ele* supera também os seres que vêm a ser pela imensidão, grandeza e diferença e supera a criação pela durabilidade, e, por conseguinte, os seres engendrados são vistos, mas aquele é invisível. Por isso, *ele* cria para que seja visto. Portanto, ele sempre cria. Assim, pois, *ele* é visível.

4 οὕτως ἐστὶν ἄξιον νοῆσαι καὶ νοήσαντα θαυμάσαι καὶ θαυμάσαντα ἑαυτὸν μακαρίσαι, τὸν πατέρα γνωρίσαντα.

τί γὰρ γλυκύτερον πατρὸς γνησίου; τίς οὖν ἐστιν οὗτος καὶ πῶς αὐτὸν γνωρίσομεν; ἢ τούτῳ τὴν τοῦ θεοῦ προσηγορίαν μόνῳ δίκαιον ἀνάκεισθαι, ἢ τὴν τοῦ ποιητοῦ, ἢ τὴν τοῦ πατρός, ἢ καὶ τὰς τρεῖς; θεὸν μὲν διὰ τὴν δύναμιν, ποιητὴν δὲ διὰ τὴν ἐνέργειαν, πατέρα δὲ διὰ τὸ ἀγαθὸν. δύναμις γάρ ἐστι, διάφορος τῶν γενομένων, ἐνέργεια δὲ ἐν τῷ πάντα γίνεσθαι.

διὸ τῆς πολυλογίας τε καὶ ματαιολογίας ἀπαλλαγέντας χρὴ νοεῖν δύο ταῦτα, τὸ γινόμενον καὶ τὸν ποιοῦντα· μέσον γὰρ τούτων οὐδὲν, οὐδὲ τρίτον τι.

5 πάντα οὖν νοῶν, καὶ πάντα ἀκούων, τῶν δύο τούτων μέμνησο καὶ ταῦτα εἶναι νόμιζε τὰ πάντα, μηδὲν ἐν ἀπορίᾳ τιθέμενος, μὴ τῶν ἄνω, μὴ τῶν κάτω, μὴ τῶν θείων, μὴ τῶν μεταβλητῶν, ἢ τῶν ἐν μυχῷ· δύο γάρ ἐστι τὰ πάντα, τὸ γινόμενον καὶ τὸ ποιοῦν, καὶ διαστῆναι τὸ ἕτερον ἀπὸ τοῦ ἑτέρου ἀδύνατον· οὐδὲ γὰρ τὸν ποιοῦντα χωρὶς τοῦ γινομένου δυνατὸν εἶναι· ἑκάτερος γὰρ αὐτῶν αὐτὸ τοῦτό ἐστι· διὸ οὐκ ἔστι τὸ ἕτερον τοῦ ἑτέρου χωρισθῆναι, ἀλλ' <οὐδὲ> αὐτὸ ἑαυτοῦ.

6 εἰ γὰρ ὁ ποιῶν ἄλλο οὐδέν ἐστιν ἢ τὸ ποιοῦν, μόνον, ἁπλοῦν, ἀσύνθετον, ποιεῖν ἀνάγκη τοῦτο αὐτὸ ἑαυτῷ, ὡς γένεσίς ἐστι τὸ ποεῖν τοῦ ποιοῦντος καὶ πᾶν τὸ γινόμενον ἀδύνατον ὑφ' ἑαυτοῦ γινόμενον εἶναι, γινόμενον δὲ ὑφ' ἑτέρου ἀνάγκη γίνεσθαι· τοῦ δὲ ποιοῦντος ἄνευ τὸ γεννητὸν οὔτε γίνεται οὔτε ἔστι. τὸ γὰρ ἕτερον τοῦ ἑτέρου ἀπώλεσε τὴν ἰδίαν φύσιν, στερήσει τοῦ ἑτέρου. εἰ τοίνυν δύο ὡμολόγηται τὰ ὄντα, τό τε γινόμενον καὶ τὸ ποιοῦν, ἕν ἐστι τῇ ἑνώσει, τὸ μὲν προηγούμενον τὸ δὲ ἑπόμενον· προηγούμενον μέν, ὁ ποιῶν θεός, ἑπόμενον δὲ τὸ γινόμενον, ὁποῖον ἐὰν ᾖ.

4 Assim é digno pensar, *e* tendo pensado, maravilhar-se, *e* tendo se maravilhado, ter a si mesmo como feliz, porque conheceu o pai.

Então, o que é mais doce do que o pai do legítimo nascimento? Quem, portanto, é esse e como o conheceremos? Ou a esse somente é digno de ser atribuída a designação de Deus, ou a de Criador, ou a de Pai, ou também as três? É Deus, de fato, por causa da potência, mas Criador por causa da energia, e Pai por causa do Bem. Pois é potência, diferente dos seres que vêm a existir; e é energia para que todas as coisas venham a ser nele.

Por isso, é necessário, afastando-se da abundância de palavras tanto quanto da linguagem vã, pensar duas coisas, *a saber*, o ser que vem a existir e o que cria: pois nada existe no meio desses, nem um terceiro termo.

5 Portanto, compreendendo todas as coisas, ouvindo todas as coisas, recorda dessas duas e considera, tomando para si, que todas essas *não* são nada de aporia, nem as de cima, nem as de baixo, nem as divinas, nem as mutáveis, ou as que estão no profundo da alma; pois todas *essas* coisas são duas: o que vem a ser e o que cria, e *é* impossível separar um do outro; pois nem é possível que aquele que cria o faça sem o que vem a ser; pois cada um desses é isso mesmo; por isso, não é para se separar um do outro, <nem> de si mesmo.

6 Se, pois, o que faz não é outro senão o ser criador, único, simples e assíndeto, é necessário que ele próprio crie em si mesmo; como a gênese é o criar das coisas que são criadas, também é impossível que todo que vem a ser seja feito por si mesmo, mas é necessário que o que vem a ser seja feito por outro diferente; mas se o que cria *está* fora, o rebente nem vem a ser nem é. Pois um e outro fazem perecer a própria natureza, pela privação do outro. Se efetivamente os seres concordam com os dois, *a saber*, com o que vem a ser assim como o que cria; eles estão em união, o que conduz e o que segue. De um lado, o Deus que cria é o que conduz; do outro lado, o que vem a ser é o que segue, seja qual for.

7 καὶ μὴ διὰ τὴν ποικιλίαν τῶν γινομένων φυλάξῃ, φοβούμενος ταπεινότητα καὶ ἀδοξίαν τῷ θεῷ περιγράψαι· μία γάρ αὐτῷ ἐστι δόξα, τὸ ποιεῖν τὰ πάντα, καὶ τοῦτό ἐστι τὸ τοῦ θεοῦ ὥσπερ τὸ σῶμα, ἡ ποίησις· αὐτῷ δὲ τῷ ποιοῦντι οὐδὲν κακὸν οὐδ' αἰσχρὸν νομιζόμενον. ταῦτα γάρ ἐστι τὰ πάθη τὰ τῇ γενέσει παρεπόμενα, ὥσπερ ὁ ἰὸς τῷ χαλκῷ καὶ ὁ ῥύπος τῷ σώματι. ἀλλ' οὔτε ἰὸν ὁ χαλκουργὸς ἐποίησεν, οὔτε τὸν ῥύπον οἱ γεννήσαντες, οὔτε τὴν κακίαν ὁ θεός. ἡ δὲ τῆς γενέσεως ἐπιδιαμονὴ καθάπερ ἐξανθεῖν ποεῖ καὶ διὰ τοῦτο ἐποίησε τὴν μεταβολὴν ὁ θεός, ὥσπερ ἀνακάθαρσιν τῆς γενέσεως.

8 εἶτα τῷ μὲν αὐτῷ ζωγράφῳ ἔξεστι καὶ οὐρανὸν ποιῆσαι καὶ γῆν καὶ θάλασσαν καὶ θεοὺς καὶ ἀνθρώπους καὶ πάντα τὰ ἄλογα καὶ ἄψυχα, τῷ δὲ θεῷ οὐ δυνατὸν πάντα ποεῖν; ὢ τῆς πολλῆς ἀνοίας καὶ ἀγνωσίας τῆς περὶ τὸν θεόν. τὸ γὰρ πάντων καινότατον πάσχουσιν οἱ τοιοῦτοι· τὸν γὰρ θεὸν φάσκοντες εὐσεβεῖν τε καὶ εὐλογεῖν, τῷ μὴ τὴν τῶν πάντων ποίησιν αὐτῷ ἀνατιθέναι, οὔτε τὸν θεὸν οἴδασι, πρὸς δὲ τῷ μὴ εἰδέναι, καὶ τὰ μέγιστα εἰς αὐτὸν ἀσεβοῦσι, πάθη αὐτῷ περιτιθέντες ὑπεροψίαν ἢ ἀδυναμίαν. εἰ γὰρ μὴ πάντα ποεῖ, ὑπερηφανῶν οὐ ποιεῖ ἤ μὴ δυνάμενος· ὅπερ ἐστὶν ἀσεβές.

9 ὁ γὰρ θεὸς ἓν μόνον πάθος ἔχει, τὸ ἀγαθόν, ὁ δὲ ἀγαθὸς οὔτε ὑπερήφανος οὔτε ἀδύνατος. τοῦτο γάρ ἐστιν ὁ θεός, τὸ ἀγαθόν, ἡ πᾶσα δύναμις τοῦ ποιεῖν τὰ πάντα, πᾶν δὲ τὸ γεννητὸν ὑπὸ τοῦ θεοῦ γέγονεν, ὅπερ ἐστὶν ὑπὸ τοῦ ἀγαθοῦ καὶ τοῦ τὰ πάντα δυναμένου ποιεῖν.

εἰ δὲ πῶς μὲν αὐτὸς ποιεῖ, πῶς δὲ τὰ γινόμενα γίνεται βούλει μαθεῖν, ἔξεστί σοι· ἴδε εἰκόνα καλλίστην καὶ ὁμοιοτάτην, **10** ἴδε γεωργὸν σπέρμα καταβάλλοντα εἰς τὴν γῆν, ὅπου μὲν πυρόν, ὅπου δὲ κριθήν, ὅπου δὲ ἄλλο τι τῶν σπερμάτων. ἴδε τὸν αὐτὸν ἄμπελον φυτεύοντα καὶ μηλέαν καὶ τὰ ἄλλα τῶν δένδρων. οὕτω καὶ ὁ θεὸς ἐν μὲν οὐρανῷ ἀθανασίαν σπείρει, ἐν δὲ γῇ μεταβολήν, ἐν δὲ τῷ παντὶ ζωὴν καὶ κίνησιν. ταῦτα δὲ οὐ πολλά ἐστιν, ἀλλ' ὀλίγα καὶ εὐαρίθμητα· τὰ γὰρ πάντα τέσσαρά ἐστι καὶ αὐτὸς ὁ θεὸς καὶ ἡ γένεσις, ἐν οἷς τὰ ὄντα ἐστίν.

7 E não recuses a quantidade de seres que vieram a ser, temendo delimitar Deus a uma baixeza e desonra; pois uma é sua glória: criar todas as coisas, e isto é como o corpo de Deus, *a saber*, a criação. E é *autoria* dele que *não* faz nada *que seja* ruim nem considerado ignominioso. Pois essas coisas *são* as paixões que seguem ao nascimento, como a ferrugem ao bronze e a mancha ao corpo. Mas nem o ferreiro fez a ferrugem, nem a mancha fizeram os engendrados, nem Deus fez a maldade. Mas é a existência continuada do nascimento como se faz florescer; e, por isso, Deus fez a metábole, como purificação do nascimento.

8 Então, é lícito ao próprio pintor fazer o céu, a terra, o mar, os deuses, os homens e todas os seres irracionais e inanimados, e a Deus não *é* possível? Oh, que grande loucura e ignorância sobre Deus! Pois tais *pessoas de grande loucura e ignorância sobre Deus* sofrem a mais estranha de todas as coisas; pois, embora declarem que são piedosos e que louvam a Deus, não atribuem a Deus a criação de todas as coisas, nem conhecem a Deus, e por não conhecer, praticam grandiosamente a impiedade para com ele, atribuindo-lhe as mudanças produzidas nos seres por desprezo ou indigência. Se, pois, *ele* não faz todos os seres, é porque tratam com desdém *acusando-o de* não criar ou porque não o podem; o que precisamente *é* impiedoso.

9 Pois o Deus, Um-Único, tem uma experiência, o Bem, e ele é bom, não é orgulhoso, nem indigente. Pois ele é Deus, o Bem, a Potência para fazer todas as coisas, e todo engendrado tem sido feito por meio de Deus, o que precisamente existe por meio do Bem e daquele que pode criar todas as coisas.

E se queres aprender como se cria, e como os seres que vêm a existir são criados, isso é possível a ti. Vê a mais bela e semelhante imagem, **10 v**eja o agricultor depositando a semente na terra, aqui trigo, ali cevada, e acolá algum outro tipo de semente. Vê o mesmo plantando a vide, a macieira e outras árvores. Assim também, por um lado, Deus no céu semeia a imortalidade; por outro lado, na terra, semeia a metábole; no Universo, semeia vida e movimento; pois são todas essas em número de quatro; ademais, há o próprio Deus e o nascimento, nos quais todos seres existem.

♀

LIBELLUS XV*

♀

* Ver explicação do porquê o *Caput XV* (Libellus XV) não existe no *Corpus Hermeticum*, mas deve ser contado, em "**A delimitação literária dos *libelli* do *Corp. Herm.***", pp. 91-3.

LIBELLUS XV

♀

LIBELLUS XVI —῞ΟΡΟΙ ἈΣΚΛΗΠΙΟΥ ΠΡΟΣ ἌΜΜΩΝΑ ΒΑΣΙΛΕΑ

περὶ θεοῦ· περὶ ὕλης· περὶ κακίας· περὶ εἱμαρμένης· περὶ ἡλίου· περὶ νοητῆς οὐσίας· περὶ θείας οὐσίας· περὶ ἀνθρώπου· περὶ οἰκονομίας τοῦ πληρώματος· περί τῶν ἑπτά ἀστέρων· περὶ τοῦ κατ' εἰκόνα ἀνθρώπου.

1 Μέγαν σοι τὸν λόγον, ὦ βασιλεῦ, διεπεμψάμην πάντων τῶν ἄλλων ὥσπερ κορυφὴν καὶ ὑπόμνημα, οὐ κατὰ τὴν τῶν πολλῶν δόξαν συγκείμενον, ἔχοντα δὲ πολλὴν ἐκείνοις ἀντίδειξιν· φανήσεται γάρ σοι καὶ τοῖς ἐμοῖς ἐνίοις λόγοις ἀντίφωνος. Ἑρμῆς μὲν γὰρ ὁ διδάσκαλός μου, πολλάκις μοι διαλεγόμενος καὶ ἰδίᾳ καὶ τοῦ Τὰτ ἐνίοτε παρόντος, ἔλεγεν ὅτι δόξει τοῖς ἐντυγχάνουσί μου τοῖς βιβλίοις ἁπλουστάτη εἶναι ἡ σύνταξις καὶ σαφής, ἐκ δὲ τῶν ἐναντίων ἀσαφὴς οὖσα καὶ κεκρυμμένον τὸν νοῦν τῶν λόγων ἔχουσα, καὶ ἔτι ἀσαφεστάτη, τῶν Ἑλλήνων ὕστερον βουληθέντων τὴν ἡμετέραν διάλεκτον εἰς τὴν ἰδίαν μεθερμηνεῦσαι, ὅπερ ἔσται τῶν γεγραμμένων μεγίστη διαστροφή τε καὶ ἀσάφεια. **2** ὁ δὲ λόγος τῇ πατρῴᾳ διαλέκτῳ ἑρμηνευόμενος ἔχει σαφῆ τὸν τῶν λόγων νοῦν. καὶ γὰρ αυτὸ τὸ τῆς φωνῆς ποιὸν καὶ ἡ τῶν Αἰγυπτίων... ὀνομάτων ἐν ἑαυτῇ ἔχει τὴν ἐνέργειαν τῶν λεγομένων.

ὅσον οὖν δυνατόν ἐστί σοι, βασιλεῦ, πάντα δὲ δύνασαι, τόν λόγον διατήρησον ἀνερμήνευτον, ἵνα μήτε εἰς Ἕλληνας ἔλθῃ τοιαῦτα μυστήρια, μήτε ἡ τῶν Ἑλλήνων ὑπερήφανος φράσις καὶ ἐκλελυμένη καὶ ὥσπερ κεκαλλωπισμένη ἐξίτηλον ποιήσῃ τὸ σεμνὸν καὶ στιβαρόν, καὶ τὴν ἐνεργητικὴν τῶν ὀνομάτων φράσιν. Ἕλληνες γάρ, ὦ βασιλεῦ, λόγους ἔχουσι κενοὺς ἀποδείξεων ἐνεργητικούς, καὶ αὕτη ἐστὶν Ἑλλήνων φιλοσοφία, λόγων ψόφος. ἡμεῖς δὲ οὐ λόγοις χρώμεθα. ἀλλὰ φωναῖς μεσταῖς τῶν ἔργων.

LIBELLUS XVI — DEFINIÇÕES DE ASCLÉPIO A AMON

Sobre Deus; sobre a matéria; sobre o vício; sobre a heimarmene; sobre o Sol; sobre a essência inteligível; sobre a essência divina; sobre a humanidade; sobre as normas do pleroma; sobre os sete astros; sobre o homem segundo a imagem.

1 Um importante discurso a ti, ó rei, envio como coroamento e memorando de todos os outros, não sendo composto segundo a opinião da massa, mas tendo uma profunda refutação para ela; pois ele também te parecerá contraditório em relação a alguns dos meus discursos. Pois, de fato, Hermes, meu mestre, muitas vezes dialogando comigo tanto privadamente como, às vezes, com Tat estando presente, disse: a sintaxe parecerá ser simples e clara para as pessoas que se deparam com os meus livros, mas, contrariamente, sendo obscura e tendo o sentido oculto das palavras; e ainda mais obscura *será* quando os gregos, mais tarde, quiserem traduzir o nosso idioma para o seu próprio, o que será uma grande distorção e obscuridade das coisas escritas. **2** Mas o discurso, sendo interpretado pelo idioma dos antepassados, tem o sentido claro das palavras. Pois também a própria qualidade do som e o *som* dos nomes egípcios têm em si mesmo a energia das coisas que são ditas.

Portanto, tudo quanto é possível a ti, ó rei, e podes todas as coisas, mantém o discurso inexplicável, para que tais mistérios também não venham para os gregos, nem a elocução desdenhosa e envolvente e também adornada dos gregos faça nulo o majestoso e o forte, e também a elocução energética dos nomes. Pois os gregos, ó rei, têm vãs palavras energéticas de deduções, e esta é a filosofia dos gregos: ruído de palavras. Nós não usamos palavras. Mas *usamos* os sons cheios de realizações.

3 ἄρξομαι δὲ τοῦ λόγου ἔνθεν, τὸν θεὸν ἐπικαλεσάμενος τὸν τῶν ὅλων δεσπότην καὶ ποιητὴν καὶ πατέρα καὶ περίβολον, καὶ πάντα ὄντα τὸν ἕνα, καὶ ἕνα ὄντα τὸν πάντα· τῶν πάντων γὰρ τὸ πλήρωμα ἕν ἐστι καὶ ἐν ἑνί, οὐ δευτεροῦντος τοῦ ἑνός, ἀλλ' ἀμφοτέρων ἑνὸς ὄντος. καὶ τοῦτόν μοι τὸν νοῦν διατήρησον, ὦ βασιλεῦ, παρ'ὅλην τὴν τοῦ λόγου πραγματείαν. ἐὰν γάρ τις ἐπιχειρήσῃ τῷ πάντα καὶ ἕν δοκοῦντι καὶ ταὐτὸν εἶναι, τοῦ ἑνὸς χωρίσαι, ἐκδεξάμενος τὴν τῶν πάντων προσηγορίαν ἐπὶ πλήθους καὶ οὐκ ἐπὶ πληρώματος, ὅπερ ἐστὶν ἀδύνατον, τό πᾶν τοῦ ἑνὸς λύσας, ἀπολέσει τό πᾶν. πάντα γὰρ ἓν εἶναι δεῖ, εἴγε ἓν ἔστιν, ἔστι δέ, καὶ οὐδέποτε παύεται ἓν ὄντα, ἵνα μὴ τὸ πλήρωμα λυθῇ.

4 ἴδε οὖν ἐν τῇ γῇ πολλὰς πηγὰς ὑδάτων καὶ πυρὸς ἀναβρυούσας ἐν τοῖς μεσαιτάτοις μέρεσι, καὶ ἐν τῷ αὐτῷ τὰς τρεῖς φύσεις ὁρωμένας, πυρὸς καὶ ὕδατος καὶ γῆς, ἐκ μιᾶς ῥίζης ἠρτημένας· ὅθεν καὶ πάσης ὕλης πεπίστευται εἶναι ταμιεῖον, καὶ ἀναδίδωσι μὲν αὐτῆς τὴν χορηγίαν, ἀνταπολαμβάνει δὲ τὴν ἄνωθεν ὕπαρξιν. **5** οὕτω γὰρ οὐρανὸν καὶ γῆν συνδεῖ ὁ δημιουργός, λέγω δὴ ὁ ἥλιος, τὴν μὲν οὐσίαν κατάγων, τὴν δὲ ὕλην ἀνάγων καὶ περὶ αὐτὸν καὶ εἰς αὐτὸν τὰ πάντα ἕλκων καὶ ἀπὸ ἑαυτοῦ πάντα διδοὺς πᾶσι, καὶ τὸ φῶς ἄφθονον χαρίζεται, αὐτὸς γάρ ἐστιν οὗ ἀγαθαὶ ἐνέργειαι οὐ μόνον ἐν οὐρανῷ καὶ ἀέρι, ἀλλὰ καὶ ἐπὶ γῆς εἰς τὸν κατώτατον βυθὸν καὶ ἄβυσσον διήκουσιν.

6 εἰ δέ τις ἐστι καὶ νοητὴ οὐσία, αὕτη ἐστὶν ὁ τούτου ὄγκος, ἧς ὑποδοχὴ ἂν εἴη τὸ τούτου φῶς. πόθεν δὲ αὕτη συνίσταται ἢ ἐπιρρεῖ, αὐτὸς μόνος οἶδεν... ἢ καὶ τῷ τόπῳ καὶ τῇ φύσει, ἐγγὺς ὢν ἑαυτοῦ... †μὴ ὑφ' ἡμῶν ὁρώμενος, στοχασμῷ δὲ βιαζομένων νοεῖν †. **7** ἡ δὲ τούτου θέα οὐκ ἔστι στοχάζοντος, αλλ' αὐτὴ ἡ ὄψις λαμπρότατα περιλάμπει πάντα τὸν κόσμον τὸν ὑπερκείμενον καί ὑποκείμενον· μέσος γὰρ ἵδρυται στεφανηφορῶν τὸν κόσμον, καὶ καθάπερ ἡνίοχος ἀγαθὸς τὸ τοῦ κόσμου ἅρμα ἀσφαλισάμενος καὶ ἀναδήσας εἰς ἑαυτόν, μήπως ἀτάκτως φέροιτο. εἰσὶ δὲ αἱ ἡνίαι ζωὴ καὶ ψυχὴ καὶ πνεῦμα καὶ ἀθανασία καὶ γένεσις. ἀφῆκεν οὖν φέρεσθαι οὐ πόρρωθεν ἑαυτοῦ, ἀλλ' εἰ χρὴ τὸ αληθὲς εἰπεῖν, σὺν ἑαυτῷ,

3 E começarei aqui, invocando Deus, Senhor, Criador, Pai e Aquele que envolve todos os seres, *que*, por ser todas as coisas, é o Único; *que*, sendo Único, é todas as coisas; pois o pleroma de tudo é único e está no Uno, não que o Uno se duplique, mas que ambos são um. E isso mantém em tua mente, ó rei, próximo de toda aplicação do discurso. Pois, se alguém procurar pensar que todos os seres e o Uno são o mesmo, *e se alguém procurar* separar o Todo do Uno, distinguindo-*os*, deduzindo que a designação de todos os seres corresponde à pluralidade e não à totalidade, destrói o Todo, o que é impossível. Pois todas as coisas devem ser uma única coisa, se existe de fato o Uno, mas existe, e o Uno nunca impede os seres, para que o pleroma não seja diluído.

4 Portanto, veja na terra todas as fontes de águas e de fogo brotando nas partes mais centrais, e, ao mesmo tempo, as três naturezas sendo vistas, dependendo de uma única raiz: *a raiz* do fogo, da água e da terra; donde se crê que é armazém da matéria, e faz brotar seu aprovisionamento, mas recebe a existência lá de cima. **5 A**ssim, pois, o Demiurgo, digo o Sol, junta o céu e a terra, por um lado, fazendo descer a essência, por outro lado, fazendo subir a matéria e arrastando todas as coisas tanto ao redor dele como para dentro dele; e de si mesmo dá todas as coisas a todos, e a luz benfeitora é agradável; pois dele *são* as boas energias, não só no céu e no ar, mas também sobre a terra e na mais inferior profundeza e no *mais inferior* abismo.

6 E se há também alguma substância inteligível, esta é o volume dele, da qual a acolhida seja sua luz. E de algum lugar essa *substância noética* é constituída ou sucede, somente ele sabe... †não é visto por nós, mas, pela mira dos que forçam, compreende-se †. **7** E a visão deste não é do que fixa a vista, mas essa visão mais brilhante ilumina todo o mundo que jaz em cima e jaz embaixo; pois, colocado no meio, *ele* se fixa coroando o cosmo, como um bom condutor, tomando o carro do cosmo e se fixando, para que não seja arrastado. E as rédeas são a vida, a alma, o pneuma, a imortalidade e o nascimento. Portanto, ele deixou que *as rédeas* transportassem não para longe de si, mas, se é necessário dizer, consigo mesmo,

8 καὶ τοῦτον τὸν τρόπον δημιουργεῖται ἅπαντα, τοῖς μὲν ἀθανάτοις τὴν ἀΐδιον διαμονὴν ἀπονέμων καὶ τῇ ἀνωφερείᾳ τῇ τοῦ φωτὸς ἑαυτοῦ, ὅσον ἀναπέμπει ἐκ τοῦ θατέρου μέρους τοῦ πρὸς οὐρανὸν βλέποντος, τὰ ἀθάνατα μέρη τοῦ κόσμου τρέφων, τῷ δὲ καταλαμβανομένῳ καὶ περιλάμποντι τὸ πᾶν ὕδατος καὶ γῆς καὶ ἀέρος κύτος ζωοποιῶν καὶ ἀνακινῶν γενέσεσιν καὶ μεταβολαῖς τὰ ἐν τούτοις τοῖς μέρεσι τοῦ κόσμου ζῷα, **9** ἕλικος τρόπον μεταποιῶν καὶ μεταμορφῶν εἰς ἄλληλα, γένη γενῶν καὶ εἴδη εἰδῶν άντικαταλλασσομένης τῆς εἰς ἄλληλα μεταβολῆς, καθάπερ καὶ ἐπὶ τῶν μεγάλων σωμάτων ποιεῖ δημιουργῶν. παντὸς γὰρ σώματος διαμονὴ μεταβολή, καὶ τοῦ μὲν ἀθανάτου, ἀδιάλυτος, τοῦ δὲ θνητοῦ μετὰ διαλύσεως. καὶ αὕτη ἡ διαφορά ἐστι τοῦ ἀθανάτου πρὸς τὸ θνητόν, καὶ ἡ τοῦ θνητοῦ πρὸς τὸ ἀθάνατον.

10 ὥσπερ δὲ τὸ φῶς αὐτοῦ πυκνόν, οὕτω καὶ ἡ ζωογονία αὐτοῦ πυκνή τις καὶ ἀδιάλειπτος τῷ τόπῳ καὶ τῇ χορηγίᾳ. καὶ γὰρ δαιμόνων χοροὶ περὶ αὐτὸν πολλοὶ καὶ ποικίλαις στρατείαις ἐοικότες οἱ ... σύνοικοι καὶ τῶν ἀθανάτων οὐκ εἰσὶ πόρρω, ἔνθεν δὲ λαχόντες τὴν τούτων χώραν τὰ τῶν ἀνθρώπων ἐφορῶσι, τὰ δὲ ὑπὸ τῶν θεῶν ἐπιταττόμενα ἐνεργοῦσι θυέλλαις καὶ καταιγίσι καὶ πρηστῆρσι καὶ μεταβολαῖς πυρὸς καὶ σεισμοῖς, ἔτι δὲ λιμοῖς καὶ πολέμοις, ἀμυνόμενοι τὴν ἀσέβειαν. **11** αὕτη γὰρ ἀνθρώποις εἰς θεοὺς ἡ μεγίστη κακία· θεῶν μὲν γὰρ τὸ εὖ ποιεῖν, ἀνθρώπων δὲ τὸ εὐσεβεῖν, δαιμόνων δὲ τὸ ἐπαμύνειν. τὰ γὰρ ἄλλα τὰ ὑπ' ἀνθρώπων τολμώμενα ἢ πλάνῃ ἢ τόλμῃ ἢ ἀνάγκῃ, ἣν καλοῦσιν εἱμαρμένην, ἢ ἀγνοίᾳ, ταῦτα πάντα παρὰ θεοῖς ἀνεύθυνα· μόνη δὲ ἡ ἀσέβεια δίκῃ ὑποπέπτωκε.

12 σωτὴρ δὲ καὶ τροφεύς ἐστι παντὸς γένους ὁ ἥλιος· καὶ ὥσπερ ὁ νοητὸς κόσμος τὸν αἰσθητόν κόσμον περιέχων πληροῖ αὐτὸν ὀγκῶν ταῖς ποικίλαις καὶ παντομόρφοις ἰδέαις, οὕτω καὶ ὁ ἥλιος πάντα ἐν τῷ κόσμῳ περιέχων ὀγκοῖ πάντων τὰς γενέσεις καὶ ἰσχυροποιεῖ· καμόντων δὲ καὶ ῥευσάντων ὑποδέχεται.

8 e, desse modo, todas as coisas são criadas, atribuindo aos imortais a permanência eterna e, com o movimento ascendente de sua própria luz, quão longínquo lança de outra parte que se volta para o céu, alimentando as partes imortais do cosmo, e com a *luz* sendo apreendida também ilumina toda a concavidade da água, da terra e do ar, vivificando e despertando todos os viventes nessas partes com o vir a ser e as metáboles, **9** do modo de um espiral refazendo e metamorfoseando umas coisas noutras quando a metábole torna umas coisas em outras, gênero de gêneros, formas de formas, assim como o que cria faz sobre os grandes corpos. Pois, a preservação de todo corpo é metábole; e *a preservação* do imortal *é metábole* indissolúvel; *a preservação* do mortal *é metábole* com dissolução. E essa é a diferença do imortal em relação ao mortal, e a do mortal em relação ao imortal.

10 E como sua luz *é* poderosa, assim também sua ação de criar *é* algo de grande e incessante tanto em espaço quanto em riqueza, pois os coros dos *daimones* ao redor dele são muitos e semelhantes a diversos exércitos, os quais, *embora sendo* companheiros dos imortais, não estão distantes, e aqui assumindo o lugar *por meio do fado*, supervisionam as coisas dos homens, as que sendo impostas pelos deuses, eles *as* executam com furacões, tempestades, relâmpagos, mudanças do fogo e terremotos, e ainda com calamidades e guerras, repelindo a impiedade. **11 P**ois este *é* o grande mal dos homens para com os deuses; pois, deveras, dos deuses *é* o bem fazer; dos homens, o reverenciar; e, dos *daimones*, o repelir. Pois as outras coisas são por conta e risco (ousadia) dos homens: por engano, por atrevimento, por necessidade, a qual chamam de heimarmene, ou por ignorância, todas essas coisas não são responsabilidades por parte dos deuses; mas somente a impiedade tem estado sob suspeita.

12 O Sol é o salvador e o sustentador de todo gênero; e, como mundo inteligível cercando o mundo sensível, enche esse avolumando-o de diversas e pantomórficas imagens, assim o Sol envolvendo o mundo avoluma os engendramentos de todos *os seres* e fortalece; e quando eles morrem e se corrompem, ele os acolhe.

13 ὑπὸ τούτῳ δὲ ἐτάγη ὁ τῶν δαιμόνων χορός, μᾶλλον δὲ χοροί· πολλοὶ γὰρ οὗτοι καὶ ποικίλοι, ὑπὸ τὰς τῶν ἀστέρων πλινθίδας τεταγμένοι, ἑκάστῳ τούτων ἰσάριθμοι. διατεταγμένοι οὖν ὑπηρετοῦσιν ἑκάστῳ τῶν ἀστέρων, ἀγαθοὶ καὶ κακοὶ ὄντες τὰς φύσεις, τουτέστι τὰς ἐνεργείας. δαίμονος γὰρ οὐσία ἐνέργεια· εἰσὶ δέ τινες αὐτῶν κεκραμένοι ἐξ ἀγαθοῦ καὶ κακοῦ.

14 οὗτοι πάντες τῶν επὶ γῆς πραγμάτων τὴν ἐξουσίαν κεκληρωμένοι εἰσὶ καὶ τῶν επὶ γῆς θορύβων, καὶ ποικίλην ταραχὴν ἐργάζονται καὶ κοινῇ ταῖς πόλεσι καὶ τοῖς ἔθνεσι καὶ ἰδίᾳ ἑκάστῳ· ἀναπλάττονται γὰρ καὶ ἀνεγείρουσι τὰς ψυχὰς ἡμῶν εἰς ἑαυτούς, ἐγκαθήμενοι ἡμῶν νεύροις καὶ μυελοῖς καί φλεψὶ καὶ ἀρτηρίαις καὶ αὐτῷ τῷ ἐγκεφάλῳ, διήκοντες μέχρι καὶ αὐτῶν τῶν σπλάγχνων.

15 γενόμενον γὰρ ἡμῶν ἕκαστον καὶ ψυχωθέντα παραλαμβάνουσι δαίμονες οἱ κατ' ἐκείνην τὴν στιγμὴν τῆς γενέσεως ὑπηρέται, οἳ ἐτάγησαν ἑκάστῳ τῶν ἀστέρων· οὗτοι γὰρ κατὰ στιγμὴν ἐναλλάσσονται, οὐχ οἱ αὐτοὶ ἐπιμένοντες αλλ' ἀνακυκλούμενοι· οὗτοι οὖν εἰς τὰ δύο μέρη τῆς ψυχῆς δύντες διὰ τοῦ σώματος στροβοῦσιν αὐτὴν ἕκαστος πρὸς τὴν ἰδίαν ἐνέργειαν· τὸ δὲ λογικὸν μέρος τῆς ψυχῆς ἀδέσποτον τῶν δαιμόνων ἕστηκεν, ἐπιτήδειον εἰς ὑποδοχὴν τοῦ θεοῦ.

16 ὅτῳ οὖν ἐν τῷ λογικῷ ἀκτὶς ἐπιλάμπει διὰ τοῦ ἡλίου (οὗτοι δὲ πάντες ὀλίγοι εἰσί), τούτων καταργοῦνται οἱ δαίμονες. οὐδεὶς γὰρ οὐδὲν δύναται, οὔτε δαιμόνων οὔτε θεῶν πρὸς μίαν ἀκτῖνα τοῦ θεοῦ· οἱ δὲ ἄλλοι πάντες ἄγονται καὶ φέρονται καὶ τὰς ψυχὰς καὶ τὰ σώματα ὑπὸ τῶν δαιμόνων, ἀγαπῶντες καὶ στέργοντες τὰς ἐκείνων ἐνεργείας· καὶ †ὁ λόγος οὐκ ἔρως† ἐστὶν ὁ πλανώμενος καὶ πλανῶν· τὴν οὐν ἐπίγειον διοίκησιν ταύτην πᾶσαν διοικοῦσι δι' ὀργάνων τῶν ἡμετέρων σωμάτων· ταύτην δὲ τὴν διοίκησιν Ἑρμῆς εἱμαρμένην ἐκάλεσεν.

13 O coro dos *daimones* foi ordenado sob ele, melhor, os coros; pois esses são muitos e diversos, tendo sido ordenados sob os quadrantes solares dos astros, iguais em número para cada qual desses. Portanto, tendo sido ordenados, servem a cada um dos astros, sendo bons e maus por natureza, isto é, por energia. Pois, a essência dos *daimones* é energia; e existem alguns deles misturados do bem e do mal.

14 Todos esses sobre a terra foram escolhidos *para ter* autoridade sobre os negócios da terra e sobre as confusões da terra, operando uma desordem variada e, comumente, para as cidades e para os povos e, particularmente, para cada um; pois modelam e despertam as nossas almas para si mesmos, situando-se nos nossos nervos, medulas, veias e artérias e no próprio encéfalo, pervadindo também até as próprias vísceras.

15 Pois os *daimones*, servos do nascimento segundo o estigma, tomam possessão de cada um de nós quando nascemos e somos animados, os quais foram designados para cada um dos astros; pois, esses, segundo o estigma, permutam-se, não permanecendo os mesmos, mas circulando; assim, esses, penetrando através do corpo nas duas partes da alma, agitam-na, cada qual segundo sua própria energia; mas a parte racional da alma fica indominável pelos *daimones*, adequada para a recepção de Deus.

16 Portanto, quando o raio ilumina a *parte* racional por meio do Sol (mas todos esses *homens* são poucos), os *daimones* se fazem inativos em relação a eles. Pois nenhum dos *daimones* nem dos deuses *astrais* pode nada em relação a um raio de Deus; mas todos os outros são guiados e levados, também as almas e os corpos, pelos *daimones*, amando e acariciando as energias deles; mas †a razão não o eros† é o que é enganado e o que engana; assim, *os daimones* regem toda essa regência terrena através dos órgãos dos nossos corpos; e essa regência Hermes chamou heimarmene.

17 ἤρτηται οὖν ὁ νοητὸς κόσμος τοῦ θεοῦ, ὁ δὲ αἰσθητὸς τοῦ νοητοῦ, ὁ δὲ ἥλιος διὰ τοῦ νοητοῦ καὶ αἰσθητοῦ κόσμου τὴν ἐπιρροὴν ἀπὸ τοῦ θεοῦ χορηγεῖται τοῦ ἀγαθοῦ, τουτέστι τῆς δημιουργίας· περὶ δὲ τὸν ἥλιον αἱ ὀκτώ εἰσι σφαῖραι, τούτου ἠρτημέναι, ἥ τε τῶν ἀπλανῶν, ἐξ τῶν πλανωμένων, καὶ ἡ μία ἡ περίγειος· τούτων δὲ τῶν σφαιρῶν ἤρτηνται οἱ δαίμονες, τῶν δὲ δαιμόνων οἱ ἄνθρωποι· καὶ οὕτω πάντα τε καὶ πάντες ἀπὸ τοῦ θεοῦ εἰσιν ἠρτημένοι.

18 διὸ πατὴρ μὲν πάντων ὁ θεός, δημιουργὸς δὲ ὁ ἥλιος, ὁ δὲ κόσμος ὄργανον τῆς δημιουργίας· καὶ οὐρανὸν μὲν ἡ νοητὴ οὐσία διοικεῖ, οὐρανὸς δὲ θεούς, δαίμονες δὲ θεοῖς ὑποτεταγμένοι ἀνθρώπους διοικοῦσιν· αὕτη ἡ θεῶν καὶ δαιμόνων στρατιά. **19** πάντα δὲ ὁ θεὸς ποιεῖ διὰ τούτων ἑαυτῷ, καὶ μόρια τοῦ θεοῦ πάντα ἐστίν· εἰ δὲ πάντα μόρια, πάντα ἄρα ὁ θεός· πάντα οὖν ποιῶν, ἑαυτὸν ποιεῖ καὶ οὐκ ἄν ποτε παύσαιτο, ἐπεὶ καὶ αὐτὸς ἄπαυστος· καὶ ὥσπερ ὁ θεὸς οὐ τέλος ἔχει, οὕτως οὐδὲ ἡ ποίησις αὐτοῦ ἀρχὴν ἢ τέλος ἔχει.

17 Portanto, o mundo inteligível tem dependido de Deus, e o mundo sensível do inteligível, e o Sol, por meio do mundo inteligível e do sensível, conduz, a partir de Deus, o influxo do Bem, isto é, da criação; e ao redor do Sol existem oito esferas dependendo dele, a dos fixos, dos errantes, e uma, a perigeia; e os *daimones* dependem dessas esferas, e os homens dos *daimones*; e, assim, todas as coisas e todos têm dependido de Deus.

18 Por isso, Deus é Pai de todos, o Sol é o demiurgo, e o mundo é o órgão da criação; e a essência inteligível rege o céu, o céu os deuses, e os *daimones*, obedecendo aos deuses, regem os homens; esse também é o exército dos *daimones*. **19 T**odas as coisas Deus faz através desses para si mesmo, e as partes de Deus são todas as coisas: se todas as partes, então todas as coisas são Deus; portanto, o que faz todas as coisas faz por si mesmo e que ele não possa cessar em tempo algum, já que ele é incessante; e como Deus não tem fim, assim nem sua feitoria tem início ou fim.

☥

LIBELLUS XVII

...εἰ δὲ νοεῖς, ἔστιν, ὦ βασιλεῦ, καὶ σωμάτων ἀσώματα. — Ποῖα; ἔφη ὁ βασιλεύς. — Τὰ ἐν τοῖς ἐσόπτροις φαινόμενα σώματα οὐ δοκεῖ σοι ἀσώματα εἶναι; — Οὕτως ἔχει, ὦ Τάτ· θείως νοεῖς, ὁ βασιλεὺς εἶπεν. — Ἔστι δὲ καὶ ἀσώματα ἄλλα, οἷον αἱ ἰδέαι οὐ δοκοῦσιν εἶναί σοι, ἀσώματοι οὖσαι, ἐν σώματι φαινόμεναι, οὐ μόνον τῶν ἐμψύχων ἀλλὰ καὶ τῶν ἀψύχων; — Εὖ λέγεις, ὦ Τάτ. — Οὕτως ἀντανακλάσεις εἰσὶ τῶν ἀσωμάτων πρὸς τὰ σώματα, καὶ τῶν σωμάτων πρὸς τὰ ἀσώματα, τουτέστι τοῦ αἰσθητοῦ πρὸς τὸν νοητὸν κόσμον καὶ τοῦ νοητοῦ πρὸς τὸν αἰσθητόν· διὸ προσκύνει τὰ ἀγάλματα, ὦ βασιλεῦ, ὡς καὶ αὐτὰ ἰδέας ἔχοντα ἀπὸ τοῦ νοητοῦ κόσμου. ὁ οὖν βασιλεὺς ἐξαναστὰς ἔφη, Ὥρα ἐστίν, ὦ προφῆτα, περὶ τὴν τῶν ξένων ἐπιμέλειαν γενέσθαι· τῇ δὲ ἐπιούσῃ περὶ τῶν ἑξῆς θεολογήσομεν.

LIBELLUS XVII

...Se refletires, ó rei, dos corpos também existem os incorpóreos. — Quais? Disse o rei. — Os corpos manifestos nos espelhos não parecem ser incorpóreos? — Assim é, ó Tat; divinamente refletes, disse o rei. — Existem também outros incorpóreos: por exemplo, as imagens não parecem ser a ti substâncias incorporais, manifestas nos corpos, não somente das coisas animadas, mas também das coisas inanimadas? — Bem dizes, ó Tat. — Assim, como supramencionado, são os reflexos dos incorpóreos em relação aos corpos e dos corpos em relação aos incorpóreos, isto é, do sensível em relação ao mundo inteligível e do inteligível em relação ao sensível; por isso, prostra-te diante das estátuas, ó rei, porque também *elas* têm imagens do mundo inteligível. — Assim, o rei, tendo se levantado, disse: é hora, ó profeta, de vir a estar no que diz respeito ao cuidado dos hóspedes; no próximo dia teologizaremos um assunto após outro.

♀

LIBELLUS XVIII

Περὶ τῆς ὑπὸ τοῦ πάθους τοῦ σώματος ἐμποδιζομένης ψυχῆς.

1 Τοῖς τῆς παμμούσου μελῳδίας τὴν ἁρμονίαν ἐπαγγελλομένοις εἰ κατὰ τὴν ἐπίδειξιν ἐμποδών τι τῇ προθυμίᾳ γένηται ἡ τῶν ὀργάνων ἀναρμοστία, καταγέλαστον τὸ ἐπιχείρημα. τῶν γὰρ ὀργάνων ἐξασθενούντων πρὸς τὴν χρείαν, τὸν μουσουργὸν ἀνάγκη παρὰ τῶν θεωρῶν ἐπιτωθάζεσθαι. ὁ μὲν γὰρ ἀκάματον εὐγνωμόνως ἀποδίδωσι τὴν τέχνην, τῶν δὲ τὸ ἀσθενὲς καταμέμφεται ... ὁ γάρ τοι κατὰ φύσιν μουσικὸς [θεὸς] καὶ τῶν ᾠδῶν ἁρμονίαν οὐ μόνον ἐργαζόμενος ἀλλὰ καὶ ἄχρι τῶν κατὰ μέρος ὀργάνων τῆς οἰκείας μελῳδίας τὸν ῥυθμὸν παραπέμπων ἀκάματός ἐστιν ὁ θεός· οὐ γὰρ πρὸς θεοῦ τὸ κάμνειν. **2** εἰ δέ ποτε θελήσαντι τῷ τεχνίτῃ ὥσπερ μάλιστα ἐναγωνίζεσθαι περὶ μουσικήν, ἄρτι μὲν καὶ σαλπιγκτῶν τὴν αὐτὴν ἐπίδειξιν τῆς ἐπιστήμης ποιησαμένων, ἄρτι δὲ καὶ αὐλητῶν τοῖς μελικοῖς ὀργάνοις τὸ τῆς μελῳδίας λιγυρὸν ἐργασαμένων †καὶ καλάμῳ καὶ πλήκτρῳ τῆς ᾠδῆς τὴν μολπὴν ἐπιτελούνταν,... † οὐ τῷ πνεύματι τοῦ μουσικοῦ τις ἀναπέμπεται τὴν αἰτίαν, οὐ τῷ κρείττονί τὴν αἰτίαν, ἀλλὰ τῷ μὲν ἀποδίδωσι πρέπον τὸ σέβας, τῇ δὲ τοῦ ὀργάνου καταμέμφεται σαθρότητι, ὅτι δὴ τοῖς μάλιστα καλοῖς ἐμποδὼν κατέστη, τῷ μὲν μουσουργῷ πρὸς τὴν μελῳδίαν ἐμποδίσασα, τῶν δὲ ἀκροατῶν τὴν λιγυρὰν ᾠδὴν συλήσασα.

3 οὑτωσὶ δὲ καὶ ἡμῶν τῆς περὶ τὸ σῶμα ἀσθενείας χάριν, μή τις τῶν θεωρῶν καταμέμψηται ἀσεβῶς τὸ ἡμέτερον γένος, ἀλλὰ γινωσκέτω ὡς ἀκάματον μέν ἐστι πνεῦμα ὁ θεός, ἀεὶ δὲ καὶ ὡσαύτως ἔχων τῆς οἰκείας ἐπιστήμης, διηνεκὴς δὲ ταῖς εὐδαιμονίαις, εὐεργεσίαις δὲ ταῖς αὐταῖς διὰ παντὸς κεχρημένος.

LIBELLUS XVIII

Sobre a alma que decai pela paixão do corpo.

1 Para os que anunciam a harmonia da melodia toda musical, se, na exibição, ocorrer algum impedimento contra a vontade, a desarmonia dos instrumentos *acontecerá*, vindo a ser ridícula a tentativa. Pois, enfraquecendo os instrumentos em relação ao ofício, necessariamente o músico é desdenhado pelos espectadores. Pois, de um lado, o infatigável generosamente executa a arte, do outro lado, a fraqueza dos instrumentos envergonha... Pois, certamente, o músico por natureza e segundo a harmonia das odes, não somente trabalhando, mas também enviando o ritmo da melodia até os instrumentos parcialmente, é infatigável, é Deus, pois o fadigar não *é* de Deus. **2 E**, se, em algum momento, um artista quiser concorrer a um *concerto* musical, exatamente quando os trombeteiros estiverem para executar o concerto da ciência, e exatamente quando os flautistas estiverem para executar o tom fino da melodia com os instrumentos melódicos †a música da canção executando com flauta e plectro,...† não se levanta uma condenação à inspiração do músico, nem a imputação ao melhor, mas lhe retribui a reverência conspícua; envergonha-se pela decadência do instrumento, porque, de fato, principalmente aos mais belos veio a acontecer o impedimento, ao músico em relação à melodia que foi impedida, e a ode lírica dos ouvintes que foi desprovida.

3 Assim, também, graças à fraqueza no que concerne ao nosso corpo, que nenhum dos espectadores envergonhe impiedosamente nosso gênero, mas que se saiba que Deus, de fato, é um Espírito infatigável e, sendo assim, necessita eternamente da ciência peculiar e cheia de felicidades, usando sempre das mesmas benfeitorias.

4 εἰ δὲ μάλιστα τῷ Φειδίᾳ τῷ δημιουργῷ οὐχ ὑπήκουσεν ἡ τῆς ὕλης χρεία πρὸς ἐντελῆ τὴν ποικιλίαν... διήρκεσε δὲ αὐτὸς ὁ μουσουργὸς κατὰ δύναμιν, μὴ εἰς αὐτὸν τὴν αἰτίαν ἀναφέρωμεν, τῆς δὲ χορδῆς καταμεμφώμεθα τὴν ἀσθένειαν, ὅτι δὴ τὸν τόνον ὑποχαλάσασα, ὅτι δὴ τὸν τόνον ὑπαραιώσασα τῆς εὐμουσίας τὸν ῥυθμὸν ἠφάνισεν.

5 ἀλλὰ δὴ τοῦ συμπτώματος περὶ τὸ ὄργανον γεγενημένου οὐδείς ποτε τὸν μουσουργὸν ᾐτιάσατο· ἀλλ ὅσῳπερ τὸ ὄργανον ἐκάκισε, τοσούτῳ τὸν μουσουργὸν ηὔξησεν, ὁπότε τῆς κρούσεως πολλάκις πρὸς τὸν τόνον ἐμπεσούσης... καὶ τὸν ἔρωτα οἱ ἀκροαταὶ πλείονα εἰς ἐκεῖνον τὸν μουσουργὸν ἀναφέρονται, καὶ ὅμως οὐκ ἔσχον τὴν κατ᾽ αὐτοῦ αἰτίασιν.

†οὕτω καὶ ὑμεῖς, ὦ τιμιώτατοι, ἔνδον πάλιν τῷ μουσουργῷ τὴν οἰκείαν ἐναρμόσασθε λύραν. † **6** ἀλλὰ δὴ ὁρῶ τινα τῶν τεχνιτῶν καὶ χωρὶς τῆς κατὰ λύραν ἐνεργείας, εἴ ποτε πρὸς μεγαλοφυῆ ὑπόθεσιν εἴη παρεσκευασμένος, ὥσπερ αὐτῷ πολλάκις ὀργάνῳ κεχρημένον, καὶ τὴν τῆς νευρᾶς θεραπείαν δι᾽ ἀπορρήτων ἐναρμοσάμενον, ὡς ἂν τὸ χρειῶδες εἰς τὸ μεγαλοπρεπὲς θεμένου οἱ ἀκροαταὶ ὑπερεκπλήττοιντο. [λέγεται μὲν δὴ καί τινος τεχνίτου κιθαρῳδίαν διαγωνιζομένου, τῆς νευρᾶς ῥαγείσης, ὑπὸ τοῦ κρείττονος] λέγεται μὲν δή τινα κιθαρωδόν, τὸν τῆς μουσουργίας ἔφορον θεὸν ἔχοντα εὐμενῆ, ἐπειδὴ ἐναγώνιον τὴν κιθαρῳδίαν ποιουμένῳ ἡ νευρὰ ῥαγεῖσα πρὸς ἐμπόδιον τῆς ἀθλήσεως αὐτῷ γεγένηται, τὸ παρὰ τοῦ κρείττονος εὐμενὲς τὴν νευρὰν ἀνεπλήρωσεν αὐτῷ καὶ τῆς εὐδοκιμήσεως πάρεσχε τὴν χάριν· ἀντὶ μὲν γὰρ τῆς νευρᾶς αὐτῷ τέττιγα κατὰ πρόνοιαν τοῦ κρείττονος ἐφιζάνοντα ἀναπληροῦν τὸ μέλος καὶ τῆς νευρᾶς φυλάττειν τὴν χώραν, τὸν κιθαρῳδὸν δέ, τῇ τῆς νευρᾶς ἰάσει τῆς λύπης παυσάμενον, τῆς νίκης ἐσχηκέναι τὴν εὐδοκίμησιν.

4 E se, particularmente, a necessidade da matéria não tivesse obedecido a Fídias, o construtor, em relação à diversidade completa... *E se* o músico mesmo foi suficiente fortemente, que não levantemos a imputação a ele, mas envergonhemos a fraqueza da corda, justamente porque, tendo afrouxado o tom *ou* tendo afinado demasiadamente o tom, *ela* não evidenciou o ritmo da bela música.

5 Mas certamente quando, sucedendo um acidente concernente ao instrumento, ninguém acuse o músico; mas, quanto mais o *espectador* invectiva o instrumento, mais *ele* eleva o músico, quando muitas vezes a batida cai em relação ao tom... também os ouvintes, por si mesmos, elevam mais o amor pelo músico, e, no entanto, não tem contra ele acusação.

†**A**ssim, também, vós, ó honoráveis, internamente harmonizai de novo a própria lira pelo Músico.† **6** Mas certamente vejo um dos artistas também sem a energia lírica; se alguém possa vir a ter se preparado para uma genial atuação, assim, para ele muitas vezes é necessário usar um instrumento e harmonizar o cuidado da corda através de coisas secretas *e proibidas*, de maneira que os ouvintes possam ficar maravilhados com *o serviço* do que é posto: a deficiência para a magnificência. É dito justamente que um citarista, bem disposto com o deus éforo da música, quando, no concurso, no momento em que se executava a citarística, a corda se rompeu para impedimento da competição que lhe veio a suceder; a propiciação do Todo-Poderoso lhe providenciou a corda e rendeu favor honradamente: pois, de fato, no lugar da corda uma cigarra se colocou segundo a providência da divindade, providenciando a canção e preservando o lugar da corda, e o citarista acabou com a tristeza pela cura *da falta* da corda, para ter a honra da vitória.

7 οὕτως οὖν καὶ αὐτὸς ὥσπερ αἰσθάνομαι πάσχειν, ὦ τιμιώτατοι. ἄρτι μὲν γὰρ τὴν ἀσθένειαν καθομολογεῖν ἔοικα καὶ πρὸ βραχέος ἀρρώστως διακεῖσθαι, ἐν δυνάμει δὲ τοῦ κρείττονος, ὥσπερ ἀναπληρωθείσης τῆς περὶ τὸν βασιλέα μελῳδίας, μουσουργεῖν· τοιγάρτοι τὸ πέρας τῆς ὠφελείας ἔσται βασιλέων εὔκλεια, καὶ ἐκ τῶν ἐκείνων τροπαίων ἡ τοῦ λόγου προθυμία. ἄγε δὴ ἴωμεν· τοῦτο γὰρ ὁ μουσουργὸς βούλεται· ἄγε δὴ σπεύσωμεν· τοῦτο γὰρ ὁ μουσουργὸς θέλει, καὶ πρὸς τοῦτο τὴν λύραν ἥρμοσται, καὶ λιγυρώτερον μελῳδήσει καὶ προσηνέστερα μουσουργήσει, ὅσῳ τὰ τῆς ὑποθήκης μείζονα τὴν ᾠδὴν ἔχει.

8 ἐπειδὴ οὖν εἰς βασιλέας αὐτῷ μάλιστα τὰ τῆς λύρας ἐνήρμοσται, καὶ τῶν ἐγκωμίων τὸν τόνον ἔχει καὶ τὸν σκοπὸν εἰς βασιλικοὺς ἐπαίνους, διήγειρε πρῶτον ἑαυτὸν εἰς τὸν ὕπατον βασιλέα τῶν ὅλων, ἀγαθὸν θεόν, καὶ ὑψόθεν ἀρξάμενος τῆς ᾠδῆς, δευτέρᾳ τάξει πρὸς τοὺς κατ' εἰκόνα ἐκείνου τὴν σκηπτουχίαν ἔχοντας καταβαίνει, ἐπειδὴ καὶ αὐτοῖς τοῖς βασιλεῦσι φίλον τὸ ὑψόθεν κατὰ βαθμὸν τὰ τῆς ᾠδῆς καθήκειν, καὶ ὅθενπερ αὐτοῖς τὰ τῆς νίκης πεπρυτάνευται, ἐκεῖθεν καὶ τὰ τῶν ἐλπίδων κατ' ἀκολουθίαν περιάγεσθαι. **9** ἡκέτω τοίνυν ὁ μουσουργὸς πρὸς τὸν μέγιστον βασιλέα τῶν ὅλων θεόν, ὃς ἀθάνατος μέν ἐστι διὰ παντὸς, ἀΐδιός τε καὶ ἐξ ἀιδίου τὸ κράτος ἔχων, καλλίνικος πρῶτος, ἀφ οὗ πᾶσαι αἱ νῖκαι εἰς τοὺς ἑξῆς φέρονται < οἱ > διαδεξάμενοι τὴν Νίκην... **10** ἐπὶ ἐπαίνους τοίνυν ἡμῖν καταβαίνειν ὁ λόγος ἐπείγεται, καὶ πρὸς τοὺς τῆς κοινῆς ἀσφαλείας καὶ εἰρήνης πρυτάνεις βασιλέας, οἷς πάλαι μάλιστα τὸ κῦρος παρὰ τοῦ κρείττονος θεοῦ κεκορύφωται, οἷς ἡ νίκη πρὸς τῆς ἐκείνου δεξιᾶς πεπρυτάνευται, οἷς τὰ βραβεῖα καὶ πρὸ τῆς ἐν πολέμοις ἀριστείας προευτρέπισται, ὧν τὰ τρόπαια καὶ πρὸ τῆς συμπλοκῆς ἵσταται, οἷς οὐ τὸ βασιλεύειν μόνον, ἀλλὰ καὶ τὸ ἀριστεύειν συντέτακται, οὓς καὶ πρὸ τῆς κινήσεως ἐκπλήττεται τὸ βάρβαρον.

Περὶ εὐφημίας τοῦ κρείττονος,
καὶ ἐγκώμιον βασιλέως.

7 Assim, portanto, também eu mesmo senti o sofrimento, ó honoráveis; pois, deveras, justamente agora parecia padecer de fraqueza e de estar em uma condição fracamente pequena, mas providenciou-se a melodia no que concerne ao rei: cantar na potência do Todo-Poderoso; por isso, o objetivo da assistência será o reconhecimento do rei, e o zelo do discurso é daqueles troféus. Vai agora, vamos: pois o músico intenciona isso; vai além disso, apressemo-nos: pois o músico quer isso, também diante disso se tem afinado a lira, e pôr-se-á em melodia *o tom* mais agudo e musicar-se-á *o tom* mais convenientemente favorável. Para tanto, as maiores coisas do tema têm a ode.

8 Portanto, já que para os reis, particularmente em honra dele, têm-se harmonizado as *coisas próprias* da lira, também tem o tom dos encômios e o escopo para os louvores reais, ergue-se primeiramente para o mais alto Rei de todos, Bom Deus, tendo iniciado desde a altura a ode, na segunda ordem, desce para os que têm, de acordo com a imagem daquele, a condução do cetro, já que também aos próprios reis *é* agradável conduzir as coisas da ode desde a altura cada degrau, e como se daí lhes tivesse presidido a vitória, e daí as *coisas* das esperanças segundo a conveniência são envolvidas. **9 Q**ue venha, por isso, o músico para diante do Rei Máximo de todos, Deus, que, por um lado, é imortal sempre, por outro lado, eterno e tendo o poder proveniente do eterno, primeiro vencedor, do qual todas as vitórias para os posteriores procedem, *isto é*, < os > que receberam a *deusa* Vitória... **10 S**obre os louvores, por isso, a palavra se dirige para recair sobre nós, e para os reis prítanes da segurança comum e da paz, àqueles *cuja* autoridade, particularmente desde a antiguidade, tem sido erguida pelo Todo-Poderoso Deus, àqueles *cuja* vitória tem sido presidida diante do braço direito dele, àqueles *cujas* decisões também diante da aristocracia na guerra têm sido tomadas, cujos troféus também têm sido postos diante do conflito, àqueles *cujo* reinar não somente tem sido coordenado, mas também o destacar-se entre os melhores, dos quais o bárbaro foge amedrontado diante do movimento.

Sobre o louvor do Todo-Poderoso,
e o encômio do rei.

11 ἀλλὰ σπεύδει ὁ λόγος εἰς ἀρχὰς καταλῦσαι τὸ τέρμα, καὶ εἰς εὐφημίαν τοῦ κρείττονος, ἔπειτα δὲ καὶ τῶν θειοτάτων βασιλέων τῶν εἰρήνην ἡμῖν βραβευόντων περατῶσαι τὸν λόγον. ὥσπερ γὰρ ἐκ τοῦ κρείττονος καὶ τῆς ἄνω δυνάμεως ἠρξάμεθα, οὕτως εἰς αὐτὸ πάλιν τὸ κρεῖττον ἀντανακλάσομεν τὸ πέρας· καὶ ὥσπερ ὁ ἥλιος τρόφιμος ὢν πάντων τῶν βλαστημάτων αὐτὸς πρῶτος ἀνασχὼν τῶν καρπῶν τὰς ἀπαρχὰς καρποῦται χερσὶ μεγίσταις ὥσπερ εἰς ἀπόδρεψιν τῶν καρπῶν χρώμενος ταῖς ἀκτῖσι καὶ χεῖρες αὐτῷ αἱ ἀκτῖνες τὰ τῶν φυτῶν ἀμβροσιωδέστατα πρῶτον ἀποδρεπόμεναι, οὕτω δὴ καὶ ἡμῖν ἀπὸ τοῦ κρείττονος ἀρξαμένοις καὶ τῆς ἐκείνου σοφίας τὴν ἀπόρροιαν δεξαμένοις καὶ ταύτην εἰς τὰ ἡμέτερα τῶν ψυχῶν ὑπερουράνια φυτὰ καταχρωμένοις, πάλιν εἰς αὐτὸ γυμναστέον τὰ τῆς εὐφημίας, ἧς αὐτὸς ἡμῖν ἐπομβρήσει τὴν βλάστην ἅπασαν.

12 θεῷ μὲν <οὖν> πανακηράτω καὶ πατρὶ τῶν ἡμετέρων ψυχῶν πρὸς μυρίων στομάτων καί φωνῶν τὴν εὐφημίαν ἀναφέρεσθαι πρέπει, καὶ εἰ μὴ τὸ πρὸς ἀξίαν ἔστιν εἰπεῖν ἐφαμίλλους οὐκ ὄντας τῷ λέγειν, οὐδὲ γὰρ οἱ ἀρτιγενεῖς ὄντες τόν πατέρα πρὸς ἀξίαν ὑμνεῖν ἔχουσι· τὰ δὲ κατὰ δύναμιν αὐτοῖς πρεπόντως ἀποδιδόασι καὶ συγγνώμην ἔχουσιν ἐνταῦθα· μᾶλλον δὲ αὐτὸ τοῦτο εὔκλεια τῷ θεῷ, τὸ μείζονα αὐτὸν εἶναι τῶν ἑαυτοῦ γεννημάτων καί τὰ προοίμια καὶ τὴν ἀρχὴν καὶ μεσότητα καὶ τέλος τῶν εὐφημιῶν τὸ ὁμολογεῖν τὸν πατέρα ἀπειροδύναμον καὶ ἀπειροτέρμονα.

13 οὑτωσὶ δὲ καὶ τὰ βασιλέως, φύσει γὰρ ἡμῖν τοῖς ἀνθρώποις, ὥσπερ ἐκγόνοις ἀπ' ἐκείνου τυγχάνουσι, τὰ τῆς εὐφημίας ἔνεστιν, αἰτητέον δὲ τὰ τῆς συγγνώμης, εἰ καὶ τὰ μάλιστα ταῦτα πρὸ τῆς αἰτήσεως παρὰ τοῦ πατρὸς τυγχάνει· ὥσπερ καὶ τοὺς ἀρτιτόκους καὶ ἀρτιγενεῖς οὐχ ὅπως ἔστι τῆς ἀδυναμίας ἀποστρέφεσθαι τὸν πατέρα, ἀλλὰ καὶ χαίρειν ἐπὶ τῆς ἐπιγνώσεως, οὑτωσὶ δὲ καὶ ἡ γνῶσις τοῦ παντός, ἥπερ ζωὴν πᾶσι πρυτανεύει καὶ τὴν εἰς θεὸν εὐφημίαν, ἣν ἡμῖν ἐδωρήσατο †...

11 Mas o discurso apressa-se para conciliar o termo às origens: para o louvor do Todo-Poderoso, e então, da mesma forma, passar o discurso dos diviníssimos reis que são juízes de paz para nós. Pois, assim como começamos do Todo-Poderoso e das potências superiores, assim também novamente voltaremos a fazer referência ao próprio ser divino na conclusão; e assim como o Sol sendo nutriz de todas as folhagens, o mesmo, levantando-se primeiro, as primícias dos frutos recolhe, usando raios na colheita dos frutos como imensas mãos e as mãos dele, os raios colhendo primeiramente as coisas mais ambrosiais das plantas, assim, de fato, também para nós que começamos desde o Todo-Poderoso e da sabedoria dele recebemos o fluxo e usamo-lo para nossas hiperurânias plantas das almas, mais uma vez as coisas do louvor devem ser exercitadas, a partir do qual ele inundará todo nosso rebento.

12 Assim <portanto> ao Deus totalmente incontaminado e Pai de nossas almas, e diante de miríades de bocas e vozes, é conveniente ser elevado o louvor, e se não o for possível dizer em relação à dignidade, não *é possível* falar de coisas iguais, pois nem os recém-nascidos estando segundo a dignidade têm de cantar hinos ao pai, mas *os pais* lhes concedem decentemente as coisas segundo a potência e têm a indulgência então; e principalmente essas mesmas coisas são o reconhecimento de Deus, para que ele seja algo maior do que os engendrados dele e os proêmios, o princípio, os meios e o fim dos louvores sejam o confessar o Pai de infinita potencialidade e sem limite.

13 E, assim, também são as *coisas relativas* ao rei, pois, por natureza, a nós homens, assim como ocorrem aos descendentes dele, são possíveis as *coisas relativas* ao louvor, e deve-se pedir as *coisas relativas* à indulgência, se bem que principalmente essas acontecem antes do pedido ao pai; assim como, igualmente, não há como, por causa da fraqueza, o pai dar as costas aos recém-gerados e recém-nascidos, mas alegrar-se sobre o conhecimento, e assim também é o conhecimento do Uno, como preside a vida para todos e louvor a Deus, a qual ele nos presenteou†...

14 ὁ θεὸς γὰρ, ἀγαθὸς ὑπάρχων καὶ ἀειφεγγὴς καὶ ἐν αὑτῷ διαπαντὸς τῆς οἰκείας ἀειπρεπείας ἔχων τὸ πέρας, ἀθάνατος δὲ ὢν καὶ ἐν ἑαυτῷ τὴν ἀτελεύτητον λῆξιν περιέχων καί διαπαντὸς ἀένναος ἀπὸ τῆς ἐκεῖσε ἐνεργείας καὶ εἰς τόνδε τὸν κόσμον παρέχων τὴν ἐπαγγελίαν εἰς διασωστικήν εὐφημίαν.... οὐκ ἔστιν οὖν ἐκεῖσε πρὸς ἀλλήλους διαφορά, οὐκ ἔστι τὸ ἀλλοπρόσαλλον ἐκεῖσε, ἀλλὰ πάντες ἓν φρονοῦσι, μία δὲ πάντων πρόγνωσις, εἷς αὐτοῖς νοῦς ὁ πατήρ, μία αἴσθησις δι' αὐτῶν ἐργαζομένη, τὸ εἰς ἀλλήλους φίλτρον ἔρως ὁ αὐτὸς μίαν ἐργαζόμενος ἁρμονίαν τῶν πάντων. **15** οὕτω μὲν δὴ τὸν θεὸν εὐφημήσωμεν. ἀλλὰ δὴ καταβαίνωμεν καὶ επὶ τοὺς δεξαμένους παρ' ἐκείνου τὰ σκήπτρα, δεῖ γὰρ ἀπὸ βασιλέων ἀρξαμένους καὶ ἀπὸ τούτων ἀσκουμένους καὶ ἤδη συνεθίζειν ἑαυτοὺς εἰς ἐγκώμια καὶ ὑμνεῖν τὴν πρὸς τὸ κρεῖττον εὐσέβειαν, καὶ τὴν μὲν πρώτην καταρχὴν τῆς εὐφημίας ἀπὸ τούτου ἐνασκεῖν, τὴν δὲ ἄσκησιν διὰ τούτου γυμνάζειν, ἵνα ἐν ἡμῖν ᾖ καὶ ἡ γυμνασία τῆς πρὸς τὸν θεὸν εὐσεβείας καὶ ἡ πρὸς τοὺς βασιλέας εὐφημία· **16** δεῖ γὰρ καὶ τούτοις ἀποδιδόναι τὰς ἀμοιβάς, τοσαύτης ἡμῖν εἰρήνης εὐετηρίαν ἁπλώσασι. βασιλέως δὲ ἀρετὴ καὶ τοὔνομα μόνον εἰρήνην βραβεύει· βασιλεὺς γὰρ διὰ τοῦτο εἴρηται, ἐπειδὴ βάσει λείᾳ καὶ κορυφαιότητι κατεπεμβαίνει καὶ τοῦ λόγου τοῦ εἰς εἰρήνην κρατεῖ, καὶ ὅτι γε ὑπερέχειν πέφυκε τῆς βασιλείας τῆς βαρβαρικῆς, ὥστε καὶ τοὔνομα σύμβολον εἰρήνης, τοιγάρτοι καὶ ἐπηγορία βασιλέως πολλάκις εὐθὺς τὸν πολέμιον ἀναστέλλειν πέφυκεν. ἀλλὰ μὴν καὶ οἱ ἀνδριάντες οἱ τούτου τοῖς μάλιστα χειμαζομένοις ὅρμοι τυγχάνουσιν εἰρήνης· ἤδη δὲ καὶ μόνη εἰκὼν φανεῖσα βασιλέως ἐνήργησε τὴν νίκην, καὶ τὸ ἄτρομόν τε καὶ ἄτρωτον προὐξένησε τοῖς ἐνοικοῦσιν.

14 Pois Deus é bom, existente, sempre brilhante e tendo sempre em si mesmo o limite da eterna dignidade peculiar, e sendo imortal e cercando em si o limite territorial infinito e sempre duradouro desde a energia até lá, e até este mundo suprindo a promessa para o louvor salvífico... Portanto, não existe lá diferença em relação aos outros, não existe permutabilidade lá, mas todos pensam uma *só coisa*, e uma é a prognose de todos: o Pai é uma mente para eles, uma sensação que opera através deles, o mesmo eros é o filtro para os outros, operando uma harmonia entre todos. **15 A**ssim, certamente, louvemos a Deus. Mas, de fato, desçamos também para os que receberam o cetro dele, pois se deve, começando a partir dos reis e ensaiando a partir destes, também agora se acostumar aos encômios e a cantar hino à piedade ao Todo-Poderoso, e ensaiar primeiramente o início dos louvores a partir dele, exercitar o ensaio por causa dele, para que, em nós, seja também o exercício da piedade para com Deus e o louvor para com o rei; **16 P**ois se deve também a estes devolver os responsos, a eles que nos estenderam uma boa colheita de tão grande paz. Somente a virtude e o nome do rei regem a paz; por isso, rei é dito *basileus* (*em grego*), já que se apoia com base leve (*basis leia*) e com a liderança transborda e domina a paz do discurso, e porque nasceu para ser mais poderoso do que o reino bárbaro, assim, também, o nome *é* símbolo de paz, por isso, também a acusação ao rei muitas vezes de ter nascido para afugentar o inimigo, mas, de fato, igualmente, as estátuas dele, particularmente, vêm a ser portos de paz aos atribulados; e agora também apenas o ícone do rei aparecendo levantou a paz, e a quietude e a invulnerabilidade se asseguram aos habitantes.

☥

Glossário do *Corpus Hermeticum*[327]

Conspectus Siglorum et Signorum do Glossário

= igual.

† = A *crux desperationis* e o *locus desperatus* indicam a ininteligibilidade de uma palavra ou grupo de palavras.

adv. = advérbio, adjunto adverbial

astrol. = astrologia, linguagem astrológica.

cf. = confira, compare.

cod. = códex.

codd. = códices.

contr. = contraído ou contracto.

Corp. Herm. = *Corpus Hermeticum.*

dist. = distinto, diferente.

dub. = *dubio sensu, dubia lectio.*

f.l. = *falsa lectio.*

fig. = figurado.

med. = medicina, médica.

metaf. = metafórico.

op. = oposto a.

pl. = plural.

s.v.l. = *si vera lectio.*

v. pas. = voz passiva.

v.l. = *vera lectio.*

A

ἄβυσσος — *abismo*, consistente em água, infinito vazio, *Corp. Herm.* 3.1, 16.5.

ἀγαθοποιέω — fazer algo (τι) bem; transformar algo (τι) em bem, *Corp. Herm.* 9.4.

ἀγαθός — na literatura hermética, τὸ ἀγαθόν é a própria salvação, *Corp. Herm.* 1.26, 12.2; *Corp. Herm.* 2.16-17.

ἀγαπητικῶς — adv. amorosamente, afetivamente, *Corp. Herm.* 1.22.

ἀγνωσία — op. γνῶσις (gnose, conhecimento), ignorância; impossibilidade; incerteza, insegurança de conhecer as coisas divinas, *Corp. Herm.* 1.27.

ἄγχω — estrangular, pressionar, *Corp. Herm.* 10.24, 7.3.

ἀδελφή — em genealogia abstrata, irmã, *Corp. Herm.* 9.1.

ἀείζωος — sempre vivente, dist. de ἀΐδιος (eterno, sem início e fim), *Corp. Herm.* 8.2.

ἀειπρέπεια — dignidade eterna, *Corp. Herm.* 18.14.

ἀειφεγγής — sempre brilhante, *Corp. Herm.* 18.14.

ἀΐδιος — eterno, sem início e fim, dist. de ἀείζωος (sempre vivente), *Corp. Herm.* 8.2.

αἰών — *aion*, eon; eternidade, espaço de tempo, longo espaço de tempo, op. χρόνος (tempo cronológico); Αἰών, personificado, *Corp. Herm.* 11, etc.; título de seres divinos.

ἀλλοπρόσαλλος — mutável, permutável, intercambiável, recíproco. τὸ ἀ. respeito entre as pessoas, respeito mútuo, *Corp. Herm.* 18.14.

ἀμβροσιώδης — ambrosial, fragrante, *Corp. Herm.* 18.11.

ἀναγεννάω — gerar de novo, regenerar, prob. no *Corp. Herm.* 13.1.

ἀναγράφω — registrar, gravar, recordar, inscrever, *Corp. Herm.* 1.30.

ἀναπέμπω — enviar para cima; atribuir algo a alguém, *Corp. Herm.* 18.12.

ἀναπλόω — explicar, desvelar, *Corp. Herm.* 1.16

ἀνεκλάλητος — indizível, inexpressível, inefável, *Corp. Herm.* 1.4.

ἀνενέργητος — ineficaz, *Corp. Herm.* 1.24.

ἀνερμήνευτος — indecifrável, inexplicável, *Corp. Herm.* 16.2.

ἀνθρωπότης — humanidade, *Corp. Herm.* 1.26, 12.1, op. ἀθανασία (imortalidade).

ἀνόητος — insensato, *Corp. Herm.* 1.23; não cultivado, alheio à filosofia, *Corp. Herm.* 6.3.

ἀνουσίαστος = ἀνούσιος, op. οὐσιώδης (essencial), sem essência, sem substância, sem o uso de οὐσία, insubstancial, *Corp. Herm.* 2.5.

ἀντανακλάω — refletir, fig. voltar a fazer referência, *Corp. Herm.* 18.11.

ἀνταποκατάστασις = ἡ οὐκ ἀποκατάστασις — destruição, renovação por substituição *Corp. Herm.* 11.2, posição oposta à ἀποκατάστασις (revolução, reconstituição, restituição, restauração), sendo ambas posições como ἐνέργεια τοῦ κόσμου.

ἀνταπολαμβάνω — receber, aceitar a sua vez, *Corp. Herm.* 16.4.

ἀντίδειξις — refutação, *Corp. Herm.* 16.1.

ἀντικίνησις — moção contrária, contramoção, contramovimento, movimento contrário, *Corp. Herm.* 2.6.

ἀντιτυπία — resistência, repulsão, reação a um corpo duro, *Corp. Herm.* 2.6.

ἀντίφωνος — discordante, contraditório, *Corp. Herm.* 16.1.

ἄντρον — fig. o interior da esfera, *Corp. Herm.* 8.3.

ἀντωπέω = ἀντοφθαλμέω — olhar cara a cara, encarar, *Corp. Herm.* 1.7.

ἀνωφέρεια — ascendência op. κατωφέρεια (projeção abaixo de), projeção acima de, *Corp. Herm.* 16.8.3.

ἀπανδρειόω — fig. fortalecer, *Corp. Herm.* 13.1.

ἀπειροτέρμων — sem limite, ilimitado, característica de Deus, *Corp. Herm.* 18.12.

ἀπεριόριστος — infinito, ilimitado, incircunscrito, característica de Deus, seus dons e atributos, *Corp. Herm.* 1.1, 11.18.

ἀπλανής — não errante, fixa, ἡ ἀ. σφαῖρα, *Corp. Herm.* 2.6.

ἀπλεονέκτητος — desinteressado, sem vantagem, *Corp. Herm.* 1.25.

ἀποδιορίζω — separar, apartar, *Corp. Herm.* 3.2.

ἀπόδρεψις — remoção, colheita, *Corp. Herm.* 18.11

ἀπομνημόνευμα — recordação, *Corp. Herm.* 3.4.

ἀποποιέω — desfazer, *Corp. Herm.* 9.6.

ἀπόστασις — retirada, separação, defecção, *Corp. Herm.* 13.12.

ἀπώλεια — destruição, morte, *Corp. Herm.* 8.4, 11.14, 12.16.

ἀριπρέπεια — glória, excelsitude (de Deus), *Corp. Herm.* 18.14.

ἁρμονία — estrutura do universo, harmonia, *Corp. Herm.* 1.14.

ἀρρενόθηλυς = **ἀρσενόθηλυς** — hermafrodita, de ambos os sexos, mas-fêmina, *Corp. Herm.* 1.9, 18.

ἄρρωστος — med. sem força, em estado de enfermidade, *Corp. Herm.* 18.7.

ἀρτιγενής — recém-nascido, *Corp. Herm.* 18.12, 13.5.

ἀρχοντικός — pertencente a ou de um regente, regencial, autoritário, mandão, *Corp. Herm.* 1.25.

ἀσύναρθρος — inarticulado, ἀσυνάρθρως, adv. inarticuladamente, *Corp. Herm.* 1.4.

ἀσφίγγωτος = ἄσφιγκτος — não completamente preso ou amarrado, não compacto, solto, *Corp. Herm.* 13.6 codd.

ἀτελής — sem fim, infindo, infinito, *Corp. Herm.* 4.8.

ἀτονέω — ser débil para, ser incapaz de, *Corp. Herm.* 10.5.

αὐθεντία — soberania, autoridade, poder, maestria, *Corp. Herm.* 1.2.

αὐξητός — aumentável, aumentado, *Corp. Herm.* 4.11.

αὐτοδεής — insuficiente em si, deficiente em si mesmo, dub. no *Corp. Herm.* 10.10.

ἀφαντασίαστος — imanifesto, não manifesto, que não se manifesta, *Corp. Herm.* 5.1.

ἀφασία — afasia, perda da fala, mudez, *Corp. Herm.* 13.5.

ἀχώρητος — incapaz de conter ou abarcar, *Corp. Herm.* 2.14.

B

βάλλω — pôr, *Corp. Herm.* 6.4.

βαπτίζω — misturar (na cratera); embeber (-se) de,[328] *Corp. Herm.* 4.4; encarnar, *Corp. Herm.* 12.2.

βραβεῖον — prêmio, *Corp. Herm.* 18.10.

βραδυπεψία — digestão lenta, *Herm. ad Amm.* 3.29.

Γ

γαστριμαργία — ingestão excessiva, glutoneria, gula, *Corp. Herm.* 6.3.15.

γενάρχης — criador de todos os seres, regente dos seres criados, origem, *Corp. Herm.* 13.21.

γενεσιουργία — criação, geração, *Corp. Herm.* 13. 21.

γενεσιουργός — criador, engendrador, gerador, criativo, autor, *Corp. Herm.* 13.4.

γεννάω — nascer, *Corp. Herm.* 13.1.

γνῶσις — conhecimento, gnose, *Corp. Herm.* 4.4.

γοώδης — lamentoso, lastimoso, *Corp. Herm.* 1.4.

γυμνόω — desnudar, despir, despojar, privar, *Corp. Herm.* 1.26.

Δ

δαιδαλουργία — arte de esculpir, trabalho curioso, *Corp. Herm.* 3.3.

δακετόν — (animal) mordedor, que pica, *Corp. Herm.* 10.20.

δημιουργία — criação, *Corp. Herm.* 10.18.

δημιουργικός — demiúrgico, criativo, que cria, do δημιουργός, *Corp. Herm.* 1.13.

δημιουργός — demiurgo, criador, criativo, formativo, criador e governador do universo, ser subordinado, *Corp. Herm.* 1.9, 13.

διάβολος — divulgador indiscreto, difamador, caluniador, falador, *Corp. Herm.* 13.22.

διαζυγή = διάζευξις — disjunção, separação, divisão, *Corp. Herm.* 13.12.

διαστατός — estendido, com extensão e dimensão, *Corp. Herm.* 4.1, 13.13.

διασωστικός — que salva, salvador, libertador, *Corp. Herm.* 18.14.

διατροφή — mantimento, sustância, sustento, *Corp. Herm.* 13.17.

διαφράζω — mostrar claramente, explicar com ou em detalhes, *Corp. Herm.* 13.3.

διαχωρίζω — separar, produzir o procedimento por separação, *Corp. Herm.* 1.11.

διεκφεύγω — escapar de, evitar, *Corp. Herm.* 12.7.

διεσθίω — devorar, *Corp. Herm.* 10.20.

δίνησις — movimento vibrante, circular ou giratório, rotação, *Corp. Herm.* 11.15.

διοικητής — astrol. dioceta, controlador, organizador, governador, regente, dos sete planetas ou astros, *Corp. Herm.* 1.9.

διοικήτωρ = διοικητής — astrol. regente, referente aos ou dos planetas, *Corp. Herm.* 1.14.

δρόμημα — curso (cíclico, dos planetas), *Corp. Herm.* 3.3.

δύναμις — potência, poder (principalmente de seres divinos), virtude, *Corp. Herm.* 1.26.

δυσπιστέω — desconfiar, não crer, não se desejar convencer, *Corp. Herm.* 4.9.

δωδεκάς — década, as dez potências, *Corp. Herm.* 13.10.

E

ἔγγραφος — escrito, por escrito, *Corp. Herm.* 12.8.

ἐγκατασπείρω — disseminar, dispersar, *Corp. Herm.* 8.3.

ἐγκύκλιος — circular (adj.), em círculo, *Corp. Herm.* 3.3.

ἐγρηγορέω — despertar-se, erguer-se, *Corp. Herm.* 9.2.

ἕδρασμα — suporte, fundamento, base, *Corp. Herm.* 13.9.

εἴσοπτρον — espelho, *Corp. Herm.* 17.2.

ἐκτρέχω — sair (fora), desviar-se (do tema), digredir, *Corp. Herm.* 1.16.

ἐκφορά — divulgação (de segredo, mistério, discurso, ensinamento), *Corp. Herm.* 1.30.

ἐλλόγιμος = ἔλλογος, op. ἄλογος (irracional), racional, reflexivo, *Corp. Herm.* 12.6.

ἐμφράσσω — impedir, obstaculizar, *Corp. Herm.* 13.6.

ἐναγωνίζομαι — entrar em um certamen musical, *Corp. Herm.* 18.2.

ἐνασκέω — afanar-se, cansar-se, fadigar-se, *Corp. Herm.* 18.15.

ἔναστρος — entre as estrelas, estrelado, *Corp. Herm.* 3.2 (s.v.l.).

ἐνδιάθετος — residente na mente, interno, interior, *Corp. Herm.* 13.7.

ἐνδιάφορος — que contém diferença, que tem diferença, *Corp. Herm.* 12.6.

ἐνδυναμόω — empoderar (-se), fortalecer, animar, *Corp. Herm.* 1.32.

ἐνεργέω — por em movimento, impulsionar, *Corp. Herm.* 12.11.

ἐνεργός — aplicado, diligente; adv. ἐνεργῶς, com aplicação, diligentemente, *Corp. Herm.* 9.6.

ἐνθάδε — daqui, de cá, deste mundo, em oposição ao mundo ideal, *Corp. Herm.* 6.3.

ἐνθύμησις — imaginação, fantasia, *Corp. Herm.* 1.22.

ἔνοικος — residente, inquilino, arrendatário, *Corp. Herm.* 7.2.

ἔνσπορος = ἔνσπερμος — germinal, seminal, *Corp. Herm.* 3.1, 3.

ἐντινάσσω — sofrer sacudidas, *Corp. Herm.* 10.8.

***ἐντορία*†** — *quid*? Cf. *Corp. Herm.* 4.6. Trata-se de uma palavra disparatada, desarrazoada, desprovida de nexo ou suspeita, sugerindo uma formulação alternativa que seja requerida pelo contexto. Segundo o aparato crítico de N.-F., há a indicação da variante *θεωρία* no manuscrito **D** (*Vindobonensis Phil.* 102); Scott conjectura *εὐπορία* (*meios*, *recursos* ou *abundância*); Parthey conjectura *θεωρία* (visão) ou *ἱστορία* (história) de; além da conjectura *ἡ τῶν θείων ἔννοια*. Nock preferiu conservar a palavra *ἐντορία* entre duas *cruces desperationis*: para indicar que não há como proceder a uma conjectura ou formulação fidedigna e inequívoca (LIRA, 2015, p. 121-122).

ἑνωτικός — unificador, que procura a união ou tem a virtude e a qualidade de unir, *Corp. Herm.* 10.23

ἐξαίρεσις = αἵρεσις — escolha, *Corp. Herm.* 4.6.

ἐξευφραίνομαι = εὐφραίνομαι — deleitar-se, *Corp. Herm.* 1.30.

ἐξισάζω — fazer (-se) igual, *Corp. Herm.* 11.20.

ἐπεισροή — influxo, *Corp. Herm.* 10.4.

ἐπιφωτίζω — iluminar, v. pas. no *Corp. Herm.* 13.21.

ἐρόω — amar, desejar, *Corp. Herm.* 1. 4.

εὐπάθητος = εὐπαθής — luxurioso, facilmente afetado, suscetível, que goza de boas coisas, *Corp. Herm.* 10.10.

εὐχαριστία — ação de graça, *Corp. Herm.* 1.29.

Z

ζώνη — zona, uma das esferas planetárias, *Corp. Herm.* 1.25.

ζωόφορος — doador de vida, **ζωοφόρος κύκλος** = ζῳδιακὸς κύκλος, *Corp. Herm.* 13.12.

Θ

θεόπνοος — contr. θεόπνους = θεόπνευστος, inspirado por Deus, *Corp. Herm.* 1.30.

θήρ — besta, fera, animal, *Corp. Herm.* 10.20.

θηριάζομαι — vir a ser uma besta, fera, animal; tornar-se bestial, *Corp. Herm.* 10.20.

θρησκεία — culto religioso, culto, ritual, religião, serviço de Deus, *Corp. Herm.* 12.23.

Ι

ἱλαρός — jubiloso, hilariante, alegre, contente, *Corp. Herm.* 1.4.

Κ

καθοδηγός = ὁδηγός — guia, *Corp. Herm.* 1. 26.

κάμμυσις = κατάμυσις — piscadela, o fechar de olhos, *Corp. Herm.* 1.30.

καρδία — coração, mente, sede da emoção e da razão, *Corp. Herm.* 4.11, 7.2.

καταβαρύνω = καταβαρέω — pesar de sono, cair de sono, fazer vergar pesadamente com sono, pesar sobre, sobrecarregar, *Corp. Herm.* 2.9 (v. pas.).

καταβολή — lançamento para baixo, consequentemente, semeadura, *Corp. Herm.* 9.6.

καταδιαιρέω† — distribuir, dividir, *Corp. Herm.* 1. 26.

καταργία — redução para inatividade, inibição, absoluta ἀργία (preguiça quietismo, lazer), *Corp. Herm.* 10.5.

καταφλυαρέω — continuar tagarelando, tagarelar, *Corp. Herm.* 1.29.

κατεκτός = κατ' ἐκτός — fora, externo, *Corp. Herm.* 2.8.

κατεπεμβαίνω — plantar o pé de alguém firmemente sobre, *Corp. Herm.* 18.16.

κατοπτεία, κατοπτία = κάτοψις — visão, vista, *Corp. Herm.* 3.3.

κεφαλικός — capital, relativo à cabeça; como adv. κεφαλικῶς, capitalmente, na forma de uma cabeça, *Corp. Herm.* 10.11.

κοινωνία — disposição caridosa, op. πλεονεξία (avidez, ambição, grandiosidade, superioridade), *Corp. Herm.* 13.9.

κορυφαιότης — chefia, liderança, supremacia, *Corp. Herm.* 18.16.

κορυφή — cabeça, cabeçalho, coroa da cabeça, *Corp. Herm.* 16.1.

κοσμοποιέω — criar o mundo, *Corp. Herm.* 1. 8.

κόσμος — ornamento, ordem universal ou mundial, universo, cosmo, mundo, οἱ ἑπτὰ κ. os sete planetas, *Corp. Herm.* 11.7. Metaf. o homem é microcosmo, μικρὸς κόσμος, é um ornamento dentro de outro ornamento, *Corp. Herm.* 4.1-2.

κρείσσων — τὰ κρείσσω = τὰ θεῖα, as coisas divinas; τὸ κ. o Todo-Poderoso, a Providência, *Corp. Herm.* 18.11.

κρυβῆ = κρυφῆ, também κρυβήν — adv. em segredo, secretamente, *Corp. Herm.* 13.1. κρυβή = κρύψις.

Λ

λόγος — a Palavra ou a Sabedoria personificada, agente na criação e na manutenção do mundo, o Divino Logos, *Corp. Herm.* 1.5, 6.

M

μεταβολή — metábole, trânsito, mudança, eufemismo para morte, *Corp. Herm.* 11.15,12.6.

μουσουργία — o ato de cantar, de fazer poesia, *Corp. Herm.* 18.6.

μουσουργός — músico, compositor, *Corp. Herm.* 18.1.

μυστήριον — mistério, segredo revelado por Deus, uma verdade religiosa, mística e piedosa, *Corp. Herm.* 1.16 etc.

N

νῆψις — sobriedade, *Corp. Herm.* 1.30.

O

ὀγδοαδικός — pertencente, relativo ou próprio do oitavo céu, oitava esfera, da ὀγδοάς, Ogdoada, *Corp. Herm.* 1.26.

ὀγδοατικός — da Ogdoada, *Corp. Herm.* 1.26 codd.: f.l. para ὀγδοαδικός.

ὀγκόω — avolumar, aumentar, inchar, inflar (de orgulho), *Corp. Herm.* 8.3.

οἴστρησις = οἰστρᾶν — frenesi, paixão louca, *Corp. Herm.* 13.4.

οἶστρος — fúria, paixão (*Corp. Herm.* passim).

ὁμοούσιος — consubstancial, da mesma οὐσία, *Corp. Herm.* 1.10.

ὀπτάζομαι = ὀπτάνομαι — ver *Corp. Herm.* 3.2.

ὀργανοποιέω = ὄργανα ποιῶ — produzir instrumentos, instrumentalizar, produzir órgãos, organizar, *Corp. Herm.* 9.6.

οὐσιότης — existência, qualidade, da existência, substancialidade, natureza da οὐσία, *Corp. Herm.* 12.1.

οὐσιώδης — essencial, *Corp. Herm.* 1.15.

ὀφθαλμός — olho, τῆς καρδίας (do coração), *Corp. Herm.* 4.11.

ὀχετεύω — derivar por um canal, construir como um conduto, *Corp. Herm.* 5.6.

Π

παλιγγενεσία — renovação da espécie, *Corp. Herm.* 3.3; ἡ πάλιν γένεσις, reprodução, recriação, regeneração, novo nascimento, novo estado da existência, nova vida = μετενσωμάτωσις, *Corp. Herm.* 13.1.

παλίσσυρτος — que se precipita para trás, *Corp. Herm.* 10.8 (*varia lectio*, -συτος).

πανακήρατος — totalmente incontaminado, *Corp. Herm.* 18.12.

παντόμορφος — do universo, pantomorfo, *Corp. Herm.* 11.16; o Universo, *Asclepius* 19 e 35.

παντοσώματος — encarnado em todos os corpos, *Corp. Herm.* 5.10.

πᾶς — que consiste ou é composto totalmente de, *Corp. Herm.* 13.2, 11.2.

πατροτυπία = πατροτυψία — ato de bater no pai, maus-tratos contra os pais, sevícia contra os pais, *Corp. Herm.* 9.3 (pl.).

περατόω — levar a um fim, executar, realizar, *Corp. Herm.* 18.11.

περίβασις — circuito, *Corp. Herm.* 5.5 codd.

περικύκλιον — periferia, *Corp. Herm.* 3.2b codd.

περιοριστικός — que é capaz de fechar ou limitar, *Corp. Herm.* 11.18.

πλήρωμα — completude, massa, complexo, pleroma, *Corp. Herm.* 6.4, 12.15.

πλινθίς = πλινθίον — pedra em forma de tijolo, tijolo de pedra, objeto em forma de ladrilho; astrol. quadrante solar, *Corp. Herm.* 16.13.

πνεῦμα — como elemento, ar, *Corp. Herm.* 1.9, 16.

Ποιμάνδρης — Poimandres, Pimandre, um nome inventado ou um trocadilho greco-copta para **p.eime.n.re**, ὁ τῆς αὐθεντίας νοῦς, a Mente de Rá, o Conhecimento do Deus-Sol, a Mente da Soberania (DODD, 1954, p. 99, nota 1). Daí o nome do tratado hermético, *Corp. Herm.* 1.2.

πολυσώματος — que tem muitos corpos, com muitos corpos, polissomático, multissomático, policorpóreo, multicorpóreo, *Corp. Herm.* 5.10.

προκατάρχω — dar início à hostilidade, *Corp. Herm.* 1.20.

προκατέρχομαι — retornar antes, *Corp. Herm.* 1. 20.

προλαμβάνω — dar o voto de condenação, condenar, *Corp. Herm.* 12.3.

πρόλημμα — pré-possessão, prejuízo, *Corp. Herm.* 12.3.

προσενόω — unir (-se) a ou com, *Corp. Herm.* 10.11.

πυκνός — contínuo, constante, *Corp. Herm.* 16.10.

πυραμοειδής — piramidal, em (com) forma de pirâmide, *Corp. Herm.* 5.6.

Σ

σαθρότης — fraqueza, doença, insanidade, *Corp. Herm.* 18.2.

σηραγγόομαι — esponjoso, poroso, *Corp. Herm.* 5.6.

σκιαγραφία — adumbração, esboço rude e rápido, *Corp. Herm.* 6.4.

σκοτομαχέω — lutar na escuridão, *Corp. Herm.* 1.23.

σκοτομαχία — luta no escuro, *lectio* variante em vez de σκοτομαχέω, *Corp. Herm.* 1.23.

στερροποιέω = στερρὸν ποιῶ — fazer-se forte, fortalecer, fortificar, *Corp. Herm.* 5.6.

συγκίνησις — movimento na mesma direção, comoção, movimento conjunto, op. ἀντικίνησις (movimento na direção contrária), *Corp. Herm.* 2.6.

συγχρωματίζομαι — f.l. para συγχρωτίζομαι no *Corp. Herm.* 10.17.

συγχρωτίζομαι — estar em contato (contagioso) com, *Corp. Herm.* 10.17 (codd. Stob.).

σύμπνοος — que respira junto, concordante, inspirado em conjunto com, *Corp. Herm.* 13.6.

συναγιάζω — consagrar, ser ἅγιος junto com, compartilhar a santidade com alguém (τινι), *Corp. Herm.* 1.32.

συνάρθρωσις — junção articuladora, junção (dos membros de um organismo), metaf., *Corp. Herm.* 13.8.

συνεπεισρέω — fluir junto, confluir em, *Corp. Herm.* 9.2.

συνουσιαστικός — social, relacional, que tem relações sexuais com, conectado essencialmente com = συνούσιος, *Corp. Herm.* 12.19.

T

τερασπορία — semeadura ou dispersão de portentos, *lectio corrupta* em *Corp. Herm.* 3.3.

τεχνούργημα — obra de arte, *Corp. Herm.* 3.4.

τεχνουργία = τεχνούργημα (obra de arte), *Corp. Herm.* 3.4.

τόπος — lugar, região, espaço, *Corp. Herm.* 2.12.

Τρισμέγιστος — Trismegistos, Trismegisto, título do Hermes Egípcio, Thoth, três vezes μέγιστος (grande) (μέγιστος καὶ μ. καὶ μ.), *Corp. Herm. passim.*

Y

ὑλότης — materialidade, *Corp. Herm.* 8.3, 12.22.

ὑπάντησις — ida ou vinda de uma reunião, de um encontro; encontro, reunião, *Corp. Herm.* 2.7.

ὑπαραιόω — v.l. para ὑποχαλάσασα (afrouxar, abaixar τὸν τόνον) no *Corp. Herm.* 18.4.

ὑποχαλάω — afrouxar ou diminuir τὸν τόνον, *Corp. Herm.* 18.4 (v.l. ὑπαραιόω).

ὑστέρημα — deficiência, necessidade, *Corp. Herm.* 13.1 etc.

Φ

φαντασιόω — fazer imaginar, causar a impressão na mente; manifestar (-se), *Corp. Herm.* 5.2.

φάος = φῶς, luz — *Corp. Herm.* 1.21.

φθείρω — corromper, destruir, perecer, *Corp.Herm. passim.*

φύσις — instinto em animais, *Corp. Herm.* 9.1, 12.1. Em filos., o poder originador, *Corp.Herm.* 1.14; de forma concreta, a criação, a Natureza.

φωτίζω — iluminar (com luz espiritual e divina), *Corp. Herm.* 9.3, 13.18.

Χ

χρειώδης — deficiente, *Corp. Herm.* 18.6.

χωριστός — separado, separável de alguém ou algo (τινός), uma *lectio* variante para **ἀχώρητος** — incapaz de conter ou abarcar, no *Corp. Herm.* 2.14.

Ψ

ψυχογόνος = ψυχογόνιμος — vivificador, produtor de vida, espírito ou alma, *Corp. Herm.* 13.12.

☥

Bibliografia

1 Fontes primárias e traduções em latim, inglês, alemão, francês, italiano e português

BETZ, H. D. (Hans Dieter) *et al.* (orgs.). *The Greek Magical Papyri in Translation. Including the Demotic Texts.* Chicago; Londres: University of Chicago Press, 1986, 339 pp.

CHAMBERS, John David. *The Theological and Philosophical Works of Hermes Trismegistus*. USA: Palala Press, 2015.

CORPUS Hermeticum. Edição e comentários de A. D. Nock e A.-J. Festugière. Edição dos textos herméticos em copta e comentários de Ilaria Ramelli. Textos em grego, latim e copta. Milão: Bompiani. Il pensiero occidentale, 2005, 1627 pp.

ERMETE TRISMEGISTO. *Corpo Ermetico e Asclepio*. A cura di Maria Tordini Portogali. Milão: SE (Studio Editoriale) SRL, 1997, 160 pp.

ERMETO TRISMEGISTO. *Corpus Hermeticum: Testo Greco e Latino a Fronte. Introdução, tradução e notas (editadas) por Valeria Schiavone,* 3. ed. Itália: BUR (Biblioteca Universale Rizzoli), 2006, 377 pp.

FICINUS NOVUS. *Pimander*: *Sive de Potestate et Sapientia Dei*. A cura di Maurizio Campanelli. Torino: Aragano, 2011, 136 pp.

HERMÈS TRISMÉGISTE. *Corpus Hermeticum*. Texto elaborado por A. D. Nock e traduzido por A.-J. Festugière, 2. ed. Paris: Les Belles Lettres, 2011, 2t, 404 pp. (paginação contínua entre os dois tomos). (Collection des Universités de France).

HERMÈS TRISMÉGISTE. *Paralipomènes grec, copte, arménie*: Codex VI Nag Hammadi, Codex Clarkianus 11 Oxoniensis, Définitions Hermétiques, divers. Textos editados e traduzidos por Jean-Pierre Mahé. Paris: Les Belles Lettres, 2019, t. 5, CCLXX, 470 pp. (Collection des Universités de France).

HERMES TRISMEGISTO. *Corpus Hermeticum. Discurso de Inicação. Tábua de Esmeralda*. Texto estabelecido e traduzido por Márcio Pugliesi e Norberto de Paula Lima. São Paulo: Hemus, 2005, 126 pp.

HERMES TRISMEGISTO. *Corpus Hermeticum*. Tradução, edição, introdução e notas de Américo Sommerman. Edição Completa. São Paulo: Polar, 2019, 340 pp.

HERMES TRISMEGISTO. *Corpus Hermeticum*: Atribuído ao Grande Hermes Trismegisto. Tradução de Ali Onaissi. Organização de Sueli Bressan. São Paulo: Esotera, 2017, 120 pp.

HERMES TRISMEGISTUS. *The Corpus Hermeticum*. Traduzido por G. R. S. Mead.Vancouver: Royal Classics, 2020, 87 pp. (Royal, Collector's Edition).

HERMETICA: The Ancient Greek and Latin Writings Which Contain Religious or Philosophical Teachings Ascribed to Hermes Trismegistus. Introdução, textos e edição da tradução de Walter Scott. Boston: Shambala Publications, 1985, v. 1, 549 pp.

HERMETICA: The Ancient Greek and Latin Writings Which Contain Religious or Philosophical Teachings Ascribed to Hermes Trismegistus. Volume

II: Notas sobre o *Corpus Hermeticum* de Walter Scott. Boston: Shambala Publications, 1985, v. 2, 482 pp.

HERMETICA: The Greek Corpus Hermeticum and the Latin Asclepius in a New English Translation, with Notes and Introduction – Brian P. Copenhaver. Nova York: Cambridge University Press, 2000, 404 pp.

HERMETIS Trismegisti Poemander. Ad fidem codicum manu scriptorum recognovit Gustavus Parthey. Berolini [Berlin]: Libraria Fr. Nicolai, 1854, 134 pp.

IDELER, J. L. *Physici et Medici Graeci Minores*. Berlin Typis et Impensis G. Remeri, 1891, v. 1, 440 pp.

LA RIVELAZIONE Segreta di Ermete Trismegisto. A Cura di Paolo Scarpi. Fondazione Lorenzo Valla, 2009-2011, 2 v.

MAHÉ, Jean-Pierre. *Hermès en haute-Egypte: Les Textes hermétiques de Nag Hammadi et leurs parallèles grecs et latins* (i); Le Fragment du Discours parfait et les Définitions Hermetiques Arméniennes (ii). Québec: Presses de l'Université Laval, 1982, 2t. (Biblioteca copta de Nag Hammadi, 3, 7).

MEAD, George Robert. *Thrice-greatest Hermes*: studies in Hellenistic theosophy and gnosis, uma tradução dos sermões e fragmentos existentes da literatura trismegista, com prolegômenos, comentários e notas, de G. R. S. Mead. V. I. - Prolegomena. Londres e Benares: The Theosophical Publishing Society, 1906, Xvi, p., 481 pp.

MERCURII TRISMEGISTI Pimandras utraque lingua restitutus. D. Francisci Flussatis Candallae industria. Burdigalae, Apud Siomenem Millangium Burdigalensium Typographum via Iacobea, 1574.

MERCURII Trismegisti Poemander, seu de potestate ac sapientia divina. Aesculapii Definitiones ad Ammonem regem. Paris: Adr. Turnebum typographum Regium, 1554, 103 pp.

NAG HAMMADI codices V, 2-5 e VI. Editor: Douglas M. Parrot. Leiden: E. J. Brill, 1978, v. 11, 553 pp. (The Coptic Gnostic Library. Editado com tradução para o inglês, introdução e notas; publicado com o apoio do Institute for Antiquity and Christianity).

PREISENDANZ, K *et al.* (orgs.). *Papyri Graecae Magicae. Die Griechischen Zauberpapyri.* Stuttgart: Teubner, 1974 (1928-1931), 2 v.

REITZENSTEIN, Richard. *Poimandres: Studien zur Griechisch-Ägyptischen und frühchristlichen Literatur*. Unveränderter anastatischer nachdruck. Leipzig: B. G. Teubner, 1922, 382 pp.

SALAMAN, Clement. *Asclepius: The Perfect Discourse of Hermes Trismegistus*. Editado e traduzido por Clement Salaman. Londres; Nova Delhi; Nova York; Sydney: Bloomsbury, 2007, 104 pp.

SALAMAN, Clement; VAN OVEN, Dorine; WHARTON, William D.; MAHÉ, Jean-Pierre. *The Way of Hermes: New Translations of the Corpus Hermeticum and The Definitions of Hermes Trismegistus to Asclepius*. Rochester (VT): Inner Traditions, 2000, 124 pp.

ΕΡΜΉΣ ΤΡΙΣΜΈΓΙΣΤΟΣ. *Ερμητικά Κείμενα*. Λόγοι Ι — XVIII. Μετάφραση: Περικλής Δ. Ροδάκης·Απόστολος Μ. Τζαφερόπουλος. Αθήναι: Εκδότης Παρασκήνιο, 1990. τ. 1. 273 σ.

2 Recursos para a Tradução

2.1 Dicionários, léxicos, gramáticas e index

2.1.1 Dicionários e gramáticas consultados

ADRADOS, Francisco Rodríguez. (DGE). Madrid: ILC/ CCHS/ CSIC. Disponível em <http://dge.cchs.csic.es/xdge/>.

ALMEIDA, Napoleão Mendes de. *Gramática Latina: Curso Único e Completo*, 30. ed. atual. com suplementos e respostas. São Paulo: Saraiva, 2011, 656 pp.

ANDERSON JR., R. Dean. *Glossary of Greek Rhetorical Terms connected to Methods of Argumentation Figures and Tropes from Anaximenes to Quintilian*. Leuven: Peeters, 2000, 131 pp. (Contributions to Biblical Exegesis and Theology, 24).

APOSTOLIDES SOPHOCLES, Evangelinus. *Greek Lexicon of the Roman and Byzantine Periods* (de 146 A.E.C. até 1100 E.C.). Nova York: Adegi Graphics LLC, 2011, 1188 pp. (Elibron Classics series).

BEEKES, Robert. *Etymological Dictionary of Greek*. Com o apoio de Lucien van Beek. Leiden; Boston: Brill, 2010, v. 2., 1808 pp. (Leiden Indo-European Etymological Dictionary Séries; 10/1-2).

BERTOLINI, Marco. Sul Lessico Filosofico dell' "Asclepius". *Annali della Scuola Normale Superiore di Pisa*. Classe di Lettere e Filosofia, série 3, v. 15, n. 4, pp. 1151-1209, 1985.

BETTS, Gavin. *Complete New Testament Greek*. 2. ed. Londres: Hodder and Stoughton; Nova York: McGraw Hill, 2010, 292 pp. (Teach Yourself Books).

BETTS, Gavin; HENRY, Alan. *Complete Ancient Greek*, 3. ed. Londres: Hodder and Stoughton; Nova York: McGraw Hill, 2010, 444 pp. (Teach Yourself Books).

BLASS, Friedrich; DEBRUNNER, Albert; FUNK, Robert Walter. *A Greek grammar of the New Testament and Other Early Christian Literature*. 20. print. ed. 1961. Chicago; Londres: The University of Chicago Press, 2009, 325 pp.

CEGALLA, Domingo Paschoal. *Novíssima Gramática da Língua Portuguesa*, 48. ed. São Paulo: Companhia Editora Nacional, 2008, 696 pp.

COMBA, Júlio. *Gramática Latina*. 5. ed. rev. atual. São Paulo: Salesiana, 2004, 351 pp.

CONYBEARE, F. C.; STOCK, St. George William Joseph. *Grammar of Septuagint Greek: With Selected Readings, Vocabularies, and Updated Indexes*. Grand Rapids: BakerBooks, 2010, 382 pp.

CROSBY, Henry Lamar; SCHAEFFER, John Nevin. *An Introduction to Greek*. Mineola; Nova York: Dover, 2009, 349 pp.

CRUM, Walter E. *A Coptic Dictionary*. Com um novo prefácio de James M. Robinson. Eugene (Óregon, EUA): Wipf & Stock Publishers, 2005, 953 pp. (ALR Ancient Language Resources).

DELATTE, L.; GOVAERTS, S.; DENOOZ, J. *Index du Corpus Hermeticum*. Roma: Edizioni dell'Ateneo e Bizzari, 1977, 359 pp. (Lessico Intellettuale Europeo, 13).

DICIONÁRIO de Espanhol-Português. Porto: Porto, 2009, 749 pp. (Dicionários Acadêmicos).

DICIONÁRIO de Francês-Português, Português-Francês. Porto: Porto, 2010, 553 pp., 520 pp. (Dicionários Acadêmicos).

DICIONÁRIO de Inglês-Português. Porto: Porto, 2009, 656 pp. (Dicionários Acadêmicos).

DICIONÁRIO de Latim-Português, Português-Latim. Porto: Porto, 2010, 539 pp., 617 pp. (Dicionários Acadêmicos).

DICIONÁRIO de Língua Portuguesa. Porto: Porto, 2009, 881 pp. (Dicionários Acadêmicos).

FOBES, Francis H. *Philosophical Greek: An Introduction. Chicago*: The University of Chicago Press, 1959, 321 pp.

FREIRE, Antônio, S. J. *Gramática Grega,* 2. ed. São Paulo: Martins Fontes, 2001, 289 pp.

GLARE P. G. W. (org.). *Oxford Latin Dictionary*. 2. ed. Reimpressão com correções. Oxford: At the Claredon Press, 2015, v. 2, 2344 pp.

JAY, Eric G. *New Testament Greek: An Introductory Grammar*. 14. impr. Londres: SPCK (Society for Promoting Christian Knowledge), 1994 (1958 e corr. em 1987), 350 pp.

LAMPE, G. W. H. *A Patristic Greek Lexicon*. Oxford: At the Claredon Press, 1961, 1568 pp.

LAYTON, Bentley. *A Coptic Grammar*: *With Chrestomathy and Glossary* — Sahidic Dialect. 3. ed. Wiesbaden: Harrassowitz Verlag, 2011, 545 pp.

LEWIS, Charlton T.; SHORT, Charles; FREUND, William. *Latin Dictionary*. Baseado na edição de Andrew do *Freund's Latin Dictionary*. Revisado, ampliado e, em grande parte, reescrito por Charlton T. Lewis e Charles Short. Oxford: At the Claredon, 1958, 2019 pp.

LIDDELL, Henry George; SCOTT, Robert. *A Greek-English Lexicon*. Revisado e ampliado por Henry Stuart Jones com a assistência de Roderick McKenzie e a colaboração de diversos acadêmicos. Com suplemento revisado. Oxford: At the Claredon Press, 1996, (2042 pp. + 45 pp. + 320 pp. + 31 pp. = 2438 pp.).

LIRA, D. P. *Glossário dos Hermetica Græca: pesquisa bibliográfica das ferramentas e das fontes secundárias de tradução. CLASSICA* (SÃO PAULO), v. 34 (2), p. 1-35, 2021.

LIRA, D. P. de. *Grego Antigo Instrumental*. João Pessoa: Ideia, 2021, 152 pp.

LOUW, Johannes; NIDA, Eugene. Léxico Grego-Português do Novo Testamento: baseado em domínios semânticos. Tradução de Vilson Scholz. Barueri: Sociedade Bíblica Brasileira, 2013, 786 pp.

LUST, J.; EYNIKEL, E.; HAUSPIE. *A Greek-English Lexicon of the Septuagint*. Com a colaboração de G. Chamaberlain. Stuttgart: Deutsche Bibelgesellschaft, 1992, 2 pt.

MANIATOGLOU, Maria da Piedade Faria. *Dicionário Grego-Português Português-Grego*. Porto: Porto, 2004, 1391 pp.

McLEAN, Bradley H. *Hellenistic and Biblical Greek*. Cambridge: Cambridge University Press, 2014, 352 pp.

MIRANDA POZA, José Alberto. *En torno a la palabra: Sentido y forma*. Estudios de Lexicografía y Lexicología. Madrid: Wisteria Ediciones, 2017.

MORWOOD, James. *Oxford Grammar of Classical Greek*. Oxford; Nova York: Oxford University Press, 2001, xvi, 270 pp.

MORWOOD, James; TAYLOR, John (orgs.). *Pocket Oxford Classical Greek Dictionary*. Oxford; Nova York: Oxford University Press, 2002. xii, 449 pp.

PEREIRA, Isidro. *Dicionário Grego-Português e Português-Grego*. 8. ed. Braga: Apostolado da Imprensa, 1998, 1054 pp.

PERFEITO, Abílio Alves. *Gramática de grego*, 7. ed. Porto: Porto Editora, 1997, 167 pp.

RAGON, E. *Gramática grega*. Inteiramente reformulada por A. Dain, J.-A. de Foucault, P. Poulain. Tradução de Cecilia Bartalotti. São Paulo: Odysseus, 2012, 331 pp.

REALE, Giovanni. *História da Filosofia Grega e Romana*. ed. corr. São Paulo: Loyola, 2008, 9 v.

RUSCONI, Carlo. *Dicionário do Grego do Novo Testamento*. São Paulo: Paulus, 2003, 540 pp.

SWETNAM, J. *Gramática do Grego do Novo Testamento*: Morfologia. São Paulo: Paulus, 2002, v. 1.

TAYLOR, William Carey. *Introdução ao Estudo do Novo Testamento Grego*. São Paulo: Batista Regular, 2001, 442 pp. (Essa edição é uma reprodução da 9. ed. publicada em 1990 pela Junta de Educação Religiosa e Publicações (JUERP)).

ΜΠΑΜΠΙΝΙΩΤΗ, Γ. Ετυμολογικό Λεξικό τής Νέας Ελληνικής Γλώσσας Ιστορία των Λέξεων. 2. ἐκ.Αθήνα: ΚέντροΛεξικολογίας, 2011, 1720 σ.

TZARTZANOΣ, ΑχιλλέαςΑ. Γραμματική της Αρχαίας Ελληνικής Γλώσσης. 15. εκ. Αθήναι: Οργανισμός Εκδόσεως Διδακτικών Βιβλίων, 1965, 184 σ.

2.2 Estudos do contexto histórico e comentários do hermetismo e do *Corpus Hermeticum*

ANGUS, S. *The Religious Quests of the Graeco-Roman World: A Study in the Historical Background of Early Christianity*. Nova York: Charles Scribner's Son, 1929, 444 pp.

BARNSTONE, Willis; MEYER, Marvin. *The Gnostic Bible: Gnostic texts of Mystical Wisdom from the Ancient and Medieval Worlds — Pagan, Jewish, Christian, Mandaean, Manichaean, Islamic, and Cathar*. Boston: Shamabala, 2003, 860 pp.

BARRETT, C. K. *The New Testament Background*: Selected Documents. Londres: S. P. C. K., 1958, 276 pp.

BASSNETT, Susan. *Translation Studies*, 3. ed. Londres; Nova York: Routledge, 2005, 176 pp.

BERNAL, Martin. *Black Athena: The Afroasiatic Roots of Classical Civilization: The Fabrication of Ancient Greece 1785-1985*. New Brunswick; Nova Jersey: Rutgers University Press, 2003 (1987), v. 1, 575 pp.

BOUSSET, Wilhelm. *Hauptprobleme der Gnosis: Forschungen zur Religion und Literatur des Alten und Neuen Testaments*. Göttingen: Vandenhoeck und Ruprecht, 1973, 398 pp.

______. *Kyrios Christos: A History of the Belief in Christ from the Beginnings of Christianity to Irenaeus*. Traduzido por John E. Steely Nashville: Abingdon Press, 1970, 496 pp.

BRANDÃO, Junito de Souza, Mitologia Grega, 23. ed., 6. reimpr. Petrópolis: Vozes, 2020, v. 2, 357 pp.

BULL, Christian H. *The Tradition of Hermes Trismegistus: The Egyptian Priestly Figure as a Teacher of Hellenized Wisdom*. Leiden; Boston: Brill, 2018, 532 pp.

BURKITT, F. C. (Francis Crawford). *Church and Gnosis: A Study of Christian Thought and Speculation in the Second Century*. Nova York: AMS Press, 1978 (primeira edição da AMS publicada a partir da edição de 1932, Cambridge, At the University Press), 154 pp.

CASEY, R. P. Gnosis, Gnosticism and New Testament. In: DAVIES, W. D.; DAUBE, D. (orgs.). *The Background of the New Testament and its Eschatology* (em homenagem de C. H. Dodd*)*. Cambridge: Cambridge University Press, 1956, pp. 52-80.

CHLUP, Radek. "The Ritualization of Language in the Hermetica". *Aries*, São Paulo, v. 7, n. 2, 2007, pp. 133-59.

CLARK, Rosemary. *The Sacred Magic of Ancient Egypt: The Spiritual Practice Restored*. Woodbury: Llewllyn Publications, 2011, 283 pp.

COOK, Johann. *The Septuagint of Proverbs*: *Concerning the Hellenistic Colouring of LXX Proverbs*. Leiden: Brill, 1997, 391 pp. (Supplements to Vetus Testamentum 69).

COOK, John Granger. *The interpretation of the Old Testament in Greco-Roman paganism*. Tuebingen: Mohr Siebeck, 2004, 399 pp. (Studien und Texte zu Antike und Christentum 23).

COPENHAVER, Brian P. "Natural Magic, Hermetism, and Occultism in Early Modern Science". In: LINDBERG, David C.; WESTMAN. Robert S. (orgs.). *Reappraisals of the Scientific Revolution*. Cambridge: Cambridge University Press, 1990, pp. 261-301.

______. Notes. In: *HERMETICA: The Greek Corpus Hermeticum and the Latin Asclepius in a New English Translation, with Notes and Introduction* – Brian P. Copenhaver. Nova York: Cambridge University Press, 2000, pp. 93-260.

CUMONT, Franz. *Les Religions Orientales dans le Paganisme Romain.* 4. Ed. revue, illustrée et annotée. Publiée sous les auspices du Musée Guimet. Paris: Librairie Orientaliste Paul Geuthner, 1929, 339 pp.

DERCHAIN, Philippe. L'authenticité de l'inspiration égyptienne dans le "*Corpus Hermeticum*". *Revue de l'Histoire des Religions*, Paris, t. 161 n. 2, 1962, pp. 175-98.

DODD, C.H. (Charles Harold). *The Bible and the Greeks*. 2. impression. Londres: Hodder and Stoughton, 1954, 264 pp.

______. (Charles Harold). *The Interpretation of the Fourth Gospel.* Edição reimpressa em brochura. Cambridge: Cambridge University Press, 2005, 478 pp.

DRANE, John W. "Gnosticism and New Testament 2." *Theological Student Fellowship (TSF) Bulletin*, Londres, v. 69, 1974 b, pp. 1-7.

DURAND, Gilbert. *Ciência do Homem e Tradição: O Novo Espírito Antropológico*. Tradução de Lucia Pereira de Souza. São Paulo: TRIOM, 2008, 273 pp.

EBELING, Florian. *The Secret History of Hermes Trismegistus: Hermeticism from Ancient to Modern Times*. Prefácio de Jan Assmann. Traduzido do alemão por David Lorton. Ithaca e Londres: Cornell University Press, 2011 (first edition 2007), 158 pp.

ECO, Umberto. *Os Limites da Interpretação*, 2. ed. São Paulo: Perspectiva, 2004, 315 pp. (Coleção Estudos, 135).

ELIADE, Mircea. *História das Crenças e das Ideias Religiosas*: *Da Idade da Pedra aos Mistérios de Elêusis*. Rio de Janeiro: Zahar, 2011, v. 1, 437 pp.

______. *História das Crenças e das Ideias Religiosas: De Gautama Buda ao Triunfo do Cristianismo*. Rio de Janeiro: Zahar, 2011, v. 2, 465 pp.

______. *História das Crenças e das Ideias Religiosas: De Maomé à Idade das Reformas*. Rio de Janeiro: Zahar, 2011, v. 3, 321 pp.

ELIADE, Mircea. *O Sagrado e o Profano: A Essência das Religiões*, 3. ed. São Paulo: Martins Fontes, 2011, 191 pp. (Biblioteca do Pensamento Moderno).

______. *Origens: História e Sentido na Religião*. Lisboa: Edições 70, 1989, 203 pp.

______. *Tratado de História das Religiões*, 4. ed. São Paulo: Martins Fontes, 2010, 479 pp.

ELIADE, Mircea; COULIANO, Ioan P. *Dicionário das Religiões*, 2. ed. São Paulo: Martins Fontes, 2009, 342 pp.

ENCICLOPÉDIA Mirador Internacional. São Paulo: Encyclopaedia Britannica do Brasil Publicações Ltda., 1986, 20 v.

FAIVRE, Antoine. Hermetism. In: JONES, Lindsay (org.). *Encyclopedia of Religion*, 2. ed. Detroit, MI: Thomson/Gale, Macmillan Reference USA, 2005, v. 6, pp. 3944-956.

FAIVRE, Antoine. "Note sur la transmission des traditions dans le contexte des courants esoteriques occidentaux modernes." In: KILCHER, Andreas B. *Constructing Tradition: Means and Myths of Transmission in Western Esotericism*. Organizado por Andreas B. Kilche. Leiden; Boston: Brill, 2010. pp. 31-46 (Aries books series; 11).

FERGUSON, Everett. *Background of Early Christianity*. Grand Rapids: W. B. Eerdmans, 1990. 515 pp.

FERRATER MORA, José. *Diccionario de Filosofia*. 5. ed. Buenos Aires: Sudamericana, 1964. 2t.

FESTUGIÈRE, A.-J., Hermetica: Le Baptême dans le Cratère C.H., IV, 3-4, *The Harvard Theological Review*, Cambridge (MA): Publicado pela Cambridge University Press em nome da Harvard Divinity School, v. 31, issue n.1, Jan. 1938, pp.1-20.

FESTUGIÈRE, A.-J. *Études D'Histoire et De Philologie*. Paris: Librairie Philosophique J. Vrin, 1975, 307 pp.

FESTUGIÈRE, A.-J. *La Révélation d'Hermès Trismégiste*. Nova edição revisada e ampliada com a colaboração de Concetta Luna, Henri Dominique Saffrey e Nicola Roudet. Paris: Les Belles Letres, 2014, 2062 pp.

FESTUGIÈRE, A.-J. Le "logos" hermétique d'enseignement. *Revue des* Études *Grecques*, Paris, t. 55, fasc. 259-260, Janvier-juin 1942, pp. 77-108.

FILORAMO, G. Hermetism. In: DI BERARDINO, Angelo. *Encyclopedia of the Early Church*. Cambridge: James Clarke, 1992. v.1. pp. 377-78.

FLINDERS PETRIE, W. M. *Personal Religion in Egypt before Christianity*. Londres; Nova York: Harper and Brothers, 1909, 174 pp.

FOWDEN, Garth. *The Egyptian Hermes*: A Historical Approach to Late Pagan Mind. Princeton: Princeton University Press, 1993, 244 pp.

GONZÁLEZ BLANCO, Antonino. "El Hermetismo. Ensayo Bibliográfico", *Anales de la Universidad de Murcia* 38, n. 2, Filosofía y Letras, pp. 43-80, 1979-1980 (1981).

GONZÁLEZ BLANCO, Antonino. "Misticismo y Escatología en el Corpus Hermeticum", *Cuaderno de Filología Clásica*, n. 5, 1973, pp. 313-60.

GOODRICK-CLARKE, Nicholas. "Hermeticism and Hermetic Societies." In: HANEGRAAFF, Wouter J. (Ed.). *Dictionary of Gnosis and Western Esotericism*. Leiden; Boston: Brill, 2006, pp. 550-58.

GRESE, William C. *Corpus Hermeticum XIII and Early Christian Literature*. Leiden: Brill Archive, 1979, 228 pp.

GURGEL PEREIRA, Ronaldo Guilherme. *The Hermetic* Λόγος*: Reading the Corpus Hermeticum as a Reflection of Graeco-Egyptian Mentality*. Basel, 26 de out. 2010, 255 pp. (Dissertação de doutorado em Egiptologia apresentada à Faculdade de História e Filosofia da Universidade de Basileia).

HANEGRAAFF, Wouter J. (org.). *Dictionary of Gnosis and Western Esotericism*. Leiden; Boston: Brill, 2006, 1228 pp.

HARRIS, J. R. (org.). *O Legado do Egito*. Rio de Janeiro: Imago, 1993, 522 pp.

HEISER, James D. *Prisci Theologi and Hermetic Reformation in the Fifteenth Century*. Malone (Texas): Repristination Press, 2011, 248 pp.

HORMAN, John F. *The Text of the Hermetic Literature and the Tendencies of its Major Collections*. Hamilton, nov. de 1973, 349 pp. (Dissertação apresentada à Escola de Estudos de Pós-Graduação como parte dos requisitos para o grau de Doutor em Filosofia). McMaster University.

JOHNSON, Luke Timothy. *Among the Gentiles: Greco-Roman Religion and Christianity*. New Haven; Londres: Yale University Press, 2009, 461 pp. (The Anchor Yale Bible Reference Library).

JONAS, Hans. *The Gnostic Religion: The Message of the Alien God and the Beginnings of Christianity*. Com uma introdução recentemente traduzida pelo autor. 3. ed. rev. Boston: Beacon Press, 2001, 355 pp.

JUNG, C. G. *Memories, Dreams, Reflections*. Gravado e editado por Aniela Jaffe. Revisão editada e traduzida para o alemão por Richard e Clara Winston. Nova York: Vintage Books, 1989, 430 pp.

______. *Ab-reção, Análise dos Sonhos e Transferência*. 9. ed. 6. reimpr. Petrópolis: Vozes, 2017, 262 pp. (Obras Completas de C. G. Jung, v.16/2, Psicoterapia).

______. *Estudos Alquímicos*. 4. ed. 10. reimpr. Petrópolis: Vozes, 2019A, 455 pp. (Obras Completas de C. G. Jung, v. 13).

______. *Os Arquétipos e o Inconsciente Coletivo*. 11. ed. 10. reimpr. Petrópolis: Vozes, 2020, 556 pp. (Obras Completas de C. G. Jung, v. 9).

______. *Psicologia e Alquimia*. 6. ed. 10. reimpr. Petrópolis: Vozes, 2019B, 596 pp. (Obras Completas de C. G. Jung, v. 12).

______. *Símbolos da Transformação*. 9. ed. Petrópolis: Vozes, 2013A, 653 pp. (Obras Completas de C. G. Jung, v. 5, Psicoterapia).

JUNG, C. G. *Tipos Psicológicos*. 7. ed. 10. reimpr. Petrópolis: Vozes, 2013B, 613 pp. (Obras Completas de C. G. Jung, v. 6, Psicoterapia).

KEE, Howard Clark. *The origins of Christianity: Sources and Documents*. Englewood Cliffs: Prentice-Hall, 1973, 270 pp.

KENNEDY, H. A. A. *St. Paul and the Mystery Religions*. Nova York; Londres: Hodder and Stoughton, 1913, 311 pp.

KOESTER, Helmut. *Introduction to the New Testament: History, Culture, and Religion of the Hellenistic Age*. Filadélfia: Fortress; Berlin: Walter de Gruyter, 1984. v. 1, 428 pp.

LEWY, Hans. *Sobria Ebrietas: Untersuchungen zur Geschichte der antiken Mystik*. Gießen: A. Töpelmann, 1929, 174 pp. (Suplemento da revista Zeitschrift für die neutestamentliche Wissenschaft und die Kunde der älteren Kirche; Suplemento 9).

LIRA, D. P. "A influência dos aforismos sapienciais no mito cosmogônico do Ἱερὸς Λόγος Hermético." *CLASSICA* (SAO PAULO), 29(2), 2016, pp. 99-118.

LIRA, D. P. "O argumento das artes mânticas no Corpus Hermeticum 12.19." *GRIOT*, v. 17 (1), 2018, pp. 283-303.

LIRA, D. P. "O bilinguismo greco-romano na tradução latina do *ΛΟΓΟΣ ΤΕΛΕΙΟΣ*: enfoques sociolinguísticos na análise do *Asclepius Latinus*." *CLASSICA* (SAO PAULO), 31 (1), 2018, pp. 113-36.

LIRA, D. P. "O *Corpus Hermeticum* e o Problema Gnóstico: A γνῶσις [gnōsis] hermética como sentido da vida." *MELANCOLIA*, v. 6, 2021, pp. 32-44.

LIRA, D. P. "O λόγος noético: análise da lógica proposicional e dos conceitos lógico-dialéticos no Corpus Hermeticum 12.12-14a." *GRIOT*, v. 21 (2), 2021, pp. 311-31.

LIRA, D. P. "Recepção, tradução, influência e sucesso do *Corpus Hermeticum*." *NUNTIUS* ANTIQUUS, v. 13 (1), 2017, pp. 149-70.

LIRA, D. P.; CYROUS, S. H.; VIEIRA, O. S. "Iatromatemática: medicina holística e integrativa do hermetismo e do zoroastrismo." In: ECCO, C.; SILVA, R. F. N.; QUADROS, E. G.; SIGNATES, L. (Org.). Religião, Saúde e Terapias Integrativas. 1 ed. Goiânia: Editora Espaço Acadêmico, 2016, v. 2, pp. 103-17.

LIRA, D. P. *O Batismo do Coração no Vaso do Conhecimento: Uma Introdução ao Hermetismo e ao Corpus Hermeticum*. Recife: Editora UFPE, 2015, 360 pp.

LOHSE. Eduard. *Contexto e Ambiente do Novo Testamento*. Tradução de Hans Jörg Witter. São Paulo: Paulinas, 2000, 298 pp.

MAHÉ, Jean-Pierre. Hermes Trismegistos. In: JONES, Lindsay (Ed.). *Encyclopedia of Religion*. 2. ed. Detroit: Thompson/Gale, 2005. v. 6. pp. 3938-944.

MARTIN, Sean. *The Gnostics: The First Christian Heretics*. Harpenden: Pocket Essentials, 2006, 160 pp.

McALLISTER SCOTT, Thomas. *Egyptian Elements in Hermetic Literature*. Cambridge, Massachusetts, 18 de abril de 1987, 262 pp. (Tese apresentada por Thomas McAllister Scott para o Departamento New Testament da Faculty of Harvard Divinity School como parte dos requisitos para o grau de doutor em Teologia na disciplina Novo Testamento e Origens Cristãs.).

MEAD, George Robert. *Thrice-greatest Hermes: Studies in Hellenistic Theosophy and Gnosis, Being a Translation of the Extant Sermons and Fragments of the Trismegistic Literature, With Prolegomena, Commentaries, and Notes by G. R. S. Mead*. Volume I.- Prolegomena. Londres e Benares: The Theosophical Publishing Society, 1906. Xvi, p., 481 pp.

MORESCHINI, Claudio. *Hermes Christianus*: *The Intermingling of Hermetic Piety and Christian thought*. Turnhout, Belgium: Brepols, 2011, 306 pp. (*Cursor mundi*; v. 8).

NILSSON, Martin P. Krater. *The Harvard Theological Review*, Cambridge (MA): Publicado pela Cambridge University Press em nome da Harvard Divinity School, v. 51, n. 2, abril de 1958, pp. 53-8.

NOCK, Arthur Darby. *Conversion: The Old and the New in Religion from Alexander the Great to Augustine of Hippo*. Lanham (MD): University Press of America, 1988, 309 pp. (Brown classics in judaica).

______. *Early Gentile Christianity and its Hellenistic Background*. Nova York: Harper & Row, 1964, 155 pp.

______. *Essays on Religion and the Ancient World*. Selecionado e editado, com introdução, bibliografia dos escritos de Nock e índices por Zeph Stewart, 1972, 2 v., 1029 pp.

NORDEN, Eduard. *Agnostos Theos: Untersuchungen zur Formengeschichte Religioeser Rede*. 4. unveräenderte Aufl. Darmstadt: Wissenschaftliche Buchgesellschaft, 1956, 409 pp.

PACHOUMI, Eleni. *The Concepts of the Divine in the Greek Magical Papyri*. Tübingen: Mohr Siebeck, 2017, 258 pp.

PEARSON, Birger A. *Gnosticism, Judaism, and Egyptian Christianity*. Minneapolis: Fortress, 1990, 228 pp. (Série Studies in antiquity and Christianity).

PREUS, Anthony. *Historical Dictionary of Ancient Greek Philosophy*. Lanham (Maryland): The Scarecrow Press, 2007, 345 pp. (Historical Dictionaries of Religions, Philosophies, and Movements; n. 78).

REALE, Giovanni. *História da Filosofia Grega e Romana*. ed. corr. São Paulo: Loyola, 2008, 9 v.

REALE, Giovanni; ANTISERI, Dario. *História da Filosofia*: Filosofia Pagã Antiga. São Paulo: Paulus, 2003, v. 1, 385 pp. (História da filosofia).

REITZENSTEIN, Richard. *Hellenistic Mystery-Religions: Their Basic Ideas and Significance*: Traduzido por John E. Steely. Eugene (OR): Pickwick Publications, 1978, 572 pp.

REITZENSTEIN, Richard. *Poimandres: Studien zur Griechisch-Ägyptischen und frühchristlichen Literatur*. Unveränderter anastatischer nachdruck. Leipzig: B. G. Teubner, 1922, 382 pp.

ROCHETTE, Bruno. Un cas peu connu de traduction du grec en latin: l' "Asclepius" du Corpus Hermeticum. *Cahiers du Centre Gustave Glotz*, 14, 2003, pp. 67-96.

RUDOLPH, Kurt. *Gnosis: The Nature and History of Gnosticism*. San Francisco: Harper & Row, 1987, 411 pp.

RUSSELL, Norman. *The Doctrine of Deification in the Greek Patristic Tradition*. Nova York: Oxford University Press, 2009, 314 pp.

SHUMAKER, Wayne. *The Occult Sciences in the Renaissance: Study in the Intellectual Patterns*. Berkeley; Los Angeles; Londres: University of California Press, 1972, 284 pp.

SÖDERGÅRD, J. Peter. *The Hermetic Piety of the Mind: A Semiotic and Cognitive Study of the Discourse of Hermes Trismegistos*. Stockholm: Almqvist & Wiksell International, 2003, 287 pp. (Coniectanea biblica: New Testament series, 41).

SOULEN, Richard N. *Handbook of Biblical criticism*. 2. ed. Atlanta: John Knox Press, 1981, 239 pp.

TRIPOLITIS, Antonía. *Religions of the Hellenistic Roman Age*. Grand Rapids (MI); Cambridge (UK): Wm. B. Eerdmans Publishing Co., 2002, 165 pp.

TRÖGER, Karl-Wolfgang. *Mysterienglaube und Gnosis in Corpus Hermeticum XIII*. Berlin: Akademie-Verlag GmbH., 1971, 186 pp. (Texte und Untersuchungen zur Geschichte der Altchristlichen Literatur, volume 110).

VAN BLADEL, Kevin. *The Arabic Hermes: From Pagan Sage to Prophet of Science*. Oxford; Nova York: Oxford University Press, 278 pp. (Série Oxford studies in late antiquity).

VAN DEN BROEK, Roelof. Hermetic Literature I: Antiquity. In: HANEGRAAFF, Wouter J. (Ed.). *Dictionary of Gnosis and Western Esotericism*. Leiden; Boston: Brill, 2006, pp. 487-98

______. Hermetism. In: HANEGRAAFF, Wouter J. (Ed.). *Dictionary of Gnosis and Western Esotericism*. Leiden; Boston: Brill, 2006, pp. 558-70.

VAN DEN KERCHOVE, Anna. *La voie d'Hermès*: Pratiques rituelles et traités hermétiques. Leiden; Boston: Brill Academic Pub, 2012, 440 pp.

WILLIAMS, Michael Allen. *Rethinking "Gnosticism": An Argument for Dismantling a Dubious Category*. Princeton: Princeton University Press, 1996, 335 pp.

WILLOUGHBY, Harold R. *Pagan regeneration: A Study of Mystery Initiations in the Greco-Roman World*. Chicago: The University of Chicago Press, 1929, 307 pp.

WILSON, R. McL. *Gnosis and the New Testament*. Filadélfia: Fortress Press, 1968, 149 pp.

______. *The Gnostic Problem: A Study of the Relations Between Hellenistic Judaism and the Gnostic Heresy*. Londres: A. R. Mowbray & Co. 1958, 274 pp.

YATES, Frances A. *Giordano Bruno and the Hermetic Tradition*. Londres: Routledge and Kegan Paul, 1964, 466 pp.

3 Método de procedimento de tradução, aportes filológicos e manuais de metodologia

BASSNETT, Susan. *Translation Studies*. 3. ed. Londres; Nova York: Routledge, 2005, 176 pp.

ECO, Umberto. *Como se Faz Uma Tese*. 2. ed. São Paulo: Perspectiva, 1985, 184 pp. (Coleção Estudos, 85).

GHANOONI, Ali Reza. A Review of the History of Translation Studies. *Theory and Practice in Language Studies*, v. 2, n. 1, p. 77-85, 2012.

HERMÈS TRISMÉGISTE. *Corpus Hermeticum*. Texto elaborado por A. D. Nock e traduzido por A.-J. Festugière, 2. ed. Paris: Les Belles Lettres, 2011, 2 t., 404 pp. (paginação contínua entre os dois tomos). (Collection des Universités de France).

KAHLMEYER-MERTENS, Roberto S. *et al*. *Como Elaborar Projetos de Pesquisa: Linguagem e Método*. Rio de Janeiro: Editora FGV, 2009, 140 pp. (Coleção FGV Prática).

MARCONI, Marina de Andrade; LAKATOS, Eva Maria. *Fundamentos de Metodologia Científica*, 7. ed. São Paulo: Atlas, 2010, 297 pp.

MIRANDA POZA, José Alberto. *Apontamentos de Linguística Histórica: Ensaios de Filologia Românica e Filologia Clássica*. Recife: UFPE, 2019, 216 pp.

______. *En torno a la palabra: Sentido y forma*. Estudios de Lexicografía y Lexicología. Madrid: Wisteria Ediciones, 2017.

NIDA, Eugene A. *The Theory and Practice of Translation*. Leiden: Brill, 1982, 218 pp.

______. *Toward a Science of Translating. With Special Reference to Principles and Procedures Involved in Bible translating*. Leiden: Brill, 1964, 331 pp.

ROSSETTI, Livio. *Introdução à Filosofia Antiga: Premissas Filológicas e Outras "Ferramentas de Trabalho"*. São Paulo: Paulus, 2006, 440 pp.

NOTAS

1. Por exemplo, na Filologia, Richard August Reitzenstein, Arthur Darby Nock, André-Jean Festugière; na Semiótica, Umberto Eco; na Filosofia, Giovanni Reale, Garth Fowden, Brian Copenhaver; na História da Religião, Mircea Eliade; nas Ciências da Religião, Giovanni Filoramo; na área de Bíblia/Novo Testamento e Teologia, Charles Harold Dodd, Anna Van den Kerchove, Christian Bull, Peter Södergård, Luke Timothy Johnson, John Horman, Thomas McAllister Scott; na História, Antonio González Blanco, Jérôme Carcopino, Martin Bernal, Charles Flowers; na área de Letras e Literatura, Cassandra Cherie Amundson, Willis Barnstone; na Egiptologia, Jean-Pierre Mahé, Philippe Derchain, Flinders Petrie; na Psicologia, Carl Jung; entre muitos outros e outras.
2. JUNG, Carl Gustav. *Psicologia e Alquimia*, 6. ed. 10. reimpr. Petrópolis: Vozes, 2019B. pp. 307-09, §§ 401-03; SEGAL, Robert A. *Poimandres as Myth: Schorlarly Theory and Gnostic Meaning*. Berlim; Nova York; Amsterdam: Mouton de Gruyter, 1986, pp. 100-01.
3. Carl Jung afirma que "Zózimo possuía uma espécie de filosofia mística ou gnóstica". No entanto, o termo gnóstico, aqui, do ponto de vista junguiano, tem relação com o fenômeno *pré-consciente* sobre a matéria. Em outras palavras, trata-se de um conhecimento psicológico e de conteúdo derivado do inconsciente, que pode ser encontrado, igualmente, na

alquimia. Em todo caso, Jung sabe da relação de Zózimo com a comunidade hermética. JUNG, 2019B, p. 319, § 410; SEGAL, 1986, pp. 136, 158. Zózimo de Panópolis viveu no terceiro século da Era Comum. Cf. LIRA, D. P. *O Batismo do Coração no Vaso do Conhecimento: Uma Introdução ao Hermetismo e ao Corpus Hermeticum*. Recife: Editora UFPE, 2015, pp. 45, 60; JUNG, 2019B, pp. 67, 378. Sobre Zózimo de Panópolis e os tratados herméticos, cf. LIRA, 2015, pp. 19, 29, 45, 55-7, 60; BERTHELOT, Marcellin. *Les Origines De L'alchimie*. EUA: Wentworth Press, 2018, pp. 13, 45; JUNG, 2019B, pp. 378-94, §§ 456-61. Além disso, cf. JUNG, Carl Gustav. *Estudos alquímicos*. 4. ed. 10. reimpr. Petrópolis: Vozes, 2019A. p. 140, § 168; SEGAL, 1986, p. 103; JUNG, 2019B, p. 319, § 410; JUNG, 2019B, p. 389, § 457.

4. SEGAL, 1986, pp. 103-04, 112-15, 124, 136; DODD, C. H. (Charles Harold). *The Interpretation of the Fourth Gospel*. Edição Reimpressa em Brochura. Cambridge: Cambridge University Press, 2005, p. 15.
5. BERTHELOT, Marcellin. *Les Origines De L'alchimie*. EUA: Wentworth Press, 2018, pp. 44-5; EBELING, Florian. *The Secret History of Hermes Trismegistus: Hermeticism from Ancient to Modern Times*. Ithaca e Londres: Cornell University Press, 2011, pp. 48-9; JUNG, 2019B, pp. 307-09, §§ 401-03. Jung também aventa a possibilidade de textos árabes da alquimia procederem de Haran, de onde, da mesma forma, veio possivelmente o *Corpus Hermeticum*. Cf. JUNG, 2019A, p. 219, § 254.
6. BERNAL, Martin. *Black Athena: The Afroasiatic Roots of Classical Civilization: The Fabrication of Ancient Greece 1785-1985*. New Brunswick; Nova Jersey: Rutgers University Press, 2003, v. 1. p. 134. Nesse primeiro volume, fora a bibliografia e o índex, Bernal menciona González Blanco 21 vezes.
7. GONZÁLEZ BLANCO, Antonino. "El hermetismo. Ensayo bibliográfico." In: *Anales de la Universidad de Murcia*. v. 38, n. 3, Filosofía y Letras, curso 1979-80. Murcia: Universidad, Secretariado de Publicaciones, 1980, p. 43.
8 GONZÁLEZ BLANCO, 1980, pp. 48-9, 53.
9. VAN DEN KERCHOVE, Anna. *La voie d'Hermès: Pratiques rituelles et traités hermétiques*. Leiden; Boston: Brill Academic Pub, 2012, pp. 7-11.

10. GONZÁLEZ BLANCO, 1980, p. 43-4.
11. Para atender às demandas de alguns leitores no que diz respeito à leitura do texto grego, convém transliterar, pelo menos, palavras isoladas. A transliteração é escrita entre colchetes quando segue a própria palavra grafada em caracteres gregos. As vogais longas, onde houver, serão distinguidas por um traço superior ou hífen sobrescrito, também chamado de *macron*. Exemplo, *ἑρμητικός* [*hermētikos*]. ROSSETTI, Livio. *Introdução à Filosofia Antiga: Premissas Filológicas e Outras "Ferramentas de Trabalho"*. São Paulo: Paulus, 2006, pp. 327-37; JAY, Eric G. *New Testament Greek: An Introductory Grammar.* 14. impr. Londres: SPCK, 1994, pp. 12-3. Nota-se que a pronúncia do grego moderno é diferente: *ἑρμητικός* [*hermētikos*] e *ερμητικός* [*ermitikos*]. Ademais, não se emprega o espírito ou aspiração nas palavras. Cf. MANIATOGLOU, Maria da Piedade Faria. *Dicionário Grego-Português Português-Grego.* Porto: Porto, 2004, pp. 328, 819. HERMETISMO, 1986, p. 5709. *Sub verba ερμητικός* [de 1812] e *ερμητισμός* [de 1893], cf. ΜΠΑΜΠΙΝΙΩΤΗ, Γ. *Ετυμολογικό Λεξικό τής Νέας Ελληνικής Γλώσσας Ιστορία των Λέξεων.* 2. *έκ. Αθήνα: Κέντρο Λεξικολογίας, 2002, p. 672.*
12. JUNG, 2019A, pp. 76-7, § 84; pp. 195-96, § 246; p. 181, § 219; pp. 251-55, §§ 338-339; pp. 263-65, §348; pp. 317-19, §§ 408-09; *passim*; JUNG, 2019B, pp. 77-8, §§ 96-7, pp. 91-2, § 113; pp. 94-5, § 117; pp. 210-11, § 245; HERMETISMO, 1986, p. 5709.
13. JUNG, 2003, pp. 210-11, § 245; HERMETISMO, 1986, p. 5709; COPENHAVER, Brian P. "Natural Magic, Hermetism, and Occultism in Early Modern Science." In: LINDBERG, David C.; WESTMAN. Robert S. (org.). *Reappraisals of the Scientific Revolution.* Cambridge: Cambridge University Press, 1990, pp. 289-90. DICIONÁRIO de Língua Portuguesa. Porto: Porto, 2009, p. 446.
14. GOODRICK-CLARKE, Nicholas. "Hermeticism and Hermetic Societies." In: HANEGRAAFF, Wouter J. (org.). *Dictionary of Gnosis and Western Esotericism.* Leiden; Boston: Brill, 2006, pp. 550-57.
15. COPENHAVER, 1990, pp. 289-90.
16. GONZÁLEZ BLANCO, 1980, p. 44.
17. DODD, 2005, pp. 11, 15, 30.

18. SCOTT, Walter. "Introduction." In: *HERMETICA: The Ancient Greek and Latin Writings Which Contain Religious or Philosophical Teachings Ascribed to Hermes Trismegistus. Introductions, Texts and Translation Edited and Translation by Walter Scott*. Boston: Shambala Publications, 1985, v. 1, p. 114. SCOTT, Walter. "Notes on the *Corpus Hermeticum*." In: *HERMETICA: The Ancient Greek and Latin Writings Which Contain Religious or Philosophical Teachings Ascribed to Hermes Trismegistus*. Volume II: *Notes on the Corpus Hermeticum by Walter Scott*. Boston: Shambala Publications, 1985, v. 2, p. 12. HERMÈS TRISMÉGISTE. *Corpus Hermeticum*. Texto elaborado por A. D. Nock e traduzido por A.-J. Festugière. 2. ed. Paris: Les Belles Lettres, 2011, t. 1. p. 7.
19. SCOTT, 1985, v. 1, p. 144; DODD, C. H. *The Bible and the Greeks*. 2. impr. Londres: Hodder and Stoughton, 1954. p. 210; HERMES TRISMEGISTE, 2011, t. 1, p. 44
20. *Corp. Herm.* 5, 6I, 7, 8, 9, 12, 13, 18.
21. HERMES TRISMEGISTE, 2011, t. 1, p. 44.
22. SCOTT, 1985, v. 1, p. 144; SCOTT, 1985, v. 2, pp. 118-20.
23. DODD, 1954, p. 210, n. 1.
24. Exceto se a conjectura da palavra *ἑρμαϊκός*, no *Papiro Mágico* XIII.138 (*Papyrus Leidensis* I 395), estiver correta. Caso contrário, não há nenhuma incidência. Cf. PREISENDANZ, K *et al.*(orgs.). *Papyri Graecae Magicae. Die Griechischen Zauberpapyri*. Stuttgart: Teubner, 1974 (1928-1931). v. 2, p. 93; BETZ, H. D. (Hans Dieter) *et al.*(orgs.). *The Greek Magical Papyri in Translation. Including the Demotic Texts*. Chicago; Londres: University of Chicago Press, 1986, p. 175; FOWDEN, Garth. *The Egyptian Hermes: A Historical Approach to Late Pagan Mind*. Princeton: Princeton University Press, 1993, pp. 171-172.
25. REALE, Giovanni. *História da Filosofia Grega e Romana*. ed. corr. São Paulo: Loyola, 2008, v. 7, p. 375; MAHÉ, Jean-Pierre. Hermes Trismegistos. In: JONES, Lindsay (org.). *Encyclopedia of Religion*, 2. ed. Detroit: Thompson/Gale, 2005. v. 6, p. 3938. Sobre as definições dos textos herméticos, cf. EBELING, 2011, p. 1, 7. VAN DEN BROEK, Roelof. Hermetism. In: HANEGRAAFF, Wouter J. (org.). *Dictionary of Gnosis and Western Esotericism*. Leiden; Boston: Brill, 2006, pp. 559s; ELIADE, Mircea. *História das Crenças e das Ideias Religiosas: De Gautama*

Buda ao Triunfo do Cristianismo. Rio de Janeiro: Zahar, 2011, v. 2, p. 258. Cf. a ocorrência das palavras *θεός*, *ἄνθρωπος* e *κόσμος* no *Corp. Herm.* em DELATTE, L.; GOVAERTS, S.; DENOOZ, J. *Index du Corpus Hermeticum*. Roma: Edizioni dell'Ateneo e Bizzari, 1977, p. 209.

26. VAN BLADEL, Kevin. *The Arabic Hermes: From Pagan Sage to Prophet of Science*. Oxford; Nova York: Oxford University Press, 2009, pp. 17-22; BULL, Christian H. *The tradition of Hermes Trismegistus: The Egyptian Priestly Figure as a Teacher of Hellenized Wisdom*. Leiden; Boston: Brill, 2018, pp. 27-30; MORESCHINI, Claudio. *Hermes Christianus: The Intermingling of Hermetic Piety and Christian Thought*. Turnhout, Belgium: Brepols, 2011, pp. 27s.
27. VAN BLADEL, 2009, pp. 17-22; BULL, 2018, pp. 27-30; MORESCHINI, 2011, pp. 27s.
28. Cf. LIRA, 2015, p. 23, n. 6.
29. NIDA, Eugene A. *The Theory and Practice of Translation*. Leiden: Brill, 1982, p. 175.
30. ______. *Toward a Science of Translating. With Special Reference to Principles and Procedures Involved in Bible Translating*. Leiden: Brill, 1964, p. 152.
31. Este texto da introdução foi atualizado, adaptado e revisado a partir da minha tese "O Batismo do Coração no Vaso do Conhecimento: Uma Análise do Corpus Hermeticum 4.3-6a", defendida na Faculdades EST (2014), e que veio a ser publicada como *O Batismo do Coração no Vaso do Conhecimento: Uma Introdução ao Hermetismo e ao Corpus Hermeticum*. Recife: Editora UFPE, 2015, 360 pp.
32. Cf. LIRA, D. P. *O Corpus Hermeticum e o Problema Gnóstico:* A γνῶσις *[Gnōsis] Hermética Como Sentido da Vida*. MELANCOLIA, v. 6, 2021, pp. 32-44.
33. HANEGRAAFF, Wouter J. "Altered States of Knowledge: The Attainment of Gnōsis in the Hermetica." *The International Journal of the Platonic Tradition*, v. 2, issue 2, 1º de janeiro de 2008, p. 133.
34. Sobre hermetismo e a gnose pagã, cf. FESTUGIÈRE, André-Jean. *Ermetismo e Mistica Pagana*. Tradução de Luigi Maggio. Genova: Il Melangolo, 1991, pp. 99-110.

35. Sobre *gnose*, *gnosticismo* e o *Problema Gnóstico*, definições e correlatos, cf. os variados capítulos em LOGAN, Alastair; WEDDERBURN, Alexander J. M. (org.). *The New Testament and Gnosis*. Londres; Nova York: Bloomsbury Publishing Plc, 2015, pp. 21-104; 107-186-194.
36. JOHNSON, Luke Timothy. *Among the Gentiles: Greco-Roman Religion and Christianity*. New Haven; Londres: Yale University Press, 2009, pp. 214-15. Sobre o Colóquio de Messina, cf. BIANCHI, Ugo. "A Literatura Gnóstica e o Novo Testamento." FABRIS, Rinaldo. *Problemas e Perspectivas das Ciências Bíblicas*. São Paulo: Loyola, 1993, p. 101. Cf. também DRANE, John W. "Gnosticism and New Testament 2." *Theological Student Fellowship (TSF) Bulletin*, Londres, v. 69, 1974, p. 7.
37. WILLIAMS, Michael Allen. *Rethinking "Gnosticism"*: An *Argument for Dismantling a Dubious Category*. Princeton: Princeton University Press, 1996, p. 263, *passim*. MYER, Marvin. Introdução. In: TOMÉ. *O Evangelho de Tomé: As Sentenças Ocultas de Jesus*. Edição crítica, introdução, tradução do texto copta e notas de Marvin Meyer. Interpretação de Harold Bloom. Rio de Janeiro: Imago, 1993, p. 21.
38. DODD, 2005, p. 97; WILSON, R. McL. *Gnosis and the New Testament*. Filadélfia: Fortress Press, 1968, pp. 7-8; WILSON, R. McL. *The Gnostic Problem*: *A Study of the Relations Between Hellenistic Judaism and the Gnostic Heresy*. Londres: A. R. Mowbray & Co., 1958, pp. 64-9; RUDOLPH, Kurt. *Gnosis: The Nature and History of Gnosticism*. San Francisco: Harper & Row, 1987, pp. 56-7.
39. WILSON, 1968, p. 5; JOHNSON, 2009, p. 378; DRANE, 1974, pp. 2-3; BOUSSET, Wilhelm. *Hauptprobleme der Gnosis*: Forschungen zur Religion und Literatur des Alten und Neuen Testaments. Göttingen: Vandenhoeck und Ruprecht, 1973, pp. 229-38. Cf. BOUSSET, Wilhelm. *Kyrios Christos: A History of the Belief in Christ from the Beginnings of Christianity to Irenaeus*. Traduzido por John E. Steely Nashville: Abingdon Press, 1970, pp. 247-81. REITZENSTEIN, Richard. *Hellenistic Mystery-Religions: Their Basic Ideas and Significance*. Traduzido por John E. Steely. Eugene (OR): Pickwick Publications, 1978, pp. 364-425.
40. Sobre a relação entre hermetismo e gnosticismo, cf. MARTIN, Sean. *The Gnostics: The First Christian Heretics*. Harpenden: Pocket Essentials, 2006, pp. 69-71; BARNSTONE, Willis; MEYER, Marvin. *The*

Gnostic Bible: Gnostic texts of Mystical Wisdom from the Ancient and Medieval Worlds — Pagan, Jewish, Christian, Mandaean, Manichaean, Islamic, and Cathar. Boston: Shamabala, 2003, pp. 495-501; TRIPOLITIS, Antonía. *Religions of the Hellenistic Roman Age*. Grand Rapids (MI); Cambridge (UK): Wm. B. Eerdmans Publishing Co., 2002, pp. 119-142; JONAS, Hans. *The Gnostic Religion: The Message of the Alien God and the Beginnings of Christianity*. Com uma introdução recentemente traduzida pelo autor. 3. ed. rev. Boston: Beacon Press, 2001, pp. 147-73. FERGUSON, Everett. *Background of early Christianity*. Grand Rapids: W. B. Eerdmans, 1990, pp. 50-51; LAYTON, Bentley. *The Gnostic Scriptures*. Garden City, NY: Doubleday & Company, 1987, pp. 47-61; KEE, Howard Clark. *The Origins of Christianity: Sources and Documents*. Englewood Cliffs: Prentice-Hall, 1973, pp. 39-43; BARRETT, C. K. *The New Testament Background: Selected Documents*. Londres: S. P. C. K., 1958, pp. 80-90; TRÖGER, Karl-Wolfgang. *Mysterienglaube und Gnosis in Corpus Hermeticum XIII*. Berlim: Akademie-Verlag GmbH., 1971. *Passim*. LOHSE. Eduard. *Contexto e Ambiente do Novo Testamento*. Tradução de Hans Jörg Witter. São Paulo: Paulinas, 2000, pp. 251-57. REITZENSTEIN, Richard. *Poimandres: Studien zur Griechisch-Ägyptischen und frühchristlichen Literatur*. Unveränderter anastatischer nachdruck. Leipzig: B. G. Teubner, 1904, pp. 35-6, 248; CASEY, R. P. "Gnosis, Gnosticism and New Testament." In: DAVIES, W. D.; DAUBE, D. (orgs.). *The Background of the New Testament and its Eschatology* (dedicado a C. H. Dodd*)*. Cambridge: Cambridge University Press, 1956, p. 53.

41. DODD, 2005, p. 97; WILSON, 1968, pp. 7ss; DRANE, 1974, pp. 2, 6-7.
42. DRANE, 1974, p. 4.
43. DODD, 2005, pp. 14-7, 97-8.
44. A palavra *εὐσέβεια* [*eusebeia*] é um substantivo derivado da palavra *εὐσεβής* [eusebēs], do qual também se deriva o verbo *εὐσεβέω* [eusebeō]. O adjetivo *εὐσεβής* [eusebēs] significa piedoso, pio, devoto, religioso, reverente, temente a Deus. Seu equivalente latino é *pius* — quem mostra *piĕtas*, pio, bom. O termo *εὐσεβής* [*eusebēs*], por sua vez, é um adjetivo deverbativo, ou seja, derivado do verbo *σέβομαιm*, [sebomai] que se apresenta na voz média do verbo *σέβω* [*sebō*]. O verbo derivado dele,

εὐσεβέω [eusebeō], é um verbo denominativo que significa ser piedoso, pio, devoto ou religioso, mostrar piedade ou reverência para com alguém. O verbo *σέβω* [sebō] significa temer, envergonhar-se, respeitar, honrar, reverenciar, adorar, cultuar, venerar e espantar-se. MORWOOD, James; TAYLOR, John (orgs.). *Pocket Oxford Classical Greek Dictionary*. Great-Bretain: Oxford University Press, 2002, pp. 145, 289.

45. MORESCHINI, 2011, pp. 16-8; DODD, 1954, pp. 60, 77, 173-74, 179, 199; COULANGES, Fustel de. *A Cidade Antiga*. Tradução de Fernando de Aguiar. 5. ed. São Paulo: Martins Fontes, 2004, p. 100.
46. *Fragmenta Hermetica* 10 (*CORPUS Hermeticum*. Edição e comentários de A. D. Nock e A.-J. Festugière. Edição de textos herméticos coptas e comentários por Ilaria Ramelli. Com base no texto grego, latino e copta. Milão: Bompiani. Il pensiero occidentale. 2005. p. 1218; *HERMETICA: The Ancient Greek and Latin Writings Which Contain Religious or Philosophical Teachings Ascribed to Hermes Trismegistus*. Introdução, textos e edição da tradução de Walter Scott. Boston: Shambala Publications, 1985. v. 1. p. 536): Lactant., *Diu. Inst.* 2. 15.6 em LACTANTIUS, L. Caelius Firmianus. *Divinarum institutionum libri septem*. Libri I et II. Ediderunt Eberhard Heck et Antonie Wlosok. Berlim; Boston: De Gruyter, 2005. Fasc. 1. p. 189). Cf. MORESCHINI, 2011, p. 18.
47. MORESCHINI, 2011, p. 27; MAHÉ, Jean-Pierre. "La voie d'immortalité à la lumière des 'Hermetica' de Nag Hammadi et de découvertes plus-récentes." *Vigiliae Christianae*, v. 45, n. 4, dezembro de 1991, p. 365; VAN DEN KERCHOVE, 2012, p. 23s.
48. *Corp. Herm.* 10.9: *γνῶσις δέ ἐστιν ἐπιστήμης τὸ τέλος, ἐπιστήμη δὲ δῶρον τοῦ ϑεοῦ. γνῶσις δέ ἐστιν ἐπιστήμης τὸ τέλος, ἐπιστήμη δὲ δῶρον τοῦ ϑεοῦ* (HERMÈS TRISMÉGISTE, 2011, t. 1, pp. 117-18).
49. FOWDEN, 1993, pp.101s.; DODD, 2005, p. 15; HANEGRAAFF, 2008, pp. 133-35.
50. *τὸ γὰρ νοῆσαί ἐστι τὸ πιστεῦσαι, ἀπιστῆσαι δὲ τὸ μὴ νοῆσαι. ὁ γὰρ λόγος οὐ φϑάνει μέχρι τῆς ἀληϑείας, ὁ δὲ νοῦς μέγας ἐστὶ καὶ ὑπὸ τοῦ λόγου μέχρι τινὸς ὁδηγηϑεὶς φϑάνειν ἔχει <ἕως> τῆς ἀληϑείας, καὶ περινοήσας τὰ πάντα καὶ εὑρὼν σύμφωνα τοῖς ὑπὸ τοῦ λόγου ἑρμηνευϑεῖσιν ἐπίστευσε, καὶ τῇ καλῇ πίστει ἐπανεπαύσατο. τοῖς οὖν τὰ προειρημένα ὑπὸ τοῦ ϑεοῦ νοήσασι μὲν πιστά, μὴ νοήσασι δὲ ἄπιστα.*

51. HANEGRAAFF, 2008, pp. 133-34.
52. REALE, 2008, v. 6, p. 87; Estobeu, ecl. 2.60.9 — *Stoicorum Veterum Fragmenta* (abrevia-se *Stoic. Vet. Fr.*) 264. Cf. STOICORVM VETERVM FRAGMENTA: Chrysippi Fragmenta Moralia; Fragmenta Sucessorum Chrysippi. Collegit Ioannes Ab Arnim. Stuttgart: B. G. Tenbner Verlags-gesellschaft mbH, 1964. v. 3. p. 64.
53. FESTUGIÈRE, André-Jean, *La Révélation d'Hermès Trismégiste*. Nova edição revisada e ampliada com a colaboração de Concetta Luna, Henri Dominique Saffrey e Nicola Roudet. Paris: Les Belles Letres, 2014. p. 559.
54. DODD, 2005, p. 14; COPENHAVER, 2000, pp. 132-33; SCOTT, 1993, v. 2, pp. 136-39.
55. Sobre a metonímia como um tipo de representação figurativa, Cf. HOBBS, Valerie. *An Introduction to Religious Language: Exploring Theolinguistics in Contemporary Contexts*. Londres; Nova York: Bloomsbury Academic, 2021, p. 89.
56. HOMERO. *Odisseia*. Edição bilíngue. Tradução, posfácio e notas de Trajano Vieira. Ensaio de Italo Calvino. São Paulo: Editora 34, 2011, p. 192; FERRATER MORA, 1964, t. 2, p. 304.
57. Para alguns autores herméticos imanentistas, todos os homens possuem *νοῦς*, mas ele não funciona da mesma forma (*Corp. Herm.* 9.5). Para os dualistas, nem todos possuem *νοῦς* (*Corp. Herm.* 4.3).
58. LIRA, 2015, p. 143. Referente ao *νοῦς* como órgão da *gnose*, cf. SCOTT, 1985, v. 2, p. 140; DODD, 2005, pp. 27-8. Sobre as acepções de *νοῦς*, cf. MORWOOD; TAYLOR, 2002, p. 222; PEREIRA, Isidro. *Dicionário Grego-Português e Português-Grego*. 8. ed. Braga: Apostolado da Imprensa, 1998, p. 391; LIDDELL, Henry George; SCOTT, Robert; JONES, Henry Stuart. *A Greek-English lexicon*. Oxford: At the Claredon Press, 1996. pp. 1180-181; FERRATER MORA, José. *Diccionario de Filosofía*. 5. ed. Buenos Aires: Sudamericana, 1964. t. 2, pp. 303-04; FOBES, Francis H. *Philosophical Greek*: An Introduction. Chicago: The University of Chicago Press, 1959. p. 284; ELIADE, 2011, v. 2, pp. 261-68; JUNG, 2019B, pp. 317-19; SCOTT, 1985, v. 1, pp. 7-8; DODD, 2005, pp. 27-8, 216-19, 221-24, 304.
59. DODD, 2005, p. 38.
60. ______, p. 36.

61. ______, p. 146.

62. O νοῦς, como mens, órgão da gnōsis (γνῶσις), assume a acepção de sensus. Cf. BERTOLINI, Marco. Sul Lessico Filosofico dell' "Asclepius". *Annali della Scuola Normale Superiore di Pisa*. Classe di Lettere e Filosofia, serie 3, v. 15, n. 4, 1985, pp. 1162-165, 1177-181.

63. MORWOOD; TAYLOR, 2002, p. 114; PEREIRA, 1998, p. 191; LIDDELL; SCOTT; JONES, 1996, p. 570. Cf. SEGAL, Robert A. *Poimandres as Myth*: Schorlarly Theory and Gnostic Meaning. Berlin; Nova York; Amsterdam: Mouton de Gruyter, 1986, pp. 42-3, 57-8, notas 66 e 67.

64. SCOTT, 1985, v. 2, p. 53.

65. LIRA, 2015, p. 171; DODD, 2005, pp. 25, 28; BELTZ, Hans Dieter. "The Delphic Maxim ΓΝΩΘΙ ΣΑΥΤΟΝ in Hermetic Interpretation." *The Harvard Theological Review*, Cambridge (MA): Publicado por Cambridge University Press, v. 63, n. 4, outubro de 1970, pp. 466-68.

66. HERMÈS TRISMÉGISTE, 2011, t. 1, pp. 10-2.

67. Cf. *Asclepius* 7 (HERMÈS TRISMÉGISTE, 2011, t. 2, p. 304).

68. Cf. *Asclepius* 7-8 (HERMÈS TRISMÉGISTE, 2011, t. 2, pp. 304-06). Sobre *ὕλη* [hyle] como *materia*, *silva* e *mundus*, cf. BERTOLINI, 1985, pp. 1185-1194. BELTZ, 1970, pp. 466-68.

69. SCOTT, 1985, v. 2, pp. 53-4; BELTZ, 1970, p. 468; TRÖGER, 1971, pp. 166-70; MORESCHINI, 2011, p. 21. Sobre o significado do *si-mesmo*, cf. REITZENSTEIN, 1978, pp. 515-32.

70. PLUTARCO, *De E apud Delphos*, 385B-385D: PLUTARCH. *Moralia V*. Tradução de Frank Cole Barbbitt. Cambridge (MA); Londres: Harvard University Press, 1936. v. 5. pp. 202-05.

71. Cf. também o *Corp. Herm.* 4.3-6a. BELTZ, 1970, pp. 466-66; SEGAL,1986, pp. 57-8, notas 66 e 67. Cf. *Charmides* 164D, *Alcibiades* 1.124A, 129A, 132C, *Protagoras* 343B, *Phaedrus* 229E, *Leges* 11.923A em PLATO. *Charmides, Alcibiades I & II, Hipparchus, The Lovers, Theages, Minos, Epinomis*. Organizado por W.R.M. Lamb. Londres: William Heinemann; Nova York: G. P. Putnam's Sons, 1927. v. 8. pp. 46-7, 172-73, 194-95, 208-09. PLATO. *Laches, Protagoras, Meno, Euthydemus*. Tradução para o inglês de W. R. M. Lamb. Cambridge (MA): Harvard University Press; Londres: William Heinemann Ltd, 1952. v. 4. pp. 196-96. PLATO. *Euthyphro, Apology, Crito, Phaedo, Phaedrus*. Tradução para o

inglês de Harold North Fowler. Introdução de W. R. M. Lamb. Cambridge (MA); Londres: Harvard University Press, 2005. v. 1. pp. 420-21. PLATO. *Laws*: Books 1-6. Tradução para o inglês de R. G. Bury. Cambridge (MA): Harvard University Press, Londres: William Heinemann, 1961, v. 1. pp. 420-21. Cf. TRÖGER, 1971, pp. 166-70. GRESE, William C. *Corpus Hermeticum XIII and Early Christian Literature*. Leiden: Brill Archive, 1979. pp. 196-97.

72. Sobre *theōsis (θέωσις) no hermetismo antigo, cf. RUSSELL, Norman. The Doctrine of Deification in the Greek Patristic Tradition. Nova York: Oxford University Press, 2009, pp. 44-50. GASPARRO, G. Sfameni. "Cosmo, male, salvezza nel Poimandres (CH 1): tra apokalypsis e gnosis." In: CERUTTI, Maria Vittoria. Apocalipttica e Gnosticismo: Atti del Colloquio Internazionale Roma, pp. 18-9 giugno 1993. Pubblicati a cura di Maria Vittoria Cerutti. Roma: Gruppo Editoriale Internazionale – GEI. pp. 114-15. Sobre a forma excludente e radical, cf.* SEGAL,1986, pp. 110-11; MORESCHINI, 2011, p. 16; DODD, 2005, pp. 17-25, n. 2 na p. 20, n. 1 na p. 33; JOHNSON, 2009, pp. 85-8; ELIADE, 2011, v. 2, p. 431; COPENHAVER, Brian P. "Introduction." In: *HERMETICA: The Greek Corpus Hermeticum and the Latin Asclepius in a New English Translation, with Notes and Introduction – Brian P. Copenhaver*. Nova York: Cambridge University Press, 2000, pp. xxxix, lii; FERGUSON, 1990, p. 250; FILORAMO, G. "Hermetism." In: DI BERARDINO, Angelo. *Encyclopedia of the Early Church*. Cambridge: James Clarke, 1992. v. 1. p. 378; MAHÉ, 2005, v. 6, p. 3940; MAHÉ, 1982, t. 2, pp. 15, 29, 40-3; 314, 441; FOWDEN, 1993, pp. 103-04.
73. VAN DEN KERCHOVE, 2012, p. 1; ELIADE, 2011, v. 2, p. 258; COPENHAVER, 2000, pp. xxxii-xxxiii; ELIADE, Mircea; COULIANO, Ioan P. *Dicionário das Religiões*, 2. ed. São Paulo: Martins Fontes, 2009, p. 170; SCOTT, 1985, v. 1, p. 1; FILORAMO, 1992, v. 1, pp. 377-78; DODD, 2005, p. 11; FERRATER MORA, 1964, t. 1, pp. 360-61; DODD, 1954, p. xii.
74. VAN DEN BROEK, Roelof. "Hermetic Literature I: Antiquity." In: HANEGRAAFF, Wouter J. (org.). *Dictionary of Gnosis and Western Esotericism*. Leiden; Boston: Brill, 2006, pp. 487-88; COPENHAVER, 2000, pp. xxxii-xxxiii.

75. *The Hermetica dealt with in this book may be described as 'those Greek and Latin writings which contain religious or philosophical teachings ascribed to Hermes Trismegistus'...*

There is, besides these, another class of documents, the contents of which are also ascribed to Hermes Trimegistus; namely, writings concerning astrology, magic, alchemy, and kindred forms of pseudoscience. But in character of their contents these latter differ fundamentally from the former. The two classes of writers agreed in ascribing what they wrote to Hermes, but in nothing else. They had little or nothing to do with one another; they were of very different mental caliber; and it is in most cases easy to decide at a glance whether a given document is to be assigned to the one class or the other. We are therefore justified in treating the 'religious' or 'philosophical' Hermetica as a class apart, and, for our present purpose, ignoring the masses of rubbish which fall under the other head. SCOTT, 1985, v. 1, p. 1. Cf. SMITH, Jonathan Z. Great Scott. "Thought and Action One More Time." In: MIRECKI, Paul; MEYER, Marvin (orgs.). *Magic and Ritual in the Ancient World.* Leiden; Boston; Köln: Brill, 2001, p. 84.

76. *We are therefore justified in treating the 'religious' or 'philosophical' Hermetica as a class apart, and, for our present purpose, ignoring the masses of rubbish which fall under the other head.* SCOTT, 1985, v. 1, p. 1.
77. SMITH, 2001, pp. 84-5.
78. SMITH, 2001, p. 84.
79. LIDDELL; SCOTT; JONES, 1996, p. 792; REALE, 2008, v. 9, p. 252; ANTON, John P. Theourgia. "Demiourgia: A Controversial Issue in Hellenistic Thought and Religion." In: WALLIS, Richard T.; BREGMAN, Jay. (orgs.). *Neoplatonism and Gnosticism.* Albany (NY): State University of New York Press, 1992, pp. 16-9. PEARSON, Birger A. "Theurgic Tendencies in Gnosticism and Iamblichus's Conception of Theurgy." In: WALLIS, Richard T.; BREGMAN, Jay. (orgs.). *Neoplatonism and Gnosticism.* Albany (NY): State University of New York Press, 1992, pp. 255-56.
80. Acerca da relação do hermetismo com a *teurgia*, cf. FOWDEN, 1993, pp. 126-31, 142-53; VAN DEN KERCHOVE, 2012, pp. 51, 164, 198, 204-09, 272, 376.

81. *Corpus Hermeticum* 11.21: *[ὁ θεός] ὁδεύοντί σοι πανταχοῦ συναντήσει καὶ πανταχοῦ ὀφθήσεται, ὅπου καὶ ὅτε οὐ προσδοκᾷς, γρηγοροῦντι, κοιμωμένῳ, πλέοντι, ὁδεύοντι, νυκτός, ἡμέρας, λαλοῦντι, σιωπῶντι· οὐδὲν γάρ ἐστιν ὃ οὐκ ἔστιν.*
82. ANTON, 1992, pp. 16-7; REALE, 2008, v. 8, pp. 165-67.
83. PEARSON, 1992, p. 255; REALE, 2008, v. 8, p. 166.
84. ANTON, 1992, pp. 17-8; PEARSON, 1992, p. 255; REALE, 2008, v. 8, pp. 166-67. Cf. *De Mysteriis Aegyptorum* 1.11, 2.6, 2.11, 5.9, 5.23, 9.6 (IAMBLICHUS. *On the Mysteries*. Tradução com Introdução e Notas de Emma C. Clarke, John M. Dillon e Jackson P. Hershbell. Atlanta: Society of Biblical Literature, 2003, pp. 46-51, 98-101, 112-17, 234-37, 238-41, 264-71).
85. *πᾶν ἄρα ζῷον ἀθάνατον δι' αὐτόν [τὸν νοῦν]· πάντων δὲ μᾶλλον ὁ ἄνθρωπος, ὁ καὶ τοῦ θεοῦ δεκτικὸς καὶ τῷ θεῷ συνουσιαστικός. τούτῳ γὰρ μόνῳ τῷ ζῴῳ ὁ θεὸς ὁμιλεῖ, νυκτὸς μὲν δι' ὀνείρων, ἡμέρας δὲ διὰ συμβόλων, καὶ διὰ πάντων αὐτῷ προλέγει τὰ μέλλοντα, διὰ ὀρνέων, διὰ σπλάγχνων, διὰ πνεύματος, διὰ δρυός, διὸ καὶ ἐπαγγέλλεται ὁ ἄνθρωπος ἐπίστασθαι τὰ προγεγενημένα καὶ ἐνεστῶτα καὶ μέλλοντα.* HERMÈS TRISMÉGISTE, 2011, t. 1, pp. 181-82.
86. REALE, 2008, v. 9, p. 157.
87. PLATO. *Lysis, Symposium, Gorgias.* Organizado por W. R. M. Lamb. Cambridge (MA); Londres: Harvard University Press, 1925. v. 3, pp. 178-79.
88. PLATO, 2005, pp. 464-69.
89. ______, pp. 562-65.
90. PLATO. *Timaeus, Critias, Cleitophon, Menexenus, Epistles*. Tradução para o inglês de The Rev. R. G. Bury. Cambridge (MA); Londres: Harvard University Press, 1929, v. 9, pp. 184-87.
91. Cf. LIRA, D. P. O argumento das artes mânticas no *Corpus Hermeticum* 12.19. *GRIOT*, v. 17 (1), 2018, pp. 283-303; FESTUGIÈRE, 2014, p. 1684; SCOTT, 1985, v. 2, pp. 364-66; COPENHAVER, 2000, p. 179; DODD, 2005, pp. 16, 154, 221-22.
92. *Hammone etiam adytum ingresso sanctoque illo quattuor uirorum religione et diuina dei completa praesentia, conpetenti uenerabiliter silentio ex ore Hermu animis singulorum mentibusque pendentibus, diuinus Cupido sic est orsus dicere.* HERMÈS TRISMÉGISTE, 2011, t. 2, p. 297.

93. ANTON, 1992, p. 11.

94. Sobre os *Papyri Græcæ Magicæ*, cf. EBELING, 2011, p. 11; COPENHAVER, 2000, pp. xxxii, lxx, lxxvi; FOWDEN, 1993, pp. 95-115, 117-20, 160; FILORAMO, 1992, v. 1, 378; HERMETISMO, 1986, p. 5709. Os *Papiros Mágico-Astrológicos* foram editados, como se segue na lista abaixo, por: PREISENDANZ, K *et al*. *Papyri Graecae Magicae. Die Griechischen Zauberpapyri*. Stuttgart: Teubner, 1928-1931, v. 2. Reeditado em 1974. BETZ, H. D. (Hans Dieter) *et al*. (orgs.). *The Greek Magical Papyri in Translation. Including the Demotic Texts*. EUA: University of Chicago Press, 1986, 406 pp. Em 1992, foi lançada a segunda edição dessa obra. GUNDEL. Wilhelm (org.). *Liber Hermetis Trismegisti*, 1931. Essa obra foi reeditada com a cooperação de seu filho, Hans Georg Gundel, em *Neue astrologische Texte des Hermes Trismegistus: Funde und Forschungen auf dem Gebiet der antiken Astronomie und Astrologie*. Munique: Verlag der Bayerischen Akademie der Wissenschaften, 1936. Trata-se de um texto que reúne tratados astrológicos em grego e egípcio, do século III A.E.C., conservado no manuscrito latino *Harleianus* 3731, do Museu Britânico. Segundo Festugière, as doutrinas astrológicas desses tratados, principalmente a do decanato, podem remontar ao período ptolomaico. *Papyri Græcæ Magicæ* se abrevia PGM. Sobre isso, cf. FOWDEN, 1993, p. 3.

95. SCOTT, 1985, v. 1, pp. 374-76; SCOTT, 1985, v. 2, pp. 41, 92, 322; SMITH, 2001, pp. 86-7.

96. FESTUGIÈRE, 2014, pp. 1847-848.

97. ______, 2014, pp. 7-8, 101, 134, 221, 255, 259, 268, 279, 290, 298, 327, 369, 371, 376, 463, 465, 501-04; ELIADE, 2011, v. 2, pp. 259-60; JOHNSON, 2009, pp. 84-5; FILORAMO, 1992, v. 1, pp. 377-78; SCOTT, 1985, v. 1, p. 1; HERMETISMO, 1986, p. 5709; DODD, 2005, p. 11; DODD, 1954, p. xii. VAN DEN BROEK, 2006, pp. 487-88; COPENHAVER, 2000, pp. xxxii-xxxiii. FOWDEN, 1993, p. 116; BERNAL, 2003, v. 1, p. 133.

98. COPENHAVER, 1990, p. 289; VAN BLADEL, 2009, p. 5.

99. VAN DEN KERCHOVE, 2012, p. 1; VAN DEN BROEK, 2006, pp. 487-88; EBELING, 2011, p. 11; COPENHAVER, 2000, p. xxxvi; FOWDEN, 1993, *passim*.

100. VAN BLADEL, 2009, p. 5. Sobre *sympatheia*, cf. FOWDEN, 1993, pp. 2, 79-87.

101. Do grego, *ἰατρομαθηματικά* [*iatromathēmatika*] — origina-se de: *ἰατρός* [*iatros*] (médico); *μαθηματικά* [*mathēmatika*] (aprendizagens). O *ἰατρομαθηματικός* [*iatromathēmatikos*] é aquele que exerce ou pratica a medicina em conjunção com as artes astrológicas. LIDDELL; SCOTT; JONES, 1996, pp. 816, 1072; PEREIRA, 1998, p. 274. Cf. ELIADE; COULIANO, 2009, p. 170. Quanto aos textos gregos da *Iatromathematica Hermetis Trismegisti ad Ammonem Aegyptium* e do *De Morbis et Infirmorum decubitu ex mathematica scientia*, cf. IDELER, J. L. *Physici et Medici Graeci Minores*. Berlin Typis et Impensis G. Remeri, 1891, v. 1. p. 387s., 430s. No que diz respeito ao *Clarkianus Graecus 11 Oxoniensis*, cf. HERMÈS TRISMÉGISTE. *Paralipomènes grec, copte, arménie*: Codex VI Nag Hammadi, Codex Clarkianus 11 Oxoniensis, Définitions Hermétiques, divers. Textos organizados e traduzidos por Jean-Pierre Mahé. Paris: Les Belles Lettres, 2019, t. 5, pp. 281-305. Vale salientar que Mahé organizou recentemente esse volume paralipômeno com vários textos herméticos e fragmentos herméticos de manuscritos diversos na mesma coleção dos textos de Nock-Festugière.

102. VAN DEN KERCHOVE, 2012, p. 1; FOWDEN, 1993, p. 2; CUMONT, Franz. *Les Religions Orientales dans le Paganisme Romain*. 4. ed. revista, ilustrada e anotada. Paris: Librairie Orientaliste Paul Geuthner, 1929. p. 157; ELIADE; COULIANO, 2009, p. 170.

103. ______, 2012, p. 1; VAN BLADEL, 2009, p. 5; JOHNSON, 2009, pp. 84-92; VAN DEN BROEK, 2006, p. 488; SCOTT, 1985, v. 1, p. 1. Sobre a designação de hermetismo filosófico-religioso, cf. EBELING, 2011, p. 63; WILLOUGHBY, Harold R. *Pagan regeneration: A Study of Mystery Initiations in the Greco-Roman World*. Chicago: The University of Chicago, 1929, p. 196; VAN DEN BROEK, 2006, p. 487; FERGUSON, 1990, p. 250.

104. SCOTT, 1985, v. 1, p. 1.

105. *'Theological', if taken in the etymological sense of the word, would perhaps be better; for the Hermetica are 'talks about God', or 'discussions concerning God'. But the word theology, as now commonly used, has*

associations that would be misleading. SCOTT, 1985, v. 1, p. 1, n. 1. O itálico na palavra *teologia* da tradução é nosso.

106. COPENHAVER, 2000, p. xxxii; DODD, 1954, p. 244.
107. *The basic idea behind the technical Hermetica, and the philosophical as well, is the notion that all things that exist, both in the spiritual and in the material world, in some way or another are interconnected. This universal coherence or sympatheia could be the basis for quite different practices*. VAN DEN BROEK, 2006, p. 488. O itálico na palavra *Hermetica* da tradução é nosso. Sobre *sympatheia*, cf. FOWDEN, 1993, pp. 79-87; FESTUGIÈRE, 2014, pp. 105s., *passim*.
108. FOWDEN, 1993, p. 119. FILORAMO, 1992, v. 1, pp. 377-78. MAHÉ, 2005, v. 6, pp. 3939-940; Cf. VAN DEN KERCHOVE, 2012, p. 1; COPENHAVER, 2000, p. xxxii. ELIADE, 2011, v. 2, p. 258.
109. FOWDEN, 1993, p. 160; COPENHAVER, 2000, p. xxxii.
110. *... there is no reason why we should not imagine adepts in the tecniques of astrology and alchemy sitting together with those who yearned for a more spiritual wisdom at the feet of the successor of Hermes*. FOWDEN, 1993, p. 160.
111. EBELING, 2011, p. 11. VAN DEN BROEK, 2006, p. 488; COPENHAVER, 2000, p. xxxvi.
112. CUMONT, 1929, pp. 86-7.
113. *In this sense, magic in the Greco-Roman world may be viewed as an extreme manifestation of a pervasive orientation*. JOHNSON, 2009, p. 43. Sobre magia, cf. FOWDEN, 1993, pp. 79-87.
114. CUMONT, 1929, pp. 173-74, 294, n. 88; ELIADE; COULIANO, 2009, pp. 170-71. Sobre a relação entre magia, filosofia e *paideia*, cf. DUFAULT, Olivier. *Early Greek Alchemy: Patronage and Innovation in Late Antiquity*. Berkeley: University of California, 2019, pp. 27-69.
115. COULANGES, Fustel de. *A Cidade Antiga*. Tradução de Fernando de Aguiar, 5. ed. São Paulo: Martins Fontes, 2004, pp. 144, 173-74, 178, 237; CUMONT, 1929, pp. 151, 176. FRESE, Pamela R.; GRAY, S. J. M. Trees. In: JONES, Lindsay (org.). *Encyclopedia of Religion*, 2. ed. Detroit, MI: Thomson/Gale, Macmillan Reference USA, 2005, v. 14. pp. 9337-338.
116. FOWDEN, 1993, pp. 95-115, 117-20, 160; COPENHAVER, 2000, p. xxxii.

117. DODD, 2005, p. 12, 19; DODD, 1954, p. xv, pp. 243ss. Sobre a influência judaica na literatura hermética, cf. PACHOUMI, 2017, pp. 114-17. Cf. também PEARSON, Birger A. *Gnosticism, Judaism, and Egyptian Christianity*. Minneapolis: Fortress, 1990, 228 pp. Neste livro, o capítulo nove trata dos elementos judaicos no C. H. I (*Poimandrēs*).

118. LIDDELL; SCOTT; JONES, 1996, p. 1145; DELATTE; GOVAERTS; DENOOZ, 1977, p. X, 120; MAHÉ, 1982, t. 2, pp. 290-91.

119. SCHMIDT, 2004, p. 119.

120. PACHOUMI, 2017, p. 168.

121. Cf. o *préface* de Arthur Darby Nock em NOCK; FESTUGIÈRE, 2011, t. 1, p. III; MAHÉ, 1982, t. 2, p. 289.

122. MAHÉ, 1982, t. 2, pp. 289-90; SCHMIDT, 2004, p. 119.

123. SCHMIDT, 2004, p. 119.

124. *Ibid.*

125. MAHÉ, 1982, t. 2, p. 289.

126. O que Werner Schmidt chama de *henolatria*, (SCHMIDT, 2004, p. 119) Eleni Pachoumi chama de *henoteísmo* (PACHOUMI, 2017, pp. 168, 172-73) sem levar em conta qualquer ideia de temporalidade, limitação e contextualização do culto e da alternância de deuses.

127. PREISENDANZ, K *et al.* (orgs.). *Papyri Graecae Magicae*. Die Griechischen Zauberpapyri. Stuttgart: Teubner, 1974 (1928-1931). 2 v. v. 1, p. 8.

128. PACHOUMI, 2017, pp. 35-3, 48-56, 61, 114, 172.

129. *οὔτε γὰρ τῶν ἄλλων λεγομένων θεῶν οὔτε ἀνθρώπων οὔτε δαιμόνων τις δύναται κἂν κατὰ ποσονοῦν ἀγαθὸς εἶναι ἢ μόνος ὁ θεός* (*Corp. Herm.* 2.14).

130. PACHOUMI, 2017, pp. 73, 103, 108, 122, 169, 174.

131. ______. p. 92, n. 147, 114-15, 172-73. Cf. sobre o princípio filosófico da unidade e da *sympatheia* em FESTUGIÈRE, 2014, pp. 105s., *passim*.

132. MAHÉ, 1982, t. 2, p. 290; FESTUGIÈRE, 2014, pp. 1491s.; PACHOUMI, 2017, pp. 108-09.

133. Jâmblico, *De Mysteriis Aegyptorum* 7.3 (IAMBLICHUS, 2003, pp. 294-97); PACHOUMI, 2017, pp. 168, 172-73.

134. PACHOUMI, 2017, pp. 172-73.

135.______, pp. 107-09, 137-38, 168, 173.

136. *Corpus Hermeticum* II.17: *ἡ δὲ ἑτέρα προσηγορία ἐστὶν ἡ τοῦ πατρός, πάλιν διὰ τὸ ποιητικὸν πάντων· πατρὸς γὰρ τὸ ποιεῖν.*

137. LIDDELL; SCOTT; JONES, 1996, pp. 1427-429.

138. Embora se possa designar toda a coleção de textos herméticos de *Corpus Hermeticum*, de fato, o *Corpus Hermeticum* e o *Asclepius* propriamente formam os dois primeiros tomos dessa coleção, sendo que a paginação do tomo II continua a paginação do tomo I, formando duas partes de um todo. O tomo I é constituído dos tratados I a XII (1. ed. 1945, 2. ed. 1946); o tomo II é constituído dos tratados XIII-XVIII e *Asclepius* (1. ed. 1946). O tomo III é constituído de fragmentos extraídos de Stobeus I-XXII (1. ed. 1954); o tomo IV é constituído de fragmentos extraídos de Stobeus XXIII-XXIX (1. ed. 1954), além de diversos outros fragmentos. HERMÈS TRISMÉGISTE. *Corpus Hermeticum*. Texto organizado por A. D. Nock e traduzido por A.-J. Festugière. Décima impressão da segunda edição. Paris: Les Belles Lettres, 2011 (2. ed. 1946). 4t. Ilaria Ramelli fez a tradução dessa obra para o italiano, em um único tomo, atualizando algumas informações e notas, além de acrescentar textos coptas com comentários seus e uma vasta bibliografia atualizada. CORPUS Hermeticum. Edição e comentários de A. D. Nock e A.-J. Festugière. Edizione dei testi ermetici copti e commento di Ilaria Ramelli. Testo greco, latino e copto a fronte. Milano: Bompiani. Il pensiero occidentale. 2005, 1627 pp. DURAND, Gilbert. *Ciência do Homem e Tradição: O Novo Espírito Antropológico*. Tradução de Lucia Pereira de Souza. São Paulo: TRIOM, 2008, p. 168; VAN DEN BROEK, 2006, p. 489; COPENHAVER, 2000, pp. xxxii-xxxiii. Junito Brandão menciona que a denominação *Corpus Hermeticum* remonta ao século XV, quando o Cósimo de' Médici adquiriu o manuscrito grego. Cf. BRANDÃO, Junito de Souza, *Mitologia Grega*. 23. ed. 6. reimpr. Petrópolis: Vozes, 2020, v. 2, p. 206.

139. A quantidade de tratados foi um erro de contagem com o tratado 15, o qual não fazia parte dos tratados propriamente do *Corpus Hermeticum*, mas dos *Stobæi Hermetica*. Isso será tratado mais adiante.

140. EBELING, 2011, pp. 10-1; ELIADE, 2011, v. 2, p. 258; JOHNSON, 2009, pp. 84-5; REALE, 2008, v. 7, pp. 376-377; VAN DEN BROEK,

2006, pp. 489-98; MAHÉ, 2005, v. 6, p. 3939; COPENHAVER, 2000, p. xxxii; SCOTT, 1985, v. 1, p. 15; DURAND, 2008, p. 168.

141. Sobre *corpus*, cf. ROSSETTI, 2006, pp. 153, 352.

142. ELIADE; COULIANO, 2009, p. 172; VAN DEN BROEK, 2006, p. 492; MAHÉ, 2005, v. 6, p. 3939; COPENHAVER, 2000, p. xxxii; SCOTT, 1985, v. 1, pp. 49, 92-5.

143. SCOTT, 1985, v. 1, pp. 28-9, 49, 92-5, 114, 134, 148-49, 186, 378-79, 534-49; COPENHAVER, 2000, p. xlii; HERMETISMO, 1986, p. 5709; Cf. YATES, 1991, pp. 9-11; VAN DEN BROEK, 2006, pp. 493-94; LACTANTIUS, L. Caelius Firmianus. *Divinarum institutionum libri septem*. Liber VII. Ediderunt Eberhard Heck et Antonie Wlosok. Berlin; Boston: De Gruyter, 2011. Fasc. 4. *Passim*. Sobre Agostinho e o idioma grego, cf. SANTO AGOSTINHO. *Confissões*. Tradução de J. Oliveira Santos e Ambrósio de Pina. Nova Cultural: São Paulo, 2004, pp. 51-4.

144. *Fragmenta Hermetica* 1: *... et Mercurius Aegyptius nouit, dicens animam digressam a corpore non refundi in animam uniuersi, sed manere determinatam, uti rationem [...] patri reddat eorum quae in corpore gesserit*. CORPUS, 2005, p. 1204; HERMETICA, 1985, v. 1, p. 534; VAN DEN BROEK, 2006, p. 492.

145. WILLOUGHBY, 1929, pp. 198-99; VAN DEN BROEK, 2006, p. 492; MAHÉ, 2005, v. 6, p. 3939; SCOTT, 1985, v. 1, pp. 87-111; DODD, 2005, p. 11; COPENHAVER, 2000, p. xlii; SCOTT, 1985, v. 1, pp. 27-30.

146. Itálico nosso.

147. ALCHIMISTES GRECS. Publicado por M. Berthelot. Les Oeuvres de Zosime. Texte Grec et Traduction Française avec variantes, notes et commentaires. Paris: Georges Steinheil, Éditeur, 1888. v. 2-3, p. 245. VAN DEN KERCHOVE, 2012, pp. 314-15; NOCK, Arthur Darby; FESTUGIÈRE, André-Jean. “Introduction: Histoire du Texte du Corpus Hermeticum.” In: HERMÈS TRISMÉGISTE. *Corpus Hermeticum*. Texto organizado por A. D. Nock e traduzido por A.-J. Festugière, 2. ed. Paris: Les Belles Lettres, 2011, t. 1, pp. XXXVIII-XXXIX; COPENHAVER, 2000, pp. xliv-xlv, lvi-lvii, 122, 150, 176, 200; FOWDEN, 1993, p. 10; EDWARDS, M. J. “The Vessel of Zosimus the Alchemist.” *Zeitschrift für Papyrologie und Epigraphik*, Bonn, n. 90, pp. 55-64, 1992; SCOTT, 1985, v. 1, p. 29.

148. COPENHAVER, 2000, p. xlii; FOWDEN, 1993, p. 8; SCOTT, 1985, v. 1, pp. 28-30.

149. ______, p. xlii; FOWDEN, 1993, p. 8; SCOTT, 1985, v. 1, pp. 29-30.

150. VAN BLADEL, 2009, p. 13; COPENHAVER, 2000, pp. xl-xlii; FOWDEN, 1993, pp. 8, 209-11; SCOTT, 1985, v. 1, pp. 29-30.

151. FOWDEN, 1993, pp. 8-9; SCOTT, 1985, v. 1, pp. 29-30.

152. SCOTT, 1985, v. 1, pp. 29-30.

153. FOWDEN, 1993, p. 9. Segundo Van den Broek, ao colocar o *Corp. Herm.* em paralelo com o Asclepius, notar-se-á que esses reparos não foram feitos em larga escala, cf. VAN DEN BROEK, 2006, p. 489.

154. *Μιχαήλ Κωνσταντίνος Ψελλός* [*Mikhaēl Kōnstantinos Psellos*] é seu nome grego. Seu nome de batismo era Constantino. Como é costume entre os monges ortodoxos orientais, ele recebeu o nome monástico de Miguel. Ficou mais conhecido no Ocidente como *Psellus*. MAHÉ, 2005, v. 6, p. 3939.

155. VAN DEN BROEK, 2006, p. 489; NOCK; FESTUGIÈRE, 2011, t. 1, pp. XVII-XIX, XLVII, XLIX-LI; SCOTT, 1985, v. 1, pp. 26-7; SCOTT, 1985, v. 1, p. 25.

156. NOCK; FESTUGIÈRE, 2011, t. 1, pp. XLVII-LI; SCOTT, 1985, v. 1, pp. 26-7.

157. ______, p. LI; SCOTT, 1985, v. 1, pp. 27, 29.

158. VAN DEN KERCHOVE, 2012, pp. 314-15; NOCK; FESTUGIÈRE, 2011, t. 2, pp. XXXVIII-XXXIX; COPENHAVER, 2000, pp. xliv-xlv, lvi-lvii, 122, 150, 176, 200; FOWDEN, 1993, p. 10; SCOTT, 1985, v. 1, p. 29.

159. SCOTT, 1985, v. 1, p. 29. NOCK; FESTUGIÈRE, 2011, t. 1, p. XLVII. Segundo Van den Broek, o *Corpus Hermeticum* como coleção já deveria ter existido antes do século XI, cf. VAN DEN BROEK, 2006, p. 489.

160. VAN DEN BROEK, 2006, p. 489; COPENHAVER, 2000, pp. xl-xlii; FOWDEN, 1993, pp. 8-9, 210; SCOTT, 1985, v. 1, pp. 29-30, 97.

161. WALKER, Wiliston. *História da Igreja Cristã*, 3. ed. São Paulo: ASTE, 2006, pp. 233-41; ABRÃO, Bernadette Siqueira (org.). *História da Filosofia*. São Paulo: Nova Cultural, 2004, pp. 96-101; PESSANHA, José Américo Motta. "Vida e Obra." In: SANTO AGOSTINHO. *Confissões*.

Tradução de J. Oliveira Santos e Ambrósio de Pina. Nova Cultural: São Paulo, 2004, pp. 25-6.

162. MAAS, 1992, pp. 1- 4; SCOTT, 1985, v. 1, pp. 82-3.
163. NOCK; FESTUGIÈRE, 2011, t. 1, p. 334; SCOTT, 1985, v. 1, p. 96; COPENHAVER, 2000, pp. xlii, 213; FOWDEN, 1993, p. 211; MAAS, 1992, pp. 1-4; SCOTT, 1985, v. 1, pp. 82-3, 96-7.
164. WALKER, 2006, pp. 209ss; MAAS, 1992, pp. 1-3; COPENHAVER, 2000, pp. xl-xlii; MAAS, 1992, pp. 3-4; FOWDEN, 1993, pp. 8-9; SCOTT, 1985, v. 1, pp. 29-30.
165. ROSSETTI, 2006, pp. 83-4; GIORDANI, Mário Curtis. *História da Grécia*, 10. ed. Petrópolis: Vozes, 2012, p. 355.
166. ROSSETTI, 2006, p. 84; FAIVRE, Antoine. Hermetism. In: JONES, Lindsay (org.). *Encyclopedia of Religion*. 2. ed. Detroit, MI: Thomson/ Gale, Macmillan Reference USA, 2005, v. 6, pp. 3945, 3947; SCOTT, 1985, v. 1, pp. 31, 33; DODD, 1954, p. xiii.
167. NOCK; FESTUGIÈRE, 2011, t. 1, pp. XI-XII; SCOTT, 1985, v. 1, pp. 20-3; REITZENSTEIN, Richard. *Poimandres: Studien zur Griechisch--Ägyptischen und frühchristlichen Literatur*. Unveränderter anastatischer nachdruck. Leipzig: B. G. Teubner, 1922, pp. 323-27.
168. *Paris. Suppl. Gr.* 395: *Bibliothéque National de France (Paris), Supplément Gr.* 395.
169. *Vindobonensis Philisophicus Graecus* 102.
170. *Bologna Bibl. dell'Archiginnasio* A 13.
171. Cf. LIRA, D. P. Recepção, tradução, influência e sucesso do *Corpus Hermeticum*. *NUNTIUS* ANTIQUUS, v. 13 (1), 2017, pp.149-70.
172. Pai da pátria.
173. VAN DEN KERCHOVE, 2012, p. 2; HEISER, James D. *Prisci Theologi and Hermetic Reformation in the Fifteenth Century*. Malone (Texas): Repristination Press, 2011, pp. 15-7; EBELING, 2011, pp. 59-60; ELIADE, 2011, v. 3, p. 236; FAIVRE, 2005, v. 6, p. 3945; BERNAL, 2003, v. 1, pp. 24, 153-54; ELIADE, Mircea. *Origens: História e Sentido na Religião*. Lisboa: Edições 70, 1989, pp. 55-6; SCOTT, 1985, v. 1, pp. 31-3; YATES, 1964, pp. 12-3; DODD, 1954, p. xiii.
174. VAN DEN KERCHOVE, 2012, p. 2; HEISER, 2011, p. 42; EBELING, 2011, p. 60; ELIADE, 2011, v. 3, p. 236; FAIVRE, 2005, v. 6, p. 3945;

BERNAL, 2003, v. 1, p. 24, 156; SCOTT, 1985, v. 1, p. 31; YATES, 1964, pp. 12-3, 17; DODD, 1954, p. xiii.

175. *Mercurii Trismegsti Liber de Potestate & Sapientia Dei e graeco in latinum traductus a Masilio Ficino... Tarvisii.* M.CCCC.LXXI. O *Pimander* de Ficino foi publicado recentemente em edição bilingue latim-italiano: FICINUS NOVUS. *Pimander: Sive de Potestate et Sapientia Dei.* A cura di Maurizio Campanelli. Torino: Aragano, 2012.

176. VAN DEN KERCHOVE, 2012, p. 2; HEISER, 2011, pp. 17-8; EBELING, 2011, pp. 60-1, 64-5; ELIADE, 2011, v. 3, pp. 236-37; FAIVRE, 2005, v. 6, p. 3945-946; BERNAL, 2003, v. 1, p. 156-57; SCOTT, 1985, v. 1, pp. 17, 20, 31-3; YATES, 1964, p. 14, 17.

177. Sobre a designação de *editio princeps*, cf. ROSSETTI, 2006, pp. 356-57.

178. VAN DEN KERCHOVE, 2012, p. 2; NOCK; FESTUGIÈRE, 2011, t. 1, pp. XXV, XXXII-XXXIII; EBELING, 2011, p. 64; FAIVRE, 2005, v. 6, p. 3947; SCOTT, 1985, v. 1, pp. 17, 33; YATES, 1964, pp. 172-73.

179. *Ἑρμοῦ Τρισμεγίστου Ποιμάνδρης. Ἀσκληπιοῦ ὅροι πρὸς Ἄμμωνα Βασιλέα (Mercurii Trismegisti Poemander, seu de Potestate ac Sapientia Divina. Aesculapii Definitiones ad Ammonem regem). Pariis: M.D.LIIII (1554). Apud Adr. Turnebum typographum Regium.* Cf. SCOTT, 1985, v. 1, p. 33; YATES, 1964, p. 4401, n. 2.

180. ***Turn.*** é a abreviatura para o texto grego da *editio princeps* de Turnebus. Cf. NOCK; FESTUGIÈRE, 2011, t. 1, pp. XXV, XXXII,-XXXIII, LIII; SCOTT, 1985, v. 1, p. 33.

181. NOCK; FESTUGIÈRE, 2011, t. 1, pp. XXXII-XXXIII; SCOTT, 1985, v. 1, p. 17, 33-4; REITZENSTEIN, 1922, p. 321.

182. VAN DEN KERCHOVE, 2012, p. 2; NOCK; FESTUGIÈRE, 2011, t. 1, pp. XXVss, XXXII-XXXII; SCOTT, 1985, v. 1, pp. 22-3, 34; REITZENSTEIN, 1922, pp. 321, 327.

183. *Mercurii Trismegisti Pimandras utraque lingua restitutus. D. Francisci Flussatis Candallae industria. Burdigalae, Apud SiomenemMillangium Burdigalensium Typographum via Iacobea,* 1574. Cf. SCOTT, 1985, v. 1, pp. 22-3.

184. EBELING, 2011, p. 64; FAIVRE, 2005, v. 6, p. 3947; BERNAL, 2003, v. 1, p. 156; SCOTT, 1985, v. 1, p. 34; YATES, 1964, p. 173.

185. VAN DEN KERCHOVE, 2012, p. 2; EBELING, 2011, p. 64; FAIVRE, 2005, v. 6, pp. 3946-947; BERNAL, 2003, v. 1, p. 156; SCOTT, 1985, v. 1, p. 34; YATES, 1964, pp. 172-73, 263-64, 401.
186. Segundo Flussas, em um prefácio para o leitor nessa edição, as emendas foram sugeridas por Josephus Scaliger e outros (*... Iosephi Scaligeri... non minus doctis linguis eruditi...*). SCOTT, 1985, v. 1, p. 34; YATES, 1964, p. 173.
187. SCOTT, 1985, v. 1, p. 34.
188. EBELING, 2011, pp. 64-5; FAIVRE, 2005, v. 6, p. 3948; BERNAL, 2003, v. 1, p. 156; SCOTT, 1985, v. 1, p. 36; YATES, 1964, pp. 181-82.
189. Itálico nosso.
190. *... Quibus postremo sunt adiecta Zoroastris oracula CCCXX [...] Hermetis Trismegisti libelli, et fragmenta...* Cf. SCOTT, 1985, v. 1, pp. 36-7.
191. EBELING, 2011, pp. 64-5; FAIVRE, 2005, v. 6, p. 3948; SCOTT, 1985, v. 1, p. 36; YATES, 1964, pp. 181-82.
192. EBELING, 2011, pp. 64-5; SCOTT, 1985, v. 1, p. 42.
193. SCOTT, 1985, v. 1, p. 41; REITZENSTEIN, 1922, pp. 321-22.
194. *HERMETIS Trismegisti Poemander. Ad fidem codicum manu scriptorum recognovit Gustavus Parthey*. Berolini [Berlim]: Libraria Fr. Nicolai, 1854. LIRA, 2015, pp. 84-5.
195. LIRA, 2015, pp. 84-5.
196. SCOTT, 1985, v. 1, pp. 24, 44; DODD, 1954, p. xiii.
197. VAN DEN KERCHOVE, 2012, p. 7; NOCK; FESTUGIÈRE, 2011, t. 1, p. XIII; COPENHAVER, 2000, p. li; SCOTT, 1985, v. 1, pp. 43-5; GONZÁLEZ BLANCO, Antonino. "Misticismo y Escatología en el Corpus Hermeticum", *Cuaderno de Filología Clásica*, 5, 1973. pp. 313-14; DODD, 1954, p. xiii. Sobre a *religionsgeschichtliche Schule*, cf. LÜDEMANN, Gerd. "Relationship of Biblical Studies to the History of Religions School." *Toronto Journal of Theology*, ano 24, n. 2, 2008, pp. 171-81; SHARPE, Eric J. "The study of religion in historical perspective." In: HINNELLS, John R. (org.). *The Routledge Companion to the Study of Religion*. Londres; Nova York: Routledge Taylor and Francis Group, 2005, pp. 30-1; SCHNELLE, Udo. *Introdução à exegese do Novo Testamento*. São Paulo: Loyola, 2004, pp. 113-23, 125.

198. "Duas questões histórico-religiosas de acordo com os textos gregos não publicados da Biblioteca de Strassburger" (tradução própria).
199. GONZÁLEZ BLANCO, 1973, pp. 313-14.
200. "Poimandres: Estudos quanto à literatura greco-egípcia e cristã primitiva (tradução própria)". Essa obra já foi mencionada anteriormente neste texto.
201. VAN DEN KERCHOVE, 2012, p. 7; WILLOUGHBY, 1929, pp. 199-202; COPENHAVER, 2000, p. li; SCOTT, 1985, v. 1, p. 45; DODD, 1954, p. xiii; GONZÁLEZ BLANCO, 1973, pp. 313-14; SCOTT, 1985, v. 1, p. 45.
202. SCOTT, 1985, v. 1, p. 45.
203. REITZENSTEIN, 1922, pp. 319-27, principalmente pp. 323-27; SCOTT, 1985, v. 1, pp. 20-3.
204. ______, pp. 328-60; COPENHAVER, 2000, p. li; SCOTT, 1985, v. 1, p. 20.
205. ______, pp. 323-27; SCOTT, 1985, v. 1, pp. 20-3.
206. ______, p. 325; SCOTT, 1985, v. 1, p. 22.
207. VAN DEN BROEK, 2006, p. 488; COPENHAVER, 2000, p. liii; DODD, 2005, n. 3, pp. 11-2.
208. COPENHAVER, 2000, p. liii; DODD, 2005, n. 3, pp. 11-2.
209. ______, p. liii; DODD, 2005, n. 3, pp. 11-2.
210. VAN DEN BROEK, 2006, p. 488; COPENHAVER, 2000, p. liii; DODD, 1954, p. xiii.
211. SCOTT, 1985, v. 1, pp. 23-4.
212. VAN DEN BROEK, 2006, p. 488; COPENHAVER, 2000, p. liii; SCOTT, 1985, v. 1, pp. 24-5, 26ss; DODD, 2005, n. 3, pp. 11-2; DODD, 1954, p. xiii.
213. COPENHAVER, 2000, p. liii; SCOTT, 1985, v. 1, pp. 24-5, 26ss; DODD, 2005, n. 3, pp. 11-2; DODD, 1954, p. xiii.
214. VAN DEN BROEK, 2006, p. 488; COPENHAVER, 2000, p. liii.
215. GRANT, Robert M. Nock, Arhur Darby. In: JONES, Lindsay (org.). *Encyclopedia of Religion*. 2. ed. Detroit: Macmillan Reference, 2005, v. 10, p. 6643.
216. Atualmente, a coleção tem cinco tomos. Cf. mais adiante.
217. *Dans ces deux premiers volumes, le texte et l'apparat, l'introduction critique au Corpus Hermeticum et l'introduction générale à l'Asclépius sont mon œuvre. La traduction, les notes sous la traduction et les intro-*

ductions particulières à chaque traité sont dues à mon cher collège le R. P. A. J. Festugière. Chacun de nous a examiné en détail le travail de l'autre et l'a discuté avec lui: l'union de nos deux noms sur la page de titre représente bien plus qu'une collaboration purement extérieure. NOCK; FESTUGIÈRE, 2011, t. 1, p. VIII.

218. SCHIAVONE, Valeria. "Natura e Origini del *Corpus Hermeticum.*" In: ERMETO TRISMEGISTO. *Corpus Hermeticum*: a partir de texto em grego e latim. Introdução, tradução e notas (org.) por Valeria Schiavone. 3. ed. Itália: BUR, 2006, p. 30; NOCK; FESTUGIÈRE, 2011, t. 1, pp. XI-XII, LIV.
219. NOCK; FESTUGIÈRE, 2011, t. 1, p. IX.
220. SCHIAVONE, 2006, pp. 5, 30-1; VAN DEN BROEK, 2006, p. 488; DODD, 2005, n. 3, pp. 11-2; SOULEN, Richard N. *Handbook of Biblical criticism*, 2. ed. Atlanta: John Knox Press, 1981, p. 86; GRANT, 2005, p. 6643.
221. Cf. *CORPUS Hermeticum.* Edição e comentários de A. D. Nock e A.-J. Festugière. Edição de textos herméticos coptas e comentários por Ilaria Ramelli. Com base no texto grego, latino e copta. Milão: Bompiani. Il pensiero occidentale, 2005, 1627 pp.
222. HERMÈS TRISMÉGISTE. *Paralipomènes grec, copte, arménien*: Codex VI Nag Hammadi, Codex Clarkianus 11 Oxoniensis, Définitions Hermétiques, divers. Textes étdités et traduit par Jean-Pierre Mahé. Paris: Les Belles Lettres, 2019, t. 5, CCLXX, 470 pp. (Collection des Universités de France).
223. LIRA, 2015, p. 97; McLEAN, Bradley H. *Hellenistic and Biblical Greek.* Cambridge: Cambridge University Press, 2014, p. 7; LIRA, D. P. *Grego antigo instrumental.* João Pessoa: Ideia, 2021, p. 20; JOHNSON, 2009, pp. 84-5; MAHÉ, 2005, v. 6, p. 3940; FOWDEN, 1993, p. 213; DODD, 2005, p. 11.
224. HANEGRAAFF, Wouter J.; FORSHAW, Peter; PASI, Marco (orgs.). *Hermes Explains: Thirty Questions about Western Esotericism*, 2. ed. Amsterdam: Amsterdam University Press, 2019, 320 pp.
225. HANEGRAAFF; FORSHAW; PASI, 2019, pp. 10-1.
226. ZIELIŃSKI, Tadeusz. "Hermes und die Hermetik." *Archiv für Religionswissenschaft*, v. 8, 3-4 eds. Teubner, 1905. *Passim.*

227. Cf. BOUSSET, D. Wilhelm. "Review of Josef Kroll", *Die Lehren des Hermes Trismegistos*. In: BOUSSET, D. *Religionsgeschichtliche Studien: Aufsatze zur Religionsgeschichte des hellenistischen Zeitalters*. Leiden: Brill, 1979, pp. 97-191. (Suplementos do *Novum Testament*, 50). ELIADE, 2011, v. 2, p. 260; COPENHAVER, 2000, p. lii; MAHÉ, 1982, t. 2, pp. 13-5, 29, 314, 441.

228. JOHNSON, 2009, pp. 85-8; ELIADE, 2011, v. 2, p. 431; COPENHAVER, 2000, pp. xxxix, lii; FERGUSON, 1990, p. 250; FILORAMO, 1992, v. 1, p. 378; MAHÉ, 2005, v. 6, p. 3940; MAHÉ, 1982, t. 2, pp. 15, 29, 314, 441; DODD, 2005, pp. 17-25, n. 2 na p. 20, n. 1 na p. 33; SCOTT, 1985, v. 1, pp. 7, 8-9; DODD, 1954, p. 245.

229. FILORAMO, 1992, v. 1, p. 378; MAHÉ, 2005, v. 6, p. 3940; LOHSE, 2000, p. 252; DODD, 2005, p. 17; SCOTT, 1985, v. 1, pp. 7, 8-9.

230. MAHÉ, 1982, t. 2, pp. 41-3. Para Fowden, não existe contrariedade ou contradição entre os vários tratados. Ele defende a tese de que essas variações constituem um processo sequencial da *ἐπιστήμη* para *γνῶσις* (FOWDEN, 1993, pp. 103-04). Cf. também COPENHAVER, 2000, p. xxxix.

231. Sobre os aspectos tipológicos das sentenças, cf. MAHÉ, 1982, t. 2, pp. 41, 416-27.

232. O particípio é conectado a um nome (substantivo) de uma sentença verbal. Por isso, diz-se *conjunctum* (conjunto). O *participium conjunctum* pode ser traduzido como uma oração subordinada, relativa e coordenada.

233. MAHÉ, 1982, t. 2, pp. 416, 425. Cf. sobre o problema da fonte do Evangelho de Tomé e as sentenças herméticas em DE CONICK, April D. *Seek to see him: ascent and vision mysticism in the Gospel of Thomas*. Leiden; Nova York; Köln: Brill, 1996. (Suplementos do Vigiliae Christianae; v. 33). pp. 3-27.

234. HALL; NORDBY, 2014, pp. 85-6.

235. Sobre o conhecimento místico por extroversão e introversão, cf. FESTUGIÈRE, 2014, pp. 1567-1683. Em uma perspectiva junguiana, os orientais são mais introvertidos e intuitivos. Cf. HALL; NORDBY, 2014, p. 76.

236. JUNG, 2013B, pp. 344-419, § 621-740; pp. 471-73, §§ 865-66; pp. 475-76, §§ 872-76; pp. 480-82, §§ 888-94; pp. 482-85, §§ 895-901. HALL; NORDBY, 2014, pp. 85-8, 92-3, 94, 96.

237. JUNG, Carl Gustav. *Psicologia e religião*. 11. ed. 10. reimpr. Petrópolis: Vozes, 2012. p. 21, § 10; p. 63, § 81. JUNG, 2013B, pp. 471-73, §§ 865-66; pp. 475-76, §§ 872-76.
238. JUNG, 2012, p. 64, § 82.
239. HALL; NORDBY, 2014, pp. 87, 92-3; JUNG, 2013B, pp. 471-73, §§ 865-866; pp. 475-76, §§ 872-76; NOCK; FESTUGIÈRE, 2011, t. 1, p. 53, n. 6.
240. JUNG, 2012, pp. 62-4, §§ 77-82.
241. I FRAMMENTI DEGLI STOICI ANTICHI. Aristone, Apollofane, Erillo, Dionigi d'Eraclea, Perseo, Cleante, Sfero. A cura di Nicola Festa. Bari: Laterza, 1935, v. 2, p. 21 (fr. 377 A.).
242. *But now and then the teacher would set down in writing the gist of a talk in which some point of primary importance was explained; or perhaps a pupil, after such a talk with his teacher, would write down as much of it as he could remember; and when once written, the writing would be passed from hand to hand within the group, and from one group to another.* SCOTT, 1993, v. 1, p. 2.
243. VAN DEN KERCHOVE, 2012, pp. 133-40; WILLOUGHBY, 1929, p. 197; MAHÉ, 1982, t. 2, pp. 38-9, 408, 422-24; FESTUGIÈRE, André-Jean. "Le 'logos' hermétique d'enseignement." *Revue des Études Grecques*, t. 55, fasc. 259-60, Janvier-juin 1942, p. 86 ; n. 5, pp. 93-4. Cf. também FESTUGIÈRE, 2014, p. 507; n. 3, p. 513.
244. FESTUGIÈRE, André-Jean. "Le 'logos' hermétique d'enseignement." *Revue des Études Grecques*, Paris, t. 55, fasc. 259-60, Janvier-juin 1942, n. 5, pp. 93-4; FESTUGIÈRE, 2014, p. 513, n. 3.
245. *sb3yt* [sbayt]. A transliteração egípcia segue os modernos padrões de transcrição fonética do hieróglifo estabelecidos por James Allen e por Antonio Loprieno. Cf. ALLEN, James. *Middle Egyptian: An Introduction to the Language and Culture of Hieroglyphs*, 2. ed. rev. Cambridge: Cambridge University Press, 2010, p. 14; LOPRIENO, Antonio. *Ancient Egyptian: A Linguistic Introduction*. Nova York: Cambridge University Press, 2004, p. 15.
246. Sobre as palavras egípciais e coptas *sb3yt*, *sb3*, *mtr*, ⲥⲃⲱ, ⲙⲛ̄ⲧⲣⲉ, ⲙⲉⲑⲣⲉ, cf. ALLEN, 2010, p. 468; WALLIS BUDGE, E. A. (Ernest Alfred). *An Egyptian Hieroglyphic Dictionary*. Nova York: Dover Publications, 1978. pp. 333-334, 655; LAYTON, Bentley. *A Coptic Grammar: With*

Chrestomathy and Glossary — Sahidic Dialect. 3. ed. Wiesbaden: Harrassowitz Verlag, 2011, pp. 455, 457. MAHÉ, 1982, t. 2, pp. 279-80, 283-86. A cerca da literatura egípcia e o gênero sapiencial (*sb3yt*), cf. também POSENER, George. "Literatura." In: HARRIS, J. R. (org.). *O Legado do Egito*. Rio de Janeiro: Imago, 1993, pp. 231-66.

247. MAHÉ, 1982, t. 2, p. 284.
248. JASNOW, Richard. "The *Book of Thoth* and the Problem of Greco-Egyptian Interaction." In: RUTHERFORD, Ian (org.). *Greco-Egyptian Interactions: Literature, Translation, and Culture, 500 BCE-300 CE*. Oxford: Oxford University Press 2016, p. 319.
249. JASNOW 2016, pp. 317-22.
250. ______, pp. 318, 320.
251. ______, pp. 318, 321.
252. ______, pp. 318, 321-22; FOWDEN, 1993, pp. 72-3.
253. ______, p. 326.
254. LIRA, D. P. O λόγος noético: análise da lógica proposicional e dos conceitos lógico-dialéticos no Corpus Hermeticum 12.12-14a. *GRIOT*, v. 21 (2), 2021. p. 318; ELIADE, 2011, v. 2, p. 431; FILORAMO, 1992, v. 1, p. 378; DODD, 2005, p. 13; WILLOUGHBY, 1929, p. 197; SCOTT, 1985, v. 1, pp. 15-6; FESTUGIÈRE, 1942, pp. 81, 87; FESTUGIÈRE, 2014, pp. 503, 508.
255. Cf. *Corp. Herm.* 5.1; 9.1; 10.1, 7; 11.1; 12.23; 13.1. VAN DEN KERCHOVE, 2012, pp. 66-7.
256. No *Corp. Herm.* 14.1 não incide a palavra *λόγος,* mas o verbo *λέγω*: *σοὶ δὲ ἐγὼ τῶν* ***λεχθέντων*** *τὰ κυριώτατα κεφάλαια ἐκλεξάμενος δι' ὀλίγων ἠθέλησα ἐπιστεῖλαι* (*mas, a ti, eu, tendo escolhido os principais pontos* ***de algumas coisas ensinadas****, queria te enviar*).
257. Van den Kerchove, na verdade, fala de cinco categorias de toda a literatura hermética: os discursos e sermões; epístolas; coletâneas de sentenças; lições dialogadas e lições não dialogadas. Os tratados do *Corp. Herm.*, como um todo, não se apresentam em forma de coletâneas de sentenças. Os textos em forma de coletâneas de sentenças são o *Stobæi Hermetica* 11 e as *Definições Herméticas* Armênias. Assim, aqui, é preferível mencionar somente quatro categorias da forma final, em que ela

agrupa estritamente os tratados do *Corp. Herm.* (VAN DEN KERCHOVE, 2012, pp. 65-6).

258. O nome *Tat* deveria ser outro nome para Hermes e *Thoth*. Mas, aqui, ele apresenta uma grafia diferente, pressupondo que Hermes-*Thoth* seja uma figura com personalidade independente de Tat. NOCK; FESTUGIÈRE, 2011, t. 1, p. IV; DODD, 2005, p. 13; SCOTT, 1985, v. 1, pp. 2-3; GONZÁLEZ BLANCO, 1980, pp. 45, 47-8; MAHÉ, 2005, v. 6, p. 3940.
259. Sobre a dimensão mitológica de Hermes Trismegistos, cf. BRANDÃO, 2020, v. 2, pp. 199-217.
260. Sobre a *interpretatio graeca*, cf. FOWDEN, 1993, pp. 45-73.
261. FOWDEN, 1993, pp. 23-9, 174-76.
262. WALLIS BUDGE, 1978, pp. 107-08; SCOTT, 1985, v. 1, pp. 4-5; BOYLAN, Patrick. *Thoth, The Hermes of Egypt: A Study of Some Aspects of Theological Thought in Ancient Egypt*. Londres: Oxford University Press, 1922, pp. 129, 182. Cf. também BRANDÃO, 2020, v. 2, pp. 205-17.
263. SCOTT, 1985, v. 1, pp. 4-6.
264. HERMÈS TRISMÉGISTE, 2011, t. 1, p. 37.
265. Cf. FOWDEN, 1993, pp. xvii, 29; JASNOW, 2016, p. 330.
266. Cf. Clemente, *Stromata* 6.4.35 em CLEMENS ALEXANDRINUS. *Stromata Buch I Und VI*. Publicado por Königl. Nova edição por Ludwig Früchtel. 4ª edição com adendos de Ursula Treu. Berlim: Akademie-Verlag, 1985. Bd. 2, pp. 448-49. RUTHERFORD, Ian. "Introduction: Interaction and Translation between Greek Literature and Egypt." In: RUTHERFORD, Ian (org.). *Greco-Egyptian Interactions: Literature, Translation, and Culture, 500 BCE-300 CE*. Oxford: Oxford University Press 2016, pp. 27; JASNOW, 2016, pp. 329-30, 340.
267. CICERO. *De Natura Deorum, Academica*. Tradução para o inglês de H. Rackham. Cambridge (MA): Harvard University Press; Londres: William Heinemann Ltd, 1967, v. 19, pp. 338-41.
268. LACTANTIUS, 2005, Fasc. 1, p. 54.
269. Cf. PLATO, 2005, v. 1, pp. 560-65. PLATONIS OPERA. Tomus I. Tetralogias I-Π continens insunt *Euthyphro, Apologia Crito, Phaedo, Cratylus, Theaetetus, Sophista, Politicus*. Oxford: Oxford University Press, 1995, t. 1, p. 527.
270. FICINUS NOVUS, 2011, p. 3.

271. Sobre segundo nível de intertextualidade, cf. ROSSETTI, 2006, p. 376.

272. VAN DEN KERCHOVE, 2012, pp. 16-7. Bull tem uma interpretação diferente (BULL, Christian H. *The tradition of Hermes Trismegistus: the Egyptian priestly figure as a teacher of Hellenized wisdom*. Leiden; Boston: Brill, 2018, pp. 15-7).

273. JUNG, Carl Gustav. *Os Arquétipos e o Inconsciente Coletivo*, 11. ed. 10. reimpr. Petrópolis: Vozes, 2020, p. 46, §79. Sobre Hermes Trismegistos, vestígios de uma personalidade imaginária, cf. HERMÈS TRISMÉGISTE, 2019, t. 5, pp. 9-70.

274. Cf. LIRA, 2015, pp. 103-04; SCOTT, 1985, pp. 17-9, 34-5.

275. Cf. LIRA, 2015, p. 104; SCOTT, 1985, pp. 17-9; HERMÈS TRISMÉGISTE, 2011, t. 2, p. *passim*.

276. Cf. LIRA, 2015, p. 104.

277. JOHNSON, 2009, p. 84; SOULEN, 1981, p. 86; DODD, 2005, pp. 11-2; LOHSE, 2000, p. 252; SCOTT, 1985, v. 1, pp. 8, 28-9; REALE, 2008, v. 9, p. 376; FERGUSON, 1990, p. 250.

278. JOHNSON, 2009, p. 84; ELIADE, 2011, v. 2, p. 258; FILORAMO, 1992, v. 1, p. 378; MAHÉ, 2005, v. 6, pp. 3938-939; GONZÁLEZ BLANCO, 1973, p. 358.

279. LOHSE, 2000, p. 252.

280. MAHÉ, 2005, v. 6, p. 3940; GONZÁLEZ BLANCO, 1973, pp. 326-360.

281. SCOTT, 1985, v. 1, pp. 1-2, 8, 28-9; DODD, 1954, p. 244. SOULEN, 1981, p. 87; DODD, 2005, pp. 11-2; LOHSE, 2000, p. 252; REALE; ANTISERI, 2003, pp. 168-72, 350; FERGUSON, 2003, pp. 250-51.

282. SCOTT, 1985, v. 1, p. 2; ANGUS, 1929, p. 351; FERGUSON, 2003, p. 251; ELIADE, 2011, v. 2, p. 262; VAN DEN KERCHOVE, 2012, pp. 78, 289-90; MAHÉ, 1982, t. 2, pp. 38-9; BULL, 2018, pp. 9-10.

283. SCOTT, 1985, v. 1, p. 2; WILLOUGHBY, 1929, p. 197.

284. ELIADE, 2011, v. 2, p. 261; DODD, 2005, p. 12; LOHSE, 2000, pp. 255-56; FERRATER MORA, 1964, t. 1, p. 360; FERGUSON, 2003, pp. 250, 360; WILLOUGHBY, 1929, pp. 205-06.

285. DUFAULT, 2019, p. 3, n. 12.

286. FOWDEN, 1993, pp. 155-95; DUFAULT, 2019, p. 3, n. 12.

287. VAN DEN KERCHOVE, 2012, pp. 23-180, *passim*; DUFAULT, 2019, p. 3, n. 12.

288. BULL, 2018, pp. 4-15; DUFAULT, 2019, p. 3, n. 12.
289. ANGUS, 1929, pp. 340-52.
290. Cf. FOWDEN, 1993, pp. xxii-xxiii, 35-44, 45-74, 116, 137.
291. REITZENSTEIN, 1922, pp. 214, 248ss; FESTUGIÈRE, 2014, p. 507; 97-100; NOCK; FESTUGIÈRE, 2011, t. 1, p. V; ELIADE, 2011, v. 2, pp. 261, 432; WILLOUGHBY, 1929, pp. 203-205; BERNAL, 2003, v. 1, pp. 131-45; COPENHAVER, 2000, pp. li-lii; SCOTT, 1985, v. 1, pp. 8-15; SOULEN, 1981, pp. 86-7; DODD, 2005, pp. 12, 19; DODD, 1954, p. xv, p. 243ss; ANGUS, 1929, p. 322; CUMONT, 1929, pp. 82, 115, 118, n. 50 na p. 238, n. 68 na p. 240, n. 68 na p. 260; ZIELIŃSKI, 1905, *passim*.
292. NOCK; FESTUGIÈRE, 2011, t. 1, p. V; ELIADE, 2011, v. 2, p. 258; WILLOUGHBY, 1929, p. 205; CHLUP, 2007, pp. 133-34; BERNAL, 2003, v. 1, pp. 131-45; COPENHAVER, 2000, pp. li-lii; SCOTT, 1985, v. 1, pp. 1-2, 9-15; DODD, 2005, pp. 11-2; DODD, 1954, p. 244; ANGUS, 1929, p. 321.
293. VAN DEN KERCHOVE, 2012, pp. 8-9; CHLUP, 2007, p. 134; BERNAL, 2003, v. 1, pp. 134ss; COPENHAVER, 2000, pp. liv-lvi; FOWDEN, 1993, pp. xxii-xxiii.
294. "*la culture philosophique de l'hermétisme est médiocre et sa pensée sans originalité e sans vigueur*" (a cultura filosófica do hermetismo é medíocre e seu pensamento sem originalidade e sem vigor (tradução própria)) FESTUGIÈRE, 2014, p. 505; VAN DEN KERCHOVE, 2012, pp. 8-9; CHLUP, Radek. "The Ritualization of Language in the Hermetica." *Aries*, Leiden, v. 7, n. 2, 2007, p. 134.
295. CHLUP, 2007, pp. 134-35; FOWDEN, 1993, pp. xxii-xxiii.
296. ______, pp. 134-35. Cf. ECO, Umberto. *Os Limites da Interpretação*, 2. ed. São Paulo: Perspectiva, 2004, pp. 21-6.
297. ______, p. 134; BERNAL, 2003, v. 1, pp. 134ss; COPENHAVER, 2000, pp. liv-lvi; FOWDEN, 1993, pp. xxii-xxiii.
298. BOUSSET, 1979, p. 100.
299. VAN DEN KERCHOVE, 2012, pp. 7-8; CHLUP, 2007, p. 134; COPENHAVER, 2000, pp. lii-liii; DODD, 2005, pp. 10-53; DODD, 1954, pp. xv, cf. as pp. 97-242, 245.
300. Não obstante Reitzenstein ter sido um filólogo helenista, em seu *Poimandres*, ele deduziu explicitamente que os escritos herméticos eviden-

ciavam uma religião organizada hierarquicamente (com cultos, ritos e sacerdotes) que deu origem a comunidades *eclesiásticas*, como a *Poimandres-Gemeinde*, tendo se disseminado do Egito até Roma. A tese de que o hermetismo era uma *Gemeinde* estruturada e hierarquicamente organizada (com um cabedal doutrinário e ritualístico), de maneira que os escritos herméticos viessem a ser um cânon escriturístico consagrado, provocou muitas críticas, sendo rejeitada por Franz Bousset, Wilhelm Kroll e Josef Kroll, Franz Cumont, Festugière, Walter Scott, Samuel Angus e Charles Harold Dodd. Todos esses pesquisadores defendiam que não se podia comprovar a existência de culto e liturgia nos escritos herméticos, nem tampouco que esses textos descreviam uma confraria religiosa. Cf. LIRA, 2018, p. 286; LIRA, 2015, p. 89.

301. VAN DEN KERCHOVE, 2012, pp. 7-9; CHLUP, 2007, p. 135; COPENHAVER, 2000, pp. lvi-lviii; FOWDEN, 1993, pp. xxiii-xiv.
302. ______, pp. 9-10; CHLUP, 2007, p. 135; COPENHAVER, 2000, pp. lvi-lviii; FOWDEN, 1993, pp. xxiii-xiv; LIRA, 2015, pp. 92-3.
303. ______, pp. 9-10; COPENHAVER, 2000, pp. lvi-lvii.
304. Cf. DERCHAIN, Philippe. L'authenticité de l'inspiration égyptienne dans le "*Corpus Hermeticum*". *Revue de l'Histoire des Religions*, Paris, t. 161 n. 2, 1962, pp. 175-98.
305. VAN DEN KERCHOVE, 2012, pp. 9-10; COPENHAVER, 2000, pp. lvi-lvii.
306. DERCHAIN, 1962, p. 179; COPENHAVER, 2000, p. 202; WILDISH, MARK. *Hieroglyphic Semantics in Late Antiquity*. Durham: Durham theses, Durham University, 2012, p. 27.
307. DERCHAIN, 1962, pp. 179-80; cf. STRICKER, B. H. "The *Corpus Hermeticum*." *Mnemosyne*, series 4, v. 2, fasc. 1, 1949, pp. 79-80.
308. DERCHAIN, 1962, p. 181.
309. VAN DEN KERCHOVE, 2012, p. 9; CHLUP, 2007, p. 135; COPENHAVER, 2000, pp. lvi-lvii.
310. MAHÉ, 1982, t. 2, pp. 40-3, 436-57; MAHÉ, 2005, v. 6, p. 3940; BULL, 2018, pp. 9-10.
311. McALLISTER SCOTT, Thomas. *Egyptian Elements in Hermetic Literature*. Cambridge, Massachusetts, 18 de abril de 1987, 262 pp. (A thesis presented by Thomas McAllister Scott to The New Testament Department of The Faculty of Harvard Divinity School in partial fulfillment of

the requirements for the degree of Doctor of Thelogy in the subject of New Testament and Christian Origins).

312. MAHÉ, 1982, t. 2, pp. 407-36; VAN DEN BROEK, 2006, pp. 10, 496; MAHÉ, 2005, v. 6, pp. 3939-941; COPENHAVER, 2000, pp. xliv-xlv; lvi-lviii, 122, 150, 176, 200; FOWDEN, 1993, p. 10; LIRA, 2015, p. 93.
313. *As a practical spiritual way, Hermetism was a characteristic product of the Greek-speaking milieu in Egypt* [...] *And yet, like Hellenistic and Roman Egypt itself, Hermetism was part of a wider Mediterranean whole, a world with its intellectual as well as its linguistic koinē. The books of Hermes, both philosophical and technical, enjoyed wide dissemination in the Roman empire, while their doctrine typified and combined the Roman world's literary and religious orientalism, and its yearning for revealed knowledge.* FOWDEN, 1993, p. 213. Cf. também COPENHAVER, 2000, p. lviii. O grifo em itálico na palavra *koinē* é do autor e na palavra *milieu* é nosso.
314. Cf. VAN DEN KERCHOVE, Anna. *La voie d'Hermès: Pratiques rituelles et traités hermétiques*. Leiden; Boston: Brill Academic Pub, 2012, 440 pp.
315. Cf. BULL, Christian H. *The Tradition of Hermes Trismegistus: The Egyptian Priestly Figure as a Teacher of Hellenized Wisdom*. Leiden; Boston: Brill, 2018, 532 pp.
316. Cf. LIRA, 2015, pp. 138-39; ROSSETTI, 2006, pp. 246-48, 251-52.
317. ECO, 1985, p. 39.
318. HERMÈS TRISMÉGISTE, 2011, t. 1, p. 13.
319. FESTUGIÈRE, A.-J. *Études D'Histoire et De Philologie*. Paris: Librairie Philosophique J. Vrin, 1975, pp. 31-4.
320. NIDA, 1964, pp. 156, 165-171; NIDA, 1982, pp. 12-4; BASSNETT, Susan. *Translation Studies*, 3. ed. Londres; Nova York: Routledge, 2005, pp. 34-5; GHANOONI, Ali Reza. "A Review of the History of Translation Studies." *Theory and Practice in Language Studies*, v. 2, n. 1, 2012, pp. 79-80.
321. ______, p. 165.
322. Sobre os recursos e ferramentas de tradução, cf. ROSSETTI, 2006, pp. 251-52.
323. Cf. LIRA, 2021, pp. 140-41.

324. NIDA, 1964, pp. 226-40.

325. Isso depende da acepção contextual. O exemplo para isso é *νοῦς*, que, em determinado contexto, significa sentido, significado. Cf. o *Léxico de Filosofia Grega e Romana* em REALE, 2008, v. 9. *Passim*.

326. Sobre esses símbolos, cf. ROSSETTI, 2006, pp. 105-06; LIRA, 2015, pp. 111, 121-22.

327. Cf. LIRA, D. P. "Glossário dos Hermetica Græca: Pesquisa Bibliográfica das Ferramentas e das Fontes Secundárias de Tradução." *CLASSICA* (SÃO PAULO), v. 34 (2), pp. 1-35, p. 2021.

328. Apostolides dá um sentido incorreto a essa acepção. Ele usa com sentido de mergulhar, afundar em. Na segunda ocorrência do verbo *βαπτίζω*, no *Corp. Herm.* 4.4, há um genitivo partitivo que não permite outra acepção além de embeber (-se) de, embriagar (-se) de (cf. LIRA, 2015, *passim*).